本书由新疆维吾尔自治区产学研联合培养研究生示范基地项目资助

新疆大学MBA案例
（第一辑）

马新智　赵晓琴　张　力　李　越◎编著

经济日报出版社

图书在版编目（CIP）数据

新疆大学 MBA 案例. 第一辑／马新智等编著 . —北
京：经济日报出版社，2019. 2

ISBN 978 - 7 - 5196 - 0493 - 6

Ⅰ. ①新… Ⅱ. ①马… Ⅲ. ①工商行政管理—教案
（教育）—汇编—中国 Ⅳ. ①F203. 9

中国版本图书馆 CIP 数据核字（2019）第 030778 号

新疆大学 MBA 案例. 第一辑

作　者	马新智　等
责任编辑	门　睿
出版发行	经济日报出版社
地　址	北京市西城区白纸坊东街 2 号（邮政编码：100054）
电　话	010 - 63567689（编辑部）　63538621（发行部）
网　址	www. edpbook. com. cn
E - mail	edpbook@ 126. com
经　销	全国新华书店
印　刷	廊坊市海涛印刷有限公司
开　本	710 × 1000 mm　1/16
印　张	20
字　数	327 千字
版　次	2019 年 5 月第一版
印　次	2019 年 5 月第一次印刷
书　号	ISBN 978 - 7 - 5196 - 0493 - 6
定　价	76. 00 元

目 录 contents

入选教育部中国专业学位教学案例中心视频案例

003 和合生一：高铁开发企业文化建设的融合之路

003 案例正文

030 案例使用说明

036 基于价值链的光正集团钢结构业务流程管理优化

036 案例正文

054 案例使用说明

新疆大学重点开发案例

079 传统国有外贸市场基地：新疆边疆宾馆何去何从

079 案例正文

096 案例使用说明

105 能力量化：为怡利科技管理层任职插上翅膀

105 案例正文

140 案例使用说明

142　新疆华隆集团管理创新驱动"大象起舞"

142　案例正文

173　案例使用说明

175　提升能力　赢在执行

　　　——昌电检修基层管理者领导力提升与人才储备建设

175　案例正文

209　案例使用说明

211　是谁在屡屡制造疯狂

　　　——从 CW 公司虚开十三张增值税专用发票案例引发的

　　　税收筹划思考

211　案例正文

232　案例使用说明

235　御风而"销"行：绿成乳业布局北疆风景线

235　案例正文

272　案例使用说明

276　燕西飞："薪"平"企"和谈钱不伤感情

　　　——新疆燕京啤酒销售团队薪酬管理体系设计

276　案例正文

310　案例使用说明

入选教育部中国专业学位
教学案例中心视频案例

案例正文

和合生一：高铁开发企业文化建设的融合之路[①]

马新智[②]　王晓洪[③]　王程明[④]　张　玲[⑤]

摘要：天有日、月、星，人有精、气、神。企业的文化代表着企业的素质，是员工共同具有的价值标准、理想追求、行为准则、道德规范的综合反映，是企业发展的内在动力和精神支柱，是企业实现发展战略目标、进行科学管理、广泛吸纳人才、不断创新进步的重要保证。本案例基于乌鲁木齐经济技术开发区母体文化的实际，阐述在高铁开发规划实施企业文化建设的前期准备、技术措施和保障机制，采用问卷与访谈的调查方法，从精神、制度、物质与行为等四个层面进行分析和研究，对企业文化的现状、存在的问题及影响因子进行诊断，探讨构建企业文化的设计、提炼、解读、宣贯、推行和落地实施所涉及的具体过程和所运用的手段。

关键词：企业文化，纲领构建，落地实施，高铁开发

0. 引言

高铁站于 2015 年年底开通，作为自治区及乌鲁木齐市重点建设项目之一，备受社会各界关注。按照高铁新客站年底投入使用的要求，实现高铁站配套设

---

①　本案例已得到"高铁开发"的授权，根据高铁开发企业管理咨询项目验收成果撰写。本案例撰写的作者，拥有著作权中的署名权、修改权、改编权。本案例未经允许，本案例的所有部分都不能以任何方式和手段擅自复制或传播。由于企业保密的要求，在本案例中对名称、数据等做了必要的掩饰性处理。本案例只供课堂讨论所用，并无暗示或说明某种管理行为是否有效。

②　新疆大学 MBA 中心

③　新疆联合纵横企业管理咨询有限公司

④　北大纵横新疆运营中心

⑤　乌鲁木齐高铁枢纽综合开发建设投资有限公司　新疆·乌鲁木齐

施同期运行，乌鲁木齐高铁枢纽综合开发建设投资有限公司（简称"高铁开发"）的建设者们发扬"6＋N""白加黑"的工作精神，披星戴月、挑灯夜战，奋战项目建设与后方保障一线，全力加快工程建设进程，用实际行动谱写着一曲曲凯歌。

在高铁新客站建设施工现场，塔吊林立、机器轰鸣、车辆如梭，钢筋混凝土主体结构已经有了雏形，纵横交错的高架桥正在加紧建设当中，头戴安全帽的工人正紧张地忙碌着，高速运转的搅拌机、罐车、泵车等工程机器不断发出阵阵轰鸣声，混合在一起，奏出一曲快速而有序的施工协奏曲。

无论您踏访施工工地，还是走进高铁开发的办公室，处处都能感受到为了高铁片区建设的火热场面和忙碌感人的状态。他们放弃休息时间，不断强化"赢得时间就是赢得主动"的意识，主动配合施工人员，亲临建设现场蹲点督促工程施工进度。

如何实现企业发展的"一个目标、一条心、一股劲"，让企业文化建设服务企业转型和可持续发展？在高铁开发这个新组建的团队中，团队成员来自不同行业、不同性质、不同单位，过去的工作背景也不同，没有经历融合就投入到工作中，总会有一些磕磕碰碰。加上，随着高铁开发建设进程的稳步推进，公司内又开始出现了"高铁建设是一个阶段性的施工项目"的声音，项目完工后大家就会"劳燕分飞"，下一步要去哪儿还都是个未知数，这让大家产生了危机意识，开始觉得缺乏归属感、安全感。面对于此，公司董事长张卫民在会上讲、会后谈，所收到的成效并不明显。

董事长张卫民为了迅速改变这种被动局面，他一边处理日常工作，一边研究标杆企业的成功之道，认为引入文化软实力已势在必行。当即决定用文化这根线把大家串起来，提升企业内部凝聚力和外部竞争力，固生存之本、强发展之基、塑兴盛之形、铸创新之魂，激发高铁开发人的归宿感和使命感，发挥好、引导好员工的主动性、积极性和创造性，培育团队精神和群体价值观，为高铁开发持续健康发展提供强有力的支撑和保障。

说办就办，高铁开发在快速完成了企业 VIS 视觉形象识别系统后，2014年 11 月，便正式启动了高铁开发企业文化的管理咨询内容。在"润物细无声"中，高铁开发开启了向"文化管人"的新旅程，以期将企业文化转化成推动发展、提升效益的生产力。本案例就发生在这样一个处于特殊历史时期的高铁开发，较好地体现了高铁开发的企业文化发展战略。

1. 快熟成长的高铁开发

"高铁建设事业是时代和历史赋予的机遇，不是人人都能遇到的。我们有幸参与高铁建设，把高铁这艘巨轮建得稳当、坚挺，干一份事业留下历史鉴证，这是一件很了不起的事情。""能参与到新疆高铁建设这个百年不遇的大事中来，是人生中的一大幸事！"这是以董事长张卫民、总经理魏立业为首的高铁开发人的梦想。

高铁开发人认为，梦是一种希望、一种寄托、一种理想。有梦就有希望，就有目标，就有前进的方向。梦更是一种动力，因为有梦才会奋斗，才会勇敢地去追梦，努力地去圆梦。正是因为有这样的梦想，三年前，来到这里的董事长张卫民手头只有一张图纸，连办公所必用的场地、设备都没有，就开始搭班子、建队伍、聚人才……

2011年10月18日，乌鲁木齐市人民政府办公厅下发了《关于成立乌鲁木齐高铁片区综合开发建设指挥部办公室的通知》（乌政办〔2011〕418号），乌鲁木齐高铁片区综合开发建设指挥部办公室（简称"高铁办"）作为指挥部的常设机构，负责贯彻执行指挥部的决策部署，承办指挥部的日常工作。10月28日，根据《关于成立乌鲁木齐高铁片区综合开发建设投资有限公司的批复》（乌政办〔2011〕420号）文件精神，历时两个月的准备与筹建，作为国有控股性质的高铁开发，由乌鲁木齐经济技术开发区（头屯河区）出资，于12月28日以5亿元的注册资金成立。

高铁开发与高铁办实行"两块牌子、一套人马"的工作机制，负责代表乌鲁木齐市人民政府开展高铁片区综合开发建设项目的投资、建设、站区的综合开发、设施建成后的运行管理；承担高铁办的工作职能；负责牵头编制区域内详细规划，并进行相关的申报、审批等工作；负责制定高铁片区综合开发建设投融资方案，并依法开展投融资工作；负责对高铁片区综合开发建设区域实施专项土地储备、征地动迁和土地一级开发；负责高铁片区综合开发建设区域范围内的环境建设和公共基础设施建设、管理，户外广告设施的建设、经营和管理；负责高铁片区综合开发建设区域范围内经营性项目的开发、经营和管理。

目前，高铁开发拥有综合办公室、财务造价部、项目前期部、工程项目部、市场经营部、总工办等结构完善的组织构架。同时，旗下还拥有高铁通信股份、高铁房地产开发、担保、商砼、项目等多个控股或全资公司。2014年实现年度融资 21.5 亿元，当年完成建设投资 22.7 亿元。2015 年，在高铁片区附属设施建设中，高铁片区续建项目 22 个，新建项目 6 个，计划完成 15.9 亿元的项目投资。

未来，高铁开发将拥有国际公铁联运长途客运站、南北广场地下空间、高铁核心区综合服务中心等 70 万平方米的主体建筑，涵盖酒店、宾馆、写字楼等多个产业主体实体，为企业的可持续发展、实现由输血向造血功能转换奠定了坚持的基础。通过高铁开发的运作，为实现国有资产的保值增值、反哺减轻政府非经营性基础设施建设的财政投资压力提供了可借鉴的经营模式。

2. 高铁开发的文化诊断

企业文化诊断评估是企业文化建设的重要环节，没有良好的诊断评估，便无从真正了解企业文化的现状、准确把握企业文化建设的脉络。任何一家企业都是一个相对独立、相对封闭循环的系统，因此，在高铁开发企业文化建设的诊断调查中，我们注意企业整体文化的现实状态的系统性，以完整的文化诊断模型和多种不同类型的调查方法，分不同管理层级、不同内容进行调研、归纳、分析，以便得出更为科学和符合实际的结论。

本次调研涉及到高铁开发的高层领导、中层管理人员、基层员工，问卷调查的总样本问卷发放 38 份，实际收回问卷 34 份，有效问卷的回收率为 97.1%。公司 4 位高层领导、5 位中层管理者及 11 位员工代表，接受了企业文化管理咨询项目组的深度访谈，访谈率为超过一半，达到 52.63%。

大家知道，从企业文化现象的发现到企业文化的研究，是一条理论研究与应用研究相结合、定性研究与定量研究相结合的道路。定量化研究是在企业文化理论研究的基础上，通过企业文化测量、诊断和评估的模型及一系列列量表，对企业文化进行可操作化的、定量化的深入研究。

在高铁开发企业文化管理咨询项目进行的过程中，得到了高铁开发全体员工的有力配合，通过多种途径查阅大量的内、外部资料，并结合高铁开发实际进行严谨地分析。同时，在高铁开发文化调研中，通过填写调查问卷、深度访谈两种方式，对调查结果运用层级综合法、双 S 模型、数学运算法则对企业文化建设进行系统、科学的测量。

2.1 高铁开发企业文化共有型正面状态不显著

通过总结、归纳、整理问卷调查和多层次的访谈内容，在坚持与高铁开发未来的战略和组织相匹配、使多种人群统一到共同的核心理念上来、通过多种方法对企业文化进行系统的梳理、企业文化对内向管理者及员工传递与对外向利益相关者传递原则基础上，对高铁开发企业文化现状及主要影响因素进行分析，得出企业文化建设需要改进的方向。通过双S模型四种文化类型关键要素与问卷调研反馈结果调查分析，我们判定高铁开发目前的企业文化类型呈现为"共有型"正面，如图2-1所示。

图2-1　企业文化类型

根据企业文化调查问卷的统计情况得出：

文化现状与发展需求的冲突对高铁开发的未来有重大影响，文化的梳理提升与优化显得势在必行。目前，高铁开发企业文化初步呈现出共有型正面的状态，但其状态并不显著，因此，高铁开发的企业文化面临着向积极主动引领企业发展变革的方向转变的压力。

企业文化类型——高铁开发的团结性和社交性打分都比较高，其中团结性最高为8.21分，因此，高铁开发的企业文化类型为共有型企业文化类型，其中团结性较高说明企业的目标性较强。企业文化形态——从分析看来，为正面形态，说明员工有良好的归属感和积极的工作作风；在相对分值上，目前高铁开发的"团结性"大于"社交性"，这与高铁开发注重完成工作目标的工作理念相吻合；在绝对分值上，相较高铁开发具有的团结性同时，社交性相对较低，这反映出高铁开发在发展工程中，员工多忙于工作，工作环境则相对较为严肃。

高铁开发企业文化所呈现的一些综合管理特征如下：从定位上看，亦官亦商的企业特质行政化突出，建设现代企业的经营管理机制的需求职业化强烈；从平台来看，企业不断发展壮大的事业平台的认同感强烈，员工个人的职业生涯规划的归属感有缺失；从竞争力角度看，区域的重点建设项目具有特殊地位，未来可预见的、日趋激烈的市场竞争意识有待加强；从协同关系看，企业快速发展的硬实力很强，企业文化建设的相对滞后和管理手段的单一导致软实力薄弱；从执行角度看，宏观设计的企业制度体系较不完善，具体工作落地实施的效果不显著。

2.2 高铁开发文化现状与发展需求存在八大冲突

文化现状与发展需求的冲突对高铁开发的未来有重大影响，文化的梳理提升与优化显得势在必行。高铁开发存在多诸多明显的文化冲突，主要的理念和行为的差异表现为"理念先进，行为落后"。其主要的文化冲突表现为：文化需求与文化缺位、市场导向与官商做法、企业行为与机关作风、主动改革与被动变革、主动改革与被动变革、效益意识与粗放投资、整体利益与局部利益、收入合理差距与平均主义等八个方面，如图 2－2 所示。

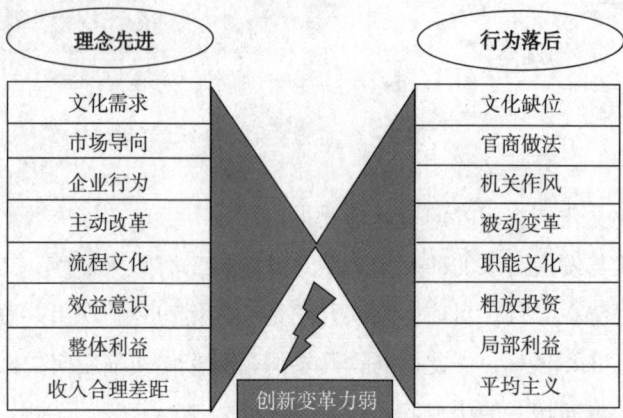

理念先进	行为落后
文化需求	文化缺位
市场导向	官商做法
企业行为	机关作风
主动改革	被动变革
流程文化	职能文化
效益意识	粗放投资
整体利益	局部利益
收入合理差距	平均主义

创新变革力弱

图 2－2 高铁开发文化现状与发展需求冲突

2.2.1 文化需求与文化缺位冲突

高铁开发各层各类人员对企业文化有非常迫切的需求。无论是领导还是员工，大家认为企业文化建设非常重要，认为必须要有统一的核心价值观和理念体系，才能把企业的全体员工紧紧团结在一起，让企业全体员工朝着一个共同的目标奋斗。特别是当企业在从垄断走向参与全面市场竞争的过程中，企业迫切需要建立一套具有高铁开发特色，符合企业竞争力提升要求的统一的价值观和行为体系。

但是，员工对于什么是高铁开发的企业文化深感困惑和迷惘。大家认为，不能说高铁开发没有一点企业文化的基础，但又确实看不到有一套系统完整的价值观和行为规范在指导大家的工作。在实际的工作过程中，企业的一些理念和规范散现在企业各个经营管理层面，散现在员工的日常工作和学习之中，这些都只是一些零散的、直观的和感性的认识。企业缺乏对企业文化建设系统、整体的思考和规划。

2.2.2 市场导向与官商做法冲突

从长远发展开看，高铁开发面临的竞争将会非常激烈。企业再也不能"坐"以待毙，否则就会被其他城市交通投资商、运营商代替。其他城市的投资商、运营商的综合水平远在我们之上，资源的竞争已不再是主要的竞争手段，最后的竞争就是靠综合服务能力的竞争。谁服务做得好，谁就能在竞争中取胜。这就要求高铁开发人彻底地摒弃官商做法，增强服务意识，树立"客户导向""市场导向"的观念。但高铁开发的官商意识来源于现在的垄断地位和政府的支持政策，高铁开发是有服务却没有服务意识，更缺乏市场意识、竞争意识和危机意识。

2.2.3 主动改革与被动变革冲突

高铁开发要适应市场竞争，转制为真正的企业，就必须按照企业的思路来运作、来经营、来管理。同时，企业化的行为必须要靠现代企业的制度和机制做保障，必须要建立起一支职业化的经理人队伍。但现阶段的高铁开发，在很多方面依然沿用机关政府的做法，机关作风存留。如办事程序繁杂、工作效率比较低；官本位思想严重，过分地看重官和权，部门利益高于企业利益；有较强的等级观念，论资排辈的现象依然存在。

2.2.4 市场导向与官商做法冲突

在市场竞争中，谁能先行一步，进行主动出击、主动改革，谁就能抢占更多的市场份额。高铁开发必须及时扭转其被动防御的市场策略，主动应对市场竞争，主动进行企业的变革创新。从现阶段的发展轨迹来看，高铁开发每一次大的变革都来源于政府的直接命令，来自外部的推动并没有在企业里内化成一种自求变革、自求发展的动力。员工的观望等待心理普遍，缺乏主动变革的意识，习惯于找外部原因，用外推式的思维模式去思考问题，认为企业的发展和竞争能力主要取决于政府的政策。

2.2.5 流程文化与职能文化冲突

为提高企业运行效率，应倡导流程式管理，整个企业的业务流程和管理流程要形成闭环。流程文化强调市场导向、职责明确、团队协作、沟通学习和知识共享四方面的理念。高铁开发现有的组织架构是按照职能划分的，各职能部门的条块分割非常明显。部门与部门之间互设壁垒，各自为政，形成信息孤岛，缺乏信息共享和正常的内部沟通机制。

2.2.6　效益意识与粗放投资冲突

高铁开发在进入竞争时代之后，最缺乏的理念是成本观和效益观。实际上，企业的发展是要靠效益来支撑的，如果不讲效益，不计成本，企业最终会走向失败。因此，必须确立正确的效益观和低成本竞争观，并要落实到具体的投融资决策和财务管理行为中去。高铁开发是靠大规模的投资建设推进企业发展的，但决不能粗放经营、粗放投资和不计成本、盲目投资。没有成本观念，缺乏合理科学的预算规划等问题一定程度上存在。

2.2.7　整体利益与局部利益冲突

企业的维系和发展要求每一位员工都以企业利益最大化为唯一目标。但在某种意义上，符合企业利益的理念和行为未必有利于每一位员工个人的利益，有时甚至要以牺牲部分员工的利益为代价。处理好企业利益和个人利益的冲突是企业文化必须要考虑的问题。在对很多问题的判断上，企业员工已经有了非常清楚和准确的认识，也表示愿意接受一些先进的理念，但一旦落实到具体行动上，特别是当改革与员工自身利益发生冲突时，员工的抱怨和不满便随之而来，改革也开始面临重重阻力。

2.2.8　收入合理差距与平均主义冲突

为更好地激励优秀人才，体现人才价值，实行以业绩为导向的报酬制度，合理的拉开收入差距是非常必要的。高铁开发仍存在平均主义的做法，企业内部的收入没有市场化，高端人员的收入低于市场水平，低端人员的收入高于市场水平，收入拉不开差距，企业内部的收入最高与最低差距仅为 1—2 倍。很多员工仍抱有平均主义的思想，对正在进行的薪酬制度改革表示不理解。

2.3　高铁开发三年所奠定的优良作风与优秀基因

伴随高铁开发三年来的发展壮大，企业文化建设也取得了一定成效。通过举办和开展组织新员工参观建设工地、美文分享、员工大会、户外拓展、文艺演出、学习研讨、公益捐助等内容丰富、形式多样的企业文化建设活动，分享正能量、宣传高铁开发企业形象。同时，还积极参加市、区组织的春季植树、与法同行万人宣讲、道德讲堂、爱心一元捐慈善捐款、民族团结讲堂、民族团结演出、党风廉政教育等公益活动，在高铁开发发展过程中形成了"敢想敢干的胆色、勤勉严谨的性格、忠诚朴素的品质、敬业务实的态度、自强不息的精神"等优良作风，成为推动其跨越式发展的核心因素之一。

调查中认为，公司过去几年中获得发展的原因是领导班子、政策支持、内部管理等多种因素，大家一致认为高铁开发公司的未来前景会更好。部门间出现推诿或扯皮现象的原因高层认为是本位主义思想、中层认为是管理流程、基层认为是协作意识，所形成的共识是职责不清。目前，高铁开发快速推进和发展中亟待提升的高层认为是战略与文化，中层认为是战略与薪酬，基层认为是战略、流程制度、薪酬，所达成的共识是战略。由于公司高层管理人员的信任度原来越高，公司领导的事业心、人格魅力、关心员工、战略眼光特点对运功的工作最有积极影响。能更好反应高铁开发企业文化特征的五个词，高层认为"合作、执行、奉献、责任、团结"，中层认为是"奉献、团结、执行、创新、诚信"，基层认为是"活力、责任、创新、务实、忠诚"。

在就"如何看待公司当前的企业文化"调查中，高层、中层、基层的观点并不一致，中高层意见基本一致，员工的感受比管理者想象得好。具体的调查结果如图 2-3—图 2-5 所示。

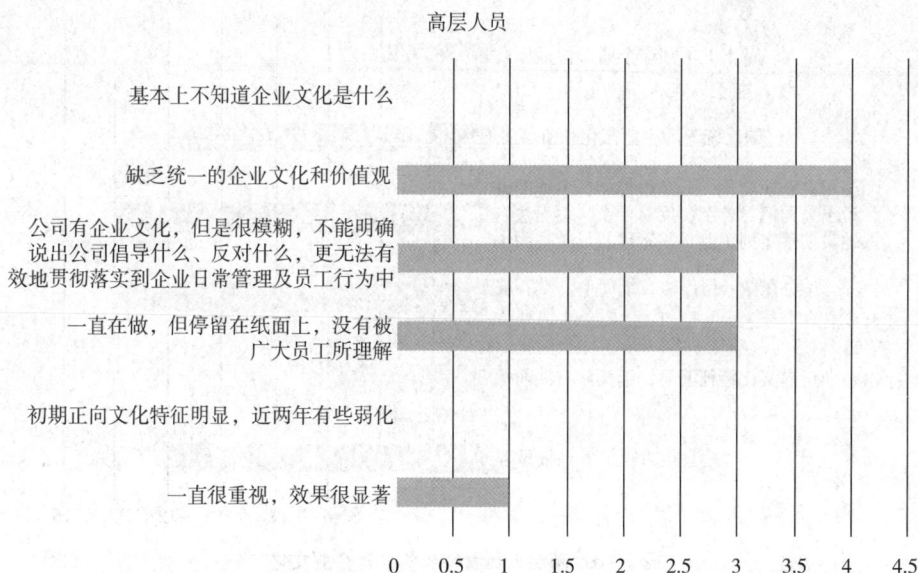

图 2-3　高层人员看待当前公司企业文化

中层人员

基本上不知道企业文化是什么

缺乏统一的企业文化和价值观

公司有企业文化，但是很模糊，不能明确
说出公司倡导什么、反对什么，更无法有
效地贯彻落实到企业日常管理及员工行为中

一直在做，但停留在纸面上，没有被
广大员工所理解

初期正向文化特征明显，近两年有些弱化

一直很重视，效果很显著

0　1　2　3　4　5　6

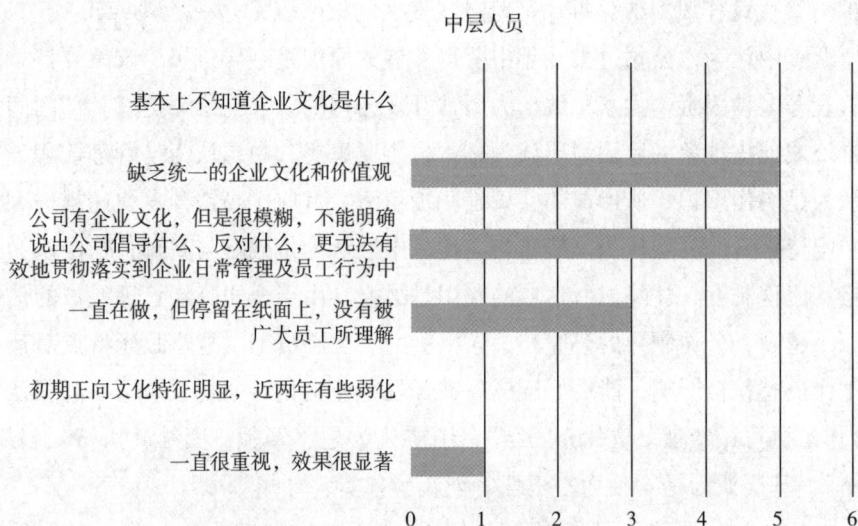

图 2-4　中层人员看待当前公司企业文化

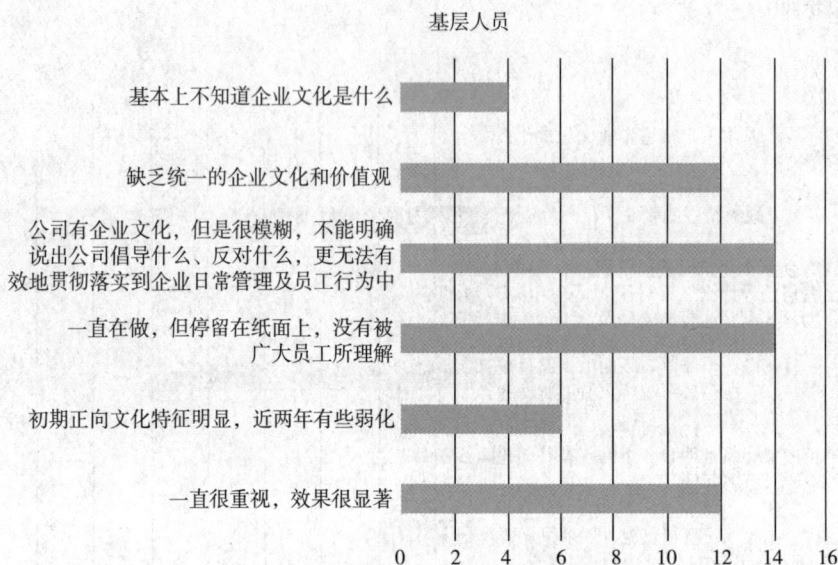

基层人员

基本上不知道企业文化是什么

缺乏统一的企业文化和价值观

公司有企业文化，但是很模糊，不能明确
说出公司倡导什么、反对什么，更无法有
效地贯彻落实到企业日常管理及员工行为中

一直在做，但停留在纸面上，没有被
广大员工所理解

初期正向文化特征明显，近两年有些弱化

一直很重视，效果很显著

0　2　4　6　8　10　12　14　16

图 2-5　基层人员看待当前公司企业文化

目前，高铁开发已初步形成了富有特点和内涵的组织风气，并呈现出积极的企业文化环境，所培育出来的"进取、务实、责任、诚信"等优秀基因，已经融于高铁开发人的基因和血液，在未来的企业文化建设中将产生积极作用。当然，也存在着企业文化理念系统不完善，缺乏统一的企业文化和价值观，尤其是企业核心理念部分的缺失等问题；企业文化的行为系统中，缺乏相关组织管理和行为方式等制度层面的支持。

经过 3 年的艰苦奋斗，高铁开发取得了飞速的发展。2014 年，高铁片区开工建设 22 个标段，累计完成各项投资 22.7 亿元，新增融资 14.7 亿元，员工队伍发展到 40 余人，被评为一类企业，不辱使命，赢得各级领导高度认可。这说明高铁开发人具有敢想敢干的胆色、勤勉严谨的性格、忠诚朴素的品质、敬业务实的态度和自强不息的精神。但目前的企业文化理念系统不完善，尤其是企业核心理念部分的缺失，缺乏相关组织管理和行为方式等制度层面的支持。

3. 高铁开发的文化影响因子

实际上，任何一种文化对高铁开发的影响都存在正反两方面，为进一步分析高铁开发文化形成的根源，找出影响企业文化的正面和负面因素，以明确定义高铁开发的企业文化现状并明晰未来梳理工作的重点，在高铁开发的企业文化调研中发现，高铁开发的企业文化主要受到企业家文化、中国传统文化、行业特征文化、国有企业文化、新疆地域文化等五种文化因素的影响，如图3－1 所示。

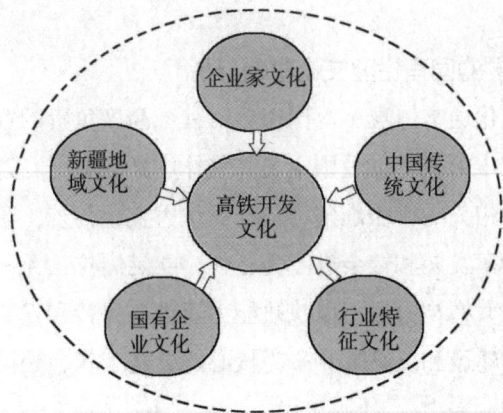

图3－1　高铁开发企业文化主要受到五种文化因素的影响

3.1 高铁开发的企业家文化影响分析

通过构建 3Q 模型，从模型中所形成的基础性素质的智商、平台性素质的情商和核心性素质的政商分析发现，高铁开发领导者们具有较高的领导力及领导者素质，如企业家文化中的志存高远、率先垂范，责任感强，对政府、对社会、对员工负责，敬业勤勉、止于至善，务实，敢于担当，作为高铁开发文化的重要组成部分，对高铁开发文化产生了非常积极的影响。

企业家文化对高铁开发的影响因素主要包括：志存高远，率先垂范；责任感强，对政府、对社会、对员工负责；敬业勤勉、止于至善；务实，敢于担当。

3.2　高铁开发的中国传统文化影响分析

传统文化蕴含着深厚的精神激励和道德约束力量。中国传统文化的基本精神就是中华民族在精神形态上的基本特点，如刚健有为、和与中、崇德利用、天人协调。这些就是中国传统文化的基本精神之所在。中国的民族精神基本凝结于《周易大传》的两句名言之中，这就是："天行健，君子以自强不息""地势坤，君子以厚德载物"。

中国传统文化对高铁开发的影响因素主要包括：诚信、仁义、和睦。

3.3　高铁开发的行业特征文化影响分析

尽管项目管理行业总是处在不断的发展变化中，但是作为一个行业来说还是有其自己的行业特征。这些特征既是该行业区别于其他行业的标志，也是其保持稳定和发展的基础。

行业特征文化对高铁开发的影响因素主要包括：创造性、高效性和风险管控性。

3.4　高铁开发的国有企业文化影响分析

国有企业的文化通常体现了对国家、对社会高度负责的精神。国有企业在长期发展过程中逐步形成了以爱国主义、集体主义为灵魂，以忠诚企业、爱岗敬业为价值取向和相关的行为准则为依据的优秀文化传统，激励着一代又一代国有企业职工以国家发展和社会进步为己任，立足岗位、无私奉献，成为推动国有企业发展的强大精神力量。以执政能力建设、保持和发展党的先进性以及深入开展党风廉政建设和反腐败斗争为核心的党建工作，是国有企业文化的重要组成部分。

国有企业文化对高铁开发的影响因素主要包括：责任、规范、宏观。

3.5　高铁开发的新疆地域文化影响分析

新疆地域文化对高铁开发的影响因素主要包括："蕴、韵、运"，这也是对新疆区域文化的总体概括（见表3-1）。世界四大文明在此交汇、融合，古代丝绸之路带给它无尽的繁荣，是当代中国最具异域风情的地方，中国新丝绸之路经济带战略，并且"中西南亚经济区"活力突显，是中国乃至欧亚大陆上的一方热土。再者新疆精神是以现代文化为基础的新疆人文精神的核心思想，是爱国主义和时代精神在新疆地区的具体表现，是新疆人积极向上、奋发有为的精神坐标，是新疆实现社会稳定、长治久安的理念基石！

表3-1 高铁开发受新疆地域文化影响因素

文化类型	优点（取）	缺点（弃）
中国传统文化	☆人情交往：营造一个情感和谐的文化氛围 ☆忠孝仁义 ☆礼智信勇	★唯上，等级意识，缺乏沟通 ★保守，注重表面，着重形式
新疆文化	☆独特、纯朴、包容的新疆文化相奠定了高铁开发文化的特色基调 ☆新疆精神是新疆人时代的精神坐标	★职业化意识比较淡薄 ★太重人情可能会破坏制度
国企文化	☆良好的历史文化传承 ☆弘扬社会主流价值观 ☆规范系统的建设和管理监督体系	★思维和行为方式官僚化 ★人性中的消极面占主导，积极面被抑制 ★消极的"主人翁"意识
企业家文化	☆诚信务实：对社会、对客户、对员工讲诚信 ☆责任感强：对社会、对客户、对员工负责 ☆正义正气：以身作则，不让企业存在半点歪风邪气	★企业家的卓越能力也带来了文化的相对依赖性和单一性，难以形成企业家能力的薪火相传
行业文化	☆积极与竞争意识 ☆市场意识	★浮躁、激进，容易忽视企业长期利益 ★推崇个人主义，缺乏协作精神

在对高铁开发的文化梳理过程中，将汲取各种文化中积极的因素：中国传统文化中的人情交往（营造一个情感和谐的文化氛围）、忠孝仁义、礼智信勇；新疆地域文化中的独特、淳朴纯朴、包容奠定了高铁开发文化的特色基调，加上新疆人时代的精神坐标新疆精神；国有企业文化中良好的历史文化传承、弘扬社会主流价值观、规范系统的建设和管理监督体系；企业家文化中的诚信务实、责任感强、正义正气，对社会、对客户、对员工讲诚信，对社会、对客户、对员工负责，以身作则，不让企业存在半点歪风邪气；行业特征文化中的积极与竞争意识、市场意识。

4. 高铁开发的文化构建背景

在新的历史变革时期，随着我国经济发展速度的进一步加快，企业之间的竞争也将日趋激烈。当前，面对良好的经济发展前景以及行业竞争压力的不断加大，高铁开发抢抓机遇，在各种利好因素的驱动下，构建适应自身特色的企业文化，更是凝聚人心、鼓舞士气、激发精神、增强自身核心竞争力的有效举措。

4.1　宏观政策推动发展

从宏观经济看来，中国经济增长持续减速，与日本和新兴市场国家竞争日趋激烈，未来几年经济增长可能会进一步放缓。目前，实施"稳增长"的经济政策，着力推进经济转型和结构调整，宏观经济呈现出稳中有进的态势，但整体经济仍将呈现出"慢节奏、弱复苏、会反复"的振荡状态。

自 2013 年第三季度 PMI 指数呈现回升态势后，中国物流与采购联合会副会长蔡进曾表示，PMI 近 3 个月的回升呈现两项特征：一是需求持续回暖为经济回升奠定较好的基础；二是压缩过剩产能效果明显，供需关系有所改善。同时，兴业银行首席经济学家鲁政委认为，无论是 2012 年年末的反弹还是当前的回升，都只是弱振荡。在持续动态的去产能和去杠杆压力下，经济仍将呈现出"慢节奏、弱复苏、会反复"的区间振荡状态。

4.2　产业转移顺势发展

近年来，中国东部能源资源日渐枯竭，市场竞争日趋激烈，以能源开发、装备制造为代表的东部产业开始向西部省区转移。因产业转移而带来的技术转移以及当前较为开放的技术环境，也是有利于新疆发展的重要因素，如图 4-1 所示。

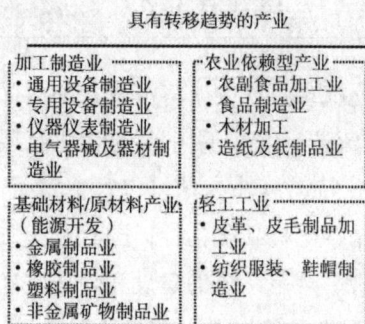

具有转移趋势的产业

加工制造业	农业依赖型产业
·通用设备制造业 ·专用设备制造业 ·仪器仪表制造业 ·电气器械及器材制造业	·农副食品加工业 ·食品制造业 ·木材加工 ·造纸及纸制品业
基础材料/原材料产业 （能源开发）	轻工工业
·金属制品业 ·橡胶制品业 ·塑料制品业 ·非金属矿物制品业	·皮革、皮毛制品加工业 ·纺织服装、鞋帽制造业

图 4-1　我国近年来产业转移趋势

新疆依托连接中亚的区位优势和丰富的能源资源，中央曾专门召开了新疆工作座谈会和四次全国对口援疆工作会议，出台了一系列支持新疆发展的政策措施，安排部署全国 19 省市对口援疆工作，为新疆的承接东中部产业转移创造了良好平台。在前三届中国－亚欧博览会上，对口援疆 19 省市企业与自治区签约额达 2964.8 亿元，占外省签约总额（不含央企）的 49%，对口援疆 19 省市已成为新疆承接产业转移的主要地区。

4.3 援疆政策助力发展

特别是 2010 年对口支援新疆工作开启，19 个援疆省区市建立起人才、技术、管理、资金等全方位的援疆有效机制。随着援疆政策的推进，援疆也正从"输血式"转向"造血式"推进，如图 4-2 所示。

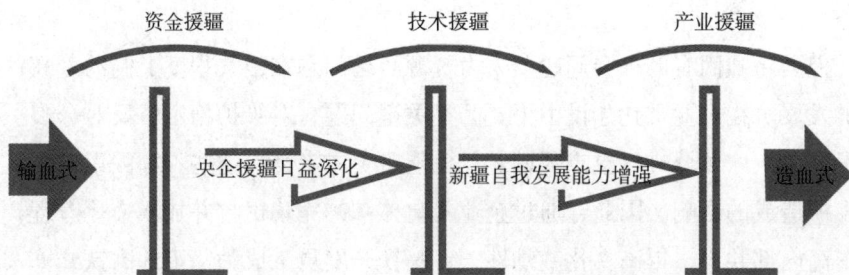

资金援疆　　　　技术援疆　　　　产业援疆

输血式　　央企援疆日益深化　　新疆自我发展能力增强　　造血式

图 4-2　援疆模式的转换图示

实际上，2010 年以来，三次援疆会议构成了新疆跨越式发展的总体指导框架，其核心是保民生、促发展、大开放，其根本是经济结构调整和发展方式转型，从资源依赖型边疆经济结构向产业优势型的腹地经济转变，从外部"输血"式向内生"造血"式发展转变。目前，新疆正处于转型的关键节点，外部对的转型投入力度和支援力度不断加强，转型效果和可持续性尚待显现，如何用准用好政策引导成为成功转型的关键。

4.4 丝路经济抢先发展

建设"新丝绸之路经济带"构想的提出使拥有区位优势和资源优势的新疆面临良好的发展机遇。乌昌石被列入国家重点打造的十个区域性城市群之一，是国家重视西部沿边地区新型城镇化建设的体现，城镇化将会是创造中国经济增长的新引擎。

习近平总书记 2013 年 9 月 7 日出访中亚时，提出建设丝绸之路经济带的构想。新疆是新丝绸之路上中国面向亚欧其他国家的第 7 站，拥有丰富的煤炭、石油、风电光伏资源储藏，发展优势明显。作为西部开放前沿，新疆正从亚洲大陆的地理中心向亚欧交通枢纽、经济合作发展中心区转变。

4.5 社会不稳定制约发展

当然，由于新疆地处西北边疆多民族聚居地区，反恐形势比较严峻，这种社会的不稳定因素是阻碍新疆地区发展的关键问题。新疆地处我国西北民族混居的边疆地区，长期以来一直存在的恐怖活动严重扰乱了社会安全与稳定，影响了经济的发展。十八届三中全会提出确立设立国家安全委员会，将国家安全置于更高的战略高度，更有利于维护国家安全及社会稳定。

从分析可以看出，高铁开发企业文化建设在总体上应顺应时代，积极把握国家对于支持新疆发展而出台的有利政策，弘扬"新疆精神"，继承和发展高铁精神，使高铁开发文化能为高铁开发发展战略服务，为国家的西部发展战略服务。

但因新疆固有的社会问题及人力资源匮乏问题在很大程度上制约着高铁开发的发展。在企业文化建设中更要凸显关键问题，对维护稳定、反对分裂、和谐发展、人才领域进行重点强调，尽可能避免或者消除这些不利因素对高铁开发发展造成的影响。因此，通过企业文化体系的完善优化并加强文化管理，积极提高内部共识、提高文化激励性，使高铁开发员工成为坚定的高铁开发人。

5 高铁开发的文化标杆借鉴

一流企业的文化是收获企业迅速成长的奥秘。在选择高铁开发企业文化标杆的过程中，应借鉴标杆企业，了解标杆企业的细节管理和氛围营造，"体验管理是严肃的爱、文化是温暖的爱"，找到高铁开发自身发展的动力和提升的管理方向。

5.1 国家开发投资公司

坚持与高铁开发企业性质相同、与高铁开发业务类型相似、与经营状况优良、值得借鉴的原则，选择国家开发投资公司作为高铁开发企业文化的比较研究对象。其借鉴意义在于国投公司作为国资委下属的国有投资控股公司，走过了十八年的发展历程，取得了较好的业绩。它的文化体系平凡、简约而凝练，却朴实易懂，针对旗下一百余家的全资和控股公司起到总体引领的作用。以"为出资人、为社会、为员工"为核心的"三为"宗旨，构成了国投企业文化的核心和亮点，其公司标志也恰当的诠释了这一理念。

5.2 中信集团

参照与高铁开发企业性质类似、与高铁开发业务类型相似及多领域、国际化、值得借鉴的原则，选择了中信集团作为高铁开发企业文化的比较研究对象。其借鉴意义在于中信是世界五百强企业，也是我国最大的综合性企业集团，是我国企业走向国际化的先行者。中信的企业文化定位清晰，描述具体准确，能够体现出其核心要素，对下属公司有着旗帜鲜明的引导作用，对中信的发展产生了非常积极的影响。同时，中信企业文化中核心的是其理念部分的"中信风格"，其构成了中信文化的鲜明特色。

5.3 淡马锡控股

淡马锡控股其性质与高铁开发有共通点，它隶属于新加坡政府的国家控股公司，是新加坡财政部全资拥有、新加坡最大的一家国有控股公司。淡马锡的企业文化体系严谨、大气，显示出一家大型国际投资公司的风格，经营状况十分优良。尤其是它的核心价值观，朗朗上口，简单、理性、逻辑清晰，更像是一句句誓词，没有繁文缛节，故其企业文化有值得借鉴之处。

5.4 特变电工

作为新疆本土有着优秀企业文化的特变电工，是本土环境下成长起来的国际化、世界级企业，其独特的企业文化"一个理念、二装目标、三心宗旨、四特精神、五则世界观"广为人知。正是在特变电工的这种企业文化引领下，特变电工从一个濒临破产的街道小厂到今天近五百亿级的国际化大企业，历经26年，实现了四个阶段的跨越式发展。此外，特变企业文化的落地工作卓有成效。集体婚礼、党管市场、按需求紧迫性排序分房等活动和理念深入人心，发挥了强大的凝聚力。同时作为新疆本土的企业，特变电工的企业文化有着重要的参考价值，特别是其广为流传的"四特精神"以及核心价值观（可靠）简约明了，朗朗上口，十分贴近企业的日常行为，这正是值得借鉴之所在。

6. 高铁开发的文化生态系统

按照高铁开发"做实、做强、做大做久"的发展战略，分三个阶段。初级发展阶段：2011年底开始筹备工作，紧紧围绕高铁片区开发建设这一宏伟目标，完善组织机构建设，初步制定公司的发展战略规划大纲，倒排工期确定2012年—2015年高铁片区项目建设计划，并推动各项工作的开展。积累发展阶段：2013年核心区建设项目实际开工17个标段，完成投资12.5亿元；招商引资工作进展顺利，共引进项目20个，投资总额约299.7亿元；土地储备中心大力开展工作，共进行5处地块征迁，7宗土地调查。2014年共开工建设22个标段，累计完成各项投资22.7亿元，新增融资14.7亿元。预计2015年底完工高铁站及主要配套设施，2016年1月高铁通车。转型创新阶段：建设向投资、城市运营和服务过渡的功能性转变；子公司建设为利润中心；商业地产证券化增值显著；启动公司上市工作。

实际上，在对高铁开发企业文化的优化整合过程中，秉承着与高铁开发发展战略相匹配的原则，高铁开发的战略目标在依托组织建设的同时，也对高铁开发的企业文化提出了要求。同时，坚持高铁开发文化体系的完整性和系统性原则，对高铁开发企业文化的视觉、行为、理念三大体系进行优化，从而突出高铁开发文化体系的个性化和独特化原则，充分体现企业个性和企业独具的文化底蕴，构建富有生命力的高铁开发企业文化生态系统，让各系统根据企业经营管理的不断扩展和深化，适时进行丰富和补充，形成高铁开发文化体系的有序互动。

高铁开发企业文化体系基本结构如图 6-1 所示。

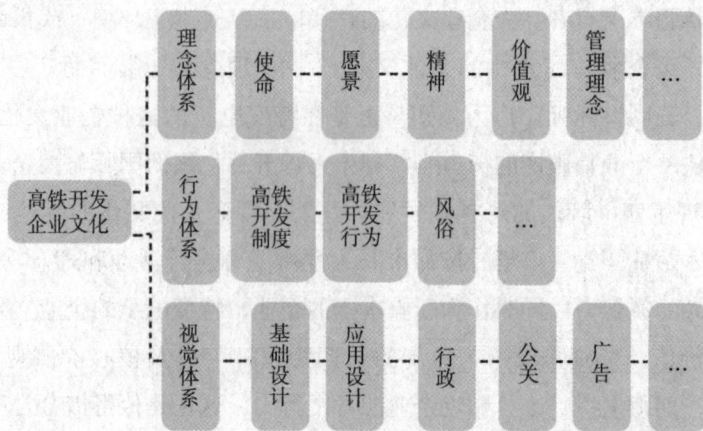

图 6-1　高铁开发企业文化体系

7. 高铁开发的文化纲领提炼

从凝炼企业核心价值观、提高企业凝聚力，优化企业文化建设环境、增强员工归属感，注重企业内部沟通、营造和谐的人际关系和工作关系，塑造企业形象，扩大社会影响力这四个角度，全面提炼和阐述高铁开发企业文化建设内容。同时，从高铁开发面临的市场环境和政策环境、人力资源、内部机制和现有业务四个角度，提出新时期高铁开发对文化的诉求，并结合公司的发展战略规划，明确企业文化建设具体工作分"起步、推进、创新"三个阶段逐步实施，各个阶段落实相应工作和内容，将企业文化建设深入开展下去，并努力有所创新。

事实上，共同价值观是企业文化建设的核心精髓和顶层建筑，高铁开发企业文化在理念精神层面的框架和理念体系结构中，通过前期的调研与梳理，结合企业发展实际，对高铁开发的企业文化纲领进行提炼，其主要内容包括：企业使命、企业远景、核心价值观和核心理念体系下的发展理念、企业精神、经营宗旨、品格作风等七个部分，以增强高铁开发人参与高铁开发管理的意识和能力逐步提高、事业心强、归属感。

7.1 高铁开发的企业使命

公司使命要求需要全体员工为获得市场竞争优势，做事的思维和行动紧扣高铁开发的战略，达到一致性和统一性，即聚集在效益增长（价值增长）和经营效率上。结合高铁开发的历史传承，剖析现状和战略与经营要求，对高铁开发的企业使命进行提炼。初期作为资源整合型企业，统筹管理规划设计、招标采购、建造施工、招商引资等环节，中后期作为综合交通枢纽片区运营服务商，涉及大物业管理、房地产开发、城市配套设施建设及商业服务。

同时，企业的利益共同体中对谁的责任最重要，第一是对客户的责任——品质（满足人民群众在高铁片区的商务、旅游、居住及出行要求，改变生活方式，提升生活质量）；第二是对社会的责任——其一是质量（建设高质量高铁枢纽工程），其二是高效（一方面规定工期内竣工，另一方面通过高效的运营为高铁片区注入活力，推动经济发展）；第三是对股东的责任——其一是成本（控制建设成本）；其二是保值（优化资本结构），其三是增值（利润）；第四是对合作商的责任——其一是质量（公平等的对待）、其二是成本（双赢）；第五是对员工的责任——为员工提供成长的机会，与企业共同发展。

7.1.1 历史传承

释放中心城市优势资源，带动周边地区共同发展：中国第一条真正意义上的高速铁路由北京南站至天津东站，交通的改善带动城市相关领域的升级。新北京南站作为京津城际铁路和京沪高速铁路的交会点，其"北京南站经济圈"的概念被写进了丰台区政府的工作报告。与北京南站类似，天津东站也将被天津河东区着力打造为商务商贸聚集区。通过京津城际高铁通道，京津密集的人才、信息、技术资源和城市功能都可以更便捷地向包括滨海新区在内的环渤海区域扩散疏解，进一步释放中心城市优势资源的辐射效应，带动周边地区共同发展。

城市东西发展黄金走廊向西延，带动周边各产业发展：上海虹桥综合交通枢纽建成后，一是吸引大量的商务客流，二是快速、舒适的高速铁路也将吸引大量的旅游客流。这既是上海通往长三角的重要门户，也是上海城市东西发展黄金走廊的西延伸。这对周边地区的交通、商务、旅游、通讯、物流、信息网络、房地产等城市经济和社会发展带来深刻的影响。

提升我市交通枢纽地位，推进地区形象和功能的塑造，提升综合交通运输效率、提高群众生活水平，推动经济社会跨越式发展和长治久安：乌鲁木齐高铁片区作为首府及自治区的综合交通运输枢纽，不但服务于新疆与国内的往来交通，更是服务于祖国与中亚、西亚国际商贸交流的重要载体，是实现跨越式发展的重大举措。同时，加快实施乌鲁木齐高铁站片区综合开发建设，对于进一步提升乌鲁木齐市面向全疆的综合交通枢纽地位，进一步推进城市门户地区形象和功能的塑造，提升首府和自治区的综合交通运输效率、提高各项群众生活水平，推动乌鲁木齐市乃至全疆经济社会跨越式发展和长治久安具有重要而深远的意义。

7.1.2　现状剖析

多方筹措、积极跟进，资金得以保障：一是落实各项资金。我们积极协调落实，到位资金 9.54 亿元。二是开展融资工作。面对 20 亿元融资任务，我们积极加大与国开行、建设银行、中信银行、银团贷款及皖江金融租赁公司合作力度，多渠道、多方式开展融资，年度新增融资 14.7 亿元。

狠抓前期、反复论证，项目按期开工：2014 年是高铁片区建设的关键和攻坚之年，各项前期工作进展情况成为项目得以推进的重要依据和保障。

多措并举、攻坚克难，全力推进建设：结合高铁片区建设时间紧、任务重的实际，我们强化质量安全监督，狠抓关键环节，加大协调沟通力度，及时解决各类问题，重点项目推进顺利。

加快土储、为工程建设保驾护航：按照"依法合规，实事求是，公开公正，立足长远"的原则，开展高铁片区土储征收工作。

同步谋划，筹备运营，实现造血功能：根据高铁片区规划及建设情况，高铁片区南、北广场地下空间、高铁综合服务中心等具备运营能力的项目，建筑总体量约 70 万平方米，建成后将形成纯商业约 15 万平方米。按照铁道部 2015年底实现新客站正式通车的总体目标，与之配套的高铁片区附属设施建设将同步建成使用，高铁开发公司迎来了自成立以来，融资工作和建设任务最为艰巨和繁重的一年。一方面要全力以赴做好建设，另一方面积极谋划运营工作，盘活高铁片区资产，减轻还款压力。

7.1.3 战略与经营要求

提高群众生活水平，推动全疆经济社会跨越式发展和长治久安：打造"丝绸之路经济带"，是继中央新疆经济工作会议后的又一历史性发展机遇。高铁片区是兰新铁路第二双线乌鲁木齐枢纽站所在地，是实现"丝绸之路经济带"的重要抓手之一，具有十分明显的区位优势。

全力以赴完成高铁片区建设：2011 年底开始筹备工作，围绕高铁片区开发建设这一目标，完善组织机构建设，初步制定公司的发展战略规划大纲，倒排工期确定 2012 年—2015 年高铁片区项目建设计划；2013 年核心区建设项目开工 17 个标段，完成投资 12.5 亿元；招商引资共引进项目 20 个，投资总额约 299.7 亿元；土地储备中心共进行 5 处地块征迁，7 宗土地调查；2014 年共开工建设 22 个标段，累计完成各项投资 22.7 亿元，新增融资 14.7 亿元。2015 年底完工高铁站及主要配套设施，2016 年 1 月高铁通车。

运营高铁片区、盘活高铁资产、提升区域活力、推动经济发展：片区建成后，制定资产运营相应的经营策略和方案，切实引进知名企业，为高铁片区资产盘活、减轻还款压力提供保障。通过对区域的运营，使高铁开发的定位由项目建设向投资、城市运营服务转变，最大化地影响区域经济活力，同时不断影响带动周边区域发展。

企业基业长青，永续经营：通过高铁片区的建设运营，培养一支专业的片区开发建设管理和资产运营队伍，打造真正属于高铁开发公司的核心竞争力，以高铁枢纽为基点，辐射西北，乃至中亚。

7.1.4 企业使命解读

"构筑国际综合交通枢纽·打造丝绸之路发展引擎"是高铁开发的使命。使命体现了高铁开发责任担当的广度与深度，直接阐述高铁开发要做世界级的行业领先者，引领经济社会发展。使命以世界级的地位和目标定位，促进高铁开发建设高品质的综合交通枢纽，服务中亚乃至全球。国际化卓越绩效企业不单以其规模称"大"，更因对人类社会的文明、发展、进步的卓越贡献"大"。

7.2 高铁开发的企业愿景

战略最重要的是要解决走对方向、走正确的路以及如何走的问题，文化则是要解决找对方向以及如何实现上下同欲的哲学之道和精神激励，要统一来看，统一来做。文化和战略最重要的就是方向，没有方向的任何激励最终都将归于无效。不能空喊我们一定要团结，一定要增加凝聚力，但是企业到底要往哪里走,该往哪里走都没有解决,员工有力气也没地方使。

愿景建立在"你想成为什么,所以你能成为什么",而不是"你能成为什么,所以你想成为什么。"愿景就是战略与文化的联结点,它给了战略与文化一个明确的方向,一个光荣的梦想。

7.2.1 愿景由高铁开发面临的宏观环境要求提炼而来(图7-1)

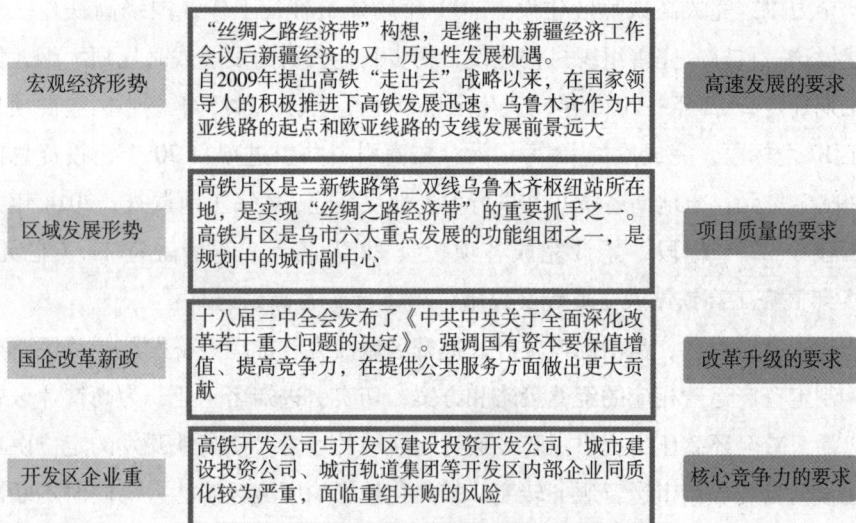

宏观经济形势	"丝绸之路经济带"构想,是继中央新疆经济工作会议后新疆经济的又一历史性发展机遇。 自2009年提出高铁"走出去"战略以来,在国家领导人的积极推进下高铁发展迅速,乌鲁木齐作为中亚线路的起点和欧亚线路的支线发展前景远大	高速发展的要求
区域发展形势	高铁片区是兰新铁路第二双线乌鲁木齐枢纽站所在地,是实现"丝绸之路经济带"的重要抓手之一。高铁片区是乌市六大重点发展的功能组团之一,是规划中的城市副中心	项目质量的要求
国企改革新政	十八届三中全会发布了《中共中央关于全面深化改革若干重大问题的决定》。强调国有资本要保值增值、提高竞争力,在提供公共服务方面做出更大贡献	改革升级的要求
开发区企业重	高铁开发公司与开发区建设投资开发公司、城市建设投资公司、城市轨道集团等开发区内部企业同质化较为严重,面临重组并购的风险	核心竞争力的要求

图7-1 影响高铁开发的宏观环境

7.2.2 愿景由高铁开发公司当前的枢纽建设项目运营要求提炼而来(图7-2)

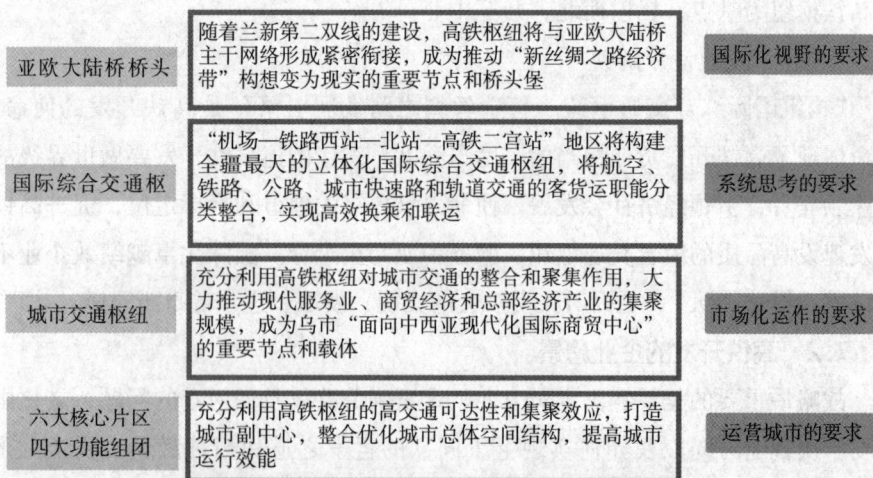

亚欧大陆桥桥头	随着兰新第二双线的建设,高铁枢纽将与亚欧大陆桥主干网络形成紧密衔接,成为推动"新丝绸之路经济带"构想变为现实的重要节点和桥头堡	国际化视野的要求
国际综合交通枢	"机场—铁路西站—北站—高铁二宫站"地区将构建全疆最大的立体化国际综合交通枢纽,将航空、铁路、公路、城市快速路和轨道交通的客货运职能分类整合,实现高效换乘和联运	系统思考的要求
城市交通枢纽	充分利用高铁枢纽对城市交通的整合和聚集作用,大力推动现代服务业、商贸经济和总部经济产业的集聚规模,成为乌市"面向中西亚现代化国际商贸中心"的重要节点和载体	市场化运作的要求
六大核心片区 四大功能组团	充分利用高铁枢纽的高交通可达性和集聚效应,打造城市副中心,整合优化城市总体空间结构,提高城市运行效能	运营城市的要求

图7-2 影响高铁开发的枢钮建设项目运营要求

7.2.3 愿景由高铁开发的战略目标提炼而来（图7-3）

企业战略目标	形成交通枢纽建设和运营两个业务领域内的独特竞争优势，力争成为疆内乃至西北地区最具实力的高铁综合交通枢纽开发者	
企业所在行业的发展标准	影响力	树立竞争优势：在整个行业具有影响力
	资产运作	达成基业常青：总资产数量的要求
	经营指标	实现运营领先：销售收入、利润指标的要求
	员工队伍	人才倍出：在行业中被广泛认可的高素质高技能的专业队伍和管理队伍
	管理水平	成为企业典范：构建规范高效的管理体制，对关联方产生重大影响，因管理模式贡献在业内闻名
愿景由此产生的要求对	第一愿景趋向	愿景可达到的境地
	影响力 ➡	在整个交通枢纽开发行业具有深远的影响力
	资产运作 ➡	最具实力的交通枢纽开发的资源整合平台
	管理水平 ➡	成为疆内乃至西北地区交通枢纽开发首选

图 7-3　影响高铁开发愿景的战略目标

7.2.4 企业远景解读

"一流的综合交通枢纽投资开发与运营商"是高铁开发的远景。愿景体现使命，是战略发展的目标追求。高铁开发愿景是高铁开发人努力追求的理想和抱负，肩负着构建城市价值蓝图的责任，体现高铁开发战略目标追求的高度与厚度。愿景以体现高铁开发致力于一流综合交通枢纽的卓越绩效发展的厚度，承接城市发展战略，创造资本市场化运作的典范，成就一流投资商与运营商地位为目标。

7.3　高铁开发的发展理念

"科学发展、创新发展、聚力发展、持续发展"是高铁开发的发展理念。在高铁开发的发展理念中，科学发展是高铁开发发展的客观要求，包括"遵循规律、市场导向、因势利导"；创新发展是高铁开发发展的必然选择，包括"与时俱进、勇于探索、稳中求进"；聚力发展是高铁开发发展的内在动力，包括"谋求资源、同心同德、内引外联"；持续发展是高铁开发发展的终极目标，包括"固本培元、精准执行、日臻完善"。

7.4　高铁开发的企业精神

"求真务实、团结拼搏、感恩奉献、追求卓越"是高铁开发的企业精神。在高铁开发的企业精神里，求真务实强调事实就是、坚强用心、步步为营，团结拼搏强调矢志不渝、同舟共济、敢打敢拼，感恩奉献强调饮水思源、知恩报德、无私奉献，追求卓越强调勇于超越、精益求精、出类拔萃。

7.5 高铁开发的经营宗旨

"创造价值、合作共赢、诚实守信、服务社会"是高铁开发的经营宗旨。

7.6 高铁开发的核心价值观

"责任、开放、超越、人本、协作"是高铁开发的核心价值观。在高铁开发的核心价值观上，"责任"是高铁开发的灵魂，"忠于事业、恪尽职守、敢于担当"，"开放"是高铁开发的源泉，保持"视野开阔、吐故纳新、跨界思维"，"超越"是高铁开发的追求，做到"开疆拓境、坚韧进取、永不止步"，"人本"是高铁开发的涵养，做到"人尽其才、尊重个性、包容差异"，"协作"是高铁开发的保障，坚持"目标导向、顾全大局、团结互助"。

7.7 高铁开发的品格作风

"信、敬、廉、礼、恕"是高铁开发的品格作风。"信"强调以诚待人、以信为重、开诚布公、言信行果，"敬"强调恪尽职守、勤驱不辍、乐于担当、迎难而上，"廉"强调襟怀坦荡、光明磊落、两袖清风、作风正派，"礼"强调举止规范、言行得体、谦虚礼让、敬人敬己，"恕"强调换位思考、取长补短、容忍之短、携手共进。

8. 高铁开发的文化宣贯与培训

没有企业文化培训，企业文化建设就无从谈起。我们知道，企业文化建设的难中之难，就是企业文化中的"文"如何"化"的问题上，宣贯作为企业文化由"文"向"化"的一个最关键步骤，已成为企业文化建设者关注和研讨的重要问题。

8.1 坚持与思想政治工作相结合

在高铁开发的企业文化宣贯中，坚持与思想政治工作相结合，强调提高人的素质、协调人际关系、最大限度地调动员工的积极性，因为企业文化建设氛围的形成要靠思想政治工作去强化，企业共同价值取向的培育、提炼和升华要靠坚强有力的思想政治工作去保证，企业文化的发展进步要靠思想政治工作去推动和促进。

8.2 坚持与专业化培训工作相结合

在高铁开发的企业文化宣贯实践中，通过进行企业文化专业化的培训，把

"复杂的东西简单化"。同时，针对高铁开发任务重、工期紧的工作实际，结合大部分员工的理解水平，采取企业文化理念通俗化、生活化、实践化，使员工便于理解和接受企业文化的专业知识内容。同时，把什么是企业文化、企业文化的形成、发展史以及在中国的发展历程、企业文化塑造的实际操作方法与流程、国内外著名企业文化分析与借鉴、跨文化的企业文化管理与运用等的内容融入到企业文化培训中。

8.3 坚持建立和完善差异化的实施方案

实际上，在高铁开发的企业培训文化中，可以根据不同的人员制定出个性化的培训计划与实施方案，设计不同的企业文化培训方式和内容。如：对中层管理人员的培训中，注重企业文化执行力的宣导与灌输，强化企文化建设成果实例操作、沟通能力和管理艺术的训练和引导，采用演讲、讨论、报告等交错的方式，利用互动机会增加学习效果；对基层员工的培训中，主要是加强对企业文化基层理论的认识与掌握，统一全体员工的价值观导向，宜采用企业管理制度与企业文化培训相结合的集中制的方式执行，长期性地延伸教育，逐步形成一致企业文化核心理念。

8.4 坚持形式的多样化与企业领导引领相结合

通过召开员工大会、工作例会，借助定期的企业报刊、文化上墙、座谈会以及考试等形式进行宣传，让广大员工对企业文化形成初步的认识。董事长、总经理等公司领导，用自己的行动践行企业文化，合理引导，带领广大员工领悟企业文化，在内部报刊、网站、论坛等探讨企业文化，达到集体关注并理解领悟的目的，将企业的理念、行为和形象文化贯彻到企业的日常运作中，渗透到员工的日常行为中。

9. 高铁开发的文化落地

2015年3月《高铁开发》报纸的创刊号正式面市、4月高铁开发企业文化故事征集活动正式启动、5月高铁开发企业文化上墙工作启动……在高铁开发企业文化落地中，企业文化的建设很容易走向形式化的道路。为防止和杜绝企业文化政治化、口号化、文体化、表象化和僵化的问题，高铁开发在落地实施上，始终坚持加强对企业文化的宣传。增强员工对于企业文化的认同感是企业文化落地的前提；营造积极的氛围，强化企业文化的感召力是企业文化落地的有利条件；明确企业战略，规划企业前景，是企业文化落地的前景方向；优化企业管理，增强企业文化的存在感是企业文化改进完善的动力。构建与企业文化相适应的企业制度体系，才能有效检验企业文化的是否真正落地。

9.1　用优秀的故事感染人

通过向全员征集企业文化故事，形成《高铁开发企业文化故事集》，把每一个发生在员工身边的感人故事，结合到所提炼的企业文化理念中去。用一个又一个根植基层的鲜活、生动的故事，透过主人公平凡的事迹闪耀光芒，去感染人、鼓舞人、激励人。这些故事体现了一种精神，验证了一种品格，也承载着我们关于事业与财富的光荣与梦想，寄予着高铁开发不断实现自我、追求卓越的品格追求，充盈着高铁开发对做事、做企业的认识和所感悟到的相关真理，真正起到了传述和折射高铁开发文化的作用，是高铁开发生生不息、基业长青的根本保证。

9.2　制定员工行为规范标尺

高铁开发的企业文化落地实施，还体现在管理制度的修订完善过程中。通过完善公司的员工手册，形成具体、可执行、可衡量、可考核的具体措施，融入文化理念所形成的完整员工行为守则，体现了高铁开发以人为本、安全发展、可持续发展、和谐发展、生态发展等先进思想，成为员工行为的标尺，引领员工树立与企业制度相适应的职业道德和行为规范。

9.3　完善文化组织与考核体系

对高铁开发的企业文化进行规划，制定出高铁开发企业文化组织管理体系、绩效考核体系、文化奖项设置与评选管理办法、年会司庆活动管理办法、年度文化目标和 3 年规划报告，通过细化、量化这一宏观的概念，提出操作性强的具体规定，确保企业文化的理念落实到每一个岗位上。

9.4　建立多渠道的文化传播途径

积极运用内网、内刊、简报等形式，进行引导，让企业理念、文化内涵，植根于员工的脑海里，积极推进意志化工程。具体来说，在高铁开发企业文化上墙建议中，突出把企业文化内容喷涂在各办公场所、门匾上等显著位置，大力推进形象化工程，以行为文化提升士气、树立形象。在高铁开发企业文化新媒体传播平台建议中，通过完善网站内容、新增企业博客、企业微信多媒体手段，宣扬员工自己的事、身边的事，使企业文化和企业文化服务品牌看得见、抓得住。通过开展健康向上、喜闻乐见的美文分享、公司年会文艺演出、拓展训练等各类文体活动，丰富员工的文化生活，增强集体的凝聚力和战斗力，使企业文化气息渗透到每一个角落、融入进每一名员工。

和合生一：高铁开发企业文化建设的融合之路①

1. 教学目的与用途

（1）本案例主要适用于战略管理、企业文化、管理学和组织行为学等课程的讨论教学。

（2）本案例要求学员对"企业文化变革中所面临的各种问题"进行分析和解决，包括企业文化建设的目标、主体、启动时机、基本原则、一般步骤、路径、方法、绩效等内容。

（3）本案例是描述高铁开发企业文化纲领提炼与推进实施的教学案例，其教学目的在于使学员对组织文化建设的重要性、文化建设的具体过程、文化建设的方法论、文化建设内容的提炼等文化建设问题有感性的认识和深入的思考，从组织的战略愿景、组织的行业特点和组织的特殊背景的角度来分析问题，并提供解决方案。

（4）通过案例分析，要求学员进行角色模拟，假如你是董事长/总经理，在高铁开发的具体环境下如何进行分析和决策。同时，对高铁开发决策及其实施作出分析、评价。

2. 启发思考题

（1）如何评价高铁开发在高铁办的基础上衍生出来？启动文化建设时机

---

① 本案例已得到"高铁开发"的授权，根据高铁开发企业管理咨询项目验收成果撰写。本案例撰写的作者，拥有著作权中的署名权、修改权、改编权。本案例未经允许，本案例的所有部分都不能以任何方式和手段擅自复制或传播。由于企业保密的要求，在本案例中对名称、数据等做了必要的掩饰性处理。本案例只供课堂讨论所用，并无暗示或说明某种管理行为是否有效。

把握得怎样？

（2）如何评价高铁开发建设国际综合交通枢纽战略、企业文化理念与文化建设目标？

（3）高铁开发的文化建设经历了怎样的一个过程？有几个基本步骤？

（4）高铁开发企业文化建设中有哪些主体积极参与了？他们的角色扮演得怎样？

（5）你认为在文化建设、培育中会遭遇的最大困难是什么？有哪些可圈可点之处？

（6）假如你是董事长／总经理上任后，首先会从哪里着手展开投融资与经营管理工作？

3. 理论依据

（1）组织文化：是一个组织由其价值观、信念、仪式、符号、处事方式等组成的其特有的文化形象。组织文化作为一种独特的文化现象来探讨，可以从物质层、行为层、制度层和精神层四个层面来剖析。

所谓组织文化的物质层也叫组织的物质文化，是指由组织成员创造的产品和各种物质设施等构成的器物文化。它不仅包括组合字生产的产品和提供的服务，还包括组织创造的生产环境、建筑、商标、产品包装等内容。

组织文化的行为层位于组织文化的浅层，它是组织成员在工作、学习与娱乐过程中产生的活动文化。它包括经营、教育宣传、人际关系活动、文体活动中产生的文化现象。

组织的制度文化是指现代组织为实现现代组织目标给予组织成员的行为以一定的方向、方式的具有适应性的文化，是组织文化中人与物、人与组织运营制度的中介和结合，是一种约束现代组织和成员行为的规范性文化。

组织文化的精神层又叫组织的精神文化，它是组织文化的核心。作为组织在生产实践过程中受一切的社会文化背景意识形态影响而长期形成的一种精神成果和文化观念，它包括组织精神、组织经营哲学和组织的价值观等内容。

（2）组织文化类型：按照组织的任务和经营方式的不同，特伦斯·迪尔（Terrence E. Deal）和艾伦·肯尼迪（Allen A.）把企业文化分为四种类型，即强人文化，拼命干、尽情玩文化，攻坚文化，过程文化。

（3）组织文化建设原则：创立企业文化的一般原则，是以组织的共性作为分析的前提，是各类型组织进行文化建设和文化改革时，应遵循如下共同原则。

突出个性原则：组织文化目标及其相应的文化体系，应突出文化个性。个性是文化的力量所在。只有鲜明的、个性化的文化，才可能有最直接的社会文化识别。众多的组织文化面向社会，社会最先发现并承认的是具有鲜明个性的组织文化。没有个性的企业文化，只能淹没在浩瀚的企业文化海洋之中，无人知晓。

强调主体性原则：我国创立组织文化，完善组织管理机制，是在参照外国模式的情况下进行的。对于外来理论和实践，需要结合自己文化的特点，坚持自己文化的主体性。首先要承袭民族文化传统；其次，了解组织的现实条件和基础。

共同参与原则：组织文化是群体文化，需要组织成员对组织目标、组织哲学、组织价值观、组织精神、组织宗旨、组织道德等进行整体认同。

面向未来原则：组织文化要面向未来，未来组织之间的竞争将是文化的竞争。科学技术的发展使组织的"硬件"上日益接近，"软件"上的差距是未来战略重点。只有高起点、高品位的组织文化，才可能支撑现代化的组织，才能在未来竞争中立于不败之地。

组织文化与组织战略相统一原则：组织的战略是组织的生产实践的总方针。组织的其他工作，包括组织文化建设都应服从和服务于这个根本宗旨。因此，在组织文化建设中，应努力协调、大力促进两者的一致。

继承传统原则：组织文化的建设既是一个创立的过程，也是一个不断革新改造的过程。新组织文化并不是建立在一片废墟之上，原来的组织文化也并非一无是处。各个不同的组织都有自己的文化传统。在创立企业文化过程中，不能忽视原有文化的存在。事实证明，如对原有文化持虚无主义态度，则难以博大的胸襟创立新的文化。

4. 要点分析

（1）关于高铁开发的设立和实施"国际交通综合枢纽"战略评价。

可利用 SWOT 分析法来分析不同战略的优势、劣势、机会、威胁。

（2）关于高铁开发企业文化建设目标的分析。

企业文化建设是一项系统工程，在进行企业文化建设时，必须着眼于未来，立足于企业战略，顺应企业的发展趋势。同时，必须把企业文化作为整合企业资源、全面提高企业整体素质的重要手段。企业文化建设的目标必须根据企业的历史、企业面临的现实环境、发展战略等确定，保证企业文化建设的目标与企业的战略目标相一致，并通过实现企业文化建设的目标来促进企业的发展。企业文化建设的总体目标是：培育先进文化、提升员工素质、内强企业灵魂、外塑企业形象。

（3）关于高铁开发启动企业文化建设时机的评价。

企业文化建设的时机应审慎选择。一般，企业文化演变的临界点，是启动企业文化建设的最佳选择，具体地说主要包括：

企业超常规发展时——企业人员快速增加、分支机构扩展较快，兼并、联合其他企业经营，产品生产规模扩大、市场覆盖面扩大、经营额直线上升时；业绩平平或陷入困境时；企业制度转型时；企业领导班子重大变化时；外部环境重大变化时。

（4）关于高铁开发企业文化理念定位的评价。

企业文化的形成和变迁受诸多因素影响，进行企业文化设计必然要考虑这些因素，其中，尤其应充分考虑企业的经营领域、企业领导者的个人修养和风范、员工素质及其需求特点、企业的优良传统及其成功经验、企业现有文化理念及其适应性、企业面临的主要矛盾和所处地区环境等因素。企业文化的设计应遵循"历史性、社会性、个异性、一致性、前瞻性、可操作性"的指导原则。

（5）关于高铁开发企业文化建设的主体及角色的分析。

人是企业的主体，企业的一切存在都是由人创造的。无疑，在企业文化建设中的主体同样是人。一般在企业文化建设中，主要涉及的是企业领导人、企业文化职能部门、企业中层管理者、企业员工和外聘企业文化专家等几类重要主体。

（6）高铁开发企业文化建设过程和基本步骤的分析。

企业文化建设一般要经历企业文化的测评、设计、实施和巩固4个步骤，如图4-1所示。

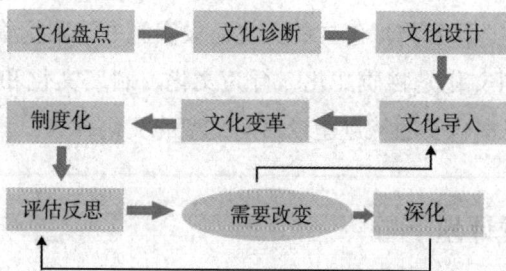

图4-1　建设企业文化的步骤

(7) 关于高铁开发企业文化培育中遭遇的最大困难的分析。

企业文化培育中会遭遇的最大困难是：文化建设流于形式，价值理念难以深入人心。

企业文化培育是一种艺术，一种塑造共享价值观的艺术，一种教育和影响人的艺术。要让企业提炼的价值理念深入人心、落地生根，必须做到：

第一，建立和完善企业的制度和机制，让软管理"硬"起来，并以人为本，采取切实可行的措施，层层推进；第二，"虚功"实做，通过制度落实、工作落实、人员落实，使价值理念化虚为实，渗透到企业日常运作之中；第三，通过企业价值理念的内化、外化、群体化、习俗化、社会化，使企业文化落地生根，真正成为企业的灵魂；第四，企业领导者巧妙引导、言行一致、以身作则，充分发挥"领头羊"的示范作用；第五，营造生动的情境、挖掘典型的故事、塑造英雄等情境强化艺术，寓教于乐，让员工广泛参与进来，自觉体悟企业文化；第六，善于遵循和运用心理定势、心理强化、从众心理、认同心理、模仿心理、挫折心理等心理机制，优化企业内部的心理环境。

(8) 关于高铁开发企业文化绩效的分析。

企业文化具有五大基本功能：导向功能、规范功能、激励功能、凝聚功能和辐射功能。

(9) 高铁开发企业文化建设的可圈可点之处。

上述已分析的，不再重复。还有就是遵循了企业文化建设的一般原则：市场导向、个性鲜明、以人为本、战略匹配、系统有序、全员参与、持之以恒等。

5. 关键要点

(1) 建立怎样的高铁文化是高铁开发目前要解决的问题。在本案例中，正是在文化类型的选择和采取怎样的文化建设实施办法困扰着董事长/总经理。

(2) 好的组织文化是物质文化、行为文化、制度文化和精神文化的有机结合。同时也要根据自身的特点建设不同类型的文化。

6. 建议课堂计划

本案例可以作为专门的案例讨论课来进行。以下是按照时间进度提供的课堂计划建议，仅供参考。

整个案例课的课堂时间控制在 120—150 分钟。

课前计划：提出启发思考题，请学员在课前完成案例阅读并对案例进行初步思考，案例小组制作课堂发言 PPT 初稿。

课中计划：简要的课堂前言，明确研讨主题：10—15 分钟。

分组讨论，告知发言要求：45 分钟。

修改 PPT，案例小组修改发言 PPT：15—25 分钟。

小组发言：每组 10 分钟，控制在 25—40 分钟。

引导全班进一步讨论，并进行归纳总结：25 分钟。

课后计划：每组采用案例分析报告的形式给出更加具体的解决方案，为后续内容铺垫。

基于价值链的光正集团钢结构业务流程管理优化①

摘要： 本案例以顾客价值和企业价值最大化为方针，描述了光正集团钢结构业务在激烈的市场竞争背景下，优化业务流程，重塑流程管理体系，降低生产成本，提升市场竞争力。案例通过回顾公司发展历程，介绍钢结构原有生产管理模式和流程管理体系的局限性，以价值链理论、业务流程管理为基础，规划设计出光正集团钢结构的业务流程优化方案，并运行验证。本案例可作为管理学专业本科生和 MBA 学员在管理学、生产运作管理等课程的辅助材料，帮助学生根据企业自身特征进行流程管理体系的构建和优化，实现企业价值最大化。

关键词： 光正集团，钢结构，价值链，业务流程管理

0. 引言

有道是，"通则不痛"。2015 年 3 月一大早，光正集团钢结构公司总经理张勇辉坐立不安，独自在办公室来来回回的走着，办公桌上摆着一份从浙江传来的钢结构建工联系单：公司承接的一个钢结构加工工程项目，业主方要求必须在 2 月 25 日前竣工，甲方与公司签订的合同规定 2 月 10 日前全部完成钢结构加工并送到甲方的项目工地，但公司在给甲方的供货上一拖再拖，在超过合

---

① 本案例是基于光正集团股份有限公司钢结构业务流程再造的情况，由新疆大学 MBA 中心根据所参与的具体过程进行撰写。本案例撰写的作者，拥有著作权中的署名权、修改权、改编权。本案例未经允许，本案例的所有部分都不能以任何方式和手段擅自复制或传播。由于企业保密的要求，在本案例中对名称、数据等做了必要的掩饰性处理。本案例只供课堂讨论所用，并无暗示或说明某某种管理行为是否有效。

同约定期限 20 余天后，仍未完成最后一批发货，严重影响到了甲方的工程施工进度，导致该合同停止执行，承担 60 万元的延期违约金，并承担由此产生的其他费用。

百思不得其解，张总看看表，便拿着这张打了一个大大问号的联系单，径直走向了召开经营分析会的会议室。

1. 不一样的经营分析会

当张总走进会议室坐下后，与会者纷纷看着张总，并露出了诧异的眼神：以往经营分析会，张总总是拿着茶杯、笔记本和一摞厚厚的资料。而今天，却只拿了一张纸，其他的什么也没有带。

一进会议室，就与生产总监进行交流。会议一开始，张总主动主持会议说："今天的经营分析会我们专门讨论一下我手中拿着的这张纸。像这样的联系单已经不是第一次收到，这个问题得不到解决，有再多的业务又有什么用？长此以往的话，公司赚取的这点利润，还不够赔偿损失的……这份业务联系单，因我们钢构件延迟发货造成了甲方的损失，他们已经单方面停止该合同的继续履行，公司将承担 60 万元的违约金，这对公司来说是一笔不小的损失。大家清楚，这一两年钢结构行业利润率下降，之前高利润率下掩盖的管理问题逐步凸显，我们从设计、制造、安装、售后服务全产业链的企业，各个环节需要紧密配合，现在不断出现这样那样的问题，大家怎么看？问题到底出在哪儿？是什么原因造成的？今天，只讲问题的关键点，深挖根源，不追究责任，大家都说一说！"

仓储部经理郑丽："运输车队一直在工厂外等候，钢构件加工完成后，马上装车发货，运输环节并未耽误。"

生产总监朱利军："这批钢构件没有按照计划时间完成，但是因为这批构件需要特种钢材，材料到货整整比计划生产时间晚了 10 天，材料到达仓库后，我们尽快组织了车间加工生产。此外，品质部没有适时抽检，到涂装工序才检查，返工耽误时间太多。车间工人加班加点，还是没赶上工期。"

采购部经理刘生德："材料到货晚是有原因的，八钢暂停了这类特种钢材的生产，疆内市场上的存货价格超过了前期控制价，财务部不同意加价采购，只能从内地采购，运输上浪费了较多时间，而且系统部安排的生产计划并没有考虑材料采购时间。"

财务部经理黄凤琴："预结算部在成本预算中给出了材料价格，疆内采购价确实超过了控制价，也没有收到该批订单加急生产的批复，才同意从疆外采购的。"

系统部经理王建荣："我们在安排生产计划前没有收到这批材料需要从疆外采购的信息，按照惯例，从八钢就可以直接采购，不用考虑运输时间。"

品质部经理葛海云：我们部门就 5 个人，几条生产线同时开工根本忙不过来，抽检这块确实没有做到位。我们从 2006 年就开始引入 ISO9000 质量管理体系，生产车间未坚持按管理体系进行管理。据抽检记录显示，生产车间因产品不合格，返工率一直较高，给生产车间、工艺技术部多次反馈，问题一直没有得到解决……

与会者一致认为：产品利润率低、车间次品率高、部门间推诿扯皮、部分项目产成品按期交付困难等问题，归根结底就是流程不畅、责任缺失所造成的，这是光正集团钢结构公司亟待解决的。

张总当即拍板："既然问题已经清楚，就来梳理生产流程、明确各环节的责任。我只有一个要求，那就是一定要形成公司的特色，杜绝类似问题的再次发生，以此构建公司高效、科学的管理体系。"

说干就干，2015 年 4 月，钢结构业务抽调各部门业务骨干组成业务流程优化项目组（以下简称"项目组"），张总担任项目组组长。光正集团钢结构公司开始了一场以提升管理效率和提高利润为目标的管理变革。

2. 公司背景

光正集团股份有限公司创立于 2001 年。2008 年公司整体改制为中外合资股份有限公司，2010 年在深交所挂牌上市（股票代码：002524），其业务组织结构如图 2-1 所示。依靠"奉献事业，追求卓越，享受工作，快乐生活"的企业价值观和"以质量求生存，向管理要效益，以创新求发展"的经营理念，公司从创业至今已走过了 16 年的风雨历程，从创业初期的一家偏于西北一隅小企业，快速发展成为以钢结构、能源、金融三位一体的集团化、多元化的上市公司。

公司通过了高新技术企业认定（拥有 15 项专利）及质量、环境、职业健康安全三体系认证，成为中国西部地区资质最高、规模最大、实力最强的钢结构建筑企业，并在新疆、武汉、嘉兴拥有三处生产基地，厂房总建筑面积达

33 万平米，先后引进了世界一流的钢结构专业加工设备及先进的检测设备仪器，年产钢结构能力 32 万吨。

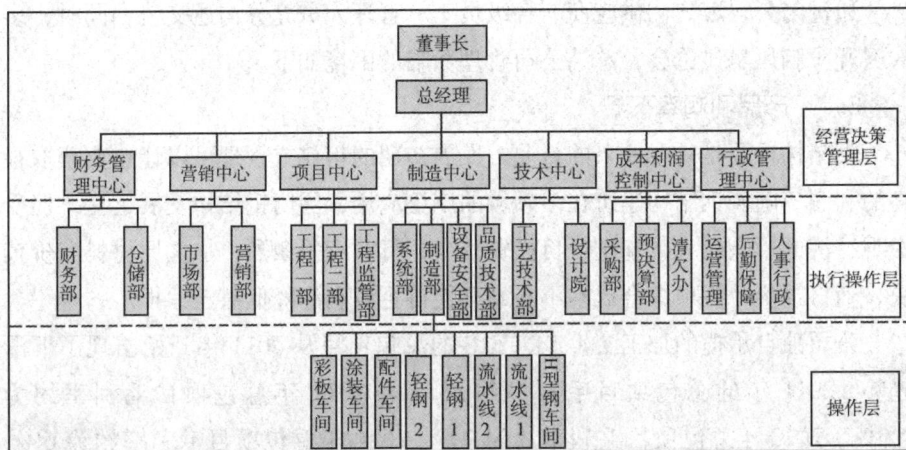

图 2-1 光正集团钢结构业务组织结构图

公司钢结构业务板块致力于绿色低碳节能环保的钢结构建筑事业，集设计、制造、安装、售后服务为一体，专业从事轻钢结构、重钢结构、多高层钢结构、空间大跨度钢结构等建筑体系及桥梁钢结构的建造。目前，公司具有国家钢结构工程专业总承包壹级资质、钢结构专项设计甲级资质、中国钢结构制造企业壹级资质、建筑行业（建筑工程）乙级设计资质、房屋建筑工程施工总承包贰级资质、对外承包工程经营资格证书等。多年来，公司获得"新疆著名商标""中国建筑金属结构协会建筑钢结构工程制作、安装定点企业行业信誉 AAA""新疆自治区最具投标实力钢结构企业"等荣誉，被评为乌鲁木齐"重合同、守信用"企业、银行"AAA"级诚信企业，是自治区重点扶持的高新技术企业，先后荣获"最具成长力工业企业""纳税先进企业""工业十强企业""创新型试点企业""成长型企业""上市先进单位"等光荣称号。

公司承建及参与了新疆军区 4201 项目、南昌富隆城项目、乌市中石油大厦、喀什双子塔、兵团司令部办公大楼、新疆国际会展中心、克拉玛依火车站、新疆众和热电联产工程空冷系统、神华新疆米东煤矿石热电厂、天业集团 40 万吨/PVC 项目电厂工程、深圳市华星光电等大型标志性建筑 20 余个。海外业务已拓展至阿拉木图、希姆肯特、比什凯克、阿斯塔纳、杜尚别等国家和地区的钢结构工程项目。

3. 困境分析

通过与公司客户、供应商、各级员工、管理人员充分沟通交流，同时，多次召开头脑风暴讨论会，总结公司管理面临的困境如下。

3.1 产品利润率下降

钢结构行业是一个新兴的行业，发展初期的粗放式管理可以让企业获取很高的利润。随着钢结构建筑在多领域的广泛应用，国内钢结构发展迅猛，但受宏观经济的影响较大，基础项目投资减少，行业竞争激烈，加之原材料涨价较快，辅材提价，各项综合成本不断攀升使得企业利润降低甚至亏损。

公司独自承揽的加工、生产、安装的总包项目从 2011 年开始出现了下滑趋势，2011 年的总包项目毛利率约为 9%，2012 年总包项目毛利率约为 8.3%，2013 年总包项目毛利率约为 7%，2014 年总包项目毛利率约为 6%，到 2015 年上半年总包项目毛利率约为 5%，如图 3-1 所示。

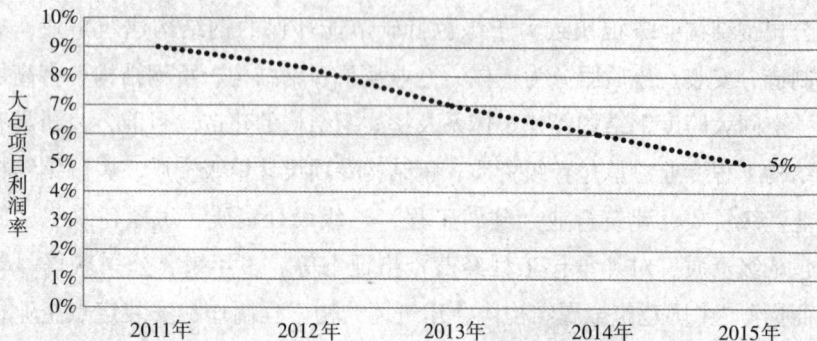

图 3-1　光正集团钢结构业务大包项目利润率趋势图

3.2 过程控制不力，次品率高

光正集团钢结构以钢材为主要原材料，以建筑工程钢结构构件为主要产品。在钢结构加工生产中，过程控制落实的结果是工序能力指数，是一次交验合格率指标。在光正集团钢结构生产车间，其生产工艺流程图相对比较简单，包括"钢板预处理（外协加工）→切割下料→组装→焊接→校正→油漆→烘干→检验→入库"九个环节。除流程外，产品质量控制还受诸多工序的管理状态和人（施工人员）、机（设备工装）、料（材料）、法（方法、工艺）、环（环境）等因素的综合影响。

从上面的流程可见，各工序管理的标准化程度，工序间传递的质量评定论证是形成产品质量的根本。光正集团钢结构生产车间的质量管理，归口部门为公司品质管理部，在过程产品的抽检和下道工序前的复检中，一次交验的次品率较高。究其原因在于，公司品质部的抽检、复检重结果，轻过程控制。

而对于未达到产品合格技术要求的产品，必须返工。这不仅降低了生产车间的生产效率，还对焊丝、电力等过程中的材料的耗损过大，导致钢结构产品材料间接成本、返工人工成本增加，低水平的重复劳动作业，产品还未出生产车间就在反复的返工中损耗利润！

3.3 部门间推诿扯皮

公司流程制定和职责划分不清晰（见表3-1），尤其是责任交接点的划分和工作质量评估标准未明确，没有建立相应的工作标准。一旦需要承担风险、错误、对结果负责的时候，部门间的争端、纠缠就没有消停过。

公司部门之间因害怕担负工作失误的直接责任，加之没有良好的沟通机制，使得如仓储部与生产车间、生产车间与品质部之间，尤其是上下游部门间因功过归属问题，不主动决策、常相互推脱、谨慎合作，并将问题转嫁给上司，让领导成为解决分歧的裁判员，从而形成"反授权现象"。

表3-1 公司核心业务流程及归口管理部门表

核心业务流程	项目承接	成本概算编制	设计与分解	生产管理	原材料采购及入库
主要参与部门	市场营销部、预算部	预算部	设计院、工艺技术部	系统部、制造部、品质部	采购部、仓储部
核心业务流程	原材料出库	物料控制	现场施工管理	竣工结算	售后服务
主要参与部门	仓储部、制造部、财务部、市场部	制造部、仓储部、财务部	工程部	工程部、预结算部、市场部、财务部	市场营销部

除此之外，因利益之争，部门人员之间逐渐丧失信任，员工在工作过程中对相关人员产生否定的负面情绪，处处防范警惕以确保自己的利益，加重了部门与部门之间的不配合程度，甚至部门人员间只管争功诿过，不求整体效率，长时间导致工作效率不高。

上述种种无形中增加了问题的复杂性，拖延了解决问题的时间。

3.4 生产运营管理缺位导致部分产成品难以按期交付

光正集团钢结构为满足订单的交货期提前和有可靠的质量保证，在2006年就开始执行ISO9000质量管理体系，但随着公司的发展、市场需求量的扩大、新老员工的交替等原因，并没有将 ISO9000 管理体系一直坚持下去，未严格执行质量管理体系标准，甚至可以说在生产运营管理中，没有较为全面的生产管理和详细的品质管理流程。

就生产车间效率不高的原因分析发现，在订单产生后没有进行生产的计划与进度管理，往往只能提供粗糙的大节点计划，不能制定详细的生产进度。同时，预定计划节点总会因各种原因被打乱，生产节奏缓慢、各部门没有有效配合、无法全程跟踪生产、不能分析生产管理状况，导致项目交付期拖延，以至于带来违约损失。

4. 流程梳理

项目组在确定公司内部生产管理面临的困境后，讨论并达成一致共识：必须进行公司钢结构业务流程的详细梳理及优化，形成标准化作业流程和规范，方能在一定程度上解决这些问题。由此，公司正式踏上了钢结构业务流程梳理和优化的征程。

基于前期工作基础，项目组将业务流程梳理和优化分为：现有业务流程梳理、现有业务流程优化和优化方案试运行三个阶段分步展开。

4.1 第一阶段：现有业务流程梳理

通过业务梳理工具和方法将公司现有的业务流程进行描述。

由于运营过程中没有相应的业务流程图来展示业务流程的各个环节，项目组通过培训学习逐步掌握了业务流程梳理和优化的方法，经过讨论项目组对公司钢结构主营业务的梳理分 8 个步骤进行。

第一，确定主营业务逻辑关系总图。

光正集团钢结构主营业务主要分为市场营销、工艺管理、生产管理、物资采购、仓储管理、用户服务六个阶段，涵盖销售计划、售前管理、投标管理、合同管理、工艺设计、经营计划分解、采购计划分解、采购执行、生产计划、产品生产、产品入库与发运、安装与售后等环节，就此厘清了光正集团钢结构公司主营业务的逻辑关系，如图 4 - 1 所示。

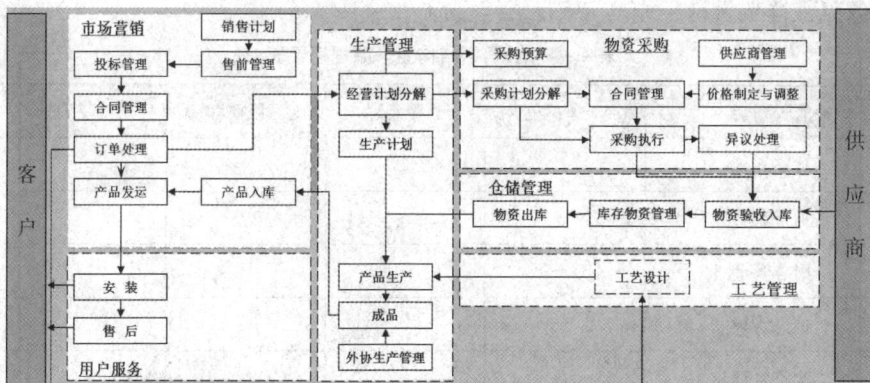

图4-1 光正钢结构主营业务逻辑关系总图

第二步，结合业务特点厘清职能。

项目组清晰地认识到，钢结构是产业链长且全的业务，目前整体行业利润率不高，对于公司来讲环节、工序越多，利润的掌控难度越大。因此，需要加强对各业务环节的管控，争取业务顺利完成，保证预期利润。

根据公司业务的特点，项目组对公司各业务环节的职能划分为决策监督、生产运营、资源保障三大职能（如图4-2所示），并对三大职能的关系做了区分。

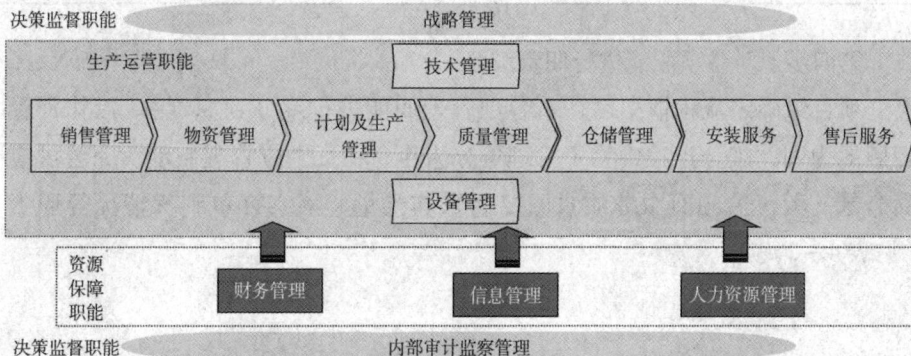

注："生产运营职能"是为企业创造核心价值的运营活动，同时也是生产型企业管理的关键环节；
"资源保障职能"是支持主要运营活动顺畅有序进行的必不可少的人、财、信息管理活动；
"决策监督职能"是引导企业在合规合法的前提下，沿着竞争力提升方向高效运行的战略决策系统和监督控制系统。

图4-2 光正公司业务职能划分图

第三步，依据职能定流程框架。

确定各项管理职能之后，项目组依照三级流程管理原则，建立了一级流程、二级流程、三级流程及流程编号的流程框架（见表4-1），完成了钢结构业务流程框架设计工作。

表 4 -1 公司钢结构业务流程框架表

管理职能	一级流程	二级流程	三级流程	流程编号
战略管理				
人力资源管理				
财务管理				
信息管理				
物资管理				
计划及生产管理				
技术管理				
设备管理				
质量管理				
仓储管理				
销售管理				
安装服务				
售后管理				

第四步，对各项职能进行职责细分。

项目组确定流程框架后，对各项管理职能进行细分到职责[①]。以物资管理职能为例，细分过程中物资管理可分为建立物资供应管理制度、完善供应商名录、考核供应商服务质量、控制采购批量、落实订单到货情况等职责（见表 4 -2）。

---

① 职能相对于职责是一个较大的概括性较高的概念，职能是各项相似职责的分类汇总，而职责是职能各项操作的细分和描述。

表4-2 公司钢结构业务职责细分表——以物资管理职能为例

	1. 建立和持续完善物资供应管理制度和流程，包括招标程序、采购流程、验收入库操作标准等
	2. 为公司原材料采购寻求合格供应商，不断完善合格供应商名录
	3. 与相关部门一起评估供应商的生产能力和技术先进性，确定合格的供应商，跟踪、考核并不断提高供应商的服务质量
	4. 与现有和潜在的供应商及承包商建立并维持高效的工作关系
	5. 每半年到供应商生产现场，对生产过程中的工艺控制流程进行监造、抽查，并记录存档
物资管理	6. 根据采购计划控制合适的采购批量、到货时间，保证生产部门所需原材料的及时供应
	7. 跟踪订单的落实情况，确保按时收到所需物资
	8. 通过谈判获得有竞争力的价格和服务合同
	9. 与财务部协调规范付款程序，确保供应商及时收到货款
	10. 了解原、辅材料的最新发展动态和供应商的资料，确定合适的采购策略和流程，降低采购成本
	11. 制定和落实库房的管理标准和程序，包括物料的接收、生产、存储和发放；结合实际计划产量的变动，及时调整库存储备计划

第五，对关键职责进行分类。

完成职能到职责的细分，对项目组来说仍然远远不够。职责的描述越细化，越能够全面描述职能的工作内容，如表4-2中的"2""3""4"项职责均是对供应商的管理，因此项目组对细化的职责进行了分类，将职责内容相似的各项进行分类。以物资管理为例，物资管理各项职责被划分为供应商管理、采购计划编制及调整、采购过程管理、采购价格管理、采购合同管理、物资验收及入库、采购异议处理等类别（见表4-3）。

表4-3　公司钢结构业务关键职责分类表——以物资管理为例

管理职能	关键职责
物资管理	供应商管理
	采购计划编制及调整
	采购过程管理
	采购价格管理
	采购合同管理
	物资验收及入库
	采购异议处理

第六步，确定流程名称。

项目组意识到，公司在以往的工作过程中，有着约定俗成的业务流程，而对于现有流程的挖掘、呈现和描述方面存在一定的困难，经过几次讨论后，职责管理中存在的流程逐步被寻找出来，并分别确定了流程名称（见表4-4）。

表4-4　公司钢结构业务流程名称分解表——以物资管理为例

职能	关键职责	流程名称
物资管理	供应商管理	供应商选择流程
		供应商评审流程
	采购计划编制及调整	采购计划编制及调整流程
	采购过程管理	计划采购流程
		零星物资采购流程
		紧急物资采购流程
	采购价格调整	采购价格调整流程
	采购合同管理	采购合同签订流程
		采购合同变更流程
	物资验收及入库	物资验收及入库流程
	采购异议处理	采购异议处理流程

第七步：建立分类分级流程体系。

项目组在确定各项流程名称后，结合第三步中确定的流程框架体系，最终形成公司纵向分类、横向分级的流程体系（见表4-5）。

表4-5 光正钢结构业务流程目录表——以物资管理为例

一级流程	二级流程	三级流程	流程编号
物资管理	供应商管理流程	供应商选择流程	
		供应商评审流程	
	采购计划编制及调整流程		
	采购过程管理流程	计划采购流程	
		零星物资采购流程	
		紧急物资采购流程	
	采购价格调整流程		
	采购合同管理流程	采购合同签订流程	
		采购合同变更流程	
	物资验收及入库流程		
	采购异议处理流程		

第八步：业务流程图示化呈现。

通过项目组近一个月的努力，运用专业软件和一系列的符号、语言将业务流程图进行表述（见附录本节），光正集团钢结构公司现有业务流程得到了梳理和再现。

截止第一阶段工作结束，梳理完成83项业务流程，为后续工作打下了坚实的基础。

4.2 第二阶段：现有业务流程优化

在完成第一阶段工作成果后，张总明确指出，第一阶段只是厘清了业务流程和理顺了工序关系，这仅仅相当于摸清了家底，而如何在此基础上找到公司业务增值关键点，加强过程控制，进而保证利润增长才是此项工作的重点。此时，他想起了学习过的价值链理论，刚好与公司业务流程相对应。

在重温了相关理论后，项目组与各部门业务骨干对现有业务环节、节点及价值增值过程进行充分讨论，并再次与客户交流沟通，理清部门工作的关键节点。同时，将现有流程图进行部门内部讨论、专题会议讨论和跨部门讨论，最终达成共识，确定优化方案。

4.2.1 运营过程分析

经营过程的分析必须从价值入手，将企业价值、价值链和业务流程有机的联系起来，形成以"企业价值、价值链、业务流程"三个不同递进层次，确定业务流程的改进机会和改进方法。

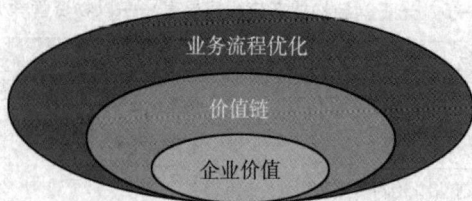

图4-3　运营过程分析图

如图4-3可见，第一层次是企业价值，反应企业的总目标、使命和行为准则，是企业经营分析的核心和基础。光正集团钢结构公司倾力打造"一流钢构专家"的品牌形象，公司致力于通过"加强科学管理和技术创新，吸收优秀人才，提升企业文化"，实现"成为给投资者、员工和客户带来最高回报的企业，成为中国西部和中亚钢结构建筑事业的领跑者，成为行业最受尊敬的企业"。

4.2.2　企业价值链分析

光正集团钢结构公司核心价值链主要包括创造客户认可有价值的产品或服务、负担各项活动所产生的成本。公司经营的主要目标在于企业在价值活动过程中最终所能实现的利润。因此，必须从价值链的角度进行业务流程优化，分析公司各项活动哪些是"增值"的？哪些是"不增值"的？并进一步判断各项价值活动所创造的"利润"空间。通过多次的研讨、分析与标杆对比，按照"企业存在的根本目的是创造价值，并保证长期的生存和盈利，为众多的利益相关者提供最优的价值"这一基本前提，综合光正集团钢结构公司的实际，其基本的价值链及其构成如图4-4所示。

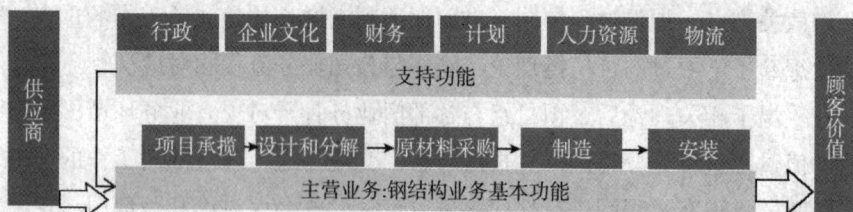

图4-4　钢结构业务价值链分析图

钢结构业务是本公司的主业，主要包括以下内容：

★钢结构工业厂房：包括单层和多层钢结构厂房。

★钢结构公共建筑：包括商场、展厅、车站、候机楼等。

★钢结构民用建筑：主要指钢结构民用住宅。

★普通钢结构：主要是大跨度空间钢结构，包括桥梁、天桥等。

针对钢结构业务价值链分析过程中发现，采购价格的控制、生产过程中质量控制、原材料使用管控等环节的是增值的关键节点，也是在现有的管理过程中一直被低估和未实现有效管理的部分。

4.2.3 公司流程优化与设计方法

4.2.3.1 流程优化思路

通过对光正集团钢结构公司原有流程的分析，基于价值链的业务流程设计思路如图 4-5 所示。

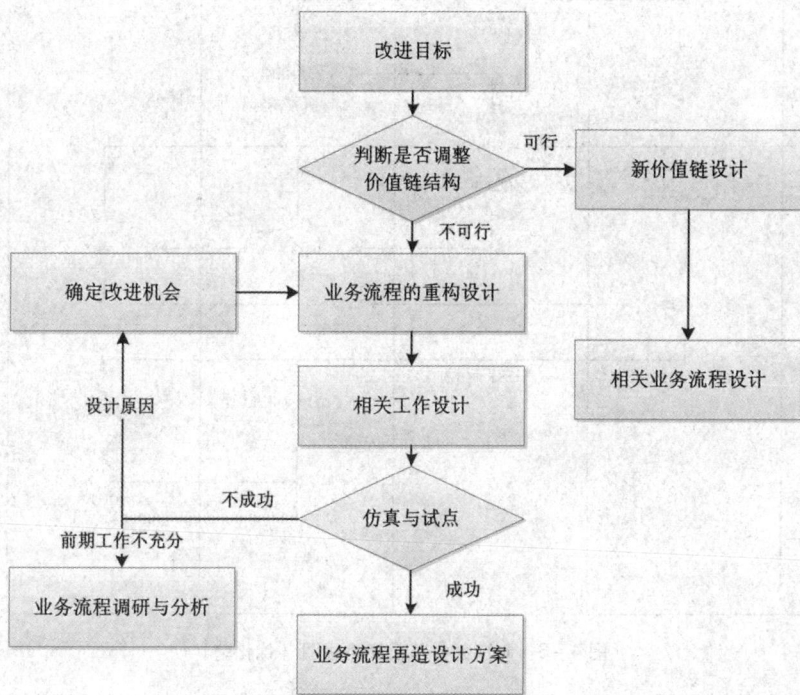

图4-5 流程优化思路图

4.2.3.2 流程优化的具体内容

在此次的流程优化设计过程中，自上而下的统一组织，先定全局框架再到局部细化。按照三级流程的管理框架，设计了包括项目承接阶段、项目准备阶段、项目实施阶段、项目完工阶段、项目资金管理等在内的 5 个一级流程，订单承接、合同签订、合同交底、编制成本概算、计划分解、项目组织、图纸分解、材料采购、出入库管理、生产加工、现场安装（含营销发货）、竣工结算、顾客回访、资金收付等 14 个二级流程，70 个三级流程，涉及公司 10 余个部门，共计千余个流程节点。以下以仓储部管理流程为例。

业务流程梳理前公司仓储部"制造部材料出库流程"，如图 4-6 所示。

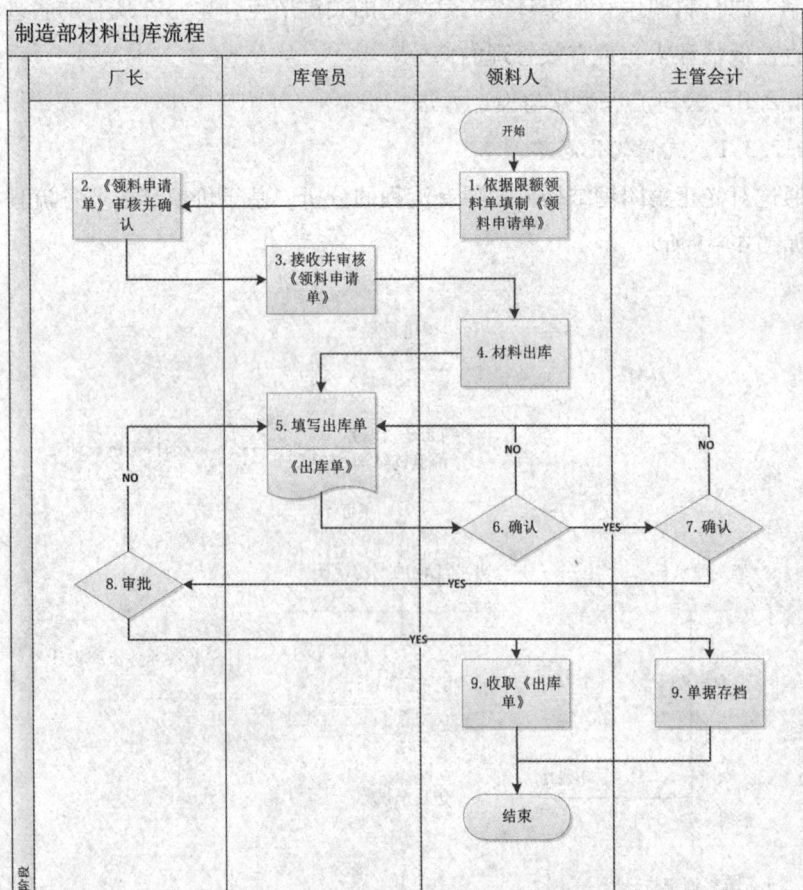

图 4-6　制造部材料出库流程图（优化前）

生产领料工作流程图，如图 4-7 所示。

生产领料工作流程

系统部	仓储部	制造部	财务部

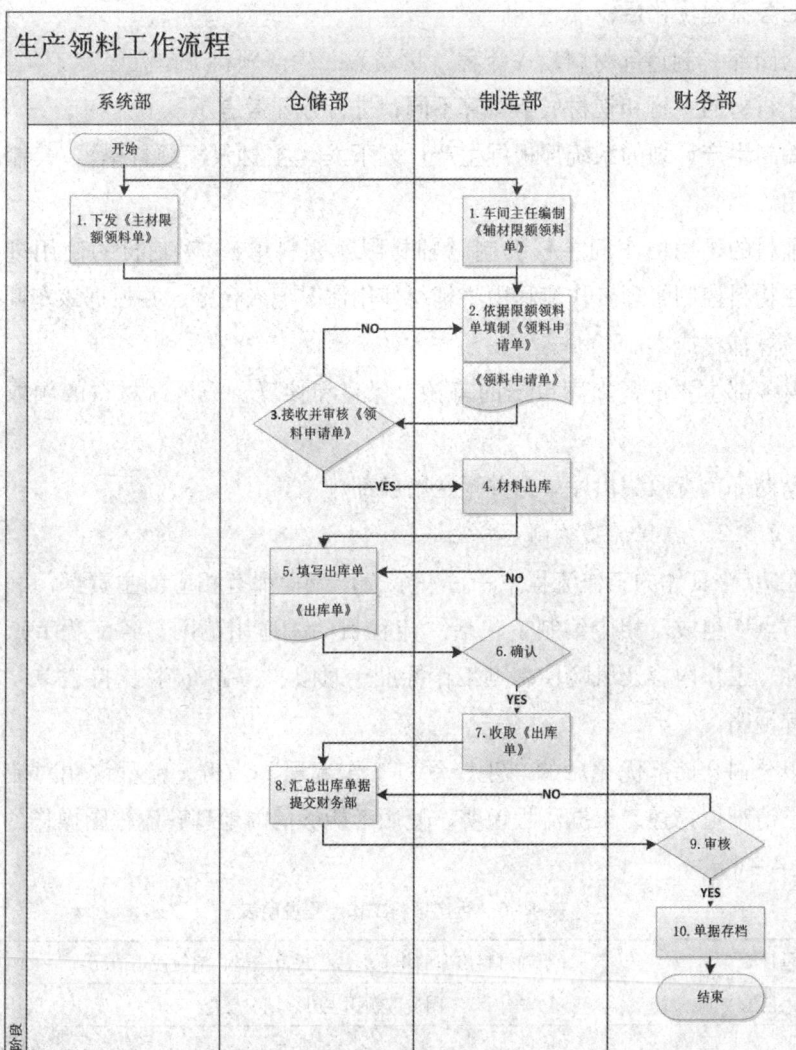

图4-7 生产领料工作流程图（优化后）

业务流程优化前：

该业务流程名称为"制造部材料出库流程"。

领料人可根据自己的加工情况填写《领料申请单》发起领料流程，厂长签字同意后即可到库房领料出库。整个流程中对主辅材的控制不到位，生产经营中经常会出现领料人多领料，生产车间材料多余、浪费比较严重。

财务部主管会计参与原材料的领用审批。

出库单由领料人保存并提交主管会计。

业务流程优化后：

仓储部"制造部材料出库流程"更名为"生产领料工作流程"。

原材料的主材和辅材成本核算不同，进行分开考虑。

编制生产计划的系统部根据生产计划下发《主材限额领料单》，控制主材的领用。

辅料的领用由车间主任编制《辅材限额领料单》，对辅材的使用进行控制，在物料控制管理工作流程中将辅材使用情况记入台账，并根据该车间整体产量核算辅材成本。

财务部主要负责出库单据的审核、保存和核算，不再对材料的领取进行控制。

仓储部负责收集出库单据并报送财务部。

4.2.3.3　流程说明编制

在 70 个具体的工作流程中，每一个工作流程都有相应的主责部门和由不同的节点所组成。相应编制了包括"流程目的、适用范围与各流程节点的任务名称、工作内容及风险控制点工作标准、时限、相关资料/支持表单"在内的流程说明。

以公司仓储部优化后的"生产领料工作流程"为例，流程说明对流程图进行了清晰地描述，根据流程说明，使用者能够清晰地理解流程图操作的标准（见表 4 - 6）。

表 4 - 6　生产领料工作流程说明表

流程目的		明确材料出库的作业方法，规范主材、辅材使用情况		
适用范围		制造部领用主材、辅材工作		
任务名称	节点	工作内容及风险控制点工作标准	时限	相关资料/ 支持表单
限额领料单的 下发	1	系统部负责工程主材限额量的确定及下发	/	限额单
		制作部各车间主任自行编制辅材限额量的确定及 下发		
单据的开具	2	制造车间依据限额领料单填制领料申请单	/	领料申请单
单据的接收	3	仓储部接收并审核领料申请单签字是否完整，并 依据限额单及领料申请单出库	0.5 个小时	/
材料出库	4	制造部到仓储部指定区域吊装物料并办理出库	/	/

流程目的		明确材料出库的作业方法，规范主材、辅材使用情况		
适用范围		制造部领用主材、辅材工作		
任务名称	节点	工作内容及风险控制点工作标准	时限	相关资料/支持表单
单据的办理	5	仓储部根据实际出库数量在 NC 系统中办理出库单据	0.5 个小时	出库单
确认	6	出库单数量由制造部领料人确认签字	/	/
单据签收	7	制造部确认无误后收取出库单	/	/
单据汇总报送	8	仓储部负责汇总出库单据的汇总报送财务部会计	7 个工作日	/
单据审核	9	财务部会计审核单据	/	/
单据存档	10	财务部主管会计记账存档	/	/

4.3 第三阶段：优化方案试运行

在张总的带领下，历时五个月，于 2015 年 8 月编制整理成《光正钢结构主营业务流程管理手册（试行版）》，下发至车间一线工人，开启了新流程试运行阶段。在试运行阶段，宣贯、培训、引导、执行、考核成了项目组的主要工作内容，制定了考核管理办法，并组织"改变从我做起"的系列员工参与的评比活动。在流程手册试运行过程中，针对暴露出的问题及时进行调整。最终确定了《光正钢结构主营业务流程管理手册》，并达到了全面执行新业务流程的目的。

5. 尾声

据系统部 2016 年 6 月统计，光正集团钢结构公司在 5 月份单月生产销售额达到 5000 万元，为 2014 年以来单月最高产值，为因行业低迷而逐步失去信心的员工们注入了一剂强心针。同时，业务流程优化方案试行以来，公司内部运营更加顺畅，延期交货的事件发生率大幅下降，在为客户提升价值增值的同时，公司实现了提升生产运营管理质量及向管理要效益的多赢局面。

张总尝到业务流程管理优化带来的甜头，但内心深刻知道，公司钢结构业务整体生产管理水平与标杆企业有一定差距，比如生产成本控制、生产信息化管理水平、多项目的统筹规划能力、前端供应商管理和终端客户关系维护等方面，而这些方面的优化和提升必然会引起公司钢结构整体业务流程的再造和组织结构的变革，这是公司下一步要走的路。

基于价值链的光正集团
钢结构业务流程管理优化

1. 教学目的与用途

（1）本案例主要适用于管理学、生产与运营管理、项目管理等课程的教学和培训。

（2）本案例的教学目的在于让学员应用相关理论知识，明确业务流程管理优化过程，熟悉运用梳理流程、识别关键结点及价值增值点、提出优化措施等业务流程管理的基本方法，为企业业务流程设计和优化实施提供借鉴性经验。

本案例适合于 MBA 学员、管理类研究生、本科生课堂讨论使用。

2. 启发思考题

（1）业务流程管理优化包括哪些步骤？每一步作用是什么？与业务流程再造有何区别？

（2）案例中价值链理论在业务流程管理优化中的作用和意义是什么？

（3）你认为目前光正集团钢结构公司业务流程管理优化方案还存在哪些不足？如何完善？

（4）假设你是张总经理，在该项目完成后，还要开展哪些方面的后续工作？

（5）透过光正集团钢结构公司业务流程管理优化，结合你所在的单位，有哪些借鉴和启发？

3. 分析思路

对本案例的分析要紧紧围绕业务流程管理优化过程和对应业务的价值增值关键点展开。业务流程管理优化提升管理效率，价值链分析则瞄准增值点达到价值最大化。

本案例由张总主持的经营分析会引出目标公司业务流程管理优化的必要性和紧迫性。通过对问题进行深入研究，揭示出光正集团钢结构公司存在管理混乱的问题（如图 3 - 1 所示）。

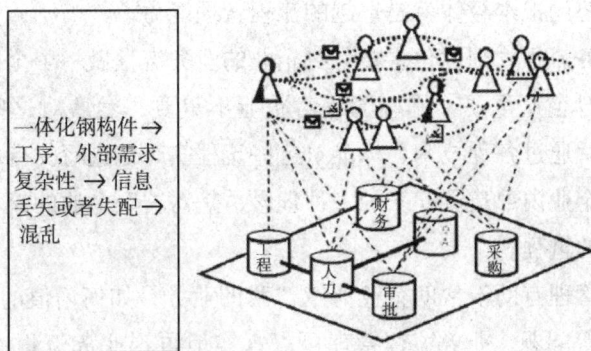

图 3 - 1　本案例揭示问题图示

经过三个阶段：现有业务流程梳理——基于价值链分析的现有业务流程管理优化——优化方案试运行，力图形成业务流程管理体系目标如图 3 - 2 所示。

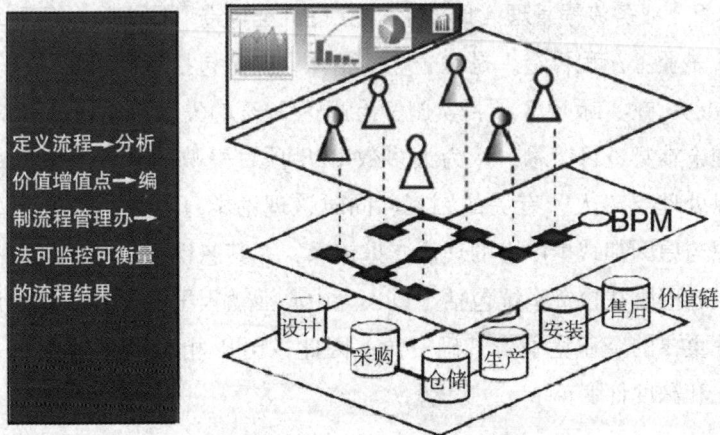

图 3 - 2　本案例分析流程图示

4. 理论分析与依据

4.1 业务流程管理（BPM）

业务流程管理是以客户需求拉动为核心，以关注流程增值为目的，对公司业务流程进行系统化设计与优化，有机整合企业各方面的资源和能力，建立以主营业务流程为主干、以管理流程和支持流程为支撑，基于流程的基础管理平台，使关键业务流程得到运行监控和持续优化，减少业务流程的重叠和交叉，实现业务流程运行顺畅，提高运营管控效率。Howard Smith 和 Peter Fingar[1]指出企业竞争优势的根本载体就是卓越的流程管理能力。

企业的业务流程管理优化主要是对企业的业务流程做一个全面的分析，以明确哪些流程对企业重要，哪些流程对企业不重要，然后对这些流程进行设计、描述，最后通过各种技术、标准对这些流程实时地进行支持。可见，业务流程管理是在企业内部建立起来的一种理念，是对这个企业的流程进行持续不断地规范管理的过程。

业务流程管理有助于帮助企业清楚"我的业务是如何增值的""是否还有上升的空间"等问题。业务流程管理可以真实地再现业务流程中的"价值"。借助流程管理的方法可识别企业的"价值增值链"，并在此基础上监控在增值链的整体和局部上所消耗的成本。

4.1.1 业务流程管理优化步骤

一般实施业务流程管理优化分为三个阶段，如图 4-1 所示。

4.1.2 业务流程管理（BPM）与业务流程再造（BPR）的区别和联系

BPR 是业务流程再造，是对企业的整体，甚至包括基础组织结构方面都做出很大改动。在实际 BPR 项目实施中有高达 70% 的失败率，研究者对 BPR 这种反思理论本身进行反思，认为大多数 BPR 项目失败的原因一般归结为在实施中难以处理与"人"有关的因素，同时该理论本身作为一种剧烈型变革的指导思想与原则却缺少严谨的理论支撑体系，尤其忽视了对既往投资的保护和再利用。这些既往投资系统包括了以人为中心活动因子的财务、基础设施、运营知识等重要的企业竞争力基础资源。因此，BPR 相对来讲是企业一个很极端的变化和深度性变革。

---

① Howard Smith，Peter Fingar. IT Doesn't Matter – Business Processes Do：A Critical Analysis of Nicholas Carr's I. T. Article in the Harvard Business Review［M］. Tamp：Meghan Kiffer Press. 2003

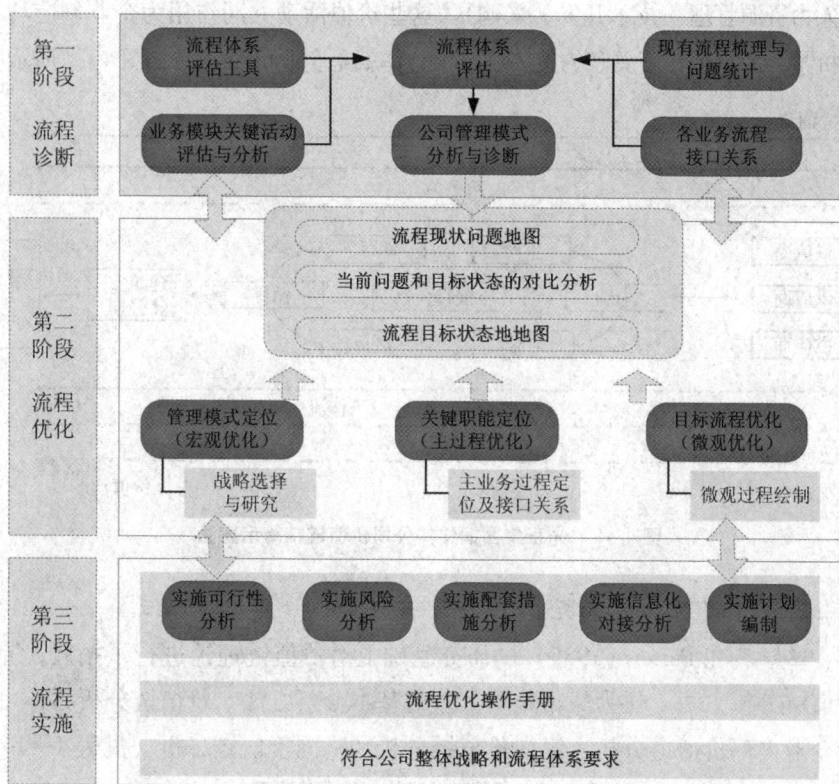

图 4-1　业务流程管理优化三阶段图示

BPM 不一样，它作为一种管理方法，是对企业的流程进行管理，主要是对企业的业务流程做一个全面的分析。可以将企业的业务流程管理比作一条漫漫长路，其中有上坡、转弯、下坡等不断的变化，而 BPR 则是其中的大拐弯。

4.1.3　光正集团钢结构公司业务流程管理优化的目的（图 4-1）

通过对现有流程的重新梳理，对每一个流程节点的深入分析，找出流程节点控制要点，整理和优化现有流程，提高节点工作效率；厘清部门之间、岗位之间的工作关系，清晰界定各个部门和岗位的职责，审视公司钢结构板块的各项业务和职能，进一步优化钢结构板块业务流程，使资源及工作效率达到最优化。

4.2　价值链理论

4.2.1　价值链

价值链（Value Chain）是企业一系列价值创造活动的集合，该理论的提出者 Porter（1985）从企业价值创造流程角度，将企业活动分为五种基本价值活动（内勤、生产经营、外勤、市场营销、服务）和四种辅助价值活动（企业基础设施、人力资源管理、技术开发、采购）。这些价值活动共同作用为企业创造利润，并有机整合成一个相互关联的整体，这个整体就是企业价值链（如图4-2所示）。

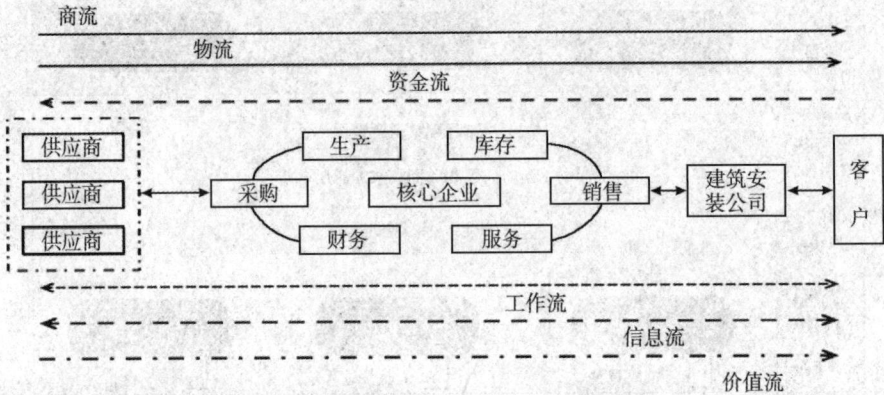

图4-2　光正集团钢结构公司价值链精简示意图

4.2.2　价值链分析方法

一些学者在 Porter（1985）的研究基础上对价值链理论进行了拓展，完善了价值链分析方法。作为战略成本管理的基本分析方法，价值链分析具体可划分为企业内部价值链分析、纵向价值链分析和横向价值链分析（见表4-1）。

表4-1　价值链分析方法的具体内容

价值链分析方法	定义	作用及特征
内部价值链分析	企业的内部价值运动，始于原材料、外购件的采购，而最终产品的销售——顾客价值的实现，是纵向价值链分析和横向价值链分析的交叉点	目的是区分增值与非增值的作业，探索提高增值作业效率的途径 强调通过对企业生产经营活动、基本职能活动、人力资源管理、组织结构等内容的分析，实现最低成本、差异最佳等价值增值最大的目标
纵向价值链分析	将企业看做是整个行业价值生产的一个环节，与上游和下游存在紧密的相互依存关系	通过协调与上游供货商和下游销售渠道的关系来优化价值链的流程，对价值链体系进行优化甚至重构，帮助企业建立更持久的核心竞争能力
横向价值链分析	对一个产业内部的各个企业之间的相互作用进行分析	确定自身与竞争对手之间的差异，从而确定能够为企业取得相对竞争优势的战略 目的在于通过产品创新、技术开发、优质服务等形成差异，或使总成本最低，获得竞争优势

4.3　价值链与业务流程管理

4.3.1　价值链与企业内部业务流程管理

波特的价值链模型为企业价值与客户导向的战略级流程集成提供了参考性

思考框架。而价值链由价值片断交织形成，价值链在企业运营视图中的自然对应形式即为具有分形特征的业务流程组合，即价值片断对应于子层的业务流程。价值链的协调管理依靠业务流程的有机编织组合实现。因此，流程管理与优化目标逐渐向追求流程价值效果转变，出现了以客户为导向，以企业价值增值分析为主要手段的业务流程改善与重组技术。

目前的企业流程管理实践开始试图突破原有的企业组织结构形式的限制，按照企业战略目标对企业内的价值链增值环节进行分析、直接设计出一些按照客户价值导向为依据的跨部门流程。在实施过程中，企业认识到局部的优化未必带来全局的价值优化，单纯的流程运作效率不等于运营效果。企业业务流程集成逐渐突破部门界限，企业内跨部门的全企业范围流程整合成为克服过去企业内信息与流程孤岛危机的主要手段。图4-3是以制造企业价值链与内部业务流程的一般对应关系示意图。

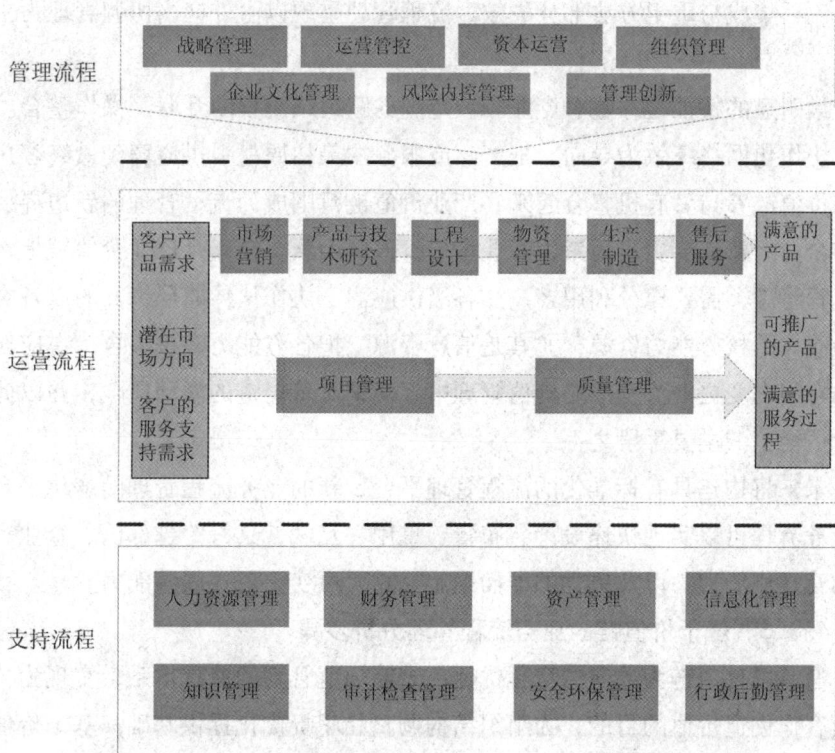

图4-3 制造企业内部业务流程管理和价值链的一般对应关系示意图

但是，应该意识到尽管波特的价值链模型在企业价值形成机制方面向高层描述了企业全局流程的基本框架，但这仅仅有助于企业高层形成非常抽象概括的增值流程思考的参考模型。如何将高层概念化的价值流程模型具体化为可操作的运营流程，并自动转化，是未来业务流程管理技术需要解决的重要实际操作问题。

4.3.2 产业链视角下的价值链和企业业务流程管理

市场需求因素，如全球化、大规模客户化背景下，客户需求多种多样、波动因素复杂，企业难以预测市场变、难以实施平缓管理、跨组织协作关系频繁、参与者关系多变，使得以往建立在静态或微动态运营环境下的"非柔性集成"流程的动态优化能力不足，传统业务流程管理已难以满足目前日益复杂、多变、动态的流程管理实践需求，需要对全价值链进行动态管理。

在全价值链环境下，流程的参与者更多、更复杂，并且由于分布在各处的各个参与者流程可能具有各自独立的产权属性，过去在"一致所有权"环境下的流程集成与重组方法部分失效，流程管理呈现以由外向内协调管理为主的趋势。

最明显的特征是，整个产业相关范围的跨组织流程的互联互操作整合。以追求协作化网络绩效为导向，把产品或服务的最初原材料供应商到最终客户的整个价值链参与者有机整合起来，产业价值链范围成为流程管理的新边界，未来的企业运营需要更多地考虑产业全局价值链因素。在整个产业价值链上运作的流程管理，需要充分利用客户、各级供应商、协作伙伴、分销商的以各类流程为载体的核心能力资源，尤其是信息资源，把各方能力有机整合，在应对客户动态需求变更的流程战略价值管理中降低整个价值链的波动风险，并以此作为价值增值的主要手段之一。

未来将构建具有标准化的流程管理平台，新的业务流程管理网络化平台使得业务流程可以实现快速设计、布置、重用、互联，具有跨越部门、企业、地域的互操作能力，以及更强的即插即用、随时可变、可扩展等能力。

4.3.3 基于价值链的业务流程管理分析步骤

通过以价值链为导向的流程优化，重建规范管理的流程体系，实现为公司及其客户创造价值的目的，为组织结构调整和职责优化提供基础。基于价值链的业务流程管理分析步骤如图4-4所示。

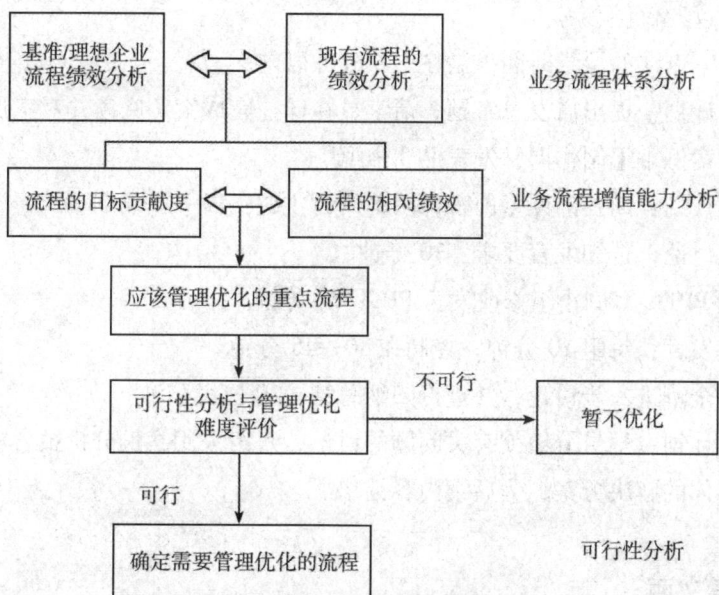

图4-4 基于价值链的业务流程管理分析步骤

由图4-4可见，业务流程管理优化就是企业在经营过程中同时实现"做正确的事"和"正确地做事"的过程。

5. 关键要点

（1）了解并掌握业务流程管理优化的步骤和具体实施过程。案例中具体从一级业务流程、二级业务流程到三级业务流程的提出与设计，在整个过程中对具体流程梳理工具的灵活运用。

（2）将价值链与公司具体业务流程对应。通过梳理流程并建立流程标准，厘清流程中关键结点和价值增值点。具体操作过程中的梳理方法和辨识增值点是关键点。

（3）业务流程梳理、优化完成后，设置相应的培训课程体系，辅导企业各部门员工熟练掌握，是BPM能够落地实施的关键。

（4）根据案例相关理论和步骤，清楚光正集团钢结构公司业务流程管理优化的不足和未来工作方向。

6. 建议课堂计划

本案例可以作为专门的案例讨论课来进行。以下是按照时间进度提供的课堂计划建议，仅供参考。

整个案例课的课堂时间控制在 150 分钟以内。

课前计划：提出启发思考题，请学员在课前完成案例阅读并对案例进行初步思考，案例小组制作课堂发言 PPT 初稿。

课中计划：简要的课堂前言，明确研讨主题：15—20 分钟。

分组讨论，告知发言要求：30 分钟。

修改 PPT，案例小组修改发言 PPT：20 分钟。

小组发言：每组 10 分钟，控制在 30—45 分钟。

引导全班进一步讨论，并进行归纳总结：20—25 分钟。

课后计划：学员分组就有关问题的讨论，每组采用案例分析报告的形式给出更加具体的解决方案，为后续内容铺垫。

参考文献：

[1] Porter, M. E., 1985, *Competitive Advantages*, Free Press, New York.

[2] 蔡斌，赵明剑，黄丽华. 业务流程管理（BPM）技术演进及新动态 [J]. 科技导报, 2004, 11: 54 - 59.

[3] 李爱民. 业务流程再造理论研究综述与展望 [J]. 现代管理科学, 2006 (8): 29 - 32.

[4] 柳顺龙. 用流程管理提升企业管控力 [J]. 企业管理, 2013, 6: 60 - 63.

[5] 邵腾伟，吕秀梅. 生鲜农产品电商分布式业务流程再造 [J]. 系统工程理论与实践, 2016 (7): 1753 - 1759.

[6] 杨洋. 业务流程管理与嵌入式内部控制 [J]. 山西财经大学学报, 2015 (2): 76 - 78.

[7] 张杰. 通过流程管理（BPM）提升管理水平 [J]. 企业改革与管理, 2014, 1: 2 - 4.

[8] 张会丽，邓路，金晨. 名利双收：光线传媒基于价值链的价值创造 [OL]. 中国管理案例共享中心案例库, 2014.

附件1：正文业务流程示意图中的符号示例

开始	流程触发者是启动流程的一种输入，它同时也是流程所处理的主要实体
流程步骤	流程步骤代表流程在执行过程中所采取的一个具体行动。通过同时或有序的执行这些独立的步骤可以获得期望的业务目标
决策	决策步骤被用来决定实体应通过哪个可能的路线到达下一个步骤或业务活动
信息文档	表示流程中使用或产生的文档或报表
子流程	流程运转过程中调用其他流程
结束	流程最终结果是执行流程的最后成果和输出。它表示流程对触发者的处理已经结束并已获得期望的目标
	流程连接线
	流程连接线
	流程连接线

附件2：光正集团钢结构业务流程图

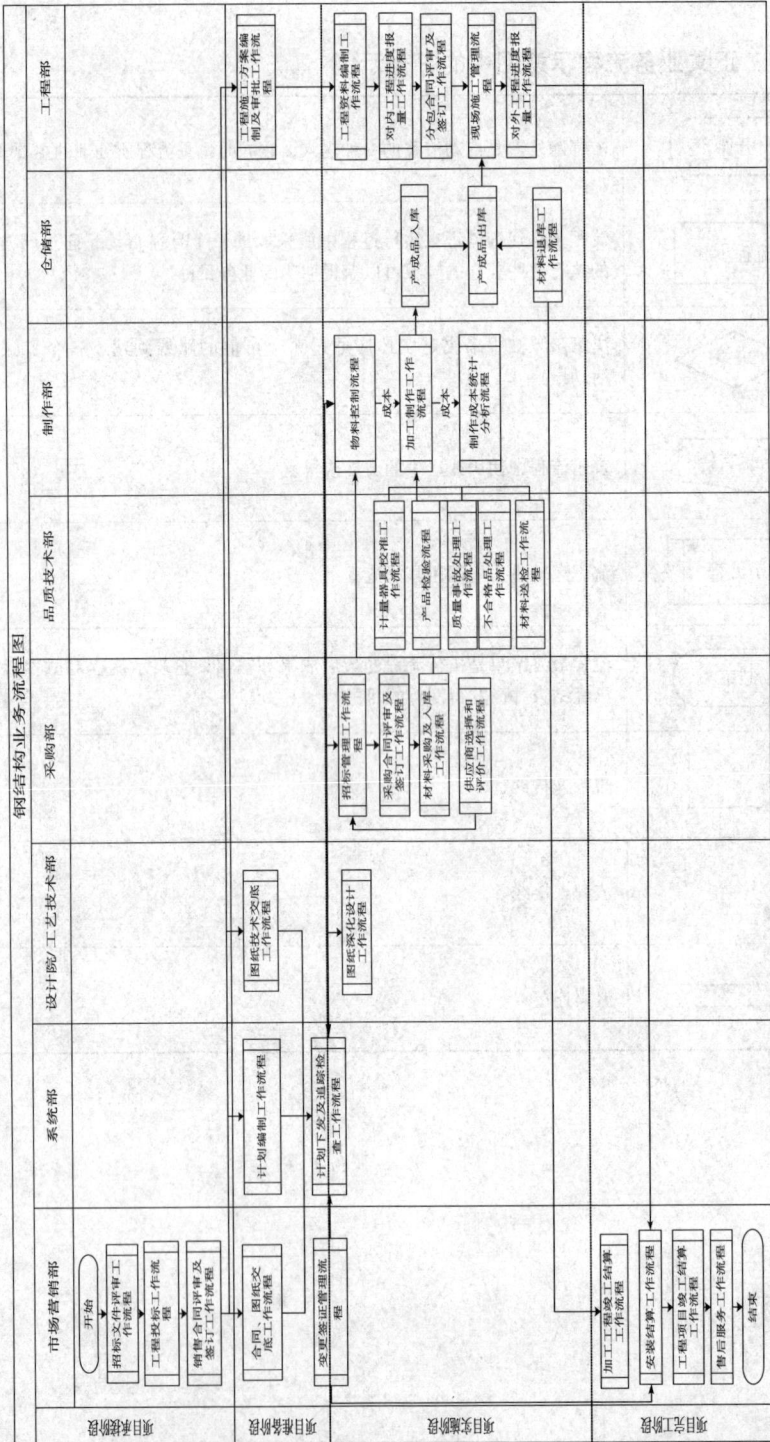

钢结构业务流程图

市场营销部	系统部	设计院/工艺技术部	采购部	品质技术部	制作部	仓储部	工程部
开始							工程施工方案编制及审批工作流程
招标文件评审工作流程							
工程投标工作流程							工程资料编制工作流程
销售合同评审及签订工作流程							对内工程进度评审工作流程
合同、图纸交底工作流程	计划编制工作流程	图纸技术交底工作流程	招标管理工作流程			产成品入库	分包合同评审及签订工作流程
变更签证管理流程	计划下发及追踪检查工作流程	图纸深化设计工作流程	采购合同评审及签订工作流程	计量器具校准工作流程	物料控制流程	产成品出库	现场施工管理流程
			材料采购及入库工作流程	产品检验收流程	加工制作工作流程	材料退库工作流程	对外工程进度质量工作流程
			供应商选择和评价工作流程	质量事故处理工作流程	制作成本统计分析流程		
				不合格品处理工作流程			
				材料送检工作流程			
加工工程竣工结算工作流程							
安装项目竣工结算工作流程							
工程项目总竣工结算工作流程							
售后服务工作流程							
结束							

| 招标阶段项目部 | 设计准备阶段项目部 | 采购制作阶段项目部 | 施工阶段项目部 |

光正集团钢结构公司三级核心业务流程图

附件3：光正集团钢结构公司业务流程和流程说明

在70个具体的工作流程中，每一个工作流程都有相应的主责部门和由不同的节点所组成。同时，还编制了包括"流程目的、适用范围与各流程节点的任务名称、工作内容及风险控制点工作标准、时限、相关资料/支持表单"在内的流程说明。

（1）工程投标工作流程

该流程设置了引用上一流程、投标文件的编制、组织标前会、标前答疑、接收答疑/下发、投标文件的修改完善/审查、审核、审核、封标、确定投标人员/参与投标、评标、办理退还保证金等手续、转交收据、领取中标通知书、组织标后分析会、引入下一流程等16个流程节点（见下表）。

工程投标工作流程表

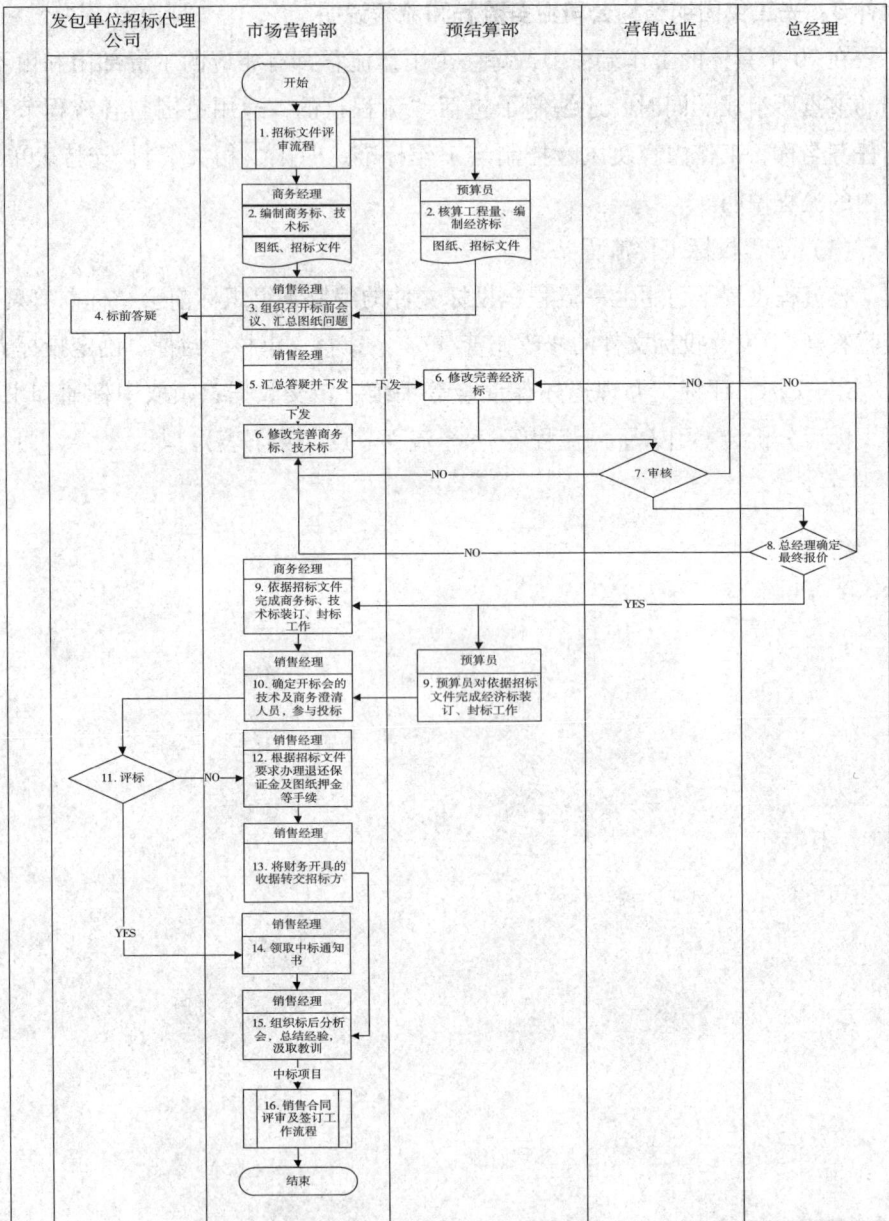

发包单位招标代理公司	市场营销部	预结算部	营销总监	总经理

开始

1.招标文件评审流程

商务经理
2.编制商务标、技术标
图纸、招标文件

预算员
2.核算工程量、编制经济标
图纸、招标文件

销售经理
3.组织召开标前会议、汇总图纸问题

4.标前答疑

销售经理
5.汇总答疑并下发 下发

6.修改完善经济标

6.修改完善商务标、技术标

7.审核

8.总经理确定最终报价

商务经理
9.依据招标文件完成商务标、技术标装订、封标工作

销售经理
10.确定开标会的技术及商务澄清人员、参与投标

预算员
9.预算员对依据招标文件完成经济标装订、封标工作

11.评标

销售经理
12.根据招标文件要求办理退还保证金及图纸押金等手续

销售经理
13.将财务开具的收据转交招标方

销售经理
14.领取中标通知书

销售经理
15.组织标后分析会，总结经验，汲取教训

中标项目

16.销售合同评审及签订工作流程

结束

流程目的	为进一步加强公司市场营销工作，规范招投标工作管理，明确投标过程各环节的责、权、利，使招投标管理工作制度化、程序化、系统化，维护企业利益，提高经济效益			
适用范围	适用于公司所有拟参加投标项目的投标管理			
任务名称	**节点**	**工作内容及风险控制点工作标准**	**时限**	**相关资料/支持表单**
引用上一流程	1	招标文件评审流程	/	/
投标文件的编制	2	市场营销部商务经理按招标文件要求负责投标项目商务部分文件的编制工作（商务标），负责投标项目技术部分、施工方案等的编制工作（技术标）	/	/
		预结算部预算员按招标文件要求负责投标项目工程量的核算组价等相关工作（经济标）	/	/
组织标前会	3	销售经理组织开标前会议，预结算部预算员将标书编制过程中发现的图纸、技术等问题进行汇总提交销售经理（以说明形式，预留答复意见处）	/	/
标前答疑	4	销售经理将汇总的问题反馈至发包单位或招标代理机构，甲方进行图纸会审及标前答疑	/	/
接收答疑、下发	5	销售经理接收答疑回复，汇总后下发预算员及商务经理处	/	/
投标文件的修改完善、审查	6	市场部商务经理根据回复的答疑进行商务标及技术标的修改完善，部门经理审查	/	/
		预结算部跟进根据回复的答疑进行经济标的修改完善，部门经理审查	/	/
审核	7	营销总监审核完成的投标文件，是否需要修改，审核后报总经理	/	/
审核	8	总经理审核投标文件最终报价	/	/
封标	9	商务经理根据招标文件的要求对商务标、技术标进行打印、封标工作；预算对依据招标文件完成经济标的装订、封标工作	/	/
确定投标人员、参与投标	10	销售经理根据投标项目情况以及评标的具体要求，提出需要参与开标会的技术澄清人员、商务澄清人员，参与投标，做好开标记录。销售经理以微信形式告知澄清人员，如不能参加需请示总经理并委派具备澄清能力的人员参加	/	/

续表

流程目的	为进一步加强公司市场营销工作，规范招投标工作管理，明确投标过程各环节的责、权、利，使招投标管理工作制度化、程序化、系统化，维护企业利益，提高经济效益				
适用范围	适用于公司所有拟参加投标项目的投标管理				
任务名称	节点	工作内容及风险控制点工作标准		时限	相关资料/支持表单
评标	11	发包单位或招标代理公司对投标文件进行评标		/	/
办理退还保证金等手续	12	项目未中标，根据招标文件要求办理退还保证金及图纸押金等手续		/	/
转交收据	13	销售经理将财务开具的收据转交招标单位或招标代理机构		/	/
领取中标通知书	14	项目中标，销售经理领取中标通知书转交市场部客服专员，客服专员进行电子版及纸质版下发，原件转交商务中心进行存档		/	/
组织标后分析会	15	投标结果公布后，不论中标与否，商务经理必须组织标后分析会，销售经理总结经验、汲取教训，填写《项目投标报价结果分析表》部门经理审核、上报总经理审阅后交商务经理进行存档		3 天内	项目投标报价结果分析表
引入下一流程	16	针对中标项目流转到销售合同评审及签订工作流程		/	/

（2）项目概预算编制工作流程

该流程设置了营销中心下发招标文件及图纸、编制标前成本概算、内部审核成本概算、提交总经理、审核成本概算、将审核后的概算留存、工程中标后下发合同、根据合同修改成本概算、下发成本概算、制作费用需求是否合理、数据反馈、调整成本概算、下发调整后的成本概算、确定最终成本概算等 14 个流程节点（见下表）。

成本概算编制及调整下发流程表

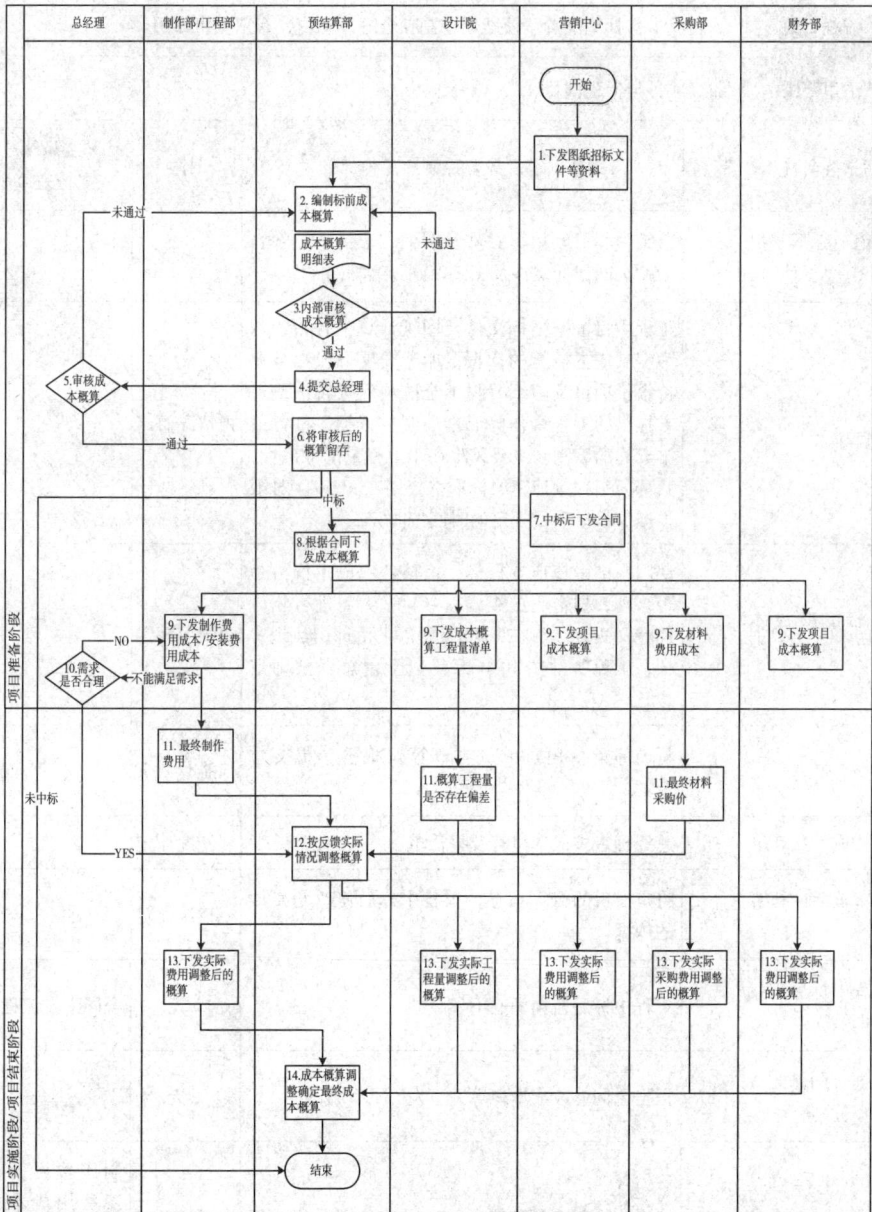

总经理	制作部/工程部	预结算部	设计院	营销中心	采购部	财务部

开始

1.下发图纸招标文件等资料

2.编制标前成本概算

成本概算明细表

3.内部审核成本概算

未通过

通过

4.提交总经理

5.审核成本概算

未通过

通过

6.将审核后的概算留存

中标

7.中标后下发合同

8.根据合同下发成本概算

9.下发制作费用成本/安装费用成本

9.下发成本概算工程量清单

9.下发项目成本概算

9.下发材料费用成本

9.下发项目成本概算

10.需求是否合理

NO

不能满足需求

11. 最终制作费用

11.概算工程量是否存在偏差

11.最终材料采购价

未中标

12.按反馈实际情况调整概算

YES

13.下发实际费用调整后的概算

13.下发实际工程量调整后的概算

13.下发实际费用调整后的概算

13.下发实际采购费用调整后的概算

13.下发实际费用调整后的概算

14.成本概算调整确定最终成本概算

结束

项目准备阶段

项目实施阶段/项目结束阶段

续表

流程目的	控制成本，杜绝浪费。使费用控制在合理范围内，有依据可参照			
适用范围	加工项目与工程项目			
任务名称	节点	工作内容及风险控制点工作标准	时限	相关资料/支持表单
营销中心下发招标文件及图纸	1	营销中心下发招标文件及图纸，营销中心将当天购买的招标文件及图纸发到预结算部	1 天内	
编制标前成本概算	2	工程项目根据招标文件及图纸计算工程量，作为编制成本概算的依据；加工类项目或综合单价报价项目及图纸资料不全的项目按暂估或甲方提供的工程量作为成本编制的依据，进行成本概算的编制。主要风险在于工程量的准确性，我部门工程量计算的标准率控制在 ±5%。时限根据需投标项目规定的时间按时完成	视情况而定	成本概算明细表
内部审核成本概算	3	部门内部审核成本概算，审核各项成本价格是否合理，如企业定额偏离实际过大需进行相应调整（工程项目在 1000 万元以下由部门经理审核，工程项目在 1000 万元以上由总经济师审核）	视情况而定	
提交总经理	4	将内部审核通过的成本概算及报价单提交总经理	标前 1－2 天	
审核成本概算	5	总经理审核成本概算及报价单	视情况而定	
将审核后的概算留存	6	将审核后的概算留存，以备中标后修改与发放的依据	视情况而定	
工程中标后下发合同	7	工程中标后营销中心下发合同	1 天	合同下发流程
根据合同修改成本概算	8	根据合同修改成本概算并下发	1 天	
下发成本概算	9	以 OA 的形式和微信通知的方式分别向制作部下发制作费用及油漆费用成本，向设计院下发成本概算工程量，向营销中心及财务部下发项目总成本概算，向采购部下发材料费用与运输费成本概算，向工程部下发安装费用成本概算	1 天	制作费用及油漆费用成本概算表，成本概算工程量表，项目总成本概算表，材料费用与运输费成本概算表

续表

流程目的	控制成本，杜绝浪费。使费用控制在合理范围内，有依据可参照			
适用范围	加工项目与工程项目			
任务名称	节点	工作内容及风险控制点工作标准	时限	相关资料/支持表单
制作费用需求是否合理	10	在制造过程中，因为一些特殊构件需增加制造费用，由系统部提出增加制造费用的报告总经理批准后交与预结算部，预结算部根据批准后的报告调整制作费用	5 天	请示与报告处理单
数据反馈	11	在项目实施过程中至项目完工阶段，相关部门及时以 OA 的形式和微信通知的方式向预结算部反馈相关费用实际的费用（注：1、制造部在每个工程完工后内统计实际人工费；2、工程部在工程完工后统计实际概算涉及的费用；3、设计院根据预算部下发的工程量在材料核算时有差异随时反馈；4、采购部在每个项目材料采购完反馈实际采购费用）	3 天	制作费用及油漆费用成本概算表，成本概算工程量表，项目总成本概算表，材料费用与运输费成本概算表
调整成本概算	12	按每个工程反馈情况调整概算	5 天	
下发调整后的成本概算	13	分别向制作部下发调整后的制作费用及油漆费用成本，向设计院下发调整后的成本概算工程量清单，向营销中心及财务部下发调整后的项目总成本概算，向采购部下发调整后的材料费用成本概算，向工程部下发调整后的安装费用成本概算	1 天	
确定最终成本概算	14	成本概算调整确定最终成本概算	1 天	

（3）构件外协加工工作流程

该流程设置了提出外协加工需求、审核、考察并确定外协加工厂家、签订外委加工合同、工艺交底、组织生产、跟踪落实、汇总分析、计划调整、构件入库、单据转移、入库、提出结算申请、余料核查、结算、提货需求、付款、通知、发货、系统做账、余料退还、余料签收等 22 个流程节点见下表。

构件外协加工工作流程表

预结算部	系统部	外协厂家	仓储部	工程部\市场部	品质部	工艺技术部

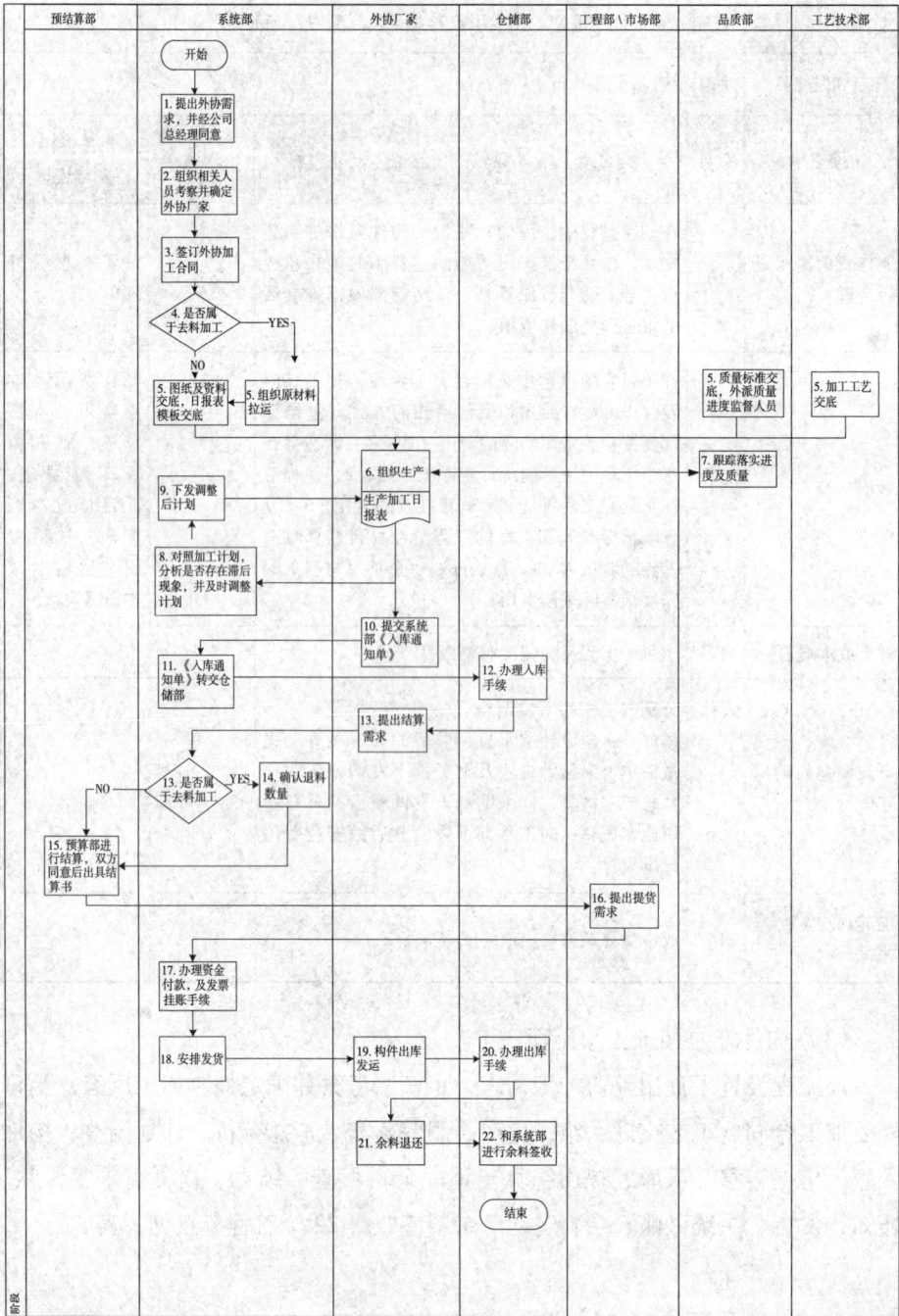

流程节点：

- 开始
- 1. 提出外协需求，并经公司总经理同意
- 2. 组织相关人员考察并确定外协厂家
- 3. 签订外协加工合同
- 4. 是否属于去料加工（YES/NO）
- 5. 图纸及资料交底，日报表模板交底
- 5. 组织原材料拉运
- 5. 质量标准交底，外派质量进度监督人员
- 5. 加工工艺交底
- 6. 组织生产 生产加工日报表
- 7. 跟踪落实进度及质量
- 8. 对照加工计划，分析是否存在滞后现象，并及时调整计划
- 9. 下发调整后计划
- 10. 提交系统部《入库通知单》
- 11. 《入库通知单》转交仓储部
- 12. 办理入库手续
- 13. 提出结算需求
- 13. 是否属于去料加工（YES/NO）
- 14. 确认退料数量
- 15. 预算部进行结算，双方同意后出具结算书
- 16. 提出提货需求
- 17. 办理资金付款，及发票挂账手续
- 18. 安排发货
- 19. 构件出库发运
- 20. 办理出库手续
- 21. 余料退还
- 22. 和系统部进行余料签收
- 结束

续表

流程目的		规范钢构件外协加工，保证钢构件外协加工的生产工期和质量		
适用范围		制造中心无法加工的（如热镀锌、煨弯等），构件工期紧张的		
任务名称	节点	工作内容及风险控制点工作标准	时限	相关资料/支持表单
提出外协加工需求	1	系统部根据各车间生产任务及生产能力提出构件外协加工需求	1个工作日	《请示与报告处理单》
审核	2	公司主管领导同意外协要求	/	/
考察并确定外协加工厂家	3	由系统部外协加工主管组织公司品质技术部经理、制作部总监考察并确定外协加工厂家	2－3个工作日	/
签订外委加工合同	4	系统部外协主管负责外协加工合同的拟定、评审、签订	2－3个工作日	《合同》《合同评审表》
工艺交底	5	系统部外协主管负责对图纸、资料交底，品质技术部负责对质量标准交底、工艺技术部负责对加工工艺进行交底。系统部外协主管负责组织（去料加工组织材料运输）	1个工作日	《外协交底记录表》
组织生产	6	外协加工厂家组织构件生产加工	/	/
跟踪落实	7	驻厂监造、品管员跟踪进度、质量，并与每天下午将生产加工进度反馈至系统部	/	《生产加工进度表》
汇总分析	8	系统部汇总生产加工情况，并分析是否存在计划滞后	/	/
计划调整	9	系统部对滞后的生产做出计划调整	/	/
构件入库	10	驻场监造对完工构件提交《入库通知单》，提交至系统部外协主管	1个工作日	《入库通知单》
单据转移	11	系统部外协主管将《入库通知单》提交至仓储部办理入库手续	/	《入库通知单》
入库	12	仓储部办理入库手续	/	/
提出结算申请	13	加工完成后，外协厂家向系统部外协主管提出结算申请	/	《结算申请书》
		系统部外协主管依据合同判定是否为去料加工合同	/	

续表

流程目的		规范钢构件外协加工，保证钢构件外协加工的生产工期和质量		
适用范围		制造中心无法加工的（如热镀锌、煨弯等），构件工期紧张的		
任务名称	节点	工作内容及风险控制点工作标准	时限	相关资料/支持表单
余料核查	14	若为去料加工项目，则需要核对退库余料情况及数量	/	/
结算	15	预结算部出具结算单，外协厂家确认结算量（去料加工确定退料数量，由系统部外协主管出具），无误后出具结算书	1－2 个工作日	/
提货需求	16	营销部提出发货要求，办理相关手续，参照《产成品出库工作流程》	1 个工作日	/
付款	17	系统部根据进度，办理挂账手续	1－2 个工作日	/
通知	18	系统部外协主管办理资金完成后，通知市场营销部或工程部具备发货条件	/	/
发货	19	驻场监造负责核对是否具备发货条件，并组织发货	/	/
系统做账	20	仓储部在 NC 系统中办理出库手续	/	/
余料退还	21	由系统部外协主管和品质技术部驻场监造符合和外协厂家对接余料情况并组织余料退还公司	1－2 个工作日	/
余料签收	22	仓储部和系统部外协主管进行余料签收	1 个工作日	/

（4）售后服务工作流程

该流程设置了接收服务需求、提出初步解决意见、审核、审核、编制售后服务计划、审核、沟通洽谈、下发计划、落实责任部门、维修整改、客户回访、归档等 11 个流程节点见下表。

售后服务工作流程表

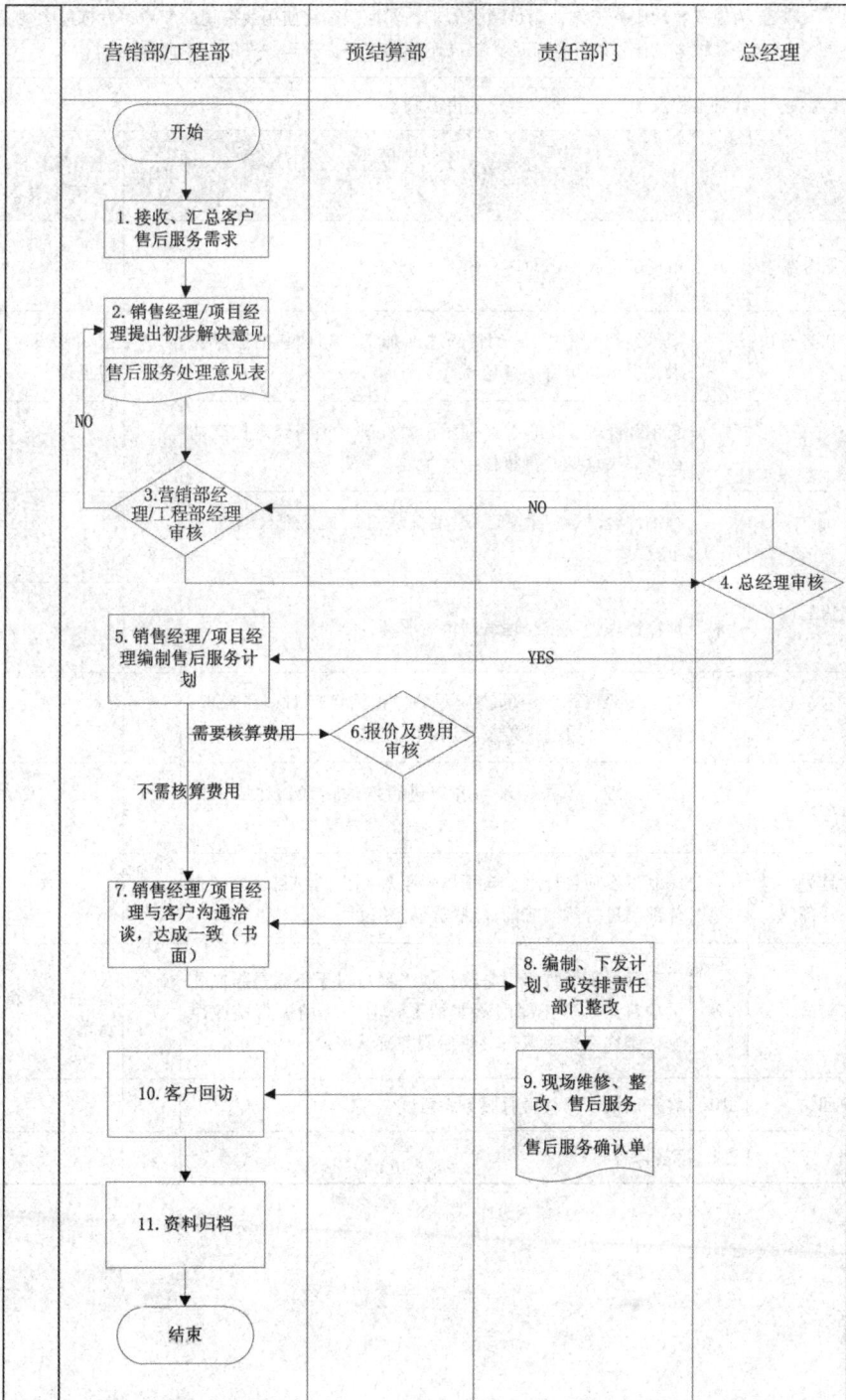

营销部/工程部	预结算部	责任部门	总经理

开始

1. 接收、汇总客户售后服务需求

2. 销售经理/项目经理提出初步解决意见

售后服务处理意见表

NO

3. 营销部经理/工程部经理审核 ← NO ←

4. 总经理审核

5. 销售经理/项目经理编制售后服务计划 ← YES ←

需要核算费用

6. 报价及费用审核

不需核算费用

7. 销售经理/项目经理与客户沟通洽谈，达成一致（书面）

8. 编制、下发计划、或安排责任部门整改

10. 客户回访 ← 9. 现场维修、整改、售后服务

售后服务确认单

11. 资料归档

结束

续表

流程目的	为规范售后服务工作，满足顾客需求，保证顾客在使用我公司的产品时发挥最大效益，提高顾客的满意度和信任度，提高产品的市场占有率，特制订本流程				
适用范围	针对工程及加工项目客户需求的售后服务				
任务名称	节点	工作内容及风险控制点工作标准		时限	相关资料/支持表单
接收服务需求	1	市场部接收、汇总客户售后服务需求		/	/
提出初步解决意见	2	项目经理（工程）、销售经理（加工）接收售后服务需求，提出初步解决意见		/	售后服务处理意见表
审核	3	营销部经理、工程部经理对销售经理、销售经理提交的初步解决意见进行审核		/	/
审核	4	营销部经理、工程部经理审核通过后提交总经理进行审核		/	/
编制售后服务计划	5	销售经理、项目经理编制售后服务计划		/	/
审核	6	对于需要核算费用的售后服务，预结算部对项目经理、销售经理上报的报价及费用进行审核		/	/
沟通洽谈	7	项目经理、销售经理与客户进行沟通洽谈，达成书面一致		/	/
下发计划、落实责任部门	8	编制下发项目计划，对不需要重新制作的项目，通知责任部门进行落实或前往现场进行整改		/	/
维修整改	9	工程项目现场维修、整改；加工项目对于不需重新制作的项目，由责任部门落实情况，前往现场进行整改维修，维修完毕后填写《售后服务确认单》		/	售后服务确认单
客户回访	10	客户回访、调查售后服务满意度		/	/
归档	11	资料归档		/	/

新疆大学重点开发案例

案例正文

传统国有外贸市场基地：
新疆边疆宾馆何去何从①

摘 要： 一家由部队招待所改制的新疆边疆宾馆有限责任公司，曾是外贸淘金的代名词、新疆外贸行业开拓者和"领头雁"、乌鲁木齐对外贸易一张响亮的名片。随着欧美经济的复苏不稳定，能源危机加剧，卢布大跌，俄罗斯经济危机爆发，边疆宾馆面临着经营业绩滞涨、组织创新不足、资源禀赋、营销渠道建立困难等发展困境。本案例描述公司在面临的多重困境下，做出的战略调整与整合规划等基本内容，切实推进边疆宾馆的实现可持续发展。

关键词： 传统国有外贸；市场基地；边疆宾馆；战略调整；资源整合

0. 引言

一间间挂着帘子的商铺，"同行莫入、谢绝参观"的中文告示与俄文"欢迎光临"这种对比鲜明的独特营方式，是边疆宾馆的一道独特风景。但受国际大宗商品市场价格下跌、欧元区经济爆发系统性风险、俄罗斯经济衰退、乌克兰危机、美元升值的影响，新疆边疆宾馆有限责任公司（简称"边疆宾馆"）外贸市场增速缓慢、部分主营市场萎缩、商户出口订呈现单碎片化……原来一铺难求，现在每况愈下、客商门可罗雀，公司经营出现断崖式下滑，离开已成为一些商户最艰难的选择。

与此同时，北京雅宝路市场 2017 年全部清退，武汉汉正街市场整体实施

---

① 本案例由北大纵横新疆运营中心王晓洪、新疆大学经济与管理学院马新智、北大纵横新疆运营中心王程明撰写。由于企业保密的要求，在本案例中对名称、数据等做了必要的掩饰性处理。本案例只供课堂讨论所用，并无暗示或说明某种管理行为是否有效。本案例授权中国管理案例共享中心使用，作者拥有著作权中的署名权、修改权、改编权。

搬迁改造，成都荷花池市场关闭改造提升……公司决策层一直努力改变子公司亏损、企业总体财务收益下滑、管理效率不高等问题，通过合作新建边疆国际物流园新经济增长点，频繁派出公司管理层到山东、浙江等地考察学习……但效果不明显，以党委书记、董事长杨葆顺为首的公司领导班子再也"坐不住"了。

为什么曾经在新疆乃至中亚声名显赫？未来边疆宾馆能做成什么样？要转，往哪儿转？经营突破口在哪里？人才队伍梯次怎么建？能执行么？大家的内在动力有几许？信心尚在？……百思不得其解，公司决定深挖企业发展的瓶颈根源，以摆脱边疆宾馆内部组织结构与管理效率困境。

1. 野蛮生长的边疆宾馆

作为新疆对外贸易的晴雨表和风向标、新疆第一家成功转型接待中亚外宾的涉外四星级宾馆、服务中亚客商的西北最大外贸市场、面向中亚的国家二类口岸、开创了中亚客商旅游购物先河的边疆宾馆，可追溯到 20 世纪 70 年代，其前身为新疆军区第三招待所。1980 年易名为"乌鲁木齐军区边疆宾馆"1985 年易名为"新疆军区边疆宾馆"1998 年底正式更名为"新疆边疆宾馆"，后历经自治区经贸委、企业工委管理，2004 年底转隶自治区国资委管理至今。

这座凝聚军人情怀、开拓财富之旅的外贸之城，在近半个世纪的商海博弈中，从一家军队招待所转型、变身为万商云集、影响欧亚的外贸旗舰基地，拥有长期股权投资、固定资产、在建工程等有形资产 20 多亿，年产值近 2 亿，500 多名员工，集住宿餐饮、旅游购物、外贸交易、仓储物流、运输通关于一体的国际化、多元化规模化企业，树立起新疆外贸行业的一面旗帜。正如杨总顺在《新疆边疆宾馆史》的序言中概括的那样："边疆宾馆的历史是一部光辉的奋斗史。简单的概括为'一次转型，创造两次辉煌；三次转隶，传承 45 年历史，形成八个特点'"，如图 1 – 1 所示。

初创成立	第一次辉煌	转型发展	第二次辉煌	三次隶属关系转变	产业扩张
初创　床位多、容量大、规格高，接待能力居首府酒店之首。	对外开放进行涉外接待：接待旅游外宾及"四种人"。		以市场为龙头，集旅游、住宿、餐饮、娱乐、仓储、劳务于一体。	宾馆根据经济活动状况被自治区统辖，先后转隶自治区区政府、企业工商、国家监委会等单位管理。	先后成立了编制物流、物流、劳务、招工和新贸易等业务外调的几个下辖公司或补公司。
撤销	事业单位企业化管理，自负盈亏	走以商贸带动客房的路子，吸引中亚商来旅游购物。	军区企业第一家创利大户，新疆对外开放的重要窗口。	海关、国检等职能部门设有常驻机构，为提供一站式货物仓储通关服务，货物直达新疆周边国家。	
新建　在此阶段，经历"包、建、撤销、新建"三个发展节点，并从泉集散到了河滩路。	精简整编，经营出现亏损	效益出现转机，逐年得到提升。 完成企业化建设改革、率先实施经营承包责任制，苏联解体、大量外宾涌入新疆购物和轻工产品、以贸易合一服务开发简易批发市场。	从军队企业体制转为地方企业，宾馆贯彻四星级。宾馆整体床位1500余张，外贸业务洽谈室2700余间，五类口岸外贸报关社、商贸城、国家贸易商、团结路。开创了新疆对外商贸、旅游购物"一条龙"服务的开始。	建筑面积发展为11.8万平方米，解决涵盖周边近万人的就业。 带动和辐射了延安路、团结路、大湾等地区商业发展。	
1970年3月　1977年1月		1988年1月	1993年1月	1999年1月	2004年12月　至今

特点年代（1998年）
特殊企业（以租赁方式移交）
特殊管理体制（地方经营、人事，部队管土地资产）
位于特殊位置（少数民族大大团结聚集区）
叫着特殊名称（边疆宾馆）
从事特殊的业务（市场、宾馆、口岸、旅行社、外贸报关等）
服务特殊的对象
做出特殊的贡献（解决近万人的就业等）

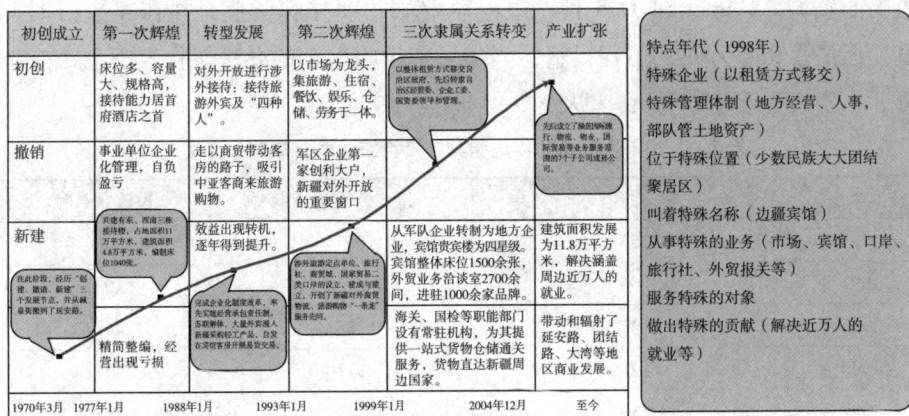

图1-1　新疆边疆宾馆40余年发展历程简图

1.1　边疆宾馆率先实施承包经营责任制

1998年，新疆军区决定在边疆宾馆实行军队宾馆（招待所）企业改革试点，率先实施承包经营责任制。通过引入竞争机制在边疆宾馆推行公开招标、层层承包的经营管理，完成了企业制度化改革。边疆宾馆通过两轮的经济责任承包，完善以"定、包、奖"为主要内容，扭转了经济效益亏损的局面。

实施全面承包经营后，边疆宾馆由封闭式内向型转为对外开放型，在服务部队的同时为社会服务，并接待旅游外宾及"四种人"①。同时，在经营上由等客上门转向主动广联客户，改变了过去"以房养店"的单一经营，广开经营渠道，走出了发展的低估，极大的带动了经营发展，使经济效益逐年得到攀升。

特别是苏联解体前的动荡期，大量外宾涌入新疆采购轻工产品，自发在形成了易货交易市场。独联体购物团客人食宿在宾馆，商户就前往宾馆向购物团推向产品。邓小平南巡讲话后，边疆宾馆利用新疆外贸全面放开有利时机，大力开拓"以副养店"，开发出简易库房和批发市场，为边疆宾馆的转型发展奠定了基础。

1.2　边疆宾馆改革——发展边境贸易

结合长租房不能满足需求而愿意提前预交租金的实际，宾馆对简易批发市场进行改造。同时，采取"借鸡下蛋"的方式，修建综合商贸批发市场——

---

① "四种人"：接待来大陆探亲访友、旅游观光的港、澳、台、侨胞。

边疆商贸城。1996 年 8 月 8 日，边疆商贸城一期挂牌营业，并在 4 个月时间里，还清了 980 万元的工程投资，当年采取预收租金的办法，收入资金约 1800 万元，实现盈利 500 万元（见表 1-1）。

表 1-1 1993—1998 年边疆宾馆资产统计表（单位：万元）

年份	资产总额	固定资产总额	净资产总额
1993 年	1257	1009	883
1994 年	1496	915	1037
1995 年	5141	5386	4417
1996 年	5821	4913	4412
1997 年	3788	3029	2171
1998 年	6520	5845	4862

1993 年后的 6 年间，在经历自主发展、经营引导、市场培育等过程而自发形成外贸市场的基础上，边疆宾馆建设了一座中型商贸市场、国家二类口岸，初步形成了以市场为龙头，集旅游、住宿、餐饮、娱乐、仓储、劳务为一体的经营格局。至此，边疆宾馆经营利润每年以 12.78%—55.56% 的速度递增，不仅在新疆、在国内，而且在独联体、西亚外宾的脑海里扎了根，并享有一定的声誉和知名度。

1.3 边疆宾馆以租赁方式移交地方管理

在部队不得再从事经商活动的决定出台后，边疆宾馆零资产移交，采取房地产租赁模式，于 1999 年 1 月 18 日整体移交给自治区经贸委管理，变成地方企业，并通过企业实行改制，以国有独资企业经营形式，组建边疆国际商贸有限责任公司的母子公司。子公司包括边疆酒店、商贸市场管理分公司、劳仓管理分公司、进出口贸易分公司、汽车运输分公司，参股公司有边疆旅行社、边疆饮食服务培训基地。

2000 年 11 月 27 日，边疆宾馆由原来的自治区经贸委管理转变为自治区企业工委管理。公司率先采用现在的 PPP 模式启动二期市场，同时加大国家二类口岸基础设施建设，通过不断完善组织结构，建立有效的经营方式和经营机制，确立以提高经济效益为中心，以拓展新的经济增长点为抓手，为边疆宾馆带来了更大发展（见表 1-2）。

表1-2 1999—2004年边疆宾馆主要经营指标统计表（单位：万元）

年份	经营总收入	企业利润总额	缴纳税费	上交军区任务
1999年	3146.48	95.31	3066	1375
2000年	3932.94	482.5	3614	1820
2001年	4060	-10	3676	1220
2002年	4984.02	-353.9	3732	1224
2003年	5051.01	429.97	3887	1580
2004年	6769.66	812.23	4479	1400

2004年，自治区国资委挂牌成立后，边疆宾馆再次转变隶属关系，归口自治区国资委管理和领导。

1.4 边疆宾馆抓住机遇乘势而上推外贸

国家西部大开发和面向中亚扩大开放战略全面实施，边疆宾馆依托国内和中亚两个市场、两种资源，乘势而上，制定并实现了《边疆宾馆2006-2010发展战略规划》（简称《规划》）。《规划》围绕一个中心任务、实现两个重大突破、完成五个经济指标、坚持八项原则、实施七大发展战略，把边疆宾馆建设成为最具有自身特色的，最现代化的，在自治区对外经济贸易占主导地位的国际商贸物流中心。

在边疆宾馆的"七大发展战略"中，着重强调以航空网络建设为突破口，采取包机组团的形式方便、快捷的吸引外商；走出国门，引进外资，创新更好的合作项目；改造提升传统市场经营模式，大力发展现代流通业和信息网络业；加强新贸物流公司管理，加大国际旅行社新业务的开展，开辟新型产业及加工基地，积极新建三期、六期、七期市场、精英鞋城、汽配城……为边疆宾馆拓宽新的经济增长点奠定了基础（见表1-3）。

表1-3 2005—2011年边疆宾馆主要经营指标统计表（单位：万元）

年份	经营总收入	企业利润总额	缴纳税费	上交军区任务
2005年	7996.25	1648.47	5013	1475
2006年	8706.3	1385.2	5291	1700
2007年	9082.39	1717.62	5526	1850
2008年	7792.29	1708.83	5919	1850
2009年	7655	837.15	4244.18	1850
2010年	10073.62	634.73	2845.06	3000
2011年	15776.44	2120.44	3059.44	2000

1.5 边疆宾馆主动适应新常态谋发展

面对新形势和国企改革中的新问题，以住宿餐饮、边疆商贸市场、边疆国家二类口岸及旅行社、物业管理等为主业的边疆宾馆，拓展成为集住宿餐饮、商品购物、大宗交易、仓储物流、运输通关为一体的国际化和多元化商贸物流中心。但受地域、空间和市场竞争的影响，边疆宾馆经营四面楚歌、腹背受敌、困难重重，一房难求，一间房"炒"到几十万火爆景象已成记忆，主要依靠品牌影响力维持，无新的发展和创收新长点，边疆宾馆在自治区外贸行业领跑者的地位已被削弱，正在被其他企业所超越。

面对于此，边疆宾馆提出了"外贸为基、多元发展"的思路，以传统的外贸租赁业为主导，大力发展商贸物流业，启动建设军地两用物流基地，加强与旅行社的合作，积极拓展外贸公司业务。同时，针对边疆国家二类口岸市场占有率和出口货物总量，市场份额从最高时的 90% 左右下滑至不足 50% 的实际，决定搬迁新建边疆国际物流园，重塑边疆国家二类口岸品牌，提升市场综合竞争能力，缓解企业当前发展中的瓶颈，为实现"可看、可说、可游、可住、可购"这一"边疆梦"奠定基础（见表 1-4）。

表 1-4 2012—2015 年边疆宾馆主要经营指标统计表（单位：万元）

年份	经营总收入	企业利润总额	缴纳税费	上交军区任务
2012 年	18157.41	3755.70	3453.34	2800
2013 年	18030.58	3436.25	3465.74	3300
2014 年	17682.96	2913.90	3877.29	3340
2015 年	15462.73	2918.19	1820.01	2800
2016 年	12174.39	3562.61	1552.68	

2. 有喜有忧的边疆宾馆

事实上，通过调研发现，边疆宾馆经过 40 多年的发展，已经成长为新疆最大的民间涉外批发交易市场，是边疆宾馆的黄金时代。彼时的边疆宾馆是个体户的天下，他们做生意的方式是丈夫当老板，妻子管财务，租下一间铺，生意就开张。其成功的关键在于胆量、运气和一名俄语听说水平过硬的翻译。

现如今，边疆宾馆下辖的 7 个全资公司亏损，四星级贵宾楼、西楼、公寓楼1500 余间接待床位空置不断增加，6 个商贸市场的 2700 余间客商业务洽谈室借助外部力量，采取边建设边发展、"见缝插针"的策略，缺乏整体的长期规划。

据在此工作超过 10 年的翻译介绍："大部分商铺裁掉了一半数量的销售，有的甚至裁了 2/3"。国家二类口岸和与之配套的大型海关监管库区内车少货稀。

2.1 商誉好、人力充裕、重文化建设

边疆宾馆有形资源能满足对商户、顾客"一站式"的基本需求，产业链上的精细化还有待于加强。同时，企业信誉和品牌在行业中树立了良好形象，也得到了经营户、中西亚与东欧客商的广泛认同。边疆宾馆 2015 年的无形资产、商誉价值分别为 598563.17 元、12242647.16 元。在调查中，认为"良好的品牌形象和商誉"的，高层占 100%、中层占 89.13%、基层占 61.93%；认为"多年积累的稳定相对稳定的商户"的，高层占 100%、中层占 89.13%、基层占 79.55%，如图 2-1 所示。

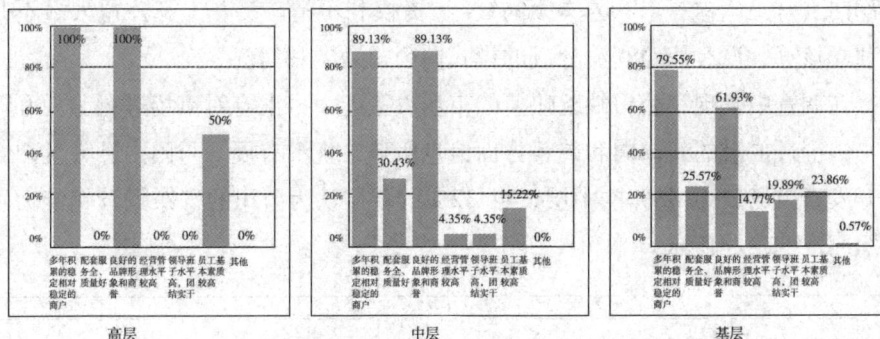

图 2-1 2015 新疆边疆宾馆"良好的品牌形象和商誉"调查统计图

从总体上看，边疆宾馆的管理水平在不断完善，员工高学历（中、高职称）人才较少。公司现有员工 484 人，其中在编人员 190 人，占 39.3%；劳务派遣工 294 人，占 60.7%。在管理层中，高层人员 6 人，占 1.2%；中层人员 42 人，占 8.7%；基层人员 32 人，占 6.6%；基层员工 404 人，占 83.5%。大专以上学历占总人数的 35%，其中 40% 以上是成人大专或党校函授生，专业知识水平较低，如图 2-2 所示。

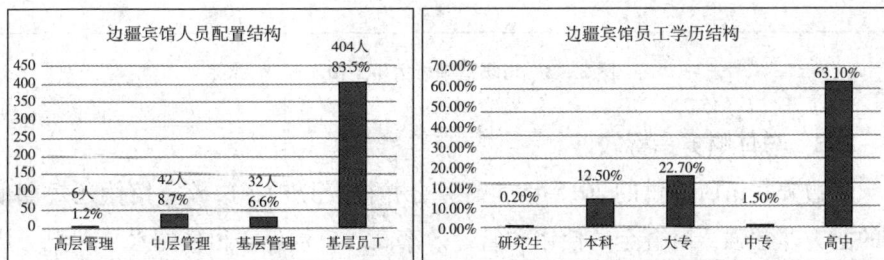

图 2-2 连续宾馆人员配置及员工学历结构图

在企业文化建设上，边疆宾馆已形成了其独特的"边疆"文化，出版《边疆人》企业报47期、编撰长达42万字的《新疆边疆宾馆史》、印发《企业文化口袋书》、建设企业文化长廊、中俄文双语企业网站、统一规范了企业的形象识别系统等。在管理制度建设上，建立健全了员工管理、作风纪律、工程管理、安全维稳、干部考核、劳动纪律、资金管理、物资采购、激励机制等20余项。

2.2 大锅饭、营销能力弱

边疆宾馆目前有较完善的组织结构，董事会是公司决策机构，总经理负责日常经营活动。公司下设安全保卫部、后勤保障部、行政办公室、党群人力综合部、经济发展规划部、财务审计部、纪检委、工会等8个业务保障与行政职能部门（详见附录一），吃"大锅饭"、责权利不清。7个全资公司大多不是以独立核算，没有按照利润分成的模式向公司缴纳利润。

在调查中发现，公司缺乏快速的市场决策能力，没有对市场进行分析和调研，缺少最前沿的新动向和趋势方面信息服务，也没有展开与国内外大客户合作开发新市场，80.43%的中层、44.32%的基层认为公司的"市场营销能力不足"，如图2-3所示。

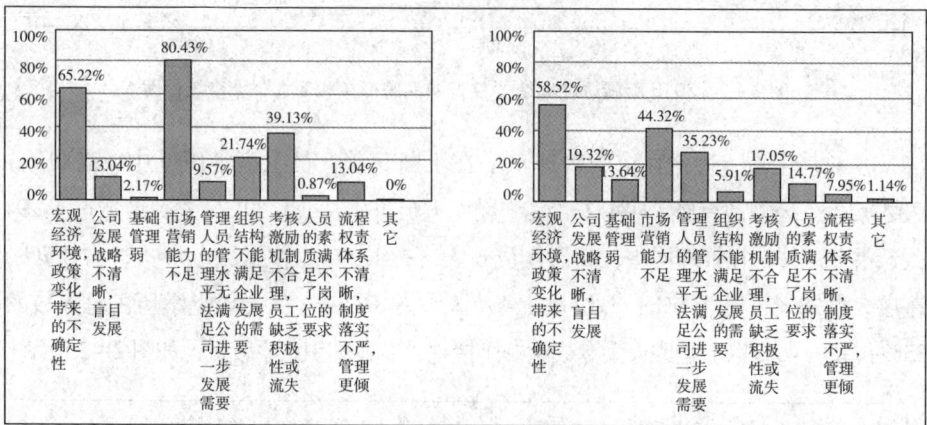

图2-3 市场营销能力不足情况图

2.3 总体财务指标较好

从边疆宾馆所提供的2015年度财务合并报表分析，边疆宾馆偿还短期债务的能力非常强，对资金的使用和管理效率高。负债处于很低的水平，财务成本低，财务风险小。资金充足，偿还债务的能力强，长期负债一直以来都是

"0"，企业债务情况非常理想。同时，股东权益比重很高，企业的基本财务状况稳定；固定资产周转率比率高，资产利用率高，管理水平较好；股东权益周转率高，所有者资产的运用效率高，营运能力强；销售净利率较低，低于资产收益率指标，企业的资产利用效果较差。主要的数据显示见表2-1。

表2-1 边疆宾馆2015年度财务合并报表分析表

评价指标	指标细化	计算方法	指标量化
偿债能力	流动比率	流动资产/流动负债	2.14%
	速动比率	（流动资产－存货）/流动负债	2.13%
资本结构	股东权益比率	股东权益/资产总额	68.34%
	资产负债率	负债总额/资产总额	31.62%
经营效率	固定资产周转率	销售收入/平均固定资产	4.76%
	股东权益周转率	销售收入/平均股东权益	69.03%
	总资产周转率	销售收入/平均资产总额	43.75%
盈利能力	销售净利率	净利润/销售收	5.75%
	资产收益率	净利润/平均资产总额	9.72%

2.4 企业核心缺失

40多年来，边疆宾馆保持着军队的优良传统：员工诚实守信，吃苦耐劳，服务意识强。由于处在特殊的地域环境中，公司一直注重安全管理，并设有公安派出所。在语言方面，公司十分重视员工的俄语培训，不管是宾馆服务员还是商贸市场店员，都能与外宾进行俄语沟通和交流，并能为外宾提供专业化的俄语服务。同时，查阅公司档案发现，员工总体稳定，离职或辞职的员工数量少，公司的薪资、福利等水平一直处于中上水平。

当然，边疆宾馆"市场＋实体店"单一运营模式，由于电商平台缺失难以抵御互联浪潮。同时，以"甲方"自居，没有把商户作为战略发展的合作伙伴，所提供的服务有一定的局限性，不能满足现代外贸发展、体现"家园"特色服务文化。按照专业市场产业集群化和公司所提出"旅购家园"的要求，边疆宾馆对产业链上的服务需要延伸、增粗、扩宽，真正让商户、顾客感觉到"回家"的温暖，所提供的"家园"特色服务文化还处于温饱阶段。

3. 持续恶化的国际环境

站在世界的版图上看，由于地缘、文化等优势，中西亚及东欧等国家是新疆最主要的出口贸易国家，此次主要介绍边疆宾馆顾客消费较多的俄罗斯、哈萨克斯坦、吉尔吉斯斯坦、塔吉克斯坦、巴基斯坦、乌兹别克斯坦、阿塞拜疆、土库曼斯坦等八个国家（详见附录二）。

在《中亚黄皮书冲亚国家发展报告（2015）》中，对环境状况概括为：形势基本稳定，挑战明显增多①。实际上，中西亚及东欧国家推行政治体制改革，有的向议会制转变，有的扩大议会和总理的权力。但乌克兰危机、俄罗斯经济衰退、国际大宗商品市场价格下跌、美元升值、主要出口市场低迷等对其造成冲击。

由俄罗斯、白俄罗斯和哈萨克斯坦组成的欧亚经济联盟正式成立并于2015年开始运行后，亚美尼亚、吉尔吉斯斯坦相继加入，塔吉克斯坦很可能成为第六个成员，越南正式成为联盟的长期合作伙伴，还有近40个国家表示有意与联盟建立自贸区。2015年前9个月欧亚经济联盟成员国之间的贸易额下降30%（见表3-1）。

表3-1 2011—2016年新疆外贸出口商品部分国别总值表

年份	2011年		2012年		2013年		2014年		2015年		2016年	
产终国	美元值（千元）	同比（%）	美元值（千元）	同比（%）	美元值（千元）	同比（%）	美元值（千元）	同比（%）	美元值（千元）	同比（%）	美元值（千元）	同比（%）
哈萨克斯坦	6664989	-2.4	7139406	7.1	8369412	17.2	8787537	5.0	5261519	-40.1	5743248	9.2
吉尔吉斯斯坦	3720714	43.7	3988085	7.2	4133921	3.7	4059739	-1.8	3199721	-21.2	3878472	21.2
塔吉克斯坦	1683950	58.8	1367221	-18.8	1575793	15.3	2001188	27.0	1377966	-31.1	1261423	-8.5
俄罗斯联邦	518918	46.8	384907	-25.8	366879	-4.7	594685	62.3	816573	37.5	1194662	46.2
乌兹别克斯坦	316985	38.0	384718	21.4	491751	27.8	499356	1.5	351895	-29.5	309907	-11.9
巴基斯坦	379828	203.5	136963	-63.9	—	—	290514	117.3	262211	-9.7	257974	-1.7
阿塞拜疆	434387	22.5	259053	-40.4	229195	-11.5	124946	-45.5	90530	-27.5	78483	-13.3
土库曼斯坦	106401	-3.3					130132	-12.0	84656	-35.0		

注：以上数据根据乌鲁木齐海关各年的统计结果整理。

---

① 佚名. 形势基本稳定 挑战明显增多 [M] 中亚国家发展报告（2015）. 社会科学文献出版社，2015：9-24

4. 悲喜交加的国内市场

4.1 全国外贸宏观环境

在国际形势复杂严峻的大背景下，2015 年国务院先后出台了 7 个支持外贸发展的政策文件，我国外贸还是出现进出口贸易双下降（既定的增长目标为6%）的局面，且进口相较出口下降更为严重。同时，着力推进外贸供给侧改革，通过简政放权，全面放开实行国际化、市场化、自由化、信息化、产业化，加快培育竞争新优势。从国家 2016 年及"十三五"规划的外贸政策与电商试点情况来看，外贸商业模式创新是必然趋势。特别是在 2016 年初，国务院同意在天津、大连、重庆、合肥、郑州、广州、成都、深圳、宁波、青岛、苏州、上海等 12 个城市先行先试设立跨境电子商务综合试验区，西北五省区没有一个省区城市列入其中。

4.2 新疆外贸宏观环境

新疆的地缘优势对外贸的影响力正在削弱，2015 年中国海关统计国内省市区的外贸出口中，浙江、安徽、江西、河南、湖北、广西、贵州、陕西、甘肃、青海等 10 个省区的同比上升。外贸进出口双降、出口贸易有向新疆以东转移发展的态势。而在"一带一路"国家战略中，西北五省区是丝绸之路经济带上重要的组成部分，新疆是重要的交通枢纽、商贸物流、金融、文化科技、医疗服务中心。

值得一提的是，《新疆商贸物流业发展规划（2015 — 2020 年)》发布，形成"点线面网"交织、布局合理的空间架构：建设一批不同层级的商贸物流节点，打通丝绸之路商贸物流北、中、南三大通道，培育天山北坡、天山南坡、南疆地区三大商贸物流功能区域，构筑由城乡配送网、集疏运和多式联运网、物流设施网、交易和信息平台网组成的商贸物流网络体系。"国际物流大通道、国际多式联运、新疆陆路港、国际物流园区、电商物流、应急物流、绿色物流、产业物流"八大关键词勾勒新疆物流新蓝图，如图 4 - 1 所示。

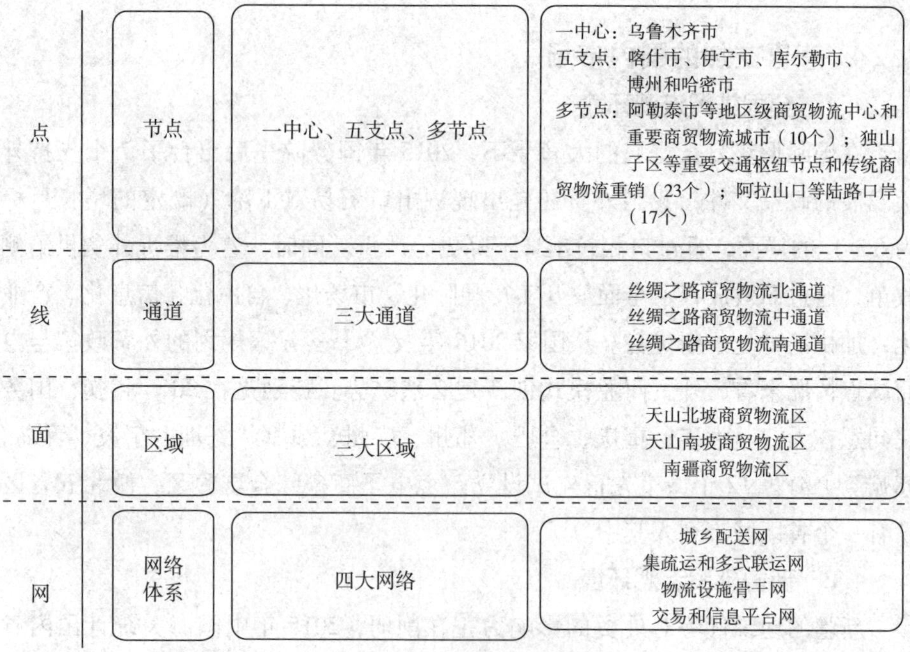

点	节点	一中心、五支点、多节点	一中心：乌鲁木齐市 五支点：喀什市、伊宁市、库尔勒市、博州和哈密市 多节点：阿勒泰市等地区级商贸物流中心和重要商贸物流城市（10个）；独山子区等重要交通枢纽节点和传统商贸物流重销（23个）；阿拉山口等陆路口岸（17个）
线	通道	三大通道	丝绸之路商贸物流北通道 丝绸之路商贸物流中通道 丝绸之路商贸物流南通道
面	区域	三大区域	天山北坡商贸物流区 天山南坡商贸物流区 南疆商贸物流区
网	网络体系	四大网络	城乡配送网 集疏运和多式联运网 物流设施骨干网 交易和信息平台网

图 4 - 1　未来新疆外贸发展蓝图

4.3 乌鲁木齐宏观环境

在《新疆商贸物流业发展规划（2015 — 2020 年）》中，乌鲁木齐的发展定位为"丝绸之路经济带国际商贸物流中心"，"面向中亚、西亚、南亚、中东及俄罗斯的国际性商贸物流枢纽""国家级流通节点城市"。重点发展国际物流、空港物流、农产品物流、冷链物流、城市配送、应急物流、口岸物流、保税物流等完备的商贸物流体系。未来，乌鲁木齐将实施一批商贸物流基础设施项目，包括推进乌拉泊国际物流基地等大型物流园区建设；打造国际纺织品服装商贸中心核心区；完善大型农产品市场的交易和物流能力；推动城市物流配送中心建设等。

乌鲁木齐将完善商贸物流信息综合服务功能。包括开发建设区域性公共物流配送信息平台，加强信息统计和行业标准体系建设，编制和发布乌鲁木齐商贸物流指数，以大数据、互联网引领行业发展，支持发展面向中亚、西亚、南亚的物流服务外包等。乌鲁木齐还将开展商贸物流标准化示范创建工作、建设跨境电子商务示范城市、规划综合性物流园区等，发挥中心辐射作用，带动全疆商贸物流升级版。同时，在乌鲁木齐市域产业布局规划图（2014—2020）中，确定了"一轴双心，两区七组团"的布局形态。而在六大产业聚集区规划中，城南经贸合作区服务贸易综合聚集区将形成"一轴""三心""五片区"格局。"昼客夜货"政策及城市道路对对货运车辆的限行政策，影响了边疆二类口岸各类货物检验，延长了货物出口时间。

5. 竞争激烈的同行业压力

从调查来看，边疆宾馆所面临的现有竞争者（同行业企业）分为乌鲁木齐、新疆本土、西北五省区及全国范围四个层次。而在这四个层次的竞争者中，影响和威胁最大的是疆内的同业者、国内有影响力的专业市场集群主导者两大类，如图 5-1 所示。

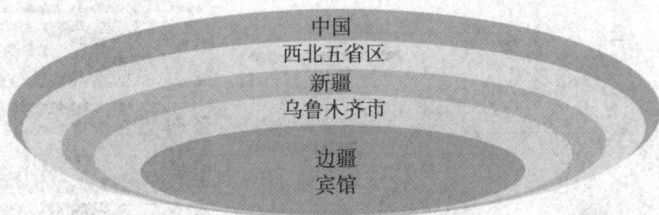

图 5-1　边疆宾馆面临现有竞争者

近年来，边疆宾馆周边已建成了西域轻工基地、瑞达边疆世贸中心、亚泰国际等商贸中心对其发展形成了很大的冲击。加上华凌综合批发市场、火车南站商贸城、进出口加工区，也是当前最直接的竞争对手。加上未来的综合保税区、西站铁路国际物流园及陆路港、城南经贸合作区、乌拉泊国际物流园、国际大宗商品交易中心、旅游集散中心、国际纺织品服装商贸中心，也应引起高度重视。

6. 整合创新的战略选择

坚持"外贸为基、多元发展"的核心思想，以打造"可看、可说、可游、可购、可住"的边疆亚欧国家贸易中心为目标，以"走进边疆宾馆，天天亚欧博览，共享财富盛宴"为引力，以丝绸之路经济带为契机，把握外贸发展趋势，研究新疆特别是乌鲁木齐外贸物流整体规划和政策导向，积极引入战略合作方，善用资本杠杆，建立跨界联盟，打通进口通道、实现"双边贸易"和"双轮驱动"，延伸、重组产业链，实现公司运营的"平台化、产业化、数字化"。

加快建设现代企业制度，完善公司治理，深化人事改革，优化人才结构，提高全员职业水平，培育和夯实市场竞争能力及竞争管理能力；以一个核心、两条通道、三化建设、四大平台、五类业务的"12345"为实施策略，全力推进"外贸为基，多元发展"战略，打造新疆领先、中国一流的进出口国际贸易一体化服务商，使边疆宾馆（集团）成为名副其实的"丝绸之路"经济带上的黄金"驿站"，如图6-1所示。

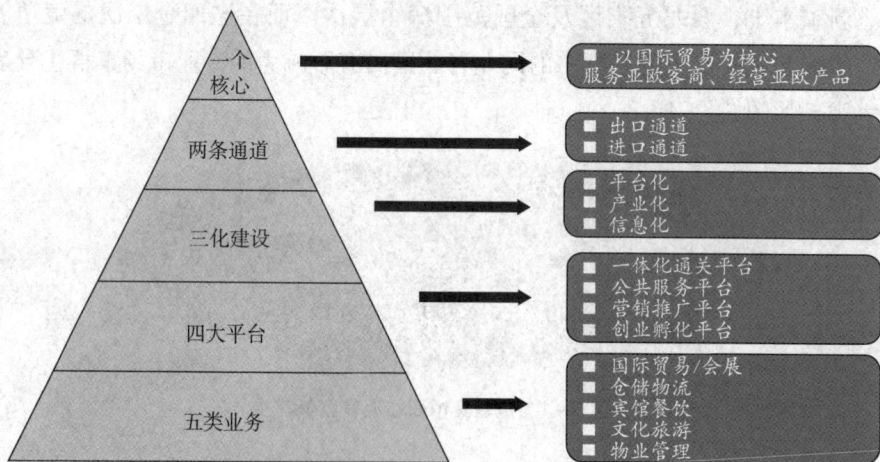

图6-1　新疆边疆宾馆有限责任公司总体战略思路

7. 尾声

就在公司内外交困之际，项目进行到了尾声，市场也开始有了复苏迹象。2017年3月，在公司召开的企业内部改革研讨会上，杨总坚定地说："作为党委书记就是改革的第一责任人，只要是对企业的改革有利，只要是对企业的发展有利，就要大胆的改、大胆的推进……"企业之舟，不进则退，市场机遇转瞬即逝，边疆宾馆该如何选择战略方向，未来的路又该怎样走，眼下最要紧的步骤该如何行动……所有这一切，都等待着最高决策者们的决定与探索。

附录一

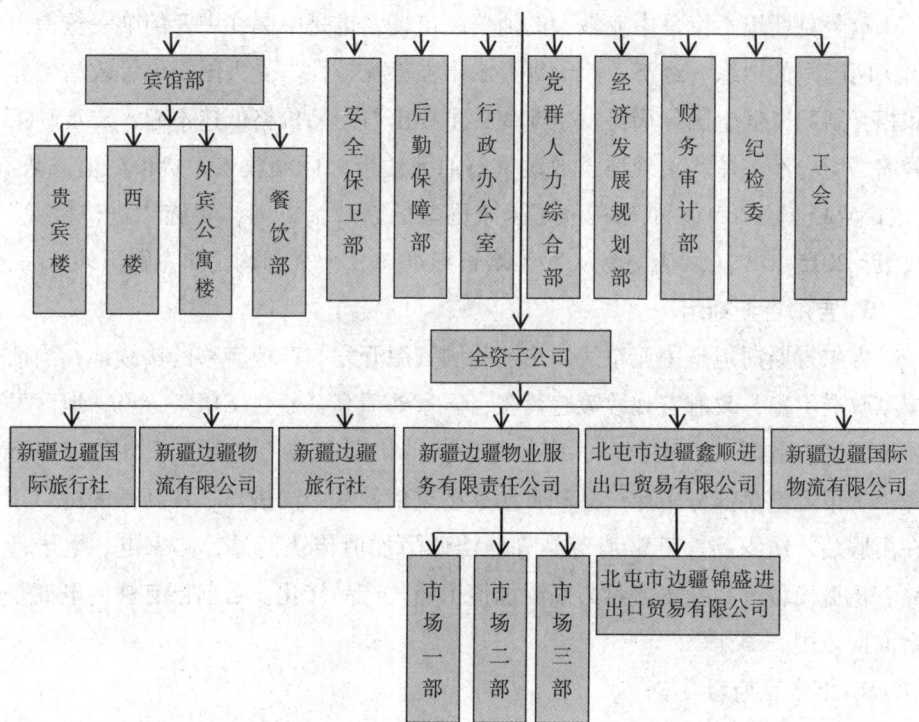

新疆边疆宾馆有限责任公司组织结构图

附录二

新疆边疆宾馆有限责任公司
所面临中亚及东欧主要国家环境分析

1. 俄罗斯

受乌克兰危机继续发展、美国和欧盟延长对俄制裁……俄罗斯在多变的国际环境下，内修稳定、外调政策，低油价和地缘政治加剧了结构性矛盾突出，经济持续衰退。同时，国际市场原材料特别是能源价格急剧下降，卢布大幅度贬值、财政赤字增大，外贸主要依赖于能源出口，并在政策上调整为面向世界的出口导向转为面向国内的进口替代，规模庞大的"影子经济"占 GDP 的32%—47%，造成资本外逃和"去离岸化"问题突出。电商特别是跨境电商市场发展潜力较大，中国网店在俄罗斯跨境电子商务中的份额超过2/3，占据主导地位。

2. 哈萨克斯坦

哈萨克斯坦不仅是中亚最大的消费品市场，也是中国在中亚的第一贸易大国，两国间的地缘、经济、政治等显示出强势互补性。受大国间地缘政治博弈和相互制裁，催生国际局势发生演变，主要出口产品价格低迷不起，宏观政策紧缩，所有经济体均出现增长放缓，石油无法带来巨额收入，货币贬值态势。《哈萨克斯坦-2050》战略确立了未来国家的新政治方向，实施"进口替代"政策。2015 年本土网店交易从 29% 增长到 40%，个人网购更愿意购国外产品。

3. 吉尔吉斯斯坦

吉尔吉斯斯坦是中亚东线门户、我国资源开发与产业转移的接续地，当前国家政局不稳，政府宏观政策趋紧张，国家外债高（超过 GDP 一半），地区发展不平衡、贫困人口比例高、多数居民信仰伊斯兰教，油价下跌导致进口下降，货币贬值。部分工业产品和日用品严重依赖从中国进口，从新疆的进口正在由服装、纺织品、日常消费品等低档低附加值传统商品，向家电、电子产品、机械设备等高技术含量与高附加值工业化产品转化。目前已有疆内电商平台面向该国"试水"。

4. 塔吉克斯坦

塔吉克斯坦整体形势较稳定，经济薄弱，市场化程度低、企业公司化程度低。基础设施落后、城市化水平低、地区贫富差距大、外债比重大（占 GDP比重 27.9%）、货币贬值、经济持续下行。新疆对塔出口 13.78 亿美元，主要出口商品有纺织品、服装、建材、氰化钠、颜料等。多数居民信仰伊斯兰教，民族和宗教关系比较和谐。在积极寻求多元化合作中，互联网普及率低，政府鼓励推广电商发展。

5. 乌兹别克斯坦

乌兹别克斯坦整体形势较好，政府干预经济程度高，重视民生领域改革，是世行认为营商环境改善最快的国家之一。全国人口总数 90% 以上为穆斯林。政府积极推动区域一体化，实现国际交通运输一体化，居民贫富差距小、私有化程度高、税负轻，经济下行风险增加。调整经济结构过度依赖外资，重视新型服务产业发展，注重引进现代化信息技术，通过金融、物流、信息技术等行业来推动国内相关制造业的进一步发展。

6. 巴基斯坦

巴基斯坦国教为伊斯兰教，安全形势依然严峻，政权内部不和，恐怖组织活跃，根除恐怖主义依然任重道远。国家外债重、还款压力大，货币贬值，进口增长、出口下降。国家积极鼓励并推动"中巴经济走廊"建设，中国是其主要贸易国，进口总体呈增长态势，其主要为化工产品、机械、食品、金属制品和交通工具。当前电子商务市场规模约为3000万美元，地区发展不平衡，尚处于孕育期、规模小，所属交易以现金结算，电子支付系统落后。

7. 阿塞拜疆

阿塞拜疆是高度依赖能源输出的国家，经济大幅度下滑，正在走向多元化发展，对内对外贸易全部放开，实现了贸易自由化，外贸萎靡不振，货币大幅贬值。积极参与"丝绸之路经济带"建设，中国为阿第九大贸易伙伴和第八大进口来源国。民众购买仍集中在日常生活用品、农产品、家用电器及低端加工制成品。电子商务规模大，交易额大幅增长。

8. 土库曼斯坦

土库曼斯坦民众思想较为保守，社会安全问题较多，是中亚五国中最为封闭、政治风险最低的国家。国际能源价格持续暴跌，以能源经济为主遭受冲击，财政收入急剧下降，市场化自由程度低，金融体系落后，贫富分化严重，贫困人口大量增加。在出口多元化政策驱动下的对外贸易继续增长，国家货币保持稳定，但经济下行风险增加，国家"进口替代"项目多，正积极扩大无线通信系统、互联网建设。

传统国有外贸市场基地：边疆宾馆何去何从

1. 教学目的与用途

（1）本案例主要适用于战略管理课程，也适用于组织行为学、管理学原理等课程及其他工商管理类别的课程教学和管理培训。

（2）本案例的教学目的在于让学员对战略管理从环境上的分析，到战略的评价与选择有一个整体的把握。同时，加深学员对战略管理相关理论应用与实践的认识，使学员理解并学习在一定的环境下，为企业战略实施提供借鉴性经验。

（3）本案例适合于 MBA、EMBA 学员、经济管理类研究生、本科生课堂讨论使用，尤其适合具有一定工作经验及企业管理背景的学员。

（4）本案例为描述—决策型案例，通过案例分析，引导学员学习战略管理的基本概念与基本流程、战略管理等相关内容，并能够多角度分析边疆宾馆战略选择的影响因素，要求学员对边疆宾馆战略选择作出分析、评价，并提出具体的业务战略。

2. 启发思考题

（1）根据案例所提供的资料，运用 PEST 分析法对边疆宾馆所面临的中西亚及东欧国家宏观环境进行分析。

（2）面对国内同行业发展情况，依据波特的五力模型分析边疆宾馆的行业环境。

（3）结合案例提供的企业内外部环境，对其进行 SWOT 分析。

（4）熟悉相关的战略管理理论，提出分析其战略管理目标。

（5）结合企业的战略选择，制定相关战略执行的配套措施。

3. 分析思路

本案例通过描述边疆宾馆在发展过程中，面临着中西亚及东欧国家不断变化的外部环境变化、国内环境和内部管理问题日益显露，从而多渠道选择进行企业战略转型升级的策略，使学员结合企业的实际情况，学会运用 PEST、五力模型、SWOT 方法进行战略分析，帮助企业选取适合的发展战略，并引导学员思考战略的有效实施，如图 3 - 1 所示。

本案例的具体分析思路如下：

（1）让学员了解战略管理基本概念与基本流程、战略管理的内容。

（2）引导学员运用相关理论知识、资料，多角度分析边疆宾馆战略选择的影响因素及契机，如何使战略发挥作用。

（3）边疆宾馆所面临的外部环境是怎样的？

（4）学员所在的企业或熟悉的企业都有哪些战略选择，效果如何，通过对其深入分析，提高学员对知识灵活运用的能力。

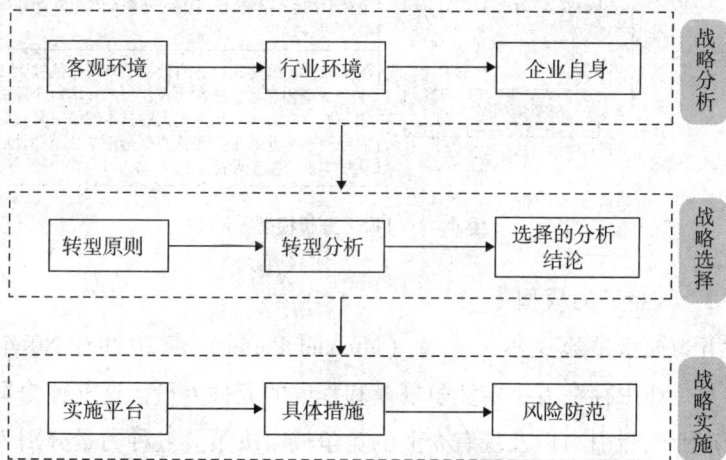

图 3 - 1　本案例分析思路图

4. 理论依据

4.1　PEST 分析法、波特五力模型、SWOT 分析

4.1.1　PEST 分析法

PEST 分析是指宏观环境的分析，P 是政治（politics），E 是经济（economy），S 是社会（society），T 是技术（technology）。在分析一个企业集团所处的背景的时候，通常是通过这四个因素来进行分析企业集团所面临的状况，如图 4 - 1 所示。

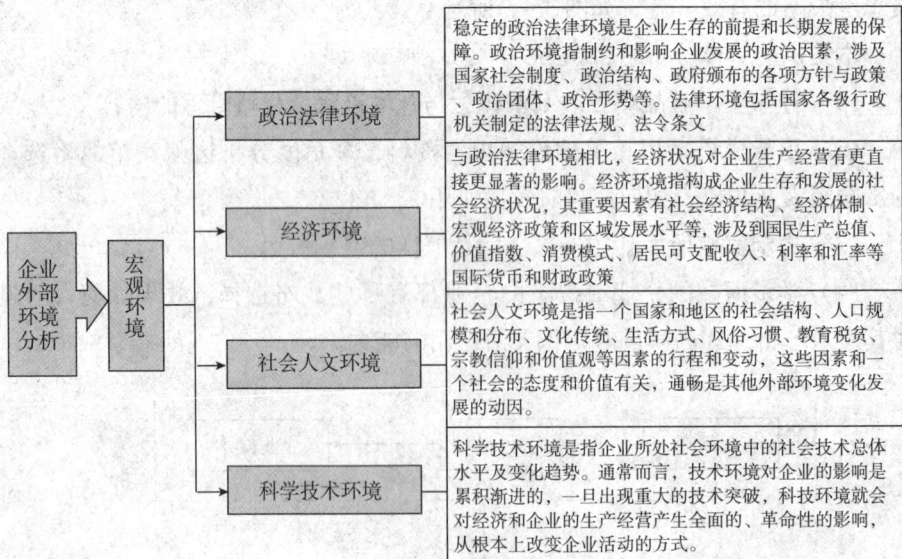

		政治法律环境	稳定的政治法律环境是企业生存的前提和长期发展的保障。政治环境指制约和影响企业发展的政治因素，涉及国家社会制度、政治结构、政府颁布的各项方针与政策、政治团体、政治形势等。法律环境包括国家各级行政机关制定的法律法规、法令条文
企业外部环境分析	宏观环境	经济环境	与政治法律环境相比，经济状况对企业生产经营有更直接更显著的影响。经济环境指构成企业生存和发展的社会经济状况，其重要因素有社会经济结构、经济体制、宏观经济政策和区域发展水平等，涉及到国民生产总值、价值指数、消费模式、居民可支配收入、利率和汇率等国际货币和财政政策
		社会人文环境	社会人文环境是指一个国家和地区的社会结构、人口规模和分布、文化传统、生活方式、风俗习惯、教育税贫、宗教信仰和价值观等因素的行程和变动，这些因素和一个社会的态度和价值有关，通畅是其他外部环境变化发展的动因。
		科学技术环境	科学技术环境是指企业所处社会环境中的社会技术总体水平及变化趋势。通常而言，技术环境对企业的影响是累积渐进的，一旦出现重大的技术突破，科技环境就会对经济和企业的生产经营产生全面的、革命性的影响，从根本上改变企业活动的方式。

图 4 - 1　PEST 分析模型

4.1.2　波特五力模型

波特五力模型是迈克尔·波特（Michael Porter）于 20 世纪 80 年代初提出，它认为行业中存在着决定竞争规模和程度的五种力量，这五种力量综合起来影响着产业的吸引力以及现有企业的竞争战略决策。五种力量分别为同行业内现有竞争者的竞争能力、潜在竞争者进入的能力、替代品的替代能力、供应商的讨价还价能力、购买者的讨价还价能力，如图 4 - 2 所示。

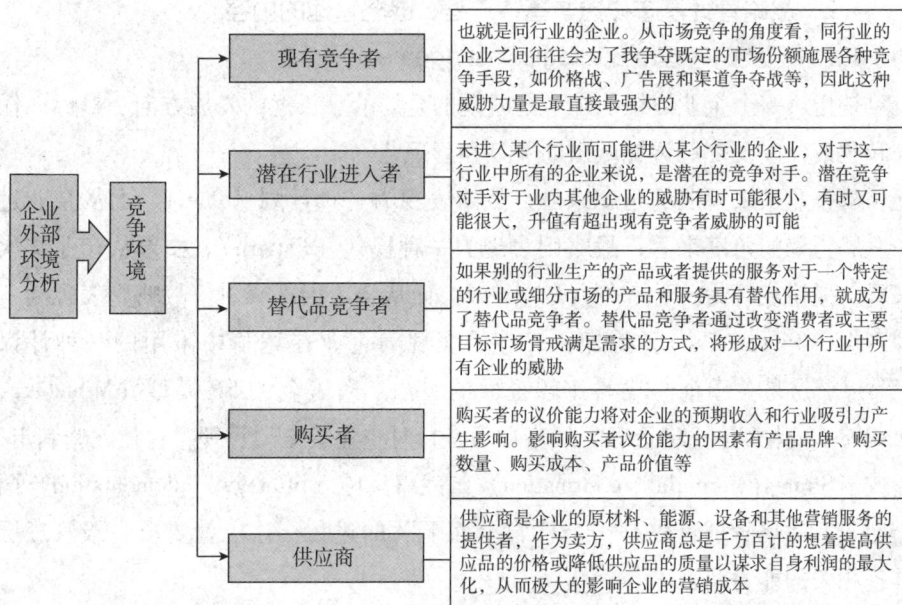

	现有竞争者	也就是同行业的企业。从市场竞争的角度看，同行业的企业之间往往会为了我争夺既定的市场份额施展各种竞争手段，如价格战、广告战和渠道争夺战等，因此这种威胁力量是最直接最强大的
	潜在行业进入者	未进入某个行业而可能进入某个行业的企业，对于这一行业中所有的企业来说，是潜在的竞争对手。潜在竞争对手对于业内其他企业的威胁有时可能很小，有时又可能很大，升值有超出现有竞争者威胁的可能
	替代品竞争者	如果别的行业生产的产品或者提供的服务对于一个特定的行业或细分市场的产品和服务具有替代作用，就成为了替代品竞争者。替代品竞争者通过改变消费者或主要目标市场骨戒满足需求的方式，将形成对一个行业中所有企业的威胁
	购买者	购买者的议价能力将对企业的预期收入和行业吸引力产生影响。影响购买者议价能力的因素有产品品牌、购买数量、购买成本、产品价值等
	供应商	供应商是企业的原材料、能源、设备和其他营销服务的提供者，作为卖方，供应商总是千方百计的想着提高供应品的价格或降低供应品的质量以谋求自身利润的最大化，从而极大的影响企业的营销成本

图 4-2　波特五力模型

4.1.3　SWOT 分析法

所谓 SWOT 分析，即基于内外部竞争环境和竞争条件下的态势分析，就是将与研究对象密切相关的各种主要内部优势、劣势和外部的机会和威胁等，通过调查列举出来，并依照矩阵形式排列，然后用系统分析的思想，把各种因素相互匹配起来加以分析，从中得出一系列相应的结论，而结论通常带有一定的决策性，如图 4-3 所示。

优势	机会
劣势	挑战

图 4-3　SWOT 模型

S（strengths）是优势、W（weaknesses）是劣势，O（opportunities）是机会、T（threats）是威胁。按照企业竞争战略的完整概念，战略应是一个企业"能够做的"（即组织的强项和弱项）和"可能做的"（即环境的机会和威胁）之间的有机组合。

4.2　战略管理基本概念与基本流程、战略管理的内容

4.2.1　战略管理（Strategic management）

是指对一个企业或组织在一定时期的全局的、长远的发展方向、目标、任务和政策，以及资源调配做出的决策和管理艺术。

从企业未来发展的角度来看，战略表现为一种计划（Plan），而从企业过去发展历程的角度来看，战略则表现为一种模式（Pattern）。如果从产业层次来看，战略表现为一种定位（Position）。而从企业层次来看，战略则表现为一种观念（Perspective）。此外，战略也表现为企业在竞争中采用的一种计谋（Ploy）。这是关于企业战略比较全面的看法，即著名的 5P 模型（Mintzberg，et 1998）。什么是战略管理？战略管理是指对企业战略的管理，包括战略制定/形成（Strategy Formulation/formation）与战略实施（Strategy Implementation）两个部分。战略管理首先是一个"自上而下"的过程，这也就要求高级管理层具备相关的能力及素养。

（1）六大原则

适应环境原则——来自环境的影响力在很大程度上会影响企业的经营目标和发展方向。战略的制定一定要注重企业与其所处的外部环境的互动性。

全程管理原则——战略是一个过程，包括战略的制定、实施、控制与评价。在这个过程中，各个阶段互为支持、互为补充的，忽略其中任何一个阶段，企业战略管理都不可能成功。

整体最优原则——战略管理要将企业视为一个整体来处理，要强调整体最优，而不是局部最优。战略管理不强调企业某一个局部或部门的重要性，而是通过制定企业的宗旨、目标来协调各单位、各部门的活动，使他们形成合力。

全员参与原则——由于战略管理是全局性的，并且有一个制定、实施、控制和修订的全过程，所以战略管理绝不仅仅是企业领导和战略管理部门的事，在战略管理的全过程中，企业全体员工都将参与。

反馈修正原则——战略管理管理涉及的时间跨度较大，一般在五年以上。战略的实施过程通常分为多个阶段，因此分步骤的实施整体战略。在战略实施过程中，环境因素可能会发生变化。此时，企业只有不断跟踪反馈方能保证战略的适应性。

从外往里原则——卓越的战略制定是从外往里而不是从里往外。

（2）从战略管理内容看，包括战略设计、战略实施和战略评估三大阶段

战略设计是指提出一个机构业务的主体任务，确认一个机构的外界机会和威胁，确定机构内部的强项和弱势，建立一个长远目标，形成可供选择的几种战略和选择可操作的战略方针。战略设计问题包括决定一个机构什么样业务要拓展，什么样的业务将放弃，如何有效地利用现有的资源，是否扩大业务或多种经营，是否进入国际市场，是否要兼并企业或举办合资企业，以及如何避免被竞争对手吞并等。

战略实施是战略管理的第二个阶段，通常称为战略管理的行动阶段。战略实施要求一个机构建立一个年度目标，制定相应的政策，激励雇员和有效调配资源，以保证建立的战略能够实施。战略实施包括制定出战略支撑文化，创造一个有效的机构组织，调整市场，准备预算，开发和利用信息支持系统并调动每一位雇员参与战略实施的积极性。

战略评估是战略管理中最后一个阶段。评估战略规划，是在战略实施过程中不断修改变化着的目标，因为外部和内部环境的因素通常是要改变的。评估工作包括，回顾和评价外部和内部的因素，作为战略方针选择的基础，判断战略实施的成绩和争取正确的行动解决实施过程中所出现的未曾预料的各种问题。评估的重要性从根本上讲是：成功的今天并不代表明天会继续成功，成功的背后同样会存在各种各样的问题，经验表明，自我满足的机构必然会走向灭亡。

（3）战略管理的实施七步

战略规划

A. 界定当前业务和使命。

B. 实施外部和内部审计。

C. 形成新的业务发展方向和使命陈述。

D. 将使命转化为目标。

E. 制定战略来达成战略目标。

F. 执行战略——在实践中，企业管理者可能要通过实际雇佣（或解雇）员工、建设（或关闭）工厂以及增加（或减少）产品和生产线等方式来执行战略。

G. 战略评估——评估绩效。

4.2.2 战略选择的类型

目前战略选择的研究学派包括战略营销学派和战略管理学派，而两个学派

又形成各自的分类。两个学派的划分界限在于企业战略选择以市场环境、技术手段和生产方式等为导向还是以企业高层管理者对企业发展方向的决策为导向。

战略营销学派提出市场导向（顾客导向和竞争者导向）；技术导向；创业导向等（Gatignon&Xuereb，1997；Noble，Sinha&Kumar，2002）。这几种战略选择分类方法尽管能够较为清晰地勾画出战略选择的目标，却对具体方法策略及其要达到的程度没有较好地分析。相比之下，战略管理学派及在其基础上发展壮大的其他学派影响力更为广泛。

战略管理学派源于迈尔斯（R. E. Miles）和斯诺（C. C. Snow）（1978）的概念化战略选择分类，他们根据解决创新问题、工程问题和经营管理问题采取的方法不同，将战略类型划分为探索型（Prospector）、防御型（Defender）、分析型（Analyzer）和反应型（Reactor）四类，这种分类方式充分强调了企业高层管理团队特性对企业整体视角和方向的指导与影响。

战略管理学派自迈尔斯（R. E. Miles）和斯诺（C. C. Snow）之后引起了较多学者的讨论和跟随，其中影响范围较广的为迈尔斯（R. E. Miles）和斯诺（C. C. Snow）划分的四分方法和迈克尔（Porter）划分的三分方法。沈颧，李垣等（2009）依据 Miles 和 Snow 的战略选择分类理论，探究了企业战略选择对企业创新能力和创新绩效的影响。郑兵云、陈沂等（2011）依据迈克尔·波特的战略选择分类方法研究了企业竞争战略对企业绩效的影响作用。两者相比，迈尔斯（R. E. Miles）和斯诺（C. C. Snow）的分类方法较为理想和简洁，便于企业对未来战略选择进行预测；迈克尔·波特的分类方法使用的术语概括凝练，适合运用于大企业的战略选择研究。

迈尔斯（R. E. Miles）和斯诺（C. C. Snow）的战略选择四分法把企业的战略类型分为防御型、分析型、探索型和反应型四类，该分类方法在之后研究中得到了充分的认可。

（1）探索型

探索型战略指企业通过关注多个细分市场和产品领域，持续寻找新的商机，会持续关注引进新创意和新产品。通常作为行业创新的领导者，对市场上正在显现的商业机会迅速反应，倾向于通过推出新的产品和新产品服务技术，提供全面营销和生产方案等增强自身领导能力，与跟随者不同。

（2）防御型

防御型战略指防卫性的行为特征，如成本削减和寻求提高效率等。重视运营效率、争取规模经济和提高技术效率，为了保证企业在技术领域获得持续的先进地位，防止竞争者渗透自己的细分市场，通常乐于提供高投资。

（3）分析型

分析型战略介于预见型和防御型之间，兼具防守者和前瞻者的特征。分析型的创新大多基于已经存在的市场，通过模仿和改进前瞻者早期产品，建立竞争优势。分析型企业很少主动对潜在市场进行进攻，其主要特征在于平衡于探索型企业和防御型战略企业之间。但有时候，完美的平衡很难实现，会使得企业失去效率，难以实现战略目标。

（4）反应型

反应型战略主要是对于外部环境缺乏控制的一类企业，通常通过减小企业规模避免在市场变动过程中被淘汰出局，这类企业数量上远远小于其他三种类型，通常难以在激烈的竞争环境中保持优势。

Miles – Snow 的分类方法并不局限于某一特定产业或行业，也不限于企业的类型和所在的国家，具有较强的一致性和有效性。特别是其将整个组织视为一个综合体系的理论构建有利于对组织战略选择有一个精确、排他的划分。这种划分本身并不具有优劣比较，而在现实经济活动中反应型战略被认为是最为被动和随波逐流的，一些学者的研究也证实了探索型、防御型、分析型的战略选择带来的企业绩效表现更优。

5. 关键要点

（1）企业战略在选择过程中应该考虑的因素。

（2）如何设计适应企业发展的战略。

（3）如何使企业抓住外部环境带来的机遇。

（4）如何保持企业战略竞争优势。

6. 课堂教学计划

本案例可以作为专门的案例讨论课来进行。以下是按照时间进度提供的课堂计划建议，仅供参考。

整个案例课的课堂时间控制在 150 分钟以内。

课前计划：提出启发思考题，请学员在课前完成案例阅读并对案例进行初步思考，案例小组制作课堂发言 PPT 初稿。

课中计划：简要的课堂前言，明确研讨主题：15—20 分钟。

分组讨论，告知发言要求：30 分钟。

修改 PPT，案例小组修改发言 PPT：20 分钟。

小组发言：每组 10 分钟，控制在 30—45 分钟。

引导全班进一步讨论，并进行归纳总结：20—25 分钟。

课后计划：学员分组就有关问题的讨论，每组采用案例分析报告的形式给出更加具体的解决方案，为后续内容铺垫。

案例正文

能力量化：为怡利科技管理层任职插上翅膀[①]

——怡利科技管理层任职资格体系与人才评价体系设计

王晓洪[②]　　王程明[③]　　马新智[④]

摘要： 人力资源是第一资源。健力宝创始人李经纬认为，健力宝陨落的最大问题就是缺乏人才，尤其是中层干部以上的管理人才。实际上，企业能否在竞争日趋激烈的环境中生存和发展，其关键还是来自于企业人力资源这一核心竞争力，并与企业战略协调程度决定着企业战略实施的成功性。本案例通过深入访谈怡利科技相关人员得到大量宝贵一手资料，收集内部资料、报刊以及相关网络等二手资料，描述怡利科技在人才变革的经验积累下，对所遇到的问题进行深入的调研和分析，就面对怡利科技未来的战略发展形势，如何利用人力资本战略准备将人力资本与企业战略挂钩，运用 BEI 访谈法、问卷调查法等多种手段，通过开展工作分析、组织能力测评、进行人才盘点，建立企业岗位能力素质模型，形成统一明确的任职评估标准、制定循环有序的评估流程、做好任职资格、人才评价、绩效管理体系设计，使人力资本成为企业战略的助推器。

关键词： 人力资源、胜任力、数据模型、能力测评、怡利科技

---

① 本案例是北大纵横新疆运营中心的咨询项目，由作者根据项目报告进行撰写。本案例撰写的作者，拥有著作权中的署名权、修改权、改编权。本案例未经允许，本案例的所有部分都不能以任何方式和手段擅自复制或传播。由于企业保密的要求，在本案例中对名称、数据等做了必要的掩饰性处理。本案例只供课堂讨论所用，并无暗示或说明某种管理行为是否有效。

② 新疆联合纵横企业管理咨询有限公司

③ 北大纵横新疆运营中心

④ 新疆大学 MBA 中心　新疆·乌鲁木齐

0. 引言

戴尔·卡耐基说："假如我的企业被烧掉了，但把人留住，我 20 年后还是钢铁大王。"2013 年，新疆怡利科技发展有限公司（简称"怡利科技"）总结过去、展望未来，按照总部"创新转型年"的定位，将创新转型作为未来 3 年的工作主线，要求各部门进一步聚焦市场，提升管理，创新转型，把公司打造成为一个 10 亿级企业。为实现怡利科技的这一目标，总经理潘大明却忧心忡忡，他担心的是：公司发展现状虽然令人鼓舞，但是未来的发展仍将面临巨大挑战，公司现有的人力资本能否满足未来战略发展的需求？但是这个问题如果换成"公司目前的财务状况能否满足未来战略目标的要求？"潘总可能就不会这样烦恼了，因为人力资本是无形的，不像有形资产或财务资产等可以很容易计算出来，而它对企业价值的贡献却是非常大的。

他又想到，对于健力宝的陨落，李经纬并不认为资金是迫使健力宝做出"改嫁最为直接的原因"，他说，健力宝最大的问题、最大的危机是缺乏人才，尤其是缺中层干部以上的人才。虽然健力宝人才极其缺乏，但是却不能随便引进高水平的人才。因为健力宝是国有企业，不可能像私营企业那样对员工自由地选择。健力宝不但自己缺乏人才，而且对企业之外的人才也不重视，与许多有识之士擦肩而过。这与它的竞争对手可口可乐形成了鲜明的对比。可口可乐被称为中国白领的"黄埔军校"，它有一套严格的培训、选拔、用人机制，它对人才求之若渴，许多优秀的人才都主动涌到该公司。想到这里，潘总开始在办公室里踱步，思考着解决方案……

事实上，这个问题不仅困扰着怡利科技的潘总，还影响着公司的发展。虽然人力资源的评估方法已数不胜数，很多大中型企业认为他们的人才已经足够优秀，但是战略实施败在人才的事例比比皆是。他与公司领导班子们共同思考：如何将人力资本与战略有机地结合起来，并且能够测量人力资本与怡利科技战略的一致程度呢？因为只有人力资本与公司战略相匹配，才能保证人力资本完美地服务于怡利科技战略，发挥各岗位人员的价值，从而避免造成人才浪费或者人才不足。

1. 怡利科技基本情况

怡利科技成立于 1993 年 5 月，在国家级高新区——乌鲁木齐高新技术产业开发区注册并独立运营的高新技术企业。公司是中国通信服务股份有限公司（简称"中通服"）下属的新疆通信产业服务有限公司控股的全资子公司。

怡利科技拥有先进的技术、齐全的业务、良好的业绩、完备的资质、广泛的本地化服务网络和独具特色的一体化服务模式，以及具有丰富经验和良好执行能力的管理团队。公司秉承聚集客户、开放创新、乙方文化的服务理念，追求企业价值与客户价值共同成长。依托"信息和媒体运营商的服务商"的定位，以通信行业重组和3G时代运营商全业务运营为契机，进一步聚焦中国电信、中国移动、中国联通、政企客户和媒体运营商的需求，持续创新产品和服务，为客户提供专业化、一体化、差异化的高效优质服务。

怡利科技始终专注于通信及信息化领域的专业技术服务，并取得较高的专业认证资格，包括建筑类企业总承二级资质、通信信息网络系统集成企业资质、安全技术防范工程设计、施工、维修资质、增值电信业务经营资质等。公司在新疆通信行业享有一定声誉，在通信工程、网络维护、网络优化等领域占有较高的市场份额，公司在互联网内容应用及软件研发方面技术领先，连续8年被认定为高新技术企业，具备信息网络传播视听节目经营许可资质及网络文化经营许可资质等，能够为广互联网用户提供合法合规、丰富精彩的视听节目。公司采用FLEX等国际尖端技术自主研发的软件产品，基于互联网技术都得到了很好的应用，并取得软件著作权登记，包括虚拟直播、数字权限管理系统等。

企业始终坚持"以人为本"的用人理念，不断在人才引进与培养，关注员工与企业共同发展。目前员工总人数近700人，大专以上学历员工人数占员工人数的86%左右。其中一级建造师近10人、高级职称员工20余人。公司拥有高效稳定的管理团队和技术领先的实施队伍。同时，公司将坚持以客户领先、运营卓越、资源高效、创新领导为发展目标，致力成为服务于社会信息化的重要力量，成为客户满意、员工信赖、社会认可的优秀企业。2010年，公司在进一步规范经营，向用户提供更专业化的服务指导思想下进行了组织结构调整，五大事业部建立，向用户提供完善周全、中立专业的技术服务。

在网络建设服务领域，公司一直居于新疆市场领导地位，可为移动、电信、联通等电信运营商提供全面优质的外包服务，包括一系列网络维护、网络优化、网吧连锁经营、电话充值卡加工等服务。同时，可为移动、电信、联通等电信运营商、企业客户和大众客户提供一系列IT应用、互联网服务、语音增值服务及其他服务。

2. 接洽沟通交流与访谈调研

2013 年 7 月，北大纵横项目组一行与怡利科技高层及相关人员进行沟通。在沟通中了解到，怡利科技在员工的梯队建设中，希望分为管理、市场发展、技术等 3 个层次进行发展，将技术与管理进行融合。总经理潘大明要求已有的组织架构不能推倒重来，现在所做的可以是微调和优化，一定要接地气、落地与公司相匹配。同时，要结合行业特殊性和公司现有的管理基础、人员现状及文化特征，对公司做充分的调研，借鉴别人的经验，以中层管理岗位为研究样本，考虑到地州公司发展的不平衡和实施基础的不平衡性，所建系统须与人力资源管理体系的其他模块和相关管理制度相衔接——比如考核、内部职业资格认证体系、内部培训体系建设、现有质量管理体、职业生涯设计系等。

2.1 企业管理现状与需求

作为一个成立了 20 多年的企业，怡利科技在过去已做过岗位职责、岗位说明书、绩效考核方面的调研，员工对企业的忠诚度较高，进入公司工作 10 - 15 年（含 15 年）的员工占 27%、5 - 10 年的占 23%、3 - 5 年的占 32%、1 - 3 年的占 16%、一年以内的占 2%。同时从人才的学历结构看，本科及其以上的占 26%、大专占 56%、高中/中专/技校及以下占 18%。

目前，怡利科技的管控借鉴中通服第二工程局的做法，采用的是"事业部制"模式，形成"公司总部 + 事业部 + 分公司"的集权管理模式。加上历史原因所形成的"重"技术、"轻"管理，强调一切以业务为中心等原因，90% 的管理人员都是从原来的技术岗位上提升的，不擅长与人打交道，管理思路和理念比较欠缺。在操作层面上，对人的评价、岗位的评价，从下而上的签订目标责任书，缺乏管理手段、技能和方法。在运行的过程中，对于人与人之间的评价，各个部门之间的评价指标不一样，具体运用时由于工作量大，显得力不从心，缺乏归纳性、指导性。特别是对于公司的价值分配、成果分配的状况，人才培养、人才考核及后备干部的管理、评价与晋升体系，公司高层对干部的评价要有个标准，需要哪些维度，哪些指标，最后怎么应用，这些更希望借助第三方来提升。

怡利科技上下形成了把不承担责任当成了一种本能的风气，有的时候甚至出现明明知道某个人不合适也做不到的情况，因为没有后备管理人选，培养机制也没有跟上，导致用了还可以前进，不用部门工作停滞了的现象发生。这说明怡利科技在提拔管理人才时，没有明确的职业规划。为此，项目组结合此次沟通交流，总结归纳出怡利科技的重点需求所在：诊断人力资源管理现状，开展工作分析，建立岗位能力素质模型，形成岗位能力标准，设计评价体系，组织能力测评，进行人才盘点，岗位任职资格体系的应用建议，关键岗位后备人才培养及中基层领导力提升，指导优化绩效管理体系。从怡利科技的这些需求中可以看出，关键还是"人"的问题。现在是受制于"人"，需要从"人"上下手，主要涉及职位管理体系、任职资格体系和人才发展体系等三个方面。

2.2　调研的关键性数据

调研是管理诊断与提供咨询建议的基础，从多种渠道重点收集企业组织结构与组织管理、业务管理、人力资源管理、财务管理、企业文化及各级人员对企业未来发展的建议与意见等信息并展开调研。包括部门设置、管理幅度及管理层次、职权、横向联系、管理规范、工作流程、决策程序、信息流转方式，企业主要业务活动运营与管理控制，人力资源结构、人才储备状况，人员招聘、培训、考核与激励制度，人员招聘、任用、考核与激励情况，人力成本的结构，财务状况，财务管理制度与规范，财务管理规章制度执行情况，企业的价值观念、经营理念、组织理念、管理控制理念等。

在访谈调研时发现，怡利科技在管理职位的设置上分为高层管理占2%、技术管理占8%、销售与客户管理占5%、工程管理占21%、维护管理占38%、其他占3%。管理的职位层级中，高层领导（总监级及以上）占3%、中层领导（部门经理级）占43%、基础管理人员（主管级）占54%。对公司未来3年的战略规划目标，认为非常了解与很清晰的占31%、了解大概但不清晰的占34%、不太了解的占29%、不了解的占6%。对于未来的想要成为什么样的企业，也就是怡利科技中长期发展目标和远景，1%的员工认为没有明确的发展远景，3%的员工不清楚，8%的员工认为是成为世界级信息网络的建设者，16%的员工认为是实现十亿级企业目标，39%的员工认为成为市场尊敬的、受员工信赖的、民主管理化的和谐幸福企业，45%的员工认为是成为新疆运营商中最受信赖的服务商。

2.2.1　企业过去取得辉煌成绩关键的成功因素

企业过去取得辉煌成绩关键的成功因素，如图2-1所示。

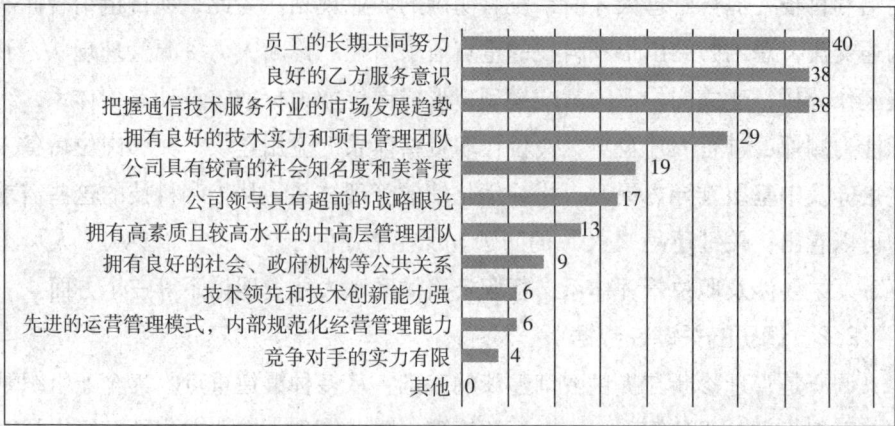

图2-1 影响所取得成绩的因素模型

2.2.2 发展通讯技术服务业务的优势

发展通讯技术服务业务的优势，如图2-2所示。

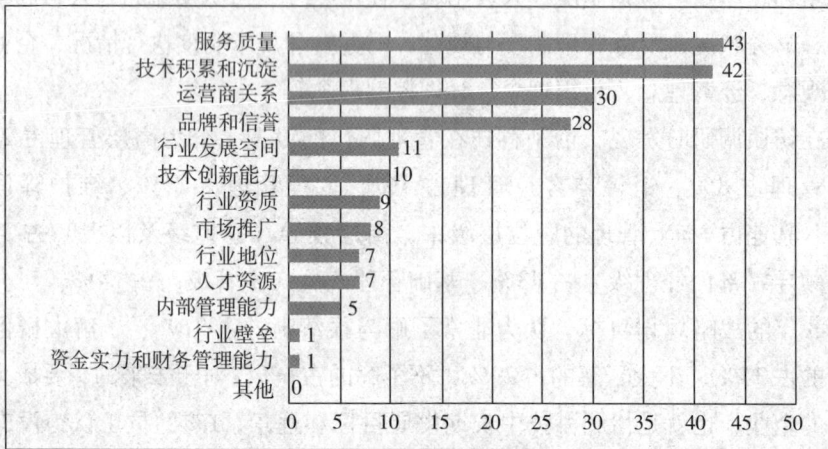

图2-2 发展通讯技术服务业务优势模型

2.2.3 企业发展劣势与最紧缺人才

在访谈调研中，员工认为内部缺乏激励机制与员工积极性不高、关键人才缺乏、业务开拓能力、资金实力、政府关系、人力资源、执行能力较弱、规模及市场地位、技术开发能力与积累、业务的协同和整合、产品优势、战略规划与实施能力、管理及运作经验、企业文化、客户资源等关键词是影响企业发展的劣势。

目前，企业组织结构主要存在的问题包括管理人员能力素质与岗位要求匹配度差、部门职能交叉、部门或岗位职责不明确、分工不清晰，部分职能缺失和弱化，存在扯皮推诿、人浮于事、任务不均的现象，缺乏管理程序和管理工作标准，部门职权不匹配，执行职能与监督职能共存一部门或岗位、多头指挥、高层领导越级指挥。

公司各部门之间出现推诿或扯皮现象的主要原因，如图 2-3 所示。

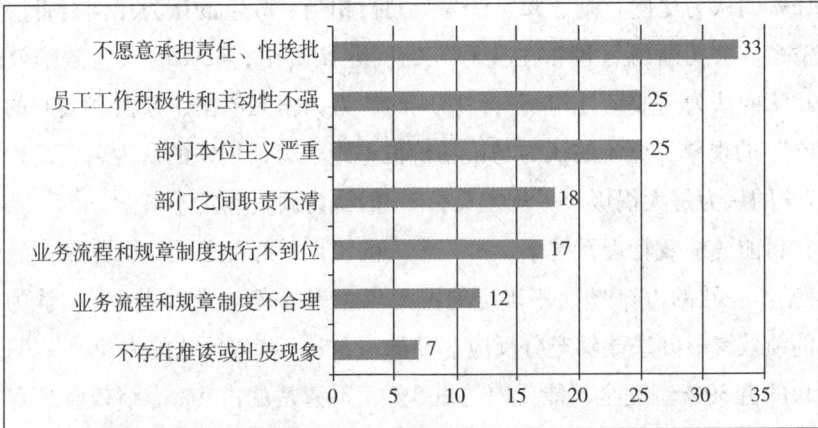

图2-3 公司各部门间扯皮/推诿因素模型

当问及"现在企业最缺乏什么类型的人才"时，回答公共关系人才占29%、发展规划人才占27%、营销管理人才占22%、技术管理人才占22%、高级管理人才占13%、人力资源管理人才占11%、资本运作人才占5%、财务管理人才占2%。

2.2.4 企业制度与流程建设

从调研的结果来看，认为公司管理制度非常健全的占41%、存在部分管理制度缺失的占57%。在制度执行方面，56%的员工认为大多数制度能够得到严格的执行，其主要原因是领导比较重视、频频出台很多政策，并已形成了有效的制度体系。26%的认为只有部分制度能够得到严格的执行、16%的认为很多制度形同虚设并得不到严格的执行。其中认为制度没有得到严格执行的主要原因是部分管理人员不能以身作则，有时不能模范遵守和制度本身不具体，可操作性差，无法实施。

在当前企业的工作流程上，怡利科技比较完善、运作效率也较高。90%的认为"不知道这件事该按照什么样的流程去做的情况"只是偶尔会有，"不知道这件事该找谁负责的情况"43%的认为从来没有过，49%的认为偶尔会有。

2.2.5　企业人力资源管理

在访谈与调研中，员工的收入水平与目前完成的工作任务相比较，11%的满意、50%的基本满意、16%的没有不满意、23%的不满意。与同行业的相同职位的收入水平进行比较，8%的认为比同行高、15%认为与同行相当、51%的认为比同行低、26%的不清楚。而目前公司薪酬制度对人才的吸引性评价上，16%的认为比同行高、32%认为与同行相当、27%的认为比同行低、25%的不清楚。公司薪酬管理中主要存在的问题调查中，42%的认为激励效果不足，20%的认为与业绩挂勾不勾，16%的认为调薪无依据、存在"会叫的孩子有奶吃"的现象，13%的认为与市场价位差距较大，10%的认为薪资结构不合理，7%的认为是大锅饭、平均主义，6%的认为薪资确定不科学。

在目前的绩效管理系统下，员工个人的工作目标与公司目标完全一致的占2%、基本一致的占69%、不确定的占28%、基本不一致的占1%。认为公司现行的绩效考核办法能够充分反应业绩的占3%、基本反映的占49%、只是部分反映的占39%、完全不能反映的占5%、不清楚的占4%。绩效管理存在的主要问题是很多时候绩效考核流于形式、绩效评价标准模糊，不能充分反映各项指标的选择、不能管理难度的指标差异性。

在提高员工积极性和创造性的方式选择上，认为领导认可占42%、收入提高占38%、培训机会占28%、职位晋升占19%、挑战性的工作站16%、轮岗机会占14%、福利改善的占12%。而在目前的选拔和晋升方式，29%的认为取决于自己的业绩与能力、24%的认为取决于资历与能力、7%的认为取决于公司领导的主管决定、6%的认为取决于自己上级的大力推荐、1%的认为取决于个人的关系背景。制定科学的选拔标准与程序，才能够选拔出与岗位匹配的优秀人才。

在员工培训方面，参加过管理知识与技能培训的占40%、专业知识培训的占39%、入职培训（公司历史/规章制度等）的占32%、岗位技能培训的占32%、商务礼仪培训的占14%、职称与学历培训的占4%、没有参加过任何培训的占1%。迫切需要管理技能提升培训的占50%、下属激励与团队建设管理培训的占27%、目标与计划管理培训的占25%、项目管理培训的占22%、财务管理知识培训的占21%、专业技术认证培训的占17%、客户关系管理知识培训的占17%、企业文化培训的占13%、商务谈判知识培训的占12%、沟通技能与回忆管理培训的占11%、人力资源管理培训的占8%。

为了使公司能够很好发展，责任心、执行力、团队合作、敬业、创新、吃苦耐劳、诚信、风险、忠诚、客户意识、自律、成就导向等是员工应该具备的能力素质，如图2-4所示。

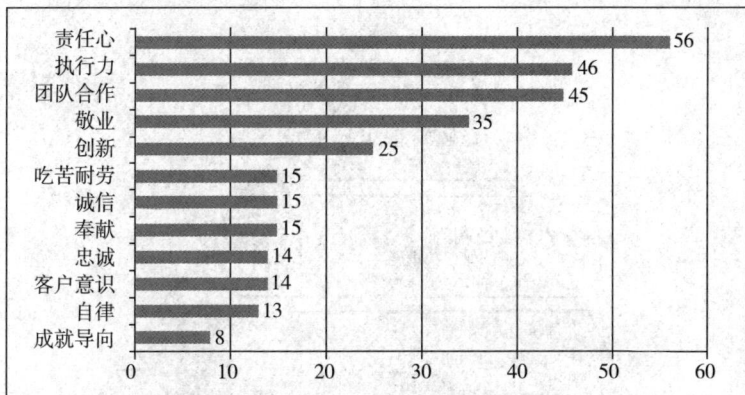

图2-4 企业所需的人力资源能力素质

3. 能力素质模型构建

企业要实现突破性的财务业绩和企业绩效，需要关注和积累一些长期的驱动性战略要素，而企业人力资本的储备与管理是重中之重。在人力资源的开发与管理中，能力素质逐步由一种管理思想朝着企业管理实践转变。随着越来越多的企业开始使用和掌握能力素质模型，企业会更多地思考能力素质模型构建的战略导向性问题。实际上，"能力素质"是知识、技能及职业素养的整合，与绩效相关联，引导出可观察和可测量的行为。结合怡利科技管理实践，在构建更具战略导向的能力素质模型过程中，从"与企业战略的协同性""模型设计的有效性"和"与人力资源管理的一致性"等方面给予关注。

人力资源管理是企业战略实现的长期驱动性要素，从员工招聘、培训、职业发展，到绩效和薪酬管理，都需要与能力素质模型紧密结合，这样才能保证人力资源管理的协调与统一。能力素质模型的构建需要人的行为去体现，紧密围绕企业的战略，挖掘并清晰界定组织所应拥有的核心能力素质，保证各管理层级的员工具备所在岗位应拥有的战略性能力素质，有效地促进岗位战略绩效的达成，为企业战略的最终实现提供充分保证，其目的就是建立企业的能力金字塔进而实现企业目标。特别是从能力素质模型库构建、能力素质选择和与岗位匹配，到能力素质评估，都应将模型设计的方法论与企业战略和实际运作相结合，设计出为怡利科技量身定制、高战略导向性和极具实际操作性的能力素质模型，如图 3 - 1 所示。

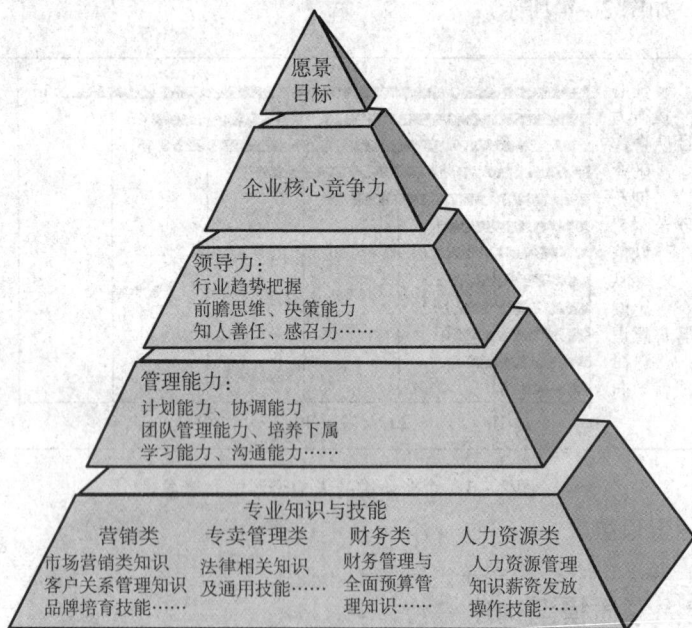

图 3 - 1　能力金字塔

因此，在怡利科技的能力素质模型构建过程中，所应关注的核心要素、所体现的核心思想都需要保持与企业发展战略的一致与协同。通过应用专业性的战略执行管理框架，将人力资本发展与储备方面的战略执行最终落实到各个管理层级员工身上，并借助战略性能力素质模型的构建，将这一战略执行的过程变得更加科学、合理，对于员工行为也更具驱动性。

3.1　引入胜任力模型

实际上，怡利科技通过能力素质模型的构建，对每项能力素质都界定了相应的关键行为，也建立了评估不同能力素质的衡量等级。同时，应用一系列的管理模型对人员的能力素质进行综合性评估，并将评估结果应用于人力资源管理的多个方面。胜任力模型旨在定义影响任职者对岗位胜任程度的各种主观因素，并按照各因素的影响深度和程度进行合理的组合。胜任力是一个人与工作绩效直接有关的知识、技能、才干或个性特征，它对个人的工作绩效具有直接的影响，这一理念容易为大多数人所接受。当我们提到影响力、主动性或团队精神，人们都会有共同的理解。因此，在赢得员工全身心投入的战斗中，在创造高绩效的战斗中，胜任力的概念提供了一种手段，将一个高绩效文化的概念转化成人们所能接受的语言，如图3-2所示。

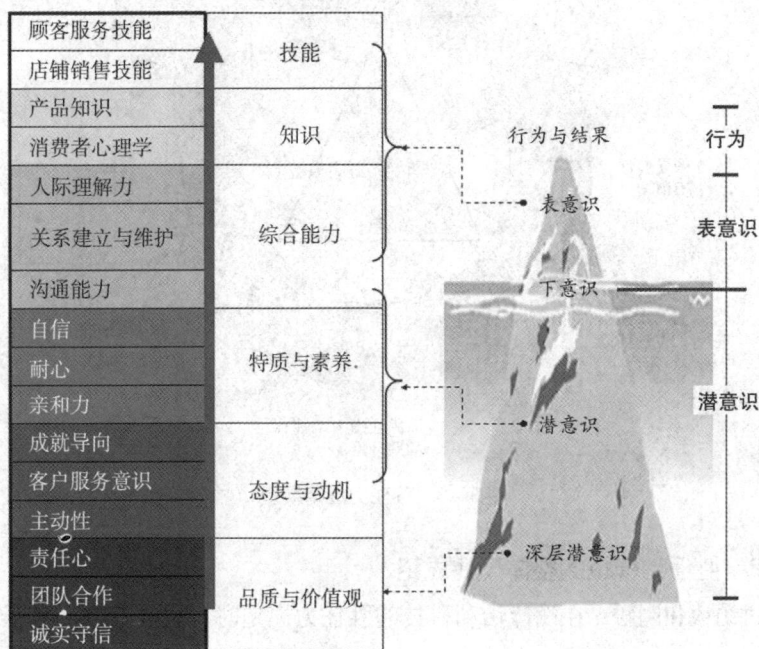

图3-2 销售人员胜任力模型

示例：销售人员胜任力模型

事实上，胜任力模型的应用就是实现能力模型化、模型要素化、要素角色化、角色行为化、行为层级化，让管理走向精细化、科学化的道路，促使怡利科技人力资源管理模式由传统的事后管理向事前管理转变。怡利科技引入胜任素模型主要是对人才规划、人才招聘与选拔、绩效考核与激励、人才培养与发展等方面提供一个高效的工具，让人力资源管理既实现体系上的统帅和牵引，又从细微之处优化和改善公司人力资源管理的操作和执行，如图3-3所示。

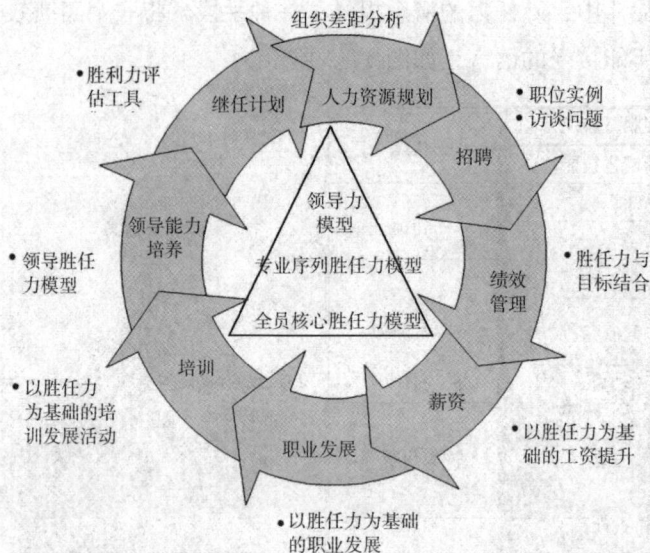

图 3 - 3 　胜任力应用模型

3.2 　胜任力模型的整体创建思路

通过访谈和调研，在设计怡利科技的胜任力模型时，主要考虑按照职系与职位序列划分、能力素质要素提炼、能力素质要素评级等三个部分，如图 3 - 4 所示。

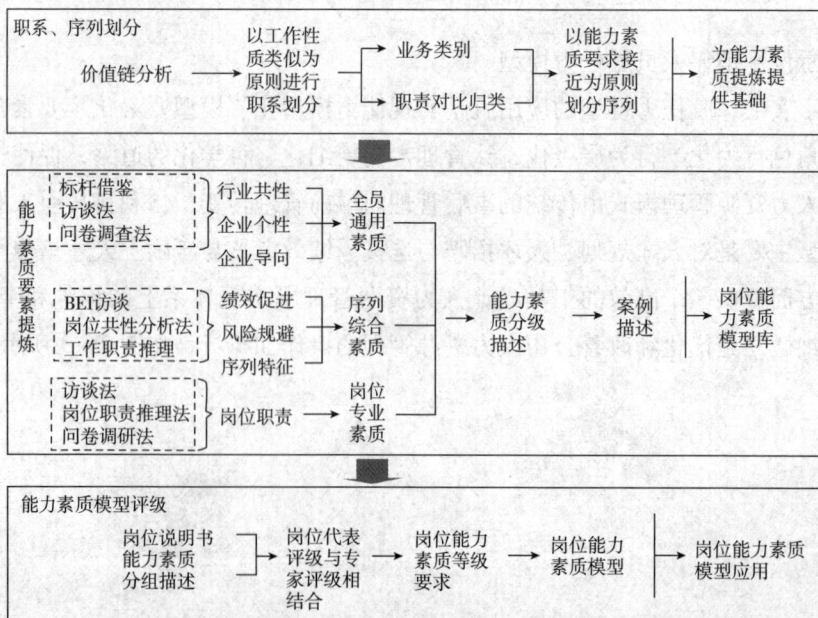

图 3 - 4 　胜任力模型的整体创建思路

3.2.1 职系与职位序列划分

胜任力模型是建立在明确的职系和序列划分基础之上的。划分职系、序列的意义在于打破企业中层级和部门的刚性的组织壁垒，在以职责分工为基础的岗位体系之外，建立起以能力素质为基础的专业体系，更好地实现人力资源管理对企业战略和核心竞争力的支撑作用。设置职系和序列的目的就是设立不同的职业通道，为职员指明职业发展方向。同时，鼓励职员将本职工作做到尽善尽美，在企业内部沿着设定的职业通道发展，为员工宽带薪酬设定提供基础。

从岗位管理的视角上看，企业是一系列职责和功能的组合体；从职系序列体系的视角上看，企业是一系列能力素质的组合体，这些能力素质的组合支撑着企业的基本功能的实现及核心能力的增强。在怡利科技的胜任力模型中，依照"价值链"的方式和以战略导向、核心技能相似、核心业务优先、前瞻性、适度性为原则划分职系，将企业的所有职位划分为管理职系、技术职系和操作服务职系，为员工设立多条职业发展通道。同时，以能力素质要求相近为标准，通过岗位分析，按照业务类别和职责对比归类两种方法确定序列划分，可以明确不同职位能力素质的差异，实现对员工的区别管理。

职系和序列的划分是进行职位管理的基础和重点，也是胜任力模型构建的基础。职系和序列的划分完成后，结合专家访谈进行优化调整，最终建立贴合企业实际、具有"个性化"特点的完整职系、序列体系。由此可见，每个序列具有其独特的能力素质结构组合和描述，一个职系包含一个或多个序列，一个序列只能在一个职系当中，如图3-5所示。

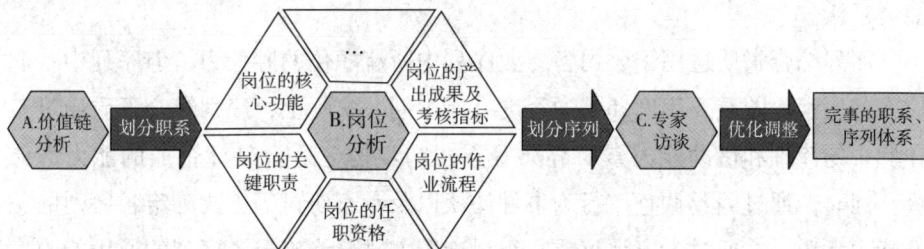

图3-5 胜任力模型构建基础

3.2.2 能力素质要素提炼

实际上，怡利科技岗位胜任力模型通常包含"全员通用素质、序列综合素质、岗位专业素质"等三个层次素质。通过对这三个层次的能力素质类型的提炼，并与职系、专业序列和岗位恰当匹配，最终得出各个岗位的能力素质模型条目，如图 3 - 6 所示。

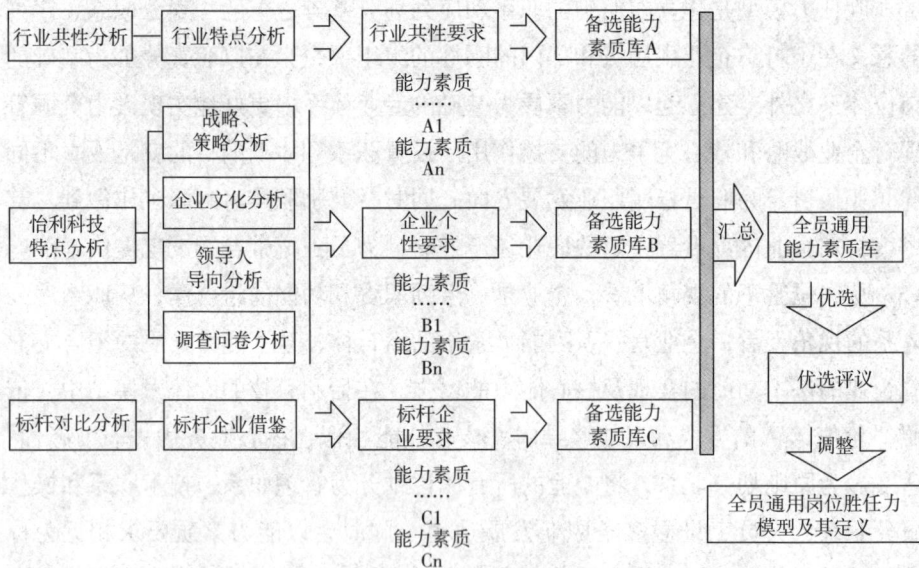

图 3-6　员工能力素质模型

全员通用素质基于公司核心价值观、企业文化和战略愿景，公司每一位职员都必须具备，它是公司企业文化的表现、体现了公司公认的价值导向，具有企业普遍要求的价值导向、职业态度、基本素质等特点，适用于公司所有职员。全员通用素质通常采取行业共性分析、企业资料分析和企业访谈调研等方式进行提炼，获取全员的核心共同需求，最终经过分析和研讨确定企业的核心能力素质。

序列综合素质适用于公司各专业序列中所有职位的胜任力，但序列中各职位在各要素上的重要程度和精通程度有所不同。实际上，序列综合素质通过工作职责的梳理和借助能力素质辞典等方式初步构建适合目标企业的能力素质库。同时，通过问卷调查、行为事件访谈以及专家研讨等方式确定各序列的备选能力素质，并通过专家评议或小组讨论等方式最终确定各序列的通用能力素质。如人际交往、组织协调以及分析判断方面的胜任力，具有完成特定类别工作所要求的素质和能力等特点，适用于序列内所有职位，如图 3 - 7 所示。

```
  步骤一              步骤二              步骤三
```

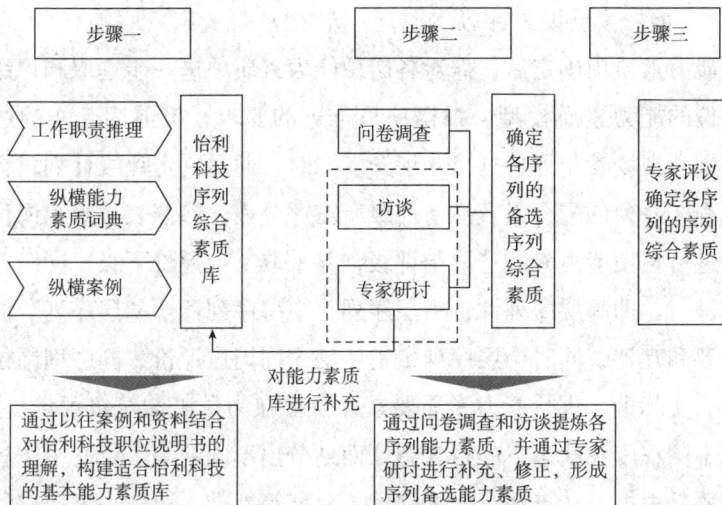

图 3-7　员工序列综合素质模型

　　岗位专业素质是履行一个工作职位或角色所必须具备的产品、服务、步骤流程及技术应用的知识和技能，具有岗位特定的胜任力要求，如知识、技能等特点，适用于特定岗位。通常情况下，专业能力素质是针对特定岗位来设定的，是一个与专家不断探讨，并经过专业管理者最后确认的过程。通过访谈、岗位说明书职责分析等方式初步确定各职位的专业能力素质库，然后与专家进行充分交流与探讨，对职位应具备的专业能力素质项进行筛选、补充、调整，最后确定各序列的专业能力素质，如图 3-8 所示。

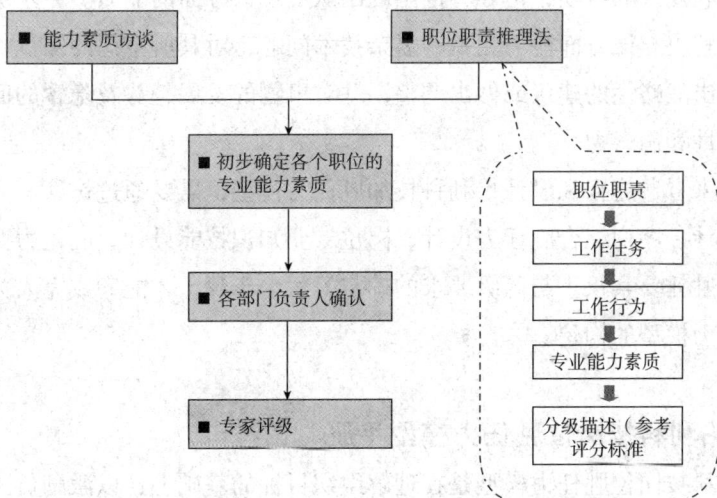

图 3-8　员工岗位专业素质模型

3.2.3 能力素质要素评级

岗位能力素质项确定后，需对各岗位能力素质项进一步选取和评级，最终确定各岗位的能力素质模型。根据项目推进的要求，将前期工作的过程及结果，以培训和现场参与评价的形式展开。同时，通过制定评级计划，提前拟定工作的流程、序列的配合以及准备评级所需评分表、参照表。组织岗位代表对相应岗位进行各项能力素质选取与评级，并采取上级评价下级、同级互评及自评的方式进行。即高层序列评价中层序列、中层序列评价基层序列、同序列岗位进行自评和互评，同时中层序列负责所辖序列岗位评价，同序列岗位进行自评和互评。实际上，进行能力素质要素评价旨在为员工的等级评价提供标准，通过表述不同程度和状态下的行为特征而划分出不同的等级。其中，核心和通用能力素质是根据其特点在行为的强度、幅度等标准，对能力素质进行分级描述划分出不同级别。

序列综合素质分级描述以知识技能掌握程度和处理问题的复杂程度为标准，主要分为学习级、应用级、指导级、专家级等四个等级。学习级展示最基本的、有限的能力，在充分的帮助下可以开展与此能力相关的事项，能够描述基本的与该能力相关的概念。应用级能熟练而独立地进行工具操作或运用所掌握的各方面知识完成一般复杂度的事项，认知在应用该方面能力时可能遇见的潜在风险和机会，在作出决定的时候参考应用自己在该领域的过去经验。指导级精通某一方面的知识、流程或是工具的使用，能够应用该方面能力处理富有挑战性的和复杂的事项，指导小范围的团队展现该方面的能力。专家级能被征询意见，解决与该方面能力相关的复杂技术问题，对其所掌握的知识、流程或是工具提出战略性的建议或做出调整，并对事物的发展趋势及隐含的问题有足够的预见性和洞察力。

总体来看，建立和设计怡利科技的胜任力模型，需要通过访谈、全员通用胜任力设计、序列综合胜任力设计、岗位专业知识技能设计、胜任力要素的等级描述、胜任要素权重与等级要求的确定等六个步骤，才能完成完人力素质测评和胜任力模型的构建。

4. 怡利科技岗位胜任力模型手册

怡利科技岗位胜任力模型是在理解组织目标的基础上，以激励员工更好地发展为目的。同时，根据工作需要给予必要授权，确保本组织工作高效运转。

作为公司人力资源规划的基础和依据、人员招聘和选拔的参照标准、绩效管理应用与有效培训体系的支撑工具、制定员工职业生涯规划的基础依据、评价候选管理人员的考量依据，怡利科技岗位胜任力模型将企业经营战略、经营目标与系列核心行为、技能和品质结合，分析关键竞争优势和核心竞争力，从而明晰公司对各中层岗位人员的素质要求。

4.1　岗位胜任力模型的组织管理体系

岗位胜任力模型管理委员会设于怡利科技分管领导下，由怡利科技分管领导担任委员会负责人，成员包括人力资源部、各部门（事业部、分公司）负责人及相关人员。主要职责包括审议和批准岗位胜任力模型管理制度及调整方案、岗位体系和岗位序列划分及调整方案、岗位胜任力模型数据库更新调整方案、素质词典更新调整方案和岗位胜任力模型应用方案与实施细则。

怡利科技分管人力资源领导是岗位胜任力模型管理的最高决策者，负责审批岗位体系和岗位序列的确定方案、审批岗位胜任力模型和素质词典。

人力资源部是岗位胜任力模型管理的主要组织及实施部门，主要职责是负责制定怡利科技岗位胜任力模型管理体系及应用手册，经审批后执行，并不断进行完善；组织年度岗位胜任力模型修订工作；负责全员通用素质和综合管理素质的修订工作；汇总各岗位胜任力模型并报上级审批；建立岗位胜任力模型档案，记录各岗位胜任力模型调整情况。

各部门负责岗位胜任力模型在本部门的应用及更新工作。其主要职责是根据怡利科技岗位胜任力模型管理体系，提出本部门涉及的全员通用素质、序列综合素质和岗位专业素质的更新建议并报上级审批。同时，根据怡利科技的岗位胜任力模型管理体系及应用手册，对本部门员工的岗位胜任力模型的应用提出建议并报上级审批。

4.2　怡利科技能力素质词典

根据对怡利科技的访谈与调研，结合岗位胜任力模型的构建思路，通过自上而下、自下而上的多次讨论修改，所提炼的怡利科技能力素质词典，涵盖全员通用能力素质及序列综合能力素质，主要包括品质与动机、思考与认知、行动与效能、人际交往、管理等五类，共计 66 个具体的能力素质项（见表 4 - 1）。

表4-1 能力素质的具体表象表

序号	素质类别	能力素质的具体表象	表项数
1	品质与动机	成就导向、敬业、责任心、忠诚、诚信、积极主动、团队合作、原则性、严谨、细致、耐心、务实、自信、意志力、艰苦奋斗、进取心、绩效导向、客观公正、组织认同	19项
2	思考与认知	信息搜集能力、判别能力、分析能力、预见能力、系统思维、全局观、数据敏感度、数理逻辑能力	8项
3	行动与效能	个人影响力、客户服务意识、风险意识、成本意识、保密意识、安全意识、学习发展、创新能力、危机处理能力、情绪控制能力、灵活性、条理性、谈判能力、控制能力、指导他人、语言表达能力、书面表达能力、市场意识、执行力	19项
4	人际交往	人际理解力、换位思考、关系建立和维护、沟通能力、亲和力、包容心	6项
5	管理	感召力、决策能力、知人善用、团队管理、计划能力、授权与分工、监督能力、组织协调、培养下属、激励下属、主导推进、战略传递、资源整合、专业化	14项

4.3 怡利科技知识与技能素质词典

在岗位专业能力素质库的构建上，根据所确定的素质模型框架，运用标杆岗位行为素质调查与分析结果，采取标准化的素质提取技术，系统提炼而形成。怡利科技的岗位专业能力素质主要包括知识素质和技能素质两个部分。

知识指员工通过教育培训、工作实践获得的认识和经验的总和。从总体看，知识学习过程是一个积累、贯通、再积累、再贯通，循环往复以至无究的过程。知识素质包括通用、市场营销、专业行业、人力资源、行政管理、财务、项目管理、维护信息、互联网增值、安全、仓储加工及其他等12类68个素质项（见表4-2）。

表4-2 知识能力素质的具体表象表

序号	素质类别	知识能力素质的具体表象	表项数
1	通用	ISO质量管理体系、战略管理、企业文化	3项
2	市场营销	市场营销类、客户关系管理、谈判、招投标管理、合同管理	5项
3	专业行业	通信服务行业法律/法规/政策及相关规定、通信技术服务、通信技术专业	3项

序号	素质类别	知识能力素质的具体表象	表项数
4	人力资源	人力资源管理、国家劳动法、组织行为管理、流程管理	4 项
5	行政管理	行政管理、会议管理、档案管理类、企业刊物、商务接待、党群管理、物业管理、后勤管理、企业信息化管理、车辆管理	10 项
6	财务	财务管理、预算管理、税务、审计、成本管理、财务信息/数据统计分析、财产管理、投融资管理、会计基础、会计电算化、统计、内部控制、风险管理	13 项
7	项目管理	项目管理、工程管理、工程造价、材料设备、质量管理	5 项
8	维护信息	信息技术应用、维护管理、通信线路维护、维护设备、计算机软硬件	5 项
9	互联网增值	通信增值/互联网等领域的产品业务/商业模式/运营管理等、软件/业务平台/产品的创意/开发/设计、增值业务/运营商市场营销、互联网通信技术服务	4 项
10	安全	安全管理、安防基础、信息安全管理、危险源辨别、安全生产标准化、职业健康体系、车辆及交通安全管理	7 项
11	仓储加工	生产安全操作、仓储管理、仓储安全管理、报废管理	4 项
12	其他	国家相关法律法规、思想政治教育类、经济类、心理学、人际交往	5 项

技能形成是由试练到熟练、试练与熟练相结合的过程，经过一定时间与次数的试练，然后以此为基础，反复练习，熟能生巧。总体说，技能学习是一个试练、熟练、再试练、再熟练，循环往复至无穷的过程。技能素质包括通用、市场营销、人力资源、行政管理、财务、项目管理、维护信息、互联网增值、安全、仓储加工及其他等 11 类 58 个素质项（见表 4－3）。

表 4－3　技能能力素质的具体表象

序号	素质类别	技能能力素质的具体表象	表项数
1	通用	计划管理、预算管理	2 项
2	市场营销	市场/经营管理分析、市场开拓、合同管理、客户维系、商务谈判	5 项
3	人力资源	人力资源规划设计、定岗定编管理、薪酬管理、绩效管理、劳动关系管理、培训组织管理、培训需求分析、招聘管理	8 项

序号	素质类别	技能能力素质的具体表象	表项数
4	行政管理	公关、活动组织/策划、专业文书制作、会议管理、档案管理、企业文化建设、采购管理、物业管理	8 项
5	财务	报表编制、成本控制、资金核算、资金监管、会计档案管理、数据核算、报账操作	7 项
6	项目管理	项目管理、质量安全体系建设、项目管理体系建设、项目监督管理、审计监督管理、投诉管理	6 项
7	维护信息	网络规划优化能力、系统或网络故障排除、系统网络设备维护、信息管理、数据与信息统计分析、技术管理培训、系统安全维护	7 项
8	互联网增值	创新产品规划设计、产品战略定位、提供解决方案	3 项
9	安全	安全管理、安全防范、安全隐患排除、安全操作、消防安全、日常安全保卫	6 项
10	仓储加工	物资存储优化、质量鉴别	2 项
11	其他	企业文化建设、社交礼仪、危机处理能力、环境适应能力	4 项

知识与技能评分等级分为 1 级、2 级、3 级、4 级、5 级等五个等级，分别代表基本、一般、有效、良好、优异等五个程度。具体的等级评价描述如下。

1 级，基本程度：已经积累了一些基本的知识或经验；能够在一些行为上体现出对此能力的掌握；能够在日常工作、处理问题上偶尔使用此能力；日常工作中，多数情况下还需资深人员或主管的指导，才能运用此能力解决问题。

2 级，一般程度：已经积累了较多的在日常工作中运用此能力解决问题的经验；能够运用此能力解决日常工作中的一般性问题；能够从其日常工作中的行为上明显的观察出此能力；日常工作中，偶尔还需要资深人员或主管在其能力的运用上给予指导。

3 级，有效级程度：已经积累了运用此能力解决问题的丰富经验；在日常工作中，能够独立运用此能力解决问题；在日常工作中，能够运用此能力解决多数问题及较复杂的问题；在日常工作中，在此能力的运用上可以给予其他人一定的指导。

4 级，良好程度：具有此领域的专业能力，是他人咨询的对象；能够完全胜任指导他人运用此能力解决相关问题；在日常工作中，能够正确、有效地运用此能力解决问题；在日常工作中，除了可以明细地观察到运用此能力的行为，而且其运用能力的行为可以被当作行为规范。

5级，优异程度：作为此技术能力的最佳掌握者，是此能力运用领域内的专家；其展现此能力的行为是行为典范；能够运用此能力解决公司相关业务领域内最复杂的问题；能够在此能力上给予公司内相关领域的各级人员以指导。

实际上，从中的素质项可以看出，素质是在既定的工作、任务、组织或文化中区分绩效水平的个性特征的集合。素质决定一个人是否能够胜任某项工作或很好的完成某项任务。素质是驱使一个人做出优秀表现的个人特征的集合。包含从经验、学习及观察中发展及获得所有信息的知识，掌握和运用专门技术能力的技能，个体对社会规范的认知和理解社会的角色，对自己身份的知觉和评价的自我认知，人所具有的特征或其典型行为方式的特质以及决定外显行为与内在稳定的想法和念头的动机等六个方面。

4.4 中层管理人员胜任力模型构成

怡利科技岗位胜任力模型从组织结构出发，分为全员通用素质、序列综合管理素质、岗位专业素质三个层次，所包含的素质项分别为 5 个素质项、12 个素质项（互联网增值事业部经理岗位为 15 个素质项）、16—22 个素质项，各项素质分别对应不同的等级和权重。等级根据该岗位所需的胜任度要求而评定，权重表明该岗位各项素质的重要程度。其中，对岗位胜任力模型三个层次的权重进行了统一划分，全员通用素质权重为 20%，序列综合素质权重为 40%，岗位专业素质权重为 40%。

目前，从怡利科技中层管理人员的设置来看，主要有总经办、人力资源部、财务部、市场部、业务管理部、网络维护管理部、事业部、仓储加工中心、互联网增值事业部、分公司、计划核算部等 10 个职系，主任、经理、副经理等 19 个中层管理岗位。

4.4.1 中层管理人员胜任力模型通用素质

在怡利科技中层管理人员的岗位胜任力模型设计中，19 个中层管理人员岗位的全员通用素质均为 5 个共同的素质项，主要包括责任心、艰苦奋斗、执行力、团队合作和客户服务意识。各素质项的等级分为 0 级、1 级、2 级、3 级等四个等级，其权重与等级要求分别为 4%、2.5。

"责任心"属于品质与动机类别，是指对所分派的任务、承担的责任能够有充分的认识和理解，能够把组织的目标当成是自己的目标，并尽全力完成它，不会半途而废或打折扣；"艰苦奋斗"属于品质与动机类别，是指在艰苦恶劣的环境下，持续地进行长时间的、大量的、高强度的工作的能力，这意味着员工要克服客观条件上的困难，或者是要消耗大量的体力和脑力消耗，不怕苦、不怕累，坚持完成工作；"执行力"属于行动与效能类别，是指能够有效传达上级指示，对上级安排的工作能够马上推进，在规定的时间，按照规定的要求有效地完成工作目标；"团队合作"属于品质与动机类别，是指有明确的团队合作意识和集体荣誉感，愿意开放沟通与交流，能够理解并主动响应团队成员的工作需求，主动提供帮助、积极配合，共同完成团队目标；"客户服务意识"属于行动与效能类别，是指以客户的满意作为工作的重要目标，具有帮助或服务客户的愿望，将努力的焦点放在发掘和满足客户的需要上，全心全意地为客户创造价值。需要说明的是，服务的客户既包括外部客户，也包括内部客户。

通用素质的评价主要包括等级描述、典型行为表述两个方面。以"客户服务意识"素质项的等级划分、描述及典型行为表述表为例，具体的内容见表 4 - 4。

表 4 - 4　"客户服务意识"素质项的等级划分、描述及典型行为表述表

等级	描述及典型行为
0 级	**等级描述：没有服务意识或不愿意服务，不能很好地给客户提供服务** **典型行为：**客户服务意识弱，对待客户问题仅限于应付；对客户的问题、咨询经常感到厌烦、不愿理睬；客户服务主动性不够，不会主动提供服务，更不会主动站在客户角度考虑问题；常常遭到客户投诉，反应其服务态度不好，服务质量差
1 级	**等级描述：具有基本的服务意识，能够按照公司的服务制度提供规范的服务** **典型行为：**具备基本的服务意识，认识到必须为客户提供合格的服务；能够根据客户提出的服务需求，提供基本的、符合制度标准的服务……服务态度及行为符合公司工作岗位基本要求，较少遭到客户投诉
2 级	**等级描述：服务意识较强，服务态度比较主动，能够增加客户服务附加值，提高客户满意度** **典型行为：**服务意识较强，深知客户满意是自己绩效达成的重要内容……
3 级	**等级描述：具有极强的服务意识，极具亲和力、主动性极强，总是站在客户角度考虑问题，超越客户的预期** **典型行为：**具有极强的客户服务意识，能够深刻理解"客户是上帝"的含义，时刻关注客户的满意度……

4.4.2　中层管理人员胜任力模型综合管理素质

中层管理者是企业战略的执行层，是企业上传下达的中坚力量，需要有效

利用企业内外部资源，对工作中的每一个环节进行监控和反馈，并要跟踪任务的进度和目标的达成，对下属员工起到积极的榜样作用。同时，对于已发生或正在发生的问题，要能够及时控制、果断处理、快速决策。在怡利科技现有的中层管理岗位中，19个岗位的序列综合管理素质涵盖了《怡利科技岗位胜任力模型能力素质辞典》中的32个素质项。其中有7个为共同的素质项，分别是创新能力、敬业、战略传递、知人善用、组织协调、学习发展、专业化等。各岗位不同的素质项见表4-5。

表4-5 中层管理人员胜任力模型序列综合管理素质表（部分）

序号	岗位名称	能力素质的具体表象
1	总经办主任	创新能力、敬业、战略传递、知人善用、组织协调、培养下属、学习发展、专业化、原则性、客观公正、保密意识、分析能力
2	人力资源部经理	创新能、敬业、战略传递、知人善用、团队管理、组织协调、培养下属、学习发展、专业化、原则性、客观公正、系统思维
3	财务部经理	创新能力、敬业、战略传递、知人善用、组织协调、培养下属、学习发展、专业化、原则性、成本意识、保密意识、分析能力
4	市场部经理	创新能力、敬业、战略传递、知人善用、组织协调、绩效导向、学习发展、专业化、成本意识、谈判能力、市场意识、关系建立和维护
5	市场部副经理	
6	业务管理部经理	创新能力、敬业、战略传递、知人善用、组织协调、学习发展、专业化、原则性、客观公正、成本意识、安全意识、分析能力
7	业务管理部副经理	创新能力、敬业、战略传递、知人善用、组织协调、培养下属、学习发展、专业化、原则性、安全意识、分析能力、风险意识
8	网络维护管理部经理	创新能力、敬业、战略传递、知人善用、组织协调、培养下属、绩效导向、学习发展、专业化、客观公正、成本意识、关系建立和维护
9	事业部经理	创新能力、敬业、战略传递、知人善用、团队管理、组织协调、培养下属、绩效导向、学习发展、专业化、原则性、关系建立和维护
10	事业部副经理	

4.4.3 中层管理人员胜任力模型岗位专业素质

中层管理者要求具备部门所在领域的技术专长，这样才能够更好地管理部门业务。尽管管理者未必是技术专家，但必须具备足够的专业知识和技能，才能更加卓有成效地指导员工、组织任务，把部门的需要传达给其他部门并解决问题。为此，在怡利科技中层管理人员的胜任力模型中，岗位专业素质既包括通用的知识与技能，也包含专业的知识与技能。各岗位通用知识包括ISO质量管理体系、战略管理、企业文化、人力资源管理、财务管理等五个素质项，通用技能包括计划管理和预算管理两个素质项。而专业的知识与技能素质项，因岗位所在的领域不同，对人员的素质要求也不一样，各不同岗位的专业知识与技能素质项见表 4-6。

表 4-6　中层管理人员胜任力模型专业知识与技能素质表

序号	岗位名称	能力素质的具体表象	
		专业类知识	专业类技能
9	事业部经理	通信行业法律/法规/政策及相关规定、项目管理、工程管理、工程造价、质量管理、招投标管理、安全管理、合同管理	市场/经营管理分析、市场开拓、客户维系、成本控制技能、商务谈判、项目监督管理、安全管理、危机处理能力
10	事业部副经理		
13	分公司经理	通信行业法律/法规/政策及相关规定、通信技术服务、维护管理、项目管理、安全管理	市场、经营管理分析、市场开拓、成本控制、商务谈判、客户维系、安全管理、危机处理能力、环境适应能力
14	分公司副经理——综合	项目管理、行政管理、车辆管理、安全管理	报表编制、危机处理能力、安全防范、活动组织/策划、环境适应能力
15	分公司副经理——生产	通信行业法律/法规/政策及相关规定、通信技术服务、维护管理、客户关系管理、项目管理、工程管理、安全管理	市场/经营管理分析、成本控制、客户维系、安全管理、危机处理、环境适应能力
16	计划核算部经理	会计基础、工程造价、项目管理、税务、审计、内部控制、财务信息/数据统计分析	成本控制
17	计划核算部副经理		数据核算
18	综合部经理	行政管理、会议管理、党群管理、安防基本、物业管理、后勤管理	会议管理、成本控制、活动组织/策划、商务谈判、安全防范、危机处理能力
19	综合部副经理	行政管理、党群管理、安防基础、仓储管理、车辆管理、后勤管理、企业信息化管理	会议管理、成本控制、商务谈判、安全防范、危机处理能力

4.5　岗位胜任力模型的数据库更新

在完成能力素质模型设计和岗位与能力素匹配之后，能力素质模型就进入了实施阶段。当公司战略与经营目标发生、业务流程、组织结构、外部竞争环境、人力资源管理政策与要求、业务或管理变革、绩效管理反馈对人的要求、部门职能以及能力素质模型、岗位发生等发生重大变的情况下，就需要对能力素质模型、能力素质类型和等级进行相应的调整和更新。

4.5.1　更新控制目标

进行胜任力模型数据库的更新，主要就是为了确保岗位胜任力模型要求与怡利科技战略目标、企业文化和人力资源发展目标相一致；确保岗位胜任力模型与相应的部门职能/岗位职责、公司组织架构调整、法律法规的要求一致；确保岗位胜任力模型明确定义各个层次的行为表现，提供一个统一的素质衡量标准，有效地为人才测评和培训评估服务；确保胜任力模型为不同岗位人员提供正确的能力发展方向，规范员工的行为表现。

4.5.2　更新组织分工

人力资源部对能力素质模型更新实施总负责，需要根据怡利科技战略及行动计划、公司部门职能/岗位职责调整、公司组织架构调整方向对岗位胜任力模型库的反馈意见，新出台的法律法规要求。同时，修正通用能力素质模型，获取公司管理高层对基本能力素斋模型的建议，组织开展专业能力素质模型的调整。

各部门（事业部、分公司）在人力资源部的组织下，根据岗位职责调整、知识技能发展需求进行素质数据库的内容更新，由人力资源部审核全员通用素质、序列综合（综合管理）素质、岗位专业素质数据库的更新是否符合要求。

完成了全员通用素质、序列综合（综合管理）素质、岗位专业素质数据库的更新后，人力资源分管领导对更新后的岗位胜任力模型数据库进行审批。经审批后，由人力资源部在全公司范围内颁布更新后的能力素质模型。

4.5.3　更新流程图（图4 −1）

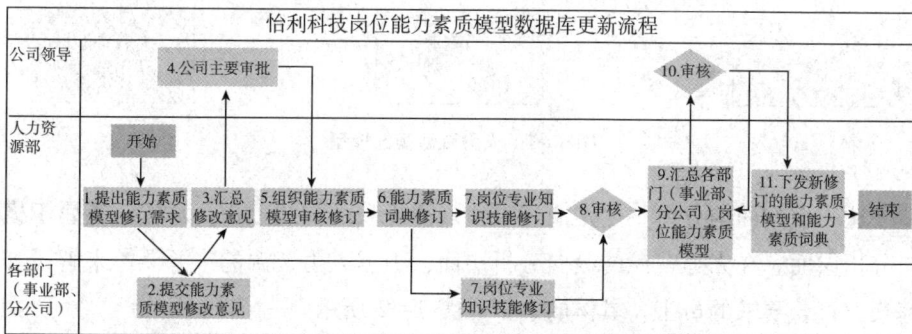

图4 −1　怡利科技岗位能力素质模型更新流程图

5. 怡利科技胜任力模型应用建议

企业人力资源管理是一个系统工程，对企业发展具有重要作用。建立基于岗位胜任力的现代人力资源管理体系是发展的趋势，针对怡利科技的人力资源管理现状，导入岗位胜任力模型理念及其管理方法，能大幅度提高怡利科技人力资源管理水平与操作水平，有力推动怡利科技的人力资源管理变革，全面提升其系统性、有效性与前瞻性。同时，通过岗位胜任力及其方法的运用，不断提高人力资源管理的层次，不断提升对企业整体发展的作用与价值。实际上，岗位胜任力一方面承接企业发展战略和目标对人的要求，一方面关注员工的优秀工作业绩及其原因，把企业战略与整个人力资源管理业务紧密连接起来，可广泛应用于员工招聘配置、培训开发、绩效管理、薪酬管理等具体的人力资源管理过程中。

5.1 人力资源规划中应用建议

素质模型能够帮助组织成员进一步明确素质发展目标，从而更有效地开展职业生涯发展规划，为组织成员指明发展的道路，从而促进组织成员对自己的职业生涯和组织的业务发展负责。实际上，从人力资源战略出发，在人力资源规划中结合胜任力模型在人力资源数量规划、人力资源质量规划和人力资源结构规划等三方面进行分析，如图 5-1 所示。

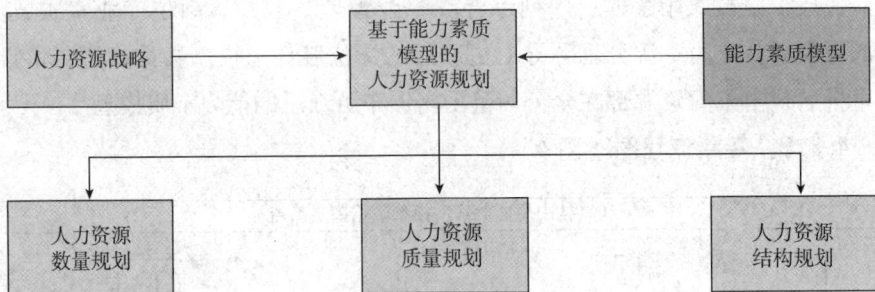

图 5-1　人力资源规划模型

这三个方面的分析主要是通过人力资源规划的构成上进行解析，还属于横向分析层面。在人力资源的纵向分析层面，根据人力资源的来源渠道来解析如何获取符合要求的员工。具体的解析如图 5-2 所示。

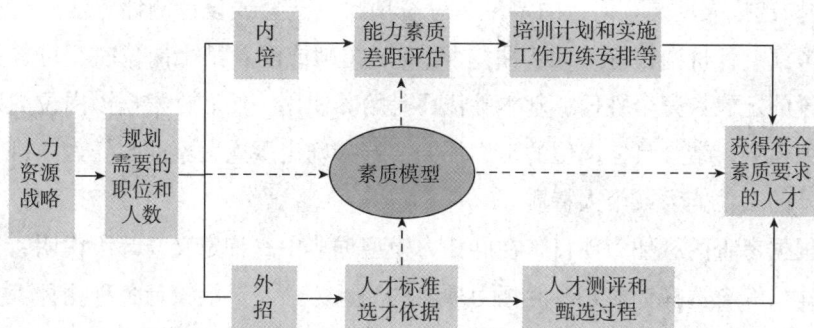

图 5-2　人力资源规划分析模型

　　根据不同的来源渠道，选择内部培训和外部招聘两种渠道。胜任力模型在内部培训的过程中通过匹配性程度来找短板，而在外部招聘的过程中通过匹配性来评高低；胜任力模型在内部培训的应用结果中延伸出培训发展计划，而在外部招聘的应用结果中延伸出测评和甄选；最终的结果都是为了获得符合素质要求的人才，不仅要满足数量的需要、结构的需要，还要满足质量的需要。

5.2　招聘/选拔应用建议

　　胜任力模型是对招聘/选拔人员进行选拔与测评，为招聘/选拔人员配置提供较科学的依据，可避免部分管理人员根据自己的主观印象评价，避免招聘/选拔人员考察的盲目性，提高招聘/选拔人员配置的目的性和针对性。从公司发展的战略出发，结合人力资源规划的具体要求，在从外部人才市场招聘员工时，在晋升或调换内部员工时，可按照胜任力模型的胜任力项目进行重点考查或测评，最终形成待聘/选拔配置人员和匹配岗位，如图 5-3 所示。

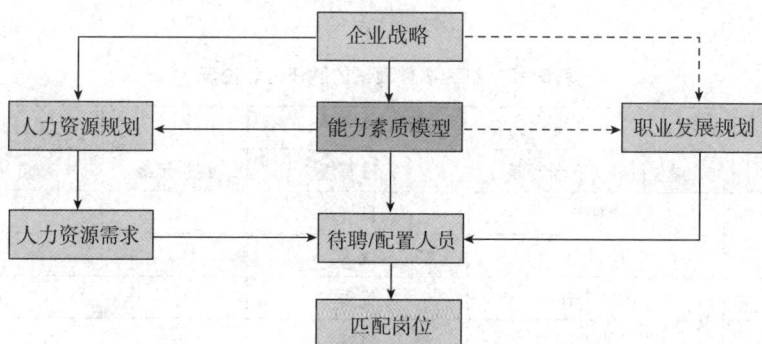

图 5-3　招聘/选拔胜任力模型

　　在怡利科技实际的招聘/选拔人员中，岗位胜任力模型的应用主要包括确定招聘/选拔人员配置岗位的定位与考查项目、选择或设计测评方法、组织面试或考察、评价选拔等"四步曲"。当确定招聘或配置某个岗位时，可首先确定配置的定位：完全胜任、基本胜任还是培养使用。然后，根据该岗位类别的胜任力模型，结合具体岗位的工作任务，选择确定重点考察的胜任力项目及模型以外的其他能力或个人特质。

根据考查的胜任力项目，在胜任力模型词典中查询定义与等级说明，根据测评建议综合选择针对每个胜任力项目的测评方法，灵活设计各种测评工具和与等级对应的评价标准。如要重点考查团队建设能力，选择行为事件面试法，就可设计相应的行为事件面试问题及评价标准。如要重点考查团队建设能力，选择行为事件面试法，就可设计相应的行为事件面试问题及评价标准（见表5－1）。

表5－1 ××岗位测评项目表

<u>　　　　　　　</u>岗位测评项目表

序号	重点考察项目	测评方法	测评工具	评价标准

备注：在选择或设计测评方法时，不要认为只有测评中心才能进行严格的测评，实际上我们可广泛而灵活地应用各种方法来测评应聘者。

组织实施面试或考察，可运用胜任力评价表对应聘者进行针对性评价，根据评价结果，对多个应聘者/选拔人员进行综合比较，选择最适合的人进行配置（见表5－2）。

表5－2 行为事件面试的胜任力评价表

姓名		应聘岗位		
序号	岗位胜任力评价项目	标准等级	评价等级	备注
1	责任心	良好		
2	执行力	优秀		
3	团队合作	优秀		
4	组织协调能力	良好		
5	……			

每次应用胜任力模型进行招聘/选拔人员配置后，应进行动态跟踪，通过

配置到岗的员工的行为表现和业绩表现，验证胜任力模拟的有效性和准确性，验证测评方法的有效性和准确性。怡利科技人员甄选评估结构如图 5-4 所示。

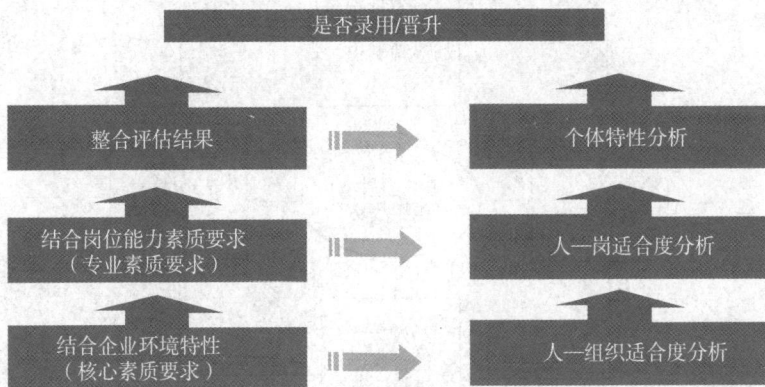

图 5-4　怡利科技甄选评估人员模型

需要说明的是，科学的进行人员筛选，可以使个人素质最大程度地适合于工作和角色的要求，从而在工作中实现高绩效。在人员招聘中，依据岗位对任职者的素质要求，具体的评估方法可运用人才测评的工具与手段，如面谈、专业笔试、心理测试、无领导小组讨论、案例分析和结构化面试等手段进行评估，最终形成测评报告，以此来确定候选人是否具备岗位期望的素质特征，作为人员录用和晋升的依据。

5.3　绩效管理应用建议

胜任力模型关注绩优的行为表现，是区分优秀与普通的行为指标和导向，为绩效考核提供了过程监控的依据，各级管理人员可通过考察岗位要求具备的胜任能力和行为表现，关注当前与未来的绩效。同时，根据胜任力模型中的胜任力项目对员工进行针对性考核，强化对员工潜能的开发，让工作行为表现好和业绩出色的员工及时得到回报，有助于提高员工的工作积极性。对于工作行为表现偏离胜任力模型要求的和工作绩效不够理想的员工，可以根据考核标准以及胜任能力模型要求，通过培训或其他方式帮助员工改善工作绩效，改善企业对员工的期望。

基于胜任力的绩效管理过程

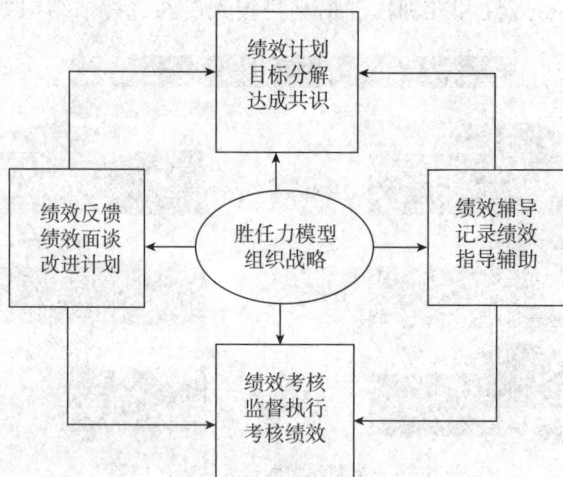

图5-5 绩效管理胜任力模型

事实上，胜任力模型在绩效管理中的应用，主要从岗位胜任力模型的全员通用素质、综合管理素质和岗位专业素质选取考核项。结合怡利科技正在进行的绩效管理咨询与变革，在 CPI 指标设计与选择过程中，把胜任力模型中的胜任力项目作为 CPI 指标，把等级描述作为考核标准，以其为模板对组织成员所表现出来的素质进行考评，使考核更有依据性和目的性。

在绩效反馈阶段，胜任力模型的引入各级管理人员有针对性地向员工反馈在胜任素质方面的不足、以后发展的方向、需要弥补的能力和需要改善的行为表现等，以帮助管理人员对下级进行全面的分析与指导。从应用的逻辑上看，运用者应当从胜任力模型入手将素质项结合行为表现，将其转化为可以评测的行为项，以此作为评测的依据，最终在优势上给予激励，在劣势上进行短板分析，形成培训需求和能力发展计划，如图5-6所示。

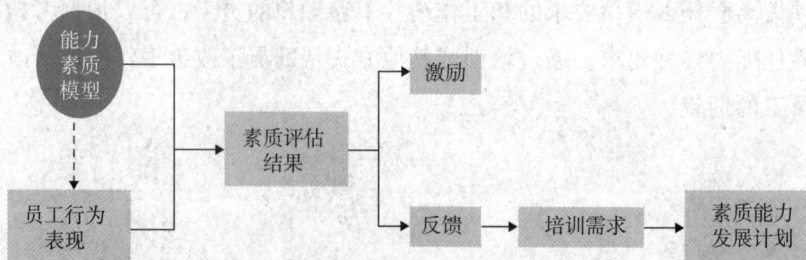

图5-6 胜任力模型在绩效反馈阶段的应用

　　根据组织成员在各方面的行为表现是否达到预定的目标对组织成员作出较客观的评估，能够为优秀员工达成业务目标，以及将组织愿景、价值理念及组织期望的行为融入日常的工作中。从绩效考核的执行上看，运用者应当从考核指标进行分解，将考核维度分为绩效维度、素质维度和岗位专业维度。通过分层分类，能够较为全面的评测员工的工作表象、工作过程和工作结果，如图5－7所示。

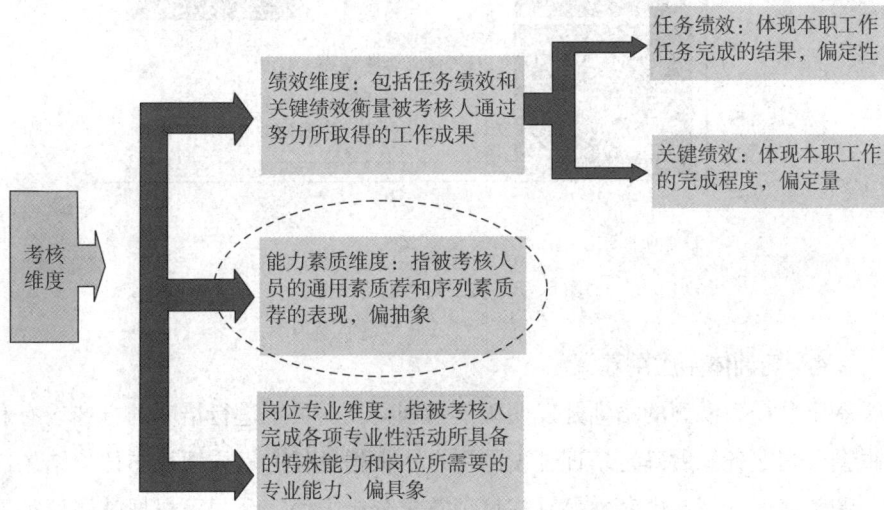

图5－7　胜任力模型考核维度

　　怡利科技年度测评指标的选取和运用，可参照素质考核指标的考核指标范围，各部门（事业部、分公司）负责人与人力资源部共同选取及确认素质考核项与对应等级指标选取人，具体的指标选取时间为上年底，指标考核周期氛围季度考核、年度考核两种。通过测评可进行结构化的分析，如图5－8所示。

　　将员工的表现分为两个维度，也即能力维度和绩效维度，对能力和绩效双高型员工（A＋）建立相应的职业发展计划进行激励，建议占比5%；对能力和绩效双低型员工（C－）运用调整或淘汰机制进行惩罚，建议占比5%。中间等级A级又分为能力高绩效中和能力中绩效高，B级员工为能力中等偏低而绩效中等偏高。对于A级第一类人员，公司可考虑岗位调整，对于A级第二类人员，公司可考虑建立相应的能力发展计划。对于B级员工，公司可考虑保持现有基础上建立的后备人才发展计划。

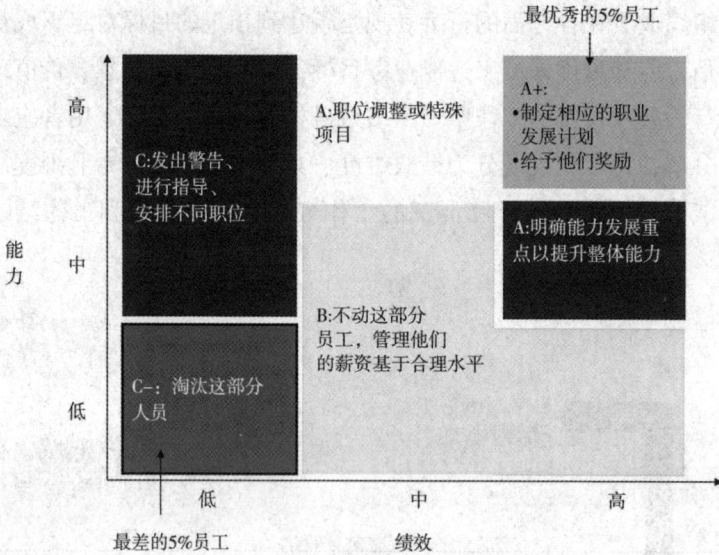

图 5 - 8　员工能力维度模型

5.4　培训体系应用建议

　　基于胜任力模型的培训开发明确了怡利科技对员工进行培养的方向，有利于根据公司业务发展确定培训开发的重点，根据胜任力素质项目与评价结果制定、调整培训计划与内容。尤其在培训需求分析方面，公司可根据某岗位类别的胜任力模型分析该类别员工在要求的胜任力项目方面存在的欠缺，以确定共性培训需求，使得培训更有针对性和实效性。也可对某关键岗位员工进行胜任力模型的分析，发现存在的不足，以确定其个性化的培训需求（见表 5 - 3）。

表 5 - 3　怡利科技培训需求分析表

员工		岗位		部门		计划期间	
胜任力类型	需要发展的胜任力	胜任力发展目标及衡量标准		能力发展活动			
				培训	上级辅导	其他	
发展计划确认： 　　　　　　　　员工签字：　　　　　　　直接上级签字：							
计划执行跟进记录： 　　　　　　　　员工签字：　　　　　　　直接上级签字：							

具体来说，就是在给予胜任力模型的基础上，通过员工自评、上级管理人员确认的方式收集培训需求等数据，即需要培训的员工以及培训项目。培训需求通常是找出实际能够达到胜任力指标的标准与经过考核测量出来工作结果的的差距，通过培训来缩短这两者之间的差距，考察是否需要培训主要取决于员工当前的胜任力水品与岗位胜任力要求是否有差距、能否达到新职位所提出的要求。胜任力模型对员工进行培训和开发，使员工能满足公司长期发展的需要。胜任力模型在怡利科技培训体系中的作用如图5-9所示。

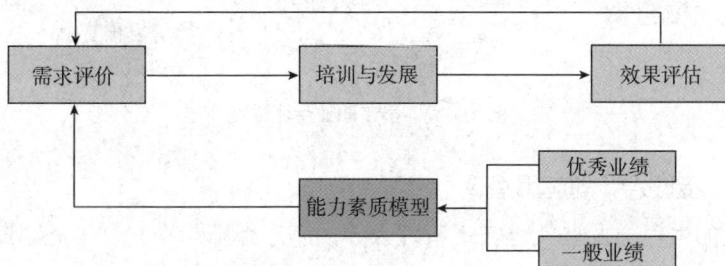

图5-9　胜任力模型在怡利科技培训体系中的作用图示

大家知道，企业在没有建立胜任力模型前，培训更多是针对岗位本身的要求或者临时需要，与员工的实际需求或者长期发展需求脱节。建立胜任力模型之后，培训需求评价就是针对岗位人员本身的素质，将关注的重点从岗位转变为人岗匹配，以此形成的需求评价就是针对最需要的培训领域。在施行对应的培训计划后，公司在半年度和年度进行培训效果评估，进行模型对标分析和需求评价分析，综合评判培训的效果和差距，以此确定新的培训内容和计划。

5.5　员工职业生涯规划应用建议

基于胜任力模型的员工职业生涯规划就是通过模型评测员工的胜任力水平，帮助员工了解自身的工作行为和差距，明确工作的重点和培训的重点，以及选取职业发展方向。公司和员工共同探讨个人特征和职业发展规划。

根据公司设计的职业发展通路，结合通常的职业发展路径和个人职业志向，设计员工个人的职业生涯规划。在职业生涯发展规划中涉及的拟发展岗位与现有岗位进行对标分析，确定素质差距，以此拟定学习需求和所需培训，以此提升素质，然后进入新的发展循坏，如图5-10所示。

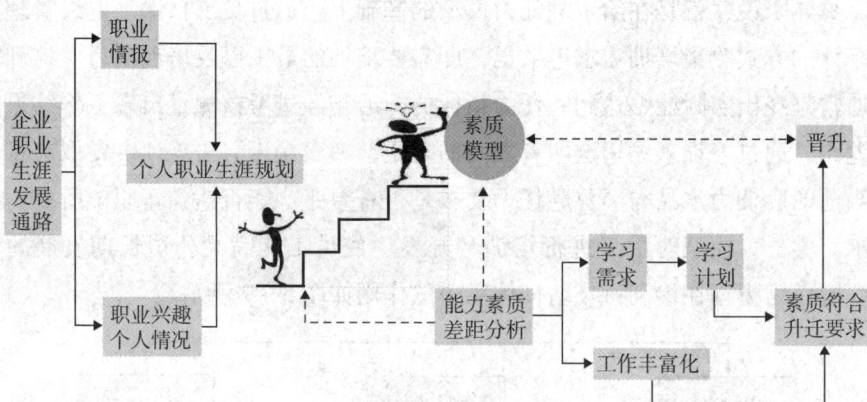

图 5 - 10　员工职业生涯维度

5.6　接班人计划应用建议

企业的生存与发展关键在于管理人才的有序保障与补给，因此不断强化后备管理人才成为企业加强管理队伍建设的有效手段，通常称之为公司接班人计划，又称管理继承人计划，是指公司确定和持续追踪关键岗位的高潜能人才，并对这些高潜能人才进行开发的过程。公司接班人计划通常坚持内部为主、外部为辅，一般是从同级副职或下级正职中选拔，遵循坚持岗位胜任力模型标准，宁缺勿滥。

事实上，继任管理是现代人力资源管理的重要组成部分，特别是通过内部提升的方式来系统有效地获取组织人力资源，关注继任人员的潜力与未来的发展，对公司的持续发展有至关重要的意义。具体的运用过程如图 5 - 11 所示。

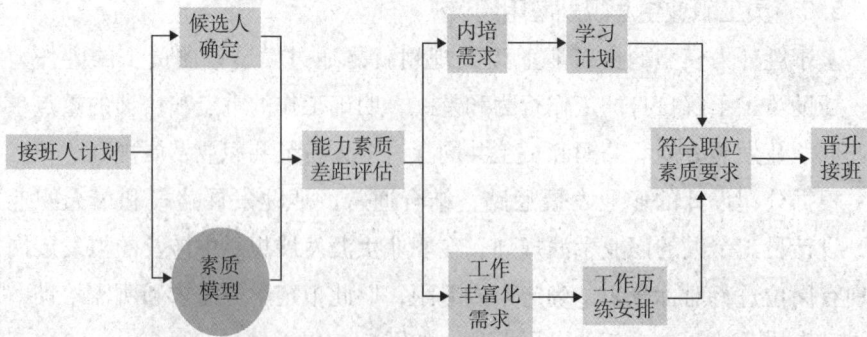

图 5 - 11　接班人计划应用模型

用胜任力模型将接班候选人进行评价，评估素质差距。在此基础上，确定是通过建立内培需求，设计学习计划进行提升还是通过轮岗，设计历练安排等方式实现工作丰富化，最终在一个周期以后对候选人进行重新评估，以此决定是否安排候选人接班。

6. 尾声

在怡利科技，中层管理人员在经营管理中发挥着承上启下的重要作用，如果中层管理人员不符合岗位能力素质的要求，最终可能导致战略目标难以完成。就像麦肯锡公司的调查中所发现的那样：公司能够持续改革、创新和发展，业绩稳步提升，关键的因素不只是高层管理者，更重要的是在于具有高度胜任力的中层管理者和专业人才。实践证明，怡利科技将胜任力模型和工具运用到实际工作上，成为帮助怡利科技识别和管理中层管理人员能力的有力工具。自启动建立中层管理人员的能力素质模型以来，创新开展中层岗位管理，促使中层管理人员能力素质和执行力显著提升，为怡利科技战略目标实现提供保障。

怡利科技通过胜任力模型的应用，公司人力资本战略准备度逐年改善，为公司业务发展储备了大量必备的后备干部队伍和关键人才队伍。同时，通过有效开展中层管理人员的职业生涯、绩效、培训、选拔、培养、任用等方面的管理，公司人力资本管理过程高效运作，有效支撑了公司快速规模化的发展。用怡利科技人的话说：岗位胜任力模型不仅给企业管理层的任职插上腾飞的翅膀，更为怡利科技的展翅翱翔插上了发展的翅膀。

案例使用说明

能力量化：为怡利科技管理层任职插上翅膀

——怡利科技管理层任职资格体系与人才评价体系设计

1. 教学目的与用途

（1）本案例主要适用于管理学、人力资源管理等课程，也适用于组织行为学、管理学原理等课程及其他工商管理类别的课程教学和管理培训。

（2）本案例的教学目的在于让学员明确人力资源量化的相关理论知识，掌握组织人才能力量化的基本方法与流程，能够利用胜任力模型分析和评价企业人力资源。同时，通过学习这些观点在实际企业中得以应用的全过程，加深学员对理论应用与实践的认识，使 MBA 学员理解并学习在一定的环境下，企业实施相关政策的成功经验，为他们在实践中实施有效管理起到借鉴作用。

（3）本案例适合于 MBA 学员、经济管理类研究生、本科生课堂讨论使用。

2. 启发思考题

（1）以你的实践经验判断，作为无形资产的人力资本容易测量或者评估吗？请给出解释。

（2）为什么企业的人力资本要与其发展战略、企业文化相一致？如果一个公司拥有多个出色的员工，但是他们与企业的发展方向不相符，会为企业带来哪些危害？

（3）你认为怡利科技应该建立怎样的管理层任职资格体系与人才评价体系？

（4）透过怡利科技胜任力素质模型，对你的启发和启示有哪些？

3. 理论分析与依据

（1）胜任力模型理论。

（2）人力资源理论。

（3）组织管理理论。

（4）绩效管理理论。

4. 关键要点

（1）人力资本等无形资产对企业的重要性来说，是有形资产所无法比拟的，但也是难以评估或者量化的。

（2）怎样建立素质模型，将人力资本等无形资产与企业的战略、文化等结合起来，是理解本案例的一个关键点。

（3）模型建立后，如何在企业人力资源管理中进行具体的应用。

5. 建议课堂计划

本案例可以作为专门的案例讨论课来进行。以下是按照时间进度提供的课堂计划建议，仅供参考。

整个案例课的课堂时间控制在 150 分钟以内。

课前计划：提出启发思考题，请学员在课前完成案例阅读并对案例进行初步思考，案例小组制作课堂发言 PPT 初稿。

课中计划：简要的课堂前言，明确研讨主题：15—20 分钟。

分组讨论，告知发言要求：30 分钟。

修改 PPT，案例小组修改发言 PPT：20 分钟。

小组发言：每组 10 分钟，控制在 30—45 分钟。

引导全班进一步讨论，并进行归纳总结：20—25 分钟。

课后计划：学员分组就有关问题的讨论，每组采用案例分析报告的形式给出更加具体的解决方案，为后续内容铺垫。

案例正文

新疆华隆集团管理创新驱动"大象起舞"①
王程明②王晓洪③马新智④

摘要:管理的力量,让国有企业——新疆华隆投资有限责任公司(简称"华隆集团")如"大象起舞"般焕发出全新的活力。本案例描述了华隆集团在27年中,经过重组、改制、扩张的发展历程,涉及的经营范围从建安、油田基本建设、井下技术服务、自自动化系统集成、油井测试、交通运输服务、产品制造等多种产业及行业。华隆集团在过去的经营管理中,由于各业务板块的各自为政,经营分散、独立运作,造成华隆集团在内部存在着一定的资源内耗,集团经营业绩一直保持在一个相对稳定的水平上,很难有进一步的提升。本案例通过对华隆集团的战略管理与管控模式进行诊断,并对其战略按照"一体化运作"原则,从总体战略、业务战略和职能战略进行重新调整和规划,并根据所调整的战略规划设计集团管控模式。

关键词:战略规划、管控模式、华隆集团

0. 引言

企业不断成长、扩张,早晚一天会从蚂蚁变成大象。企业集团就是从蚂蚁变来的一头大象。随着我国经济的快速发展,企业集团的数量日渐增多,已经

---

① 本案例是根据北大纵横管理咨询集团所提交的华隆集团管理咨询成果报告进行撰写。本案例撰写的作者,拥有著作权中的署名权、修改权、改编权。本案例未经允许,本案例的所有部分都不能以任何方式和手段擅自复制或传播。由于企业保密的要求,在本案例中对名称、数据等做了必要的掩饰性处理。本案例只供课堂讨论所用,并无暗示或说明某种管理行为是否有效。

② 北大纵横新疆运营中心

③ 新疆联合纵横企业管理咨询有限公司

④ 新疆大学 MBA 中心 新疆·乌鲁木齐

成为经济发展中的重要力量。但很多企业集团由于发展过快过猛，迅速膨胀之下就会出现"滞胀"等毛病。如果集团管控做不好的话，"大象"的优势就无法发挥，甚至会病倒在地，不战而败。反之，就会使这头"大象"走上科学健康的成长之路，发挥"1+1＞2"的效果。

作为以油田服务为主要经营业务的华隆集团，近5—6年来年产值一直在8个亿左右徘徊，企业希望再跨越一个台阶却变得十分艰难，也看不到未来的产业增量。业务没有整合和规划、各业务单元各自为政、资源不能共享，有时候还出现自己能干的活进行外包，甚至出来相互拆台。俗话说"不进则退"，华隆集团开始从克拉玛依的第一方阵降到了第二方阵。加上历史原因造成的"同工不同酬"，导致企业人才的不断流失。为此，华隆集团张总及各子公司的负责人十分着急，不断寻"医"问"药"。

2014年8月，华隆集团与北大纵横达成合作意向，迅速召开项目启动会，详细分析公司内部资料，对中高层、员工就公司的发展战略、内部管理、管理现状、市场的竞争态势、感想与建议、所在部门相关情况、所负责业务的相关情况、对公司发展的看法、对公司管理的看法进行访谈。此次访谈公司高管6人、中基层管理人员35人，并走访作业区2个，整理访谈纪要达15万字之多。

1. 企业基本情况

华隆集团成立于1987年3月，前身为重油公司劳动服务公司，在经历1997年重油公司多经单位300余人内部重组，2000年重油公司、采油一厂所辖十余家单位改制重组后而形成。公司现有建安公司、运输公司、油服公司、鸿通管材公司、奥隆检测公司、气瓶检测公司和油田科技股份公司等七家生产与经营机构。

2004年组建华隆自动化研究所，2009年4月成立华隆数据服务中心和数据监测中心，2011年12月成立华隆油田科技股份有限公司研究所，2012年6月公司实施重组组建新疆华隆投资有限责任公司，2013年3月组建新疆油田采输工艺控制工程技术研究中心，2013年重组整合6家子公司设立新疆华隆油田科技股份有限公司。

到2013年底，公司注册资金15760万元，资产总额7.78亿元，所有者权益2.52亿元，年产值8.43亿元，总装备额1600台，生产固定面积25000平方米，年度纳税总额 6731 万元。公司先后被克拉玛依市评为"十大财政贡献"企业、"纳税 50 强"企业和"AAA"级纳税信用等级企业，获国家级守合同重信用企业称号。

近年来，公司技术创新工作在油田公司、市政府的大力支持下，得到了迅猛发展，先后获得自治区、市科技扶持资金 1570 万元，自行投入研发资金 6840 万元，推广新技术项目 190 项，25 项获得国家发明和使用新型专利，累计创产 1.79 亿元。科技创产年均增长 30%，新兴行业产值已占 40%。公司先后被自治区评定为高新技术企业、企业技术中心、"两化"融合典型示范企业、技术创新试点企业、采输工艺控制工程技术中心。

公司现有员工总人数达到 1700 余人。技术人员 358 人，其中中高级职称 72 人，拥有博士级硕士研究生 13 人，操作员工持证率 100；国家注册各类职业员 144 人，其中注册安全工程师 38 人，注册一、二级建造师 76 人。

公司的经营范围包括建安；电子工程、机电设备安装工程施工；与石油和天然气开采有关的服务，包括油田工艺安装、防腐保温、油田保驾、无损检测等油田基本建设，地质油藏研究、井下增产措施、油田托管业务等井下技术服务；技术推广服务；仪器仪表维修及校验；机械设备、五金交电、电子产品、石油制品销售；专项化学用品制造与销售；电工机械专用设备、工业自动控制系统装置、输配电及控制设备制造、销售与维修；计算机服务；应用软件服务；货物与技术的进出口服务；高低压电器、自动化控制、数字化建设、电力维护等自动化系统集成业务；传统测试、高压测试、生产测井等油井测试业务、小车服务、车辆保修服务、双燃料汽车改装等交通运输服务，非金属管材、玻璃制品等产品制造业务。

2. 问卷调查汇总

在 2014 年 9 月 10 日启动的项目调查中，通过调查问卷在大量调研的基础上，结合行业特点和公司的实际情况，为了了解华隆集团客观情况和员工对华隆集团相关管理现状的评价及对管理状况的改善期望，选取参与本次调查的人员中层管理人员及基层人员，实际答题人数为 698 人，答题率 100%。根据问卷答题情况，认为本次问卷的回答结果能够有效反映华隆集团目前的状况，并对其进行管理诊断。

部分了解或者不了解公司的战略目标的员工占比合计 91%，有 40% 的员工认为公司发展目标和发展思路不清晰，员工普遍认为客户资源、良好的品牌形象、市场开拓能力是油服行业成功的关键因素，员工认为华隆集团的优势主要集中在客户资源、成本控制、政府关系三个方面，67%的员工认为加强部分业务的专业能力是未来业务发展的重点，46%的员工认为应该整合油田服务各细分业务、开拓整体服务业务。对于华隆集团在新疆的企业形象，55%的人没有什么感觉，16%的人认为服务优质，有29%的员工对公司发展有信心，36%的人没有信心或不太有信心，37%的员工认为总部的职能定位不明确。

目前，华隆集团总部承担的职能主要集中在战略决策中心和财务管控中心两个方面。员工普遍认为华隆总部应该承为战略决策中心、业务发展中心和技术研发中心，华隆集团总部对下属业务单元的管控有52%的员工认为不是很到位，总部资源调配和战略整合能力需加强，业务单元在实现华隆集团的总体战略上应起到：完成华隆下达的各项经营和管理指标、围绕华隆集团发展战略制定相应落实措施及从公司利益出发支持总部调配三个方面；49%的员工认为总部组织结构急需解决的问题是部门间职责界定不清、存在交叉和模糊地带、工作协调困难；43%的员工认为其所在的公司办事效率中等，有时会影响工作的正常开展。认为所在公司办事效率不高的主要原因在于部门职责不清、互相推诿，怕担职责、不求有功但求无过，不了解基层情况这三项。61%的员工认为所在单位人员的能力和素质基本满足目前管理的要求。

对目前员工的工作状态，有59%的员工认为目前员工能基本完成安排的工作，45%的员工比较明确，知道自己的岗位职责和工作权力。对于公司的工作氛围，43%的员工认为公司关系紧张，扯皮与推诿现象较多。跟企业外部相比，76%的员工不满意目前的收入；跟企业内部相比，48%的员工不满意目前的收入。对于工作成果的回报，49%的员工反对工作成果得到了合理回报。影响员工工资的因素，员工普遍认为在职称级别、工龄长短、生产产量三个方面。员工普遍认为，影响公司高低的因素主要集中在技能/能力的高低、生产产量、工龄长短这三项。影响目前考核效果的主要原因集中在考核与收入挂钩不合理，起不到应有的激励作用；没有认真考核，平均主义，考核得分不能反映实际情况；指标不易量化，难以客观衡量三个方面。91%的员工认为收入提高，77%的员工认为福利改善，能更好的提高其积极性。40%的员工有信心接受难度更大、责任更大、压力更大的工作挑战。员工认为华隆集团衡量个人成功的标志主要集中在：岗位级别高低、收入、领导的认同这三项。

3. 外部环境分析

3.1 宏观环境分析

从国家能源政策看，随着经济地快速发展，我国已经成为世界第一大能源消费国家，能源的重要性进一步提高，能源供应的稳定性将影响到国民经济可持续发展。从能源结构看来，目前油气的比重较世界一次能源消费结构偏低，因此我国能源结构将进一步调整，油气能源的需求将进一步加大。从我国的石油资源状况看来，我国石油资源储量低、赋存条件差，稳产的难度逐年增大。目前，国内油田大部分主力油田已进入中后期开发阶段，提高采收率是国内油田提高采储量的重要途径，国家能源规划也提出围绕新油气田规模高效开发和老油气田采收率提高两条主线来增储稳产。虽然采取了一系列的稳产措施，但由于我国石油资源的缺乏，国产原油增长乏力，其供给比例逐年下降，我国原油需求的外依存度正逐年提高。

从政治外交影响看，国家积极寻求多元化的油气供应渠道以缓解因油气资源进口所带来的风险，尤其是与中亚五国及周边国家的合作，为我国能源战略提供了新的发展思路。近年来，我国与中亚五国的贸易上升，良好的贸易合作基础加之国家政策的引导为与中亚各国间的油气合作奠定了良好的基础，也为石油类企业带来新的机遇。中亚五国有着丰富的油气资源，基于国家能源战略的需要，我国将进一步扩大与中亚各国的油气合作，中亚能源的合作将缓解我国能源的压力。

从石油系统改革看，为了进一步提高国有企业的活力，降低企业成本，提高企业的运作效率，三大石油集团的市场化改革正逐步展开。中石油目前的改革更多的是以项目引资的方式开展合作的局部改革，中石化的改革更多从整个公司顶层进行，如对石油工程技术服务公司的借壳上市，其目的是为了整合优化业务，树立品牌形象，并向增量发展空间更大的国际市场发力。

从新疆发展环境看，目前国家的产业转移政策实质上是高新技术扩散和产业结构升级的过程，将为新疆地区企业的发展提供更多的机遇。克拉玛依区位优势明显，承担着我国重要能源战略通道作用，同时克拉玛依也正加强走出去战略，鼓励本地企业走出去以寻求更开阔的市场空间。

3.2 行业环境分析

3.2.1 油田服务

油服行业位居石油产业链上游，直接为石油勘探及生产提供服务，从专业性划分为五大板块。油服行业属于资金和技术密集型行业，有较强的政策关联和强经济周期等特性。油服与油价之间有着正相关性，国际原油价格持续下滑，或将影响到油服行业的市场规模。因此，石油服务与石油行业的发展息息相关，与油田公司的勘探及生产投资、油气供给结构及技术突破有显著的相关性，如图 3-1 所示。

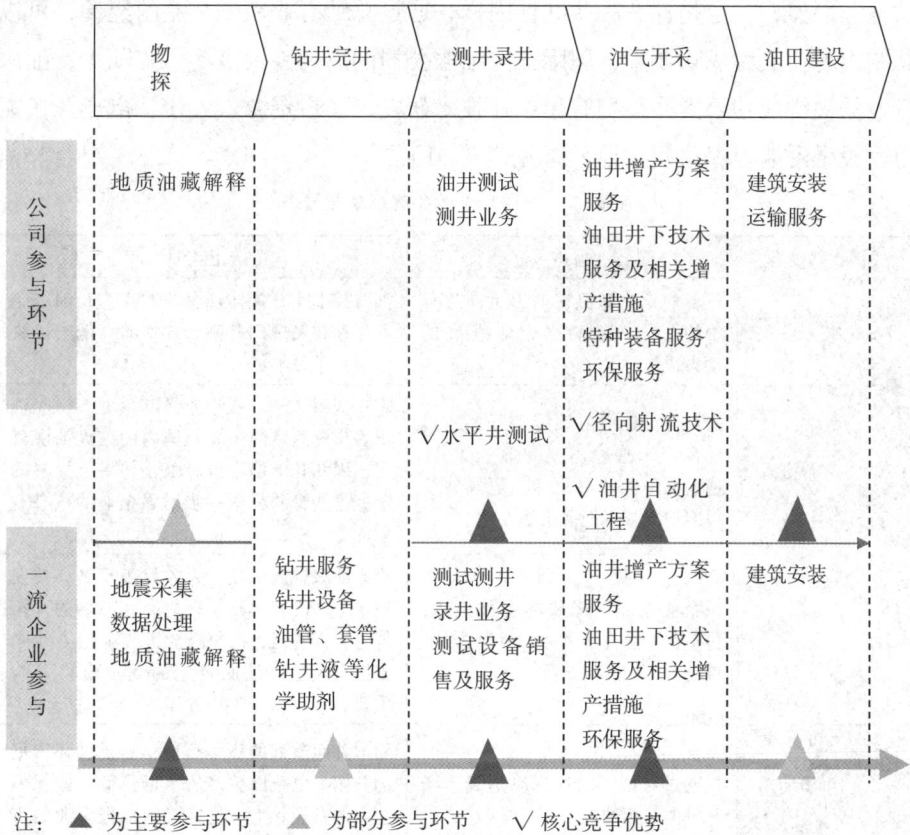

图 3-1　油服产业链及各业务分布图

从市场规模看，目前我国油服市场容量 3000 亿，其中服务占三分之二，未来呈上升趋势；从行业集中度看，我国目前企业众多，布局分散，油服公司规模总体远小于国际大型公司，且行业集中度低；从战略格局看，目前国内油服行业战略发展布局上，局部一体化与专业化并存；从各细分市场的利润来看，越往产业链上游其利润率越高；从竞争力量分析来看，整体竞争格局较稳定，国企处于优势地位，在国内市场未开放前，不会受到国际公司的冲击，但产能阶段性过剩、原材料上涨等也会带来较大成本问题；而民营企业现阶段主要以分包为主，以价格优势获取订单，如果行业整体产能过剩将对民企产生较大冲击；从各上市公司的业务分布看来，主要集中在钻井完井、油气开采两大块，综合服务比较完善的企业没有几家。

面对越来越激烈的竞争，各油服企业将进一步扩宽市场及业务范围，在原有基础上积极通过多种途径加快推进综合一体化进程。因为任何一个行业的成功并非偶然，一定是拥有一些共性因素，通过总结行业领先企业的经验，可以总结出行业关键成功要素，国际三大油服公司的成功因素借鉴。实际上，油服行业的关键成功要素往往拥有集中在技术研发、客户资源、人才、市场开拓能力、投融资能力等这些共性上（见表 3-1）。

表 3-1 油服行业的关键成功要素表

	关键成功要素	描述	原因分析
1	技术研发	是各种专业知识在油田生产过程中的应用，是油服企业发展的动力	油服技术能直接体现企业的实力是油服企业生存和发展的基础，技术的高低直接决定了其服务水平
2	客户资源	指企业可以更好锁定和开拓的目标客户，通过建立专业、细分、通畅的群内交易渠道，更好地获得客户需求，把握市场变化	客户资源对于油服企业尤其重要，由于油田客户资源目前主要是国内的三大油服公司，因此其市场容量有限，如果能更多的掌握这些资源将进一步增强企业的核心竞争优势
3	人才	只企业发展所需要的各种人才，包括，专业技术人才、管理人才、市场开拓人才、国际人才	对于油服企业来说，人才代表了其科技发展水平，代表了其管理能力和市场的开拓能力，这些能力的打造急需专业的人才来支撑，人才对油服企业的竞争显得尤为重要
4	市场开拓能力	指通过对市场的选择以达到市场开发的目标的能力	面对外面激烈的竞争环境，需要加强市场的开拓，以获取更多的市场份额才能保障企业的发展壮大，这就必须加强企业的市场开拓能力
5	投融资能力	指运用企业内外部资源，实现外部直接或间接融资和投资的能力	油服行业属于资金密集型行业，同时企业的收购兼并等需要有较强的投资能力，因此投融资能力成为油服行业的关键因素之一

目前，国内整个油服行业市场规模处于上升阶段，随着市场竞争的加剧，民营油服市场的行业集中度将会上升。在战略布局上，国内油服企业局部一体化与专业化并存，但一体化服务的趋势是整个油服未来的方向，产业链上游的利润空间较高。技术、客户资源、人才、市场开拓能力、投融资能力为油服行

业的关键成功要素。由此给我们的启示是，把握市场的上升周期，扩张企业的市场规模，用兼并收购等方式进一步提高公司综合服务能力，战略布局上打造综合一体化油服公司，通过技术提升，进一步往产业链上游拓展延伸，强化关键成功因素来强化企业的核心竞争优势。

3.2.2 自动化工程

油田自动化工程指通过采用专用自动化仪器仪表对油田开发采输进行过程控制、信息监测和故障分析，继而实现油田开发过程中的智能化管理。石油天然气行业的技术升级需求增速较快，其技术的发展呈现出融合多学科、多种技术的特点，且行业壁垒较高，有助于从业企业稳定发展。目前，正在向智能化、网络化和集成化方向发展，体现了多专业知识与技术集成的现代工业自动化发展思路。

自动化工程产品及服务同时还可应用于其他相关领域，并且自动化技术作为基础应用型技术，其主要作用还在于为本企业相关经营业务提供支撑保障。自动化工程在工业领域应用极为广泛，石油天然气行业中开采、运输、储存等各个生产活动环节都需要借助其发挥重要作用；同时伴随信息化技术提升，当前石油企业如供应链管理、生产管理等各价值链环节都需要依托其作为重要支撑手段。

电气自动化产品市场规模总量较大，但市场准入门槛低、竞争惨烈。高低压电气产品是集团主要经营业务之一，偏重于变配电相关产品。配电网及配电自动化是我国电网建设最薄弱的环节，当前"加强城市配电网建设，推进电网智能化"是国家城市基础建设重点任务之一。

3.2.3 环保处理

当前，油田回注水处理业务市场前景良好，行业利润率较高。油田回注水处理是集团当前环保业务的主要内容。油田回注水处理是采油过程中运用物理化学或生物方法，通过配套油水气分离技术装置及设备系统运行维护将采出水（含油、悬浮物等）处理后回注地层的专用技术服务，是二次采油阶段油田提高采收率主要措施与重要生产流程环节。

油田水处理行业在污水处理乃至环保产业中仅属于一个小的分支领域，环保产业作为国家重点扶持对象之一在"十二五"期间获得高速发展，未来仍将延续。污水处理行业新进入者仍旧较多、市场存在一定机会，但仍具有一定的区域、政策壁垒；行业利润主要受政府扶持、水价调整等政策影响。从扩展来看，环保产业除水污染处理、还包括大气污染处理和固体废物处理，整个产业存在很多发展机会。

3.3 机会与威胁

随着国家能源战略的深入实施，油气需求将进一步加大，这将带动石油化工行业的发展，进而带动油服市场的发展。国内油田大部分主力油田已进入中后期开发阶段，稳产、增产的主要措施是提高采收率，提高采收率技术服务存在市场空间。国际能源合作包括中亚五国的能源合作为油服企业走出去提供了新的机会，三大石油公司产业链上游的市场化改革将为油服企业提供参与市场竞争的机会。中亚地区油田科研技术相对落后，而我国在油田技术方面的技术优势相对明显。国家西部大转移，对资产技术密集型企业提供发展的空间，为新疆地区企业的发展将提供更多的机遇。克拉玛依区位优势明显，承担着我国重要能源战略通道作用，为克拉玛依本地企业走出去以寻求更开阔的市场空间提供支持。随着国家对环境保护的高度重视，石油环保类企业将面临新的发展机遇和市场空间。

但是，石油价格的变动将直接影响到油气上游开采业区域性投入的持久性和稳定性，进而影响到油服企业市场规模。随着三大石油公司重增长、重效益、重投入产出比的新阶段，其低成本扩张态势逐渐清晰，各种降本措施相继出台，直接导致油服企业利润空间缩小。同时，随着国内油气田勘探开发难度的加大，对油田技术服务水平也提出了越来越高的要求，未来公司如果不能适应这一发展趋势并进行针对性的技术研发，则有可能面临因技术壁垒而失去市场竞争机会。油服公司的客户比较单一，对客户的依赖性比较强，同时三大石油公司在经济不景气阶段将更多的保护体系内油服企业，甚至拖延付款。各油服企业一体化进程的推进使得一体化发展企业的竞争加剧。自动化产品市场竞争激烈，技术壁垒较，产品同质化严重，企业只能依靠价格竞争，自动化产品市场将面临更激烈的挑战。

4. 管理诊断报告

我国古代著名的军事战略家孙武曾经说过："知己知彼，百战不殆。"这里的"知己"就是了解内部条件，"知彼"就是了解外部环境。在了解企业内、外情况的条件下，有针对性地设计了华隆集团调查问卷，在问卷调研过程中得到各部门、单位的积极配合。调查发现，华隆集团自成立历经重组、改制、扩张，在这27年的发展历程中，华隆人通过自身的努力取得了巨大的成就，公司在成长过程中积蓄了相应的资源和能力。同时，华隆集团与新疆油田公司的历史渊源，使得华隆集团在成长历程中过多地依附于新疆油田公司的藤生式增长。

在藤生式增长前期，华隆集团处于相对封闭和快速增长的市场环境中，企业得以高速增长。随着市场格局的稳定，油田公司产能增速放缓，华隆集团业务增长遇到瓶颈，相关矛盾凸显。近年来，随着石油系统市场化的推进，市场竞争逐渐突破地域限制，市场格局将再次被打破，华隆集团将面临新的挑战。外部环境的变化需要华隆集团重新审视自身优劣势，明确发展方向，系统性地规划公司发展战略。

4.1 战略管理诊断

按照"战略金字塔模型"，企业战略体系分为企业战略、业务战略、保障体系三个层面，其因果关系自上而下，如图4-1所示。

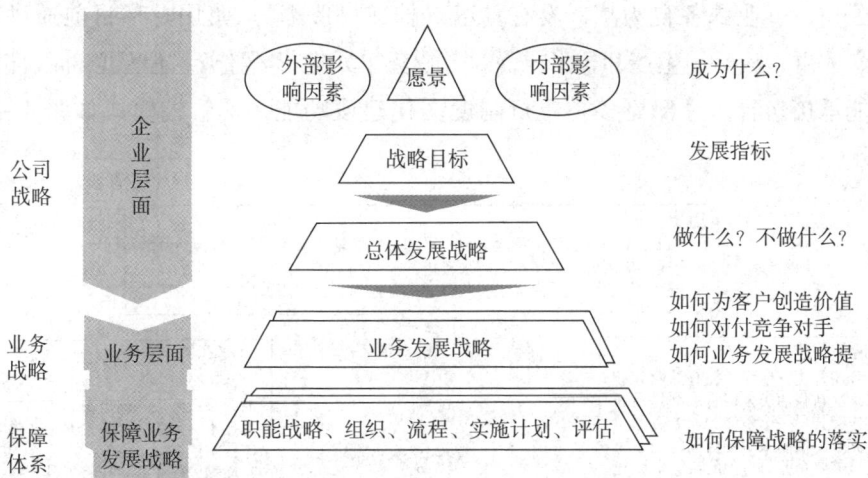

图4-1 战略金字塔模型图

愿景使命，体现企业全体员工的共同发展愿望，是激励企业奋勇向前、拼搏向上的核心动力；华隆集团应尽快明确制定符合自身特点的愿景使命。华隆集团的战略目标略显单一，欠缺对企业长期整体发展的全面思考，而且未能在组织内有效传递。企业的总体发展战略是一切管理活动的纲领，华隆集团对未来发展方向已经做出了一定思考，但目前对于未来发展方向的规划还不够清晰，缺乏系统性。战略方向的选取存在多种选择，需要结合企业内外部环境进一步论证。

华隆集团对所属各业务单元的现阶段经营管理重点提出了明确的要求，但是欠缺对业务板块未来发展前景进行区分性评价，并明确各自针对性竞争策略。华隆集团在业务战略的规划上，缺乏对各业务发展安排的主次先后之分。此外，基于现有产业链布局结构及行业发展规律，华隆集团应积极打造各业务的横向协同作战能力。一体化服务是油田服务行业未来发展趋势，需要提前准备以积极应对外来形势。

战略体系当中的保障模块是指为保证企业战略与业务战略落地所制定的企业内部的管控模式、职能战略以及实施计划等。下一阶段，将通过内外部环境分析与公司共同制定华隆集团发展战略。

4.2 管控模式诊断

各子公司、事业部和集团间千丝万缕的关系及参与未来市场竞争的要求，华隆集团需建立与战略相适应的管控体系。历史问题导致目前华隆集团所属各子公司、事业部各自为战，没有真正"拧成一股绳"。集团总部目前通过财务、人事、战略、生产和技术方面对各业务单元进行了监管，但从总部各部门职能承接来看，总部更多是履行制度文化建设功能，其管控模式如图 4 - 2 所示。

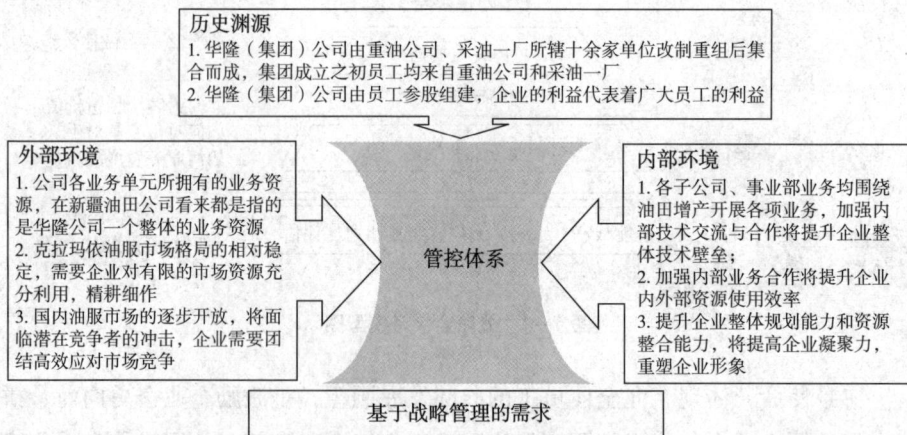

图 4 - 2 华隆集团管控模式

从管控效果来看，集团对下属各业务单元未能实现有效的资源整合与调配。公司内部信息平台建设问题，也导致总部无法有效对下属企业进行监督和指导。从总部功能定位和实际管控效果来看，华隆集团现阶段采取的是充分放权的财务管理型管控模式。需要根据公司战略对管控要求，设计符合公司未来发展需要的管控模式。根据管控模式的要求，我们将依据组织设计原则对集团总部组织结构进行优化设计，并辅以相应的管控手段，最终形成既有监督又有支持的管控体系，以支撑企业未来战略发展的需要。

5. 集团战略规划

华隆集团常年围绕克拉玛依油田开展业务活动，在过去的发展历程中得到相应的沉淀与积累，形成一定的自身优势：常年的合作使得华隆集团与克拉玛依油田建立了相对稳固的合作基础，得到客户的信赖；资产规模由 2001 年不足一个亿，经过多年的不懈努力和积累，现有资产 7.8 亿，年产值 8.4 亿；华隆集团在相关业务积累了一定的技术装备优势，相关技术装备获得国家专利；华隆集团成长了一批专业技术人才和业务管理人才，打造了一支综合能力较强的专业服务队伍；企业不断拓展油服各项业务，已基本覆盖油气开采的各环节，在相关业务处理难点重点问题上积累了大量的经验。

同时，国家能源政策的调整、油服市场的逐步开放，给华隆集团未来的发展带来新的机遇和挑战：国内主力油田已进入中后期开发阶段要求油气开采提高采收率、降低开采成本、提高环保标准，对油服行业的服务模式、技术创新提出更高的要求；国家积极寻求多元化的油气供应渠道以缓解因油气资源的进口所带来的风险，尤其最近的中亚五国及周边国家的合作为油服企业带来新的市场机遇；油服市场的开放将对油服市场进行新一轮洗牌，油服市场竞争格局的改变使得每个油服企业都将面临新的机遇与挑战。

5.1 使命与愿景确定

愿景是华隆集团想成为什么。愿景是企业未来的可能和人们所期望的状态，是指导战略的制定和组织发展的依据。愿景基于未来的客户需求、目标市场、市场地位，在相当长的时间跨度内用一种清晰的、激动人心的文字来表达，它能创造出众人一体的感觉，会成为一种激励的手段，孕育出无限的创造力。使命是华隆集团是"谁"，为什么而存在。使命为组织内部决策提供依据。华隆集团使命坚持顾客导向、协调利益相关者的要求（管理者、员工等），考虑环境变化趋势与自身条件，坚持宽泛与具体的平衡和有激励性的原则。

5.1.1 企业使命

"技术创新油服·和谐发展华隆"是华隆集团的使命。因为华隆集团主要从事油田公司增产服务，致力于能源开采效率的提升。华隆集团事业的意义在于通过技术创新不断提高开采效能，追求绿色开采。技术的领先，优质的服务，规范的管理，和谐的工作氛围，是华隆集团人，更是所有利益相关者对华隆集团的期望。华隆集团是员工施展自己才华的展示平台，是股东获得更多价值和回报的价值平台，是政府可信赖的为社会稳定和谐发展服务的基础平台，更是值得客户信任的服务平台。

5.1.2 企业远景

"成为最受尊重与信赖的油服公司"是华隆集团的远景。可持续性是华隆集团的理想，可持续性的理想需要华隆集团不断提升自身能力，获取更多的有利资源。华隆集团将以培养人才、提升管理、技术创新为发展手段，为客户提供优质的服务，获得客户的信赖；以合作的理念，诚信的品质，持续的发展获得合作者的信赖；以对社会稳定和谐的关注获得社会的信赖；华隆集团为员工提供不断提升的机会，以获得员工的信赖；以事业的成长，良好的回报获得股东的信赖。利益相关者的支持与信赖是华隆集团持续发展的重要保障。立足新疆、面向疆外，油服业务做大做强，进而在油服行业产生影响力是华隆集团里的发展方向。

实践中，从华隆集团现状和行业发展趋势、相关利益方对华隆集团的期望、标杆借鉴等三个方面确定华隆集团的使命、愿景。华隆集团已具备规划长远发展的基本条件，在面临市场格局变化时，华隆集团立足新疆，走出疆外成为华隆可持续发展的必由之路。经过 27 年成长，华隆集团已发展成为拥有 7 个多亿资产，年实现产值 8 个多亿，员工 1500 人，已经是拥有了一定规模的集团公司。它还与克拉玛依油田公司建立了较为牢固的合作关系，为集团发展打下了坚实的基础。

然而，随着石油系统市场化的推进，市场竞争逐渐突破地域限制，市场格局被打破，外部公司必将进一步冲击华隆集团在克拉玛依的市场份额，同时，石油系统市场化也给华隆集团带来了新的市场空间，如何立足新疆，走出疆外，是华隆集团所面临的新的机遇与挑战。

5.2 企业总体战略规划

企业坚定不移秉持"凸显油服主业，优化多元业务"的核心思想；凭创新突围固有市场，以技术引领业务前进，不断帮助油田创造更好的产收效益；逐步夯实集团的市场竞争能力及竞争管理能力，稳定核心人才队伍并提升人力资源平均职业水平，持续进行研发投入保持技术领先的活性，通过联盟合作构造一体化服务平台，全力实现华隆集团的总体战略任务。

面向未来五年，团结搏击，同步提升企业价值感和员工幸福感，使华隆成为一家最值得尊重与信赖的油服公司。为此，华隆集团确定了"一主、两翼、四化"的总体战略。一主——油田服务为主业，并不断延伸技术话语权和市场话语权的控制力；两翼——自动化＋环保业务；四化——市场化、归核化、国际化、一体化。

通过总结行业领先企业的经验，总结行业关键成功要素，比对华隆集团实际，得出"夯实市场化、实施归核化、瞄准国际化、推进一体化"四大战略。

夯实市场化——随着油田公司纷纷开始从考核产量变为成本权重增加，随着油服行业准入门槛打开，所有的油服公司面临市场化的必然选择。这是个必须做出的战略，谁思维转得快，行动跟得上，谁就能抓住行业的节奏共振。市场化战略的关键策略是：定位市场，分析需求，平衡性价，品牌导入，客户心智占领。

实施归核化——三大综合石油技术服务公司另一个共同的特点是在一体化的进程中不断剥离非相关业务，不断将资源和能力集中到其具有竞争优势的业务上，即石油技术服务行业。一方面剥离了亏损业务和不能和现有优势业务发挥协同作用的业务；另一方面也优化了企业资源和能力的运用，强化核心业务的竞争优势。

瞄准国际化——三大综合石油技术服务公司都进行着国际化的发展战略，因为任何一个国家的国内市场都是有限的，而国际石油天然气资源分布非常广泛，国际上大的石油公司也进行着跨国运作，如果石油技术服务公司不进行国际化经营，很难跟上时代的步伐，参与国际市场的竞争，甚至现有的市场份额很可能被国际油服公司不断侵占。

推进一体化——一体化的准备在于机会来临的时候，可以第一时间抓住，从而递进奠定一体化的实质。三大综合石油技术服务公司通过兼并、收购使业务涵盖石油技术服务的各个链条，充分利用自身在已有产品上的生产、技术和市场等方面的优势，不断扩大业务经营的深度和广度，扩大经营规模、提高收入水平和利润水平。

5.2.1 结合华隆集团总体战略，需要审时度势明确集团近期发展策略

充分利用市场机会，发挥华隆集团的竞争优势，我们应提升业务模式，加

强技术力量，伺机拓展外部市场。充分利用竞争优势，有效规避市场威胁，需要我们全力提升华隆集团经营管理能力，提高内外部资源使用效率。充分利用市场机会，弥补华隆集团的竞争劣势，需要我们在业务发展的过程中，培养核心竞争力。有效规避市场威胁，弥补华隆集团的竞争劣势，要求我们优化业务结构，提升管理能力，提高企业抗风险能力。

为此，提出华隆集团近期的发展定位是：通过经营管理和资源整合能力的提升，产业结构和业务模式优化，立足新疆，走出疆外，为成长为具有可持续性发展的、值得信赖的油田服务综合供应商奠定坚实的基础。

5.2.2 从国家政策和石油行业发展趋势分析华隆集团中长期战略目标

中石油等入围世界 500 强企业的特大型战略性管控国企，可由政府授权企业成为产业类国资投资公司，从事产业经营与资本经营，但须保留主业。中石化、中石油、中海油三大石油集团的重组改制实现了政企分离，打破了行业垄断和市场封闭，引入了竞争机制，特别是石油系统要求新开发的油田区块必须按照"两新两高"（新体制、新工艺、高水平、高效益）的现代化油田建设体制进行开发建设，不再自行设立整建制的石油技术服务队伍，大部分石油技术服务业务均以市场化原则向外部招标。

同时，石油公司逐步将技术服务和生产运营业务外包给油服公司，石油公司未来发展方向为资本运营和对资源供给的宏观调控。油服公司在油气勘探采收过程中将承担更多的业务环节，油服公司将由原来石油公司配套服务逐步提升为石油公司的战略合作伙伴关系。为此，华隆集团中长期的发展定位是：紧紧围绕价值链、细分客户及区域三个维度进行延伸和拓展成为石油公司值得信赖的油田服务综合供应商。

5.2.3 结合企业自身的发展阶段和企业成长规律，有步骤有计划的实施华隆集团发展战略（图 5 - 1）

第一阶段（资源—能力型，2015 年—2017 年）：资源整合，提升能力。开展市场信息收集管理工作，提升市场竞争能力；在加强克拉玛依市场维护开发的同时伺机进入国内国际油服市场；加强集团化运作能力，提升内外部资源使用效率；加强现有业务价值链延伸，加强业务间合作，优势业务带动局部一体化；加强传统业务核心竞争力，进行业务模式和管理模式的转型；加大技术研发投入，形成核心技术优势；提高项目管理水平，提高项目赢利水平；总结跨区域项目运作和项目管理经验；加强内部成本控制，提高资金使用效率；开展人才梯队建设。

第二阶段（价值扩张型，2018 年—2020 年）：寻求突破，做大做强。立足新疆市场，积极参与外部市场竞争，有针对性的开拓国内国际油服市场；和相关专业公司形成战略联盟，由局部一体化逐步实现综合一体化；提升跨区域也运营和管理能力；加大技术研发投入，形成技术综合技术；拓宽融资渠道，提高资金使用效率，加强经营风险控制能力。

第三阶段（实力扩张型，2020 年—2030 年）：实力扩张，持续发展。与石油公司协同扩张；提升综合一体化运作能力；复制跨区域运营管理模式；拓宽融资渠道，开展资本运作，有针对性地开展多元化扩张；加强投资风险控制能力。

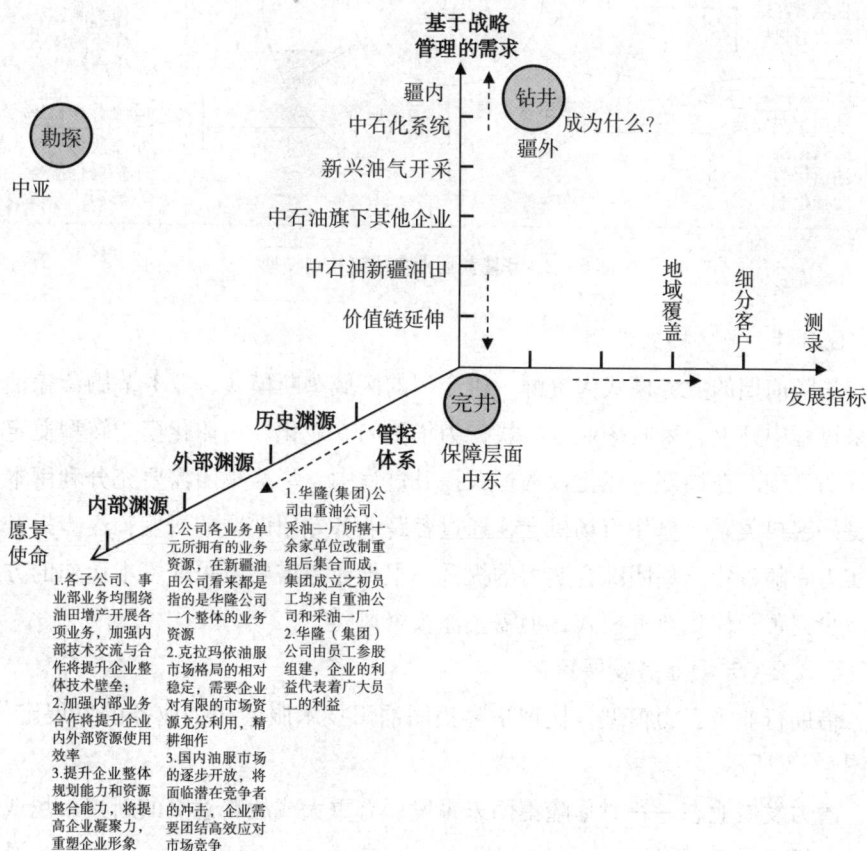

图 5－1　华隆集团发展战略管理模型

5.3 业务战略规划

此次项目业务战略规划主要围绕股份公司、建安公司和油服公司相关油气增产增注、油田建设和环保服务的业务展开。根据集团战略第一阶段工作要求，我们从业务模式选择、专项业务发展策略和区域战略三个方面确定华隆集团的业务战略，如图 5-2 所示。

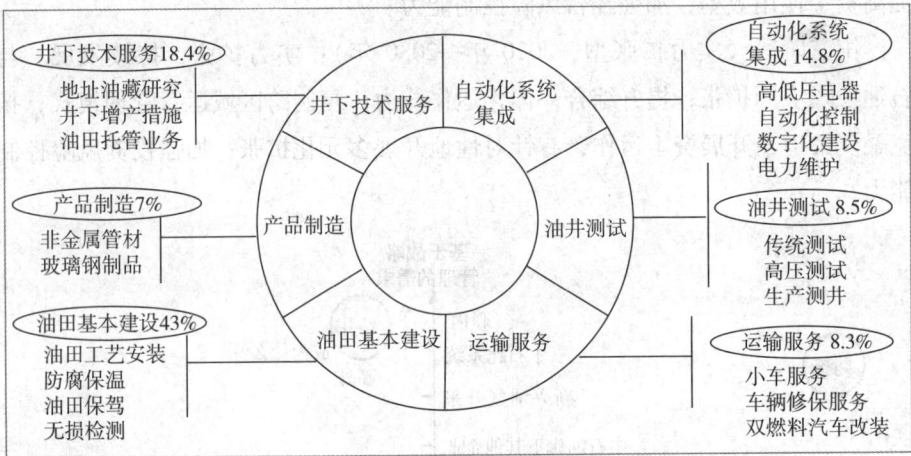

图 5-2 华隆集团业务战略规划模型

5.3.1 业务模式选择

华隆前期的业务模式为资源—机会型的区域垄断模式，业务范围覆盖油气开采过程中井上、采收率业务板块，为华隆向专业化、一体化模式转型奠定了良好的基础。在局部一体化业务模式提升过程中，华隆集团需要充分利用本地区良好客户关系，抓住市场机会，通过各跨业务专项课题的研发，逐步提升综合实力。随着华隆集团综合实力的提升，根据业务需要可采取资本运作的方式进一步完善一体化业务模式，但需关注投资风险。

5.3.2 专项业务发展策略

借助行业吸引力模型，梳理华隆集团油田技术服务相关业务的发展定位，如图 5-3 所示。

潜力发展业态——对华隆集团未来发展有重大或战略意义的新兴市场或业务，包括环保工程在内，须加大投入，扶持发展，积极关注。主力发展业态——发展对企业现实经营运作有重大影响的市场或业务，包括自动化系统集成和油藏监测，培养差异化市场竞争优势。战略支持业态——巩固华隆集团现有地位，获得稳定的现金回报，包括电气自动化产品、增产增注措施，强调成本领先。低速发展业态——有选择地发展、观望或退出，包括建安业务。

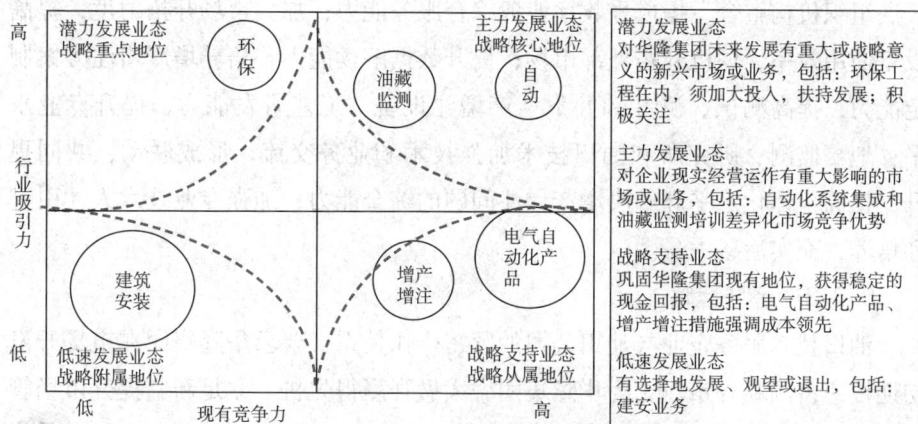

图5-3 华隆集团相关业务发展定位

建安公司业务发展策略：保留核心竞争优势，减缓经营压力。建安业务在施工现场施工，在管理、协调、控制方面将强经验积累，提高管理水平；建设施工队伍引入市场机制，采取内部分包方式提高建设施工队伍市场灵活性，建设施工队伍在承接本公司业务的同时参与市政建设拓展市场空间；拓宽融资渠道减缓资金压力；建安业务中远期发展可通过人才引进、战略合作或资本运作的方式伺机完善规划设计职能，需要注意的是该职能的引入需要业务量的支撑，在不足以支撑规划设计业务量时建议采取战略合作的方式弥补该职能。

油田服务公司业务发展策略：顺应市场需求，进行业务调整。拓展危险废弃物处理业务，延伸环保工程产业价值链；维持移动锅炉注气业务，近期主要以提高设备使用率为主，伺机开展油田公司注气锅炉维护或油田公司锅炉运行托管业务；污水处理业务开展产研结合，加大研发投入力度，在污水处理工艺研发、药剂研发方面不断提高技术水平，增加技术储备；污水处理业务拓展，在技术支撑的基础上伺机进入市政污水处理和循环水处理领域；污水处理业务与其他区域水处理公司进行战略合作，拓展市场。

自动化事业部业务发展策略：注重自动化、数字化技术研发，推动集团相关业务技术升级。变电、自动化产品降低生产成本，伺机向民用市场拓展；加大自动化、数字化技术研发投入力度，注重技术升级；协助集团内部相关业务自动化、数字化水平提升；自动化控制和数字化建设作为集团业务向疆外拓展的重点业务之一。

采收率业务发展策略：开拓市场，提高专业能力，提升一体化业务模式。开展组织机构整合，提成采收率业务综合服务能力；加大市场开拓力度，提高设备使用效率，伺机开拓外部市场；提升数据解读能力，培养增产增注方案制定能力；提高测试、测井和井下增产增注设备、工艺研发能力，提升专业水平；地藏监测、研究所和油田技术加强技术和业务交流，形成联动，共同提升，提高一体化水平和解决增产增注问题的综合能力；加强专业技术人才引进和培养，充实后备力量。

5.3.3 区域战略

油田技术服务企业与油田公司的紧密合作关系，要求华隆集团在市场开发初期快速占领疆外市场，为华隆集团做大做强赢得先机。立足新疆提升市场管理能力、专业技术能力、一体化业务模式、资源调配能力、积累资金、培养团队。走出疆外寻找市场机会，选择市场目标，利用优势业务开拓疆外市场，积累垮区域项目运作管理，站稳脚跟带动关联业务，树立品牌，形成良性循环。

国内油服市场长庆油田具有产能放缓风险，企业可适当将目标向塔里木油田、吉林油田等其他客户转移。国际油服市场中亚五国有着丰富的油气资源，我国将进一步扩大与中亚各国的油气合作，将给油服企业带来更便利的市场机会。立足新疆，走出疆外是华隆集团可持续发展的必然趋势，同时也需要做好充分的准备应对"距离"所带来的经营管理风险。特别是海外市场开发的过程中需要注意风险与利益选择的平衡性。

5.3.4 业务战略目标

第一阶段（资源—能力型）业务战略重点：提升局部一体化业务模式，业务结构调整，提升各业务专业技术水平、伺机进入疆外市场。

第二阶段（价值扩张型）业务战略重点：强化局部一体化业务模式，进一步优化业务结构，核心业务形成行业技术优势，主动开辟疆外市场，完成业务战略布局。

第三阶段（实力扩张型）业务战略重点：完善一体化业务模式，审慎开展多元化扩张、战略投资与合作。

5.4 职能战略规划

根据整体战略和业务战略要求明确华隆集团各阶段职能战略目标。

5.4.1 第一阶段职能战略管理目标（图5-4）

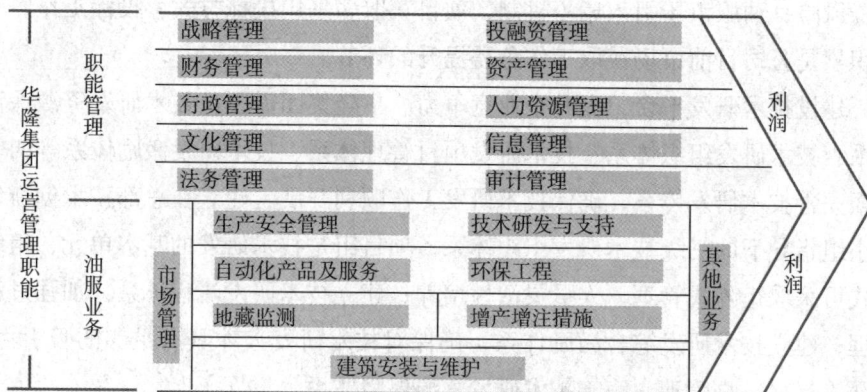

图5-4 华隆集团第一阶段运营管理职能战略目标

优化管理模式，建立与当前业务开展相适应的管理方式，实现集团化管理。从纵向管理看，集团总部未能给各子公司提供必要的资源支持，导致各子公司对集团总部的依赖性大大降低；集团总部对各业务单元信息获取的滞后性和不对称性，导致集团决策功能受到影响；总部职能部门监督管理职能的弱化使得集团风险控制能力降低；集团资源下沉使得集团资源调控功能弱化，资源能力培养储备功能缺失。从横向协作看，各子公司、事业部高度专注于自身业务的开发和运作，均独立对接客户相关部门，独自开展团队建设，独自开展本专业领域技术研发，缺少各子公司、事业部间的相互配合和协作；各子公司分别从自身利益最大化的角度去开拓市场，虽然能够充分发挥各自的优势和积极性，但往往追求个体当前利益最大化，并不能导致共同利益最大化，同时忽视对于未来集团整体核心竞争力的培育。

优化组织建设，明确责权体系。整体来看，集团缺乏信息管理和法务管理的职能，在未来复杂的市场竞争中面临决策风险；集团总部承接职能管理中的投融资管理、行政管理、文化管理和审计管理职能，注重于宏观管理，但由于财务管理、资产管理、人力资源管理和市场管理的弱化将导致集团对企业核心资源掌握不充分，加之对业务信息掌握的不对称，集团将无法很好地指导各业务单元工作；各业务单元基本承接单体公司相关业务职能和管理职能，有利于各自业务开展效率的提高，但职能管理的下沉导致资源浪费，且职能管理资源的分散不利于专业化管理水平的提升。

规范市场管理，建立市场情报搜集、分析决策机制，积累市场竞争经验。

加强市场分析能力，为市场决策提供依据；规范重点项目分析决策程序，降低投资风险；油服市场引入竞争机制，项目获取多采用投标方式，投标工作经验的积累是公司目前市场获取工作急需提升的环节。

建设技术研发平台，提升企业竞争力。华隆集团需要从技术研发资源保证体系、技术研发组织体系、技术研发项目管理体系、技术研发激励体系等四个方面完善技术研发体系，确保技术研发工作顺利开展。建立在总部技术创新领导小组指导下的三级技术研发组织体系；项目组是技术研发的基本单元，组织形式可采取矩阵式管理，人员灵活性培养；建立技术研发流程体系，加强过程管理；建立技术研发综合激励体系，确保对技术研发人才具有足够的吸引力；加强人、财、物管理，完善技术研发资源保障体系。

人才培养与储备，建设人才梯队。从华隆集团目前的人才储备来看，华隆现有从事技术业务的人员比重较少，一定程度上体现出现有业务结构技术含量较低及人员能力的不足。华隆目前的岗位结构与同处本地的同类型企业新科澳股份基本接近。相比来讲，技术类岗位还略有优势。但对比国内上市企业，如惠博普，技术类员工占比明显较少，一定程度上体现现有业务结构中技术成分还比较低。

同时，人力成本控制及人均产出两方面数据显示华隆集团接近疆内竞争对手水平，但于上市企业相比有很大差距，体现出企业运行效率差、投入产出比低的问题。为改变人力资源现状，首先我们需要开展人力资源规划，明确人力资源结构调整目标和人才储备培养目标。其次建立协作、包容的用人文化，吸引外部一流人才，加速内部人才的选拔和培养，逐步打造华隆集团的核心团队。最后加强关键人力资源的选拔、培养和激励，满足战略发展所对人才梯队建设的要求。同时，可引入外部专家团队作为长期顾问，作为华隆集团人力资源的重要补充。

5.4.2 第二阶段职能战略管理目标（表5-1）

表5-1 华隆华团第二阶段职能战略管理目标

融资方式	主要特点	主要适用条件	是否适用康姿百德
政府注资	无偿划转	国企身份 符合国家产业发展政策	不排除公司继续增资扩股，部分适用
银行贷款	融资速度快、借款弹性较大、借款成本较低、筹资风险高、限制条件多	企业经济效益好，银行主动提供授信额度 国家政策支持也可获得银行一定授信额度	需要一定的授信额度，不排除以优质业务/项目抵押贷款必要性

续表

融资方式	主要特点	主要适用条件	是否适用康姿百德
引入投资者	改善公司治理结构 分散公司控制权	公司具有核心竞争力 公司发展前景看好	产业地产未来的发展前景较好，能够吸引战略投资者
资本市场融资	对公司的要求高 融资成本较高 限制条件多	最近两年连续盈利，最近两年净利润累计不少于一千万元，且持续增长 或者最近一年盈利，且净利润不少于五百万元 最近一年营业收入不少于五千万元 最近两年营业收入增长率均不低于百分之三十 期末净资产：最近一期不少于两千万元 股本：发行后股本不少于三千万元	创业板 IPO 是公司未来的主要融资渠道，完全适用，益处包括： 提高公司品牌知名度，对于整合配套资源、推动业务的广泛开展和扩张。 优化股权结构，引入符合公司战略的战略投资者，为公司带来资源和行业管理经验； 提高资本运营能力，为整合或开发项目投资所需的金融资本提供帮助； 提升财务实力，在产品/经营模式成熟的基础上，可以实现快速的发展和复制。
公司债券	筹资对象广，市场大 不会分散公司的管理控制权 附有很多限制性条款 审批、评估程序复杂	最近三个会计年度实现的年均可分配利润不少于公司债券一年的利息 发行后累计公司债券余额不超过最近一期末净资产额的百分之四十	可以考虑上市后发行债券

　　拓宽融资渠道，实施积极的财务策略，为战略扩张打下坚实的基础。适度考虑政府注资、银行贷款、引入投资者、资本市场融资、公司债券等融资方式。

　　提升跨区域管理能力，降低经营风险。外派人员管理——随着人才储备充实，通过外派人员选拔、外派人员任命和外派人员考评能力的提升，提高外派人员管理水平，控制人为造成的经营风险；财务管理——通过外派财务人员轮岗机制、财务制度规范化程度的提升，加强财务风险控制；信息管理——通过规范信息范围、信息反馈频次、信息反馈方式加强信息管理，降低经营风险；权限管理——根据业务特点、业务重要程度、外派团队管理能力明确外派团队人事权限、财务权限、信息权限，降低决策风险。

5.4.3　第三阶段职能战略管理目标

　　随着业务拓展，华隆集团管理模式需做出相应的调整。华隆集团应根据各业务单元的发展阶段、职能特点及在集团战略规划中的地位，确定相应的、具有不同的管理重点及深度的复合型管理模式，应该注意的是在多点布局上应采取慎重的策略，并不断提高集团的信息化水平，如图 5 - 5 所示。

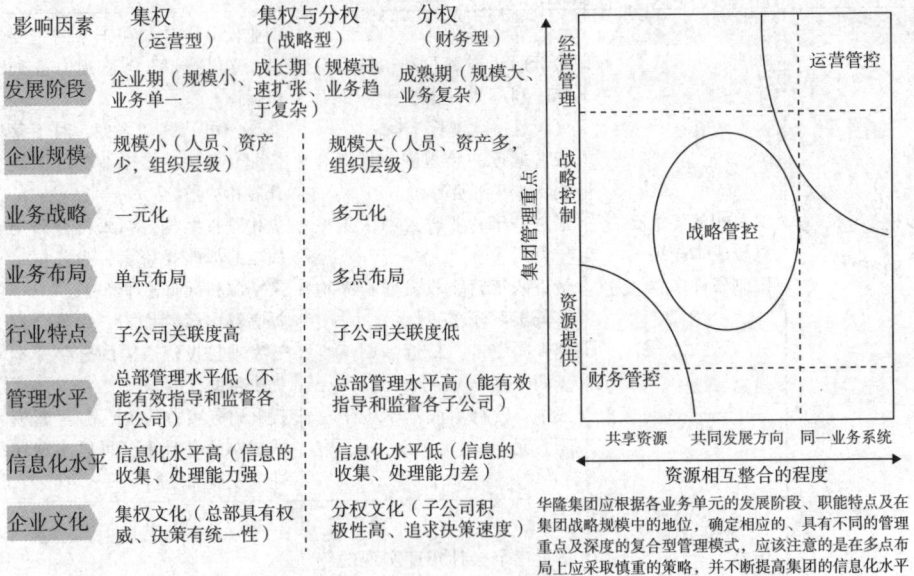

影响因素	集权 （运营型）	集权与分权 （战略型）	分权 （财务型）
发展阶段	企业期（规模小、业务单一）	成长期（规模迅速扩张、业务趋于复杂）	成熟期（规模大、业务复杂）
企业规模	规模小（人员、资产少，组织层级）	规模大（人员、资产多，组织层级）	
业务战略	一元化	多元化	
业务布局	单点布局	多点布局	
行业特点	子公司关联度高	子公司关联度低	
管理水平	总部管理水平低（不能有效指导和监督各子公司）	总部管理水平高（能有效指导和监督各子公司）	
信息化水平	信息化水平高（信息的收集、处理能力强）	信息化水平低（信息的收集、处理能力差）	
企业文化	集权文化（总部具有权威、决策有统一性）	分权文化（子公司积极性高、追求决策速度）	

华隆集团应根据各业务单元的发展阶段、职能特点及在集团战略规模中的地位，确定相应的、具有不同的管理重点及深度的复合型管理模式，应该注意的是在多点布局上应采取慎重的策略，并不断提高集团的信息化水平

图 5 - 5　华隆集团第三阶段职能战略管理目标

同时，加强全面风险控制能力也是该阶段的工作重点，如图 5 - 6 所示。

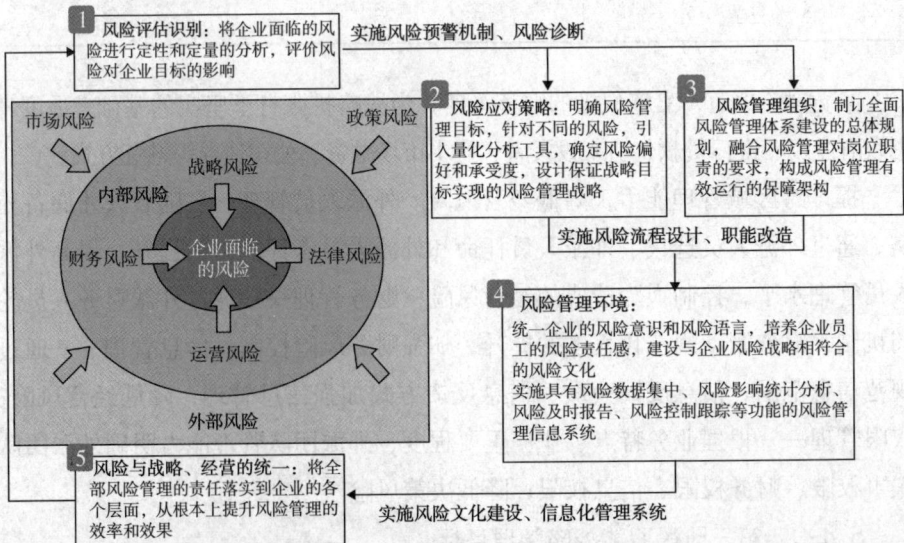

图 5 - 6　华隆集团第三阶段职能战略管理风险管控模型

6. 管控模式设计

集团管控的目标是为了实现整体效益的最大化，主要包括战略及业务协同效应、运营整合能力提升、优化资源配置结构、降低经营成本与分层授权，有效管理和可持续发展等六个方面。华隆集团已经确定了"一主、两翼、四化"的集团整体战略，在"成为最受尊重与信赖的油服公司"的远景和"技术创新油服·和谐发展华隆"的使命下，通过有效的管控实现管理规范化，提高华隆集团各子公司的协同和各业务单元的积极性，进而服务于集团的整体发展战略，这是华隆未来的工作重心。

实际上，集团管控模式分为财务管理型、战略管理型、操作管理型等三种类型。不同的集团管控模式对管理范围和深度有不同的影响，前期华隆集团对各业务板块采用的是财务管理型管控模式。为此，在集团战略定位上，不同的管控模式决定集团与子公司的功能定位，通过组织结构设计实现集团与子公司各功能定位，明晰集团与子公司在集团管控中的相应职责权限，在管控体系上建立人事管理、财务管理、信息管理、权限管理四个方面的静态管，以战略目标为导向，分解成年度经营计划，通过全面预算进行资源配置，最终以绩效管理实现过程与结果控制的动态管理。

6.1 集团管控模式选择

引用"管控定位三因素模型"，进行华隆集团对相关业务板块管控模式选择的分析，并从"业务战略地位""业务发展阶段"和"业务协同度"三个方面分别判断集团总部对相关业务板块的管控集权程度。

从"需不需要"来看，采收率和自动化业务板块是华隆集团的战略核心业务，环保业务板块是华隆集团的战略重点业务，建安业务是华隆集团的战略从属业务；从"应不应该"来看，目前集团相关业务板块均有一定的业务处理能力，集团应采用适度放权的管理方式，但从未来发展来看，各业务板块处于不同的发展阶段，集团应根据各业务板块发展重点采用不同的管理方式；从"能不能够"来看，目前集团总部对各业务板块不适宜采用集权管理，但从集团未来发展来看，集团总部资源能力的培养对华隆集团未来发展起到关键作用。

综合以上分析，华隆集团需对相关业务板块采用以战略管理为主复合型的集团管控模式。具体来说，华隆集团对于采收率业务、自动化业务和环保业务宜采用战略偏操作管理型模式；华隆集团对于建安业务宜采用战略偏财务型管理型模式。总体来看，集团对各业务板块宜采用以战略管理为主的集团管控模式，并针对业务的战略定位和发展阶段适当调整管控内容和管控手段。

6.2　集团总部功能定位与组织保障

战略管理型集团管控模式决定了华隆集团总部需围绕战略决策及战略实施过程中的支持与监管开展工作。通过集团总部战略决策中心、资源统筹中心、职能支持中心、运营监控中心四大功能的实现，为华隆集团整体战略的有效实施奠定基础。在集团总部功能定位下，华隆集团总部对各业务板块经营管理活动采取支持与监管：提供资金、人力资源、市场开发、技术研发、后勤保障的支持，进行战略目标、经营目标的制定与监督实施，市场信息收集与产能实现情况数据收集，人力资源规则制定与监督实施，财务规则制定与监管，业务政策的制定与监督实施，生产安全环保监督（见表 6-1）。

表 6-1　集团总部与各业务板块的主要职能分工表

功能定位	集团总部	各业务板块
战略决策中心	组织战略分析，确定各业务板块发展战略和阶段性经营目标 审批确定各业务板块阶段性工作计划和预算 负责各业务板块工作计划执行情况的监督 负责各业务板块重大事项的决策	参与战略研讨，提供相关信息 根据集团总部确定的阶段性经营目标编制经营计划 组织实施本公司经营计划 根据集团总部要求提交相关资料
资源统筹中心	负责客户维护政策的制定与监督落实 负责集团主要外部合作伙伴关系的建立 负责各业务板块关键岗位人才的储备、培养与管理 负责制定各业务板块定岗定编标准、薪酬管理策略和标准、绩效考核规则 负责制定并实施财务管理制度和规范，负责资金的统筹管理	负责客户政策的落实 负责本业务合作伙伴关系的建立与管理 负责在集团总部指导原则下实施本公司定岗定编、薪酬管理和绩效管理的具体工作，负责本公司人力资源的其他工作 负责预算内资金的合理使用，预算外资金经集团审批后的使用

续表

功能定位	集团总部	各业务板块
职能支持中心	负责制度流程规范管理、监督指导各业务板块的制度流程体系建设与优化，组织监督制度流程执行情况 根据各业务板块阶段性工作重点负责各业务板块经营政策调整和监督执行情况 建立市场信息平台，开展市场信息收集工作，对市场开拓提供客户关系建立于维护支持和商务内勤支持 负责各业务板块技术管理和技术引进，负责跨业务技术研发项目组的组建	负责组织完成本业务制度流程体系建设和优化，组织监督本公司制度流程的执行情况 负责本业务经营政策的落实，按集团总部要求提交相关数据资料 按要求向集团总部提供市场信息，负责本业务市场开拓 按要求向集团提供技术管理信息、负责新技术转化及技术实践
运营监管中心	负责制定各业务板块经营数据收集范围和频率，整理分析，及时纠偏 负责跨业务合作项目的协调及相关内部分配机制 负责集团安全环保标准建设和执行监督	按集团总部要求提供相关生产经营数据，接受集团总部对于生产经营状况的质询 配合集团总部实施垮业务合作项目的实施 按集团安全环保要求开展生产工作

集团总部成立相关机构和部门作为履行集团各项职能的载体，如图 6-1 所示。

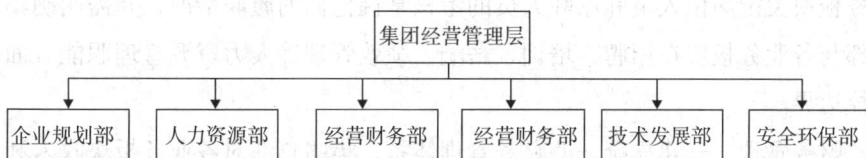

图 6-1 华隆集团职能机构

企业规划部负责组织各业务板块发展战略研讨，监督关键战略举措落实情况，负责市场管理工作；人力资源部负责制定集团人才培养与储备目标，对各业务板块核心团队建设与培养的指导和支持；经营财务部负责各业务板块财务规范的指导与监督，统筹资金调度，负责各业务板块经营指标的下达和经营数据收集工作；技术发展部负责集团各业务板块技术统计与资料管理工作，负责各业务板块新技术引进工作；安全环保部负责集团整体安全环保工作标准的制定、指导和监督工作；行政管理部负责集团行政后勤及党群管理工作；集团经营管理层负责战略投资、经营政策调整、业务协调等重大事项的议事决策。

6.3　集团对相关业务板块管控举措

华隆集团总部通过静态管理和动态管理确保实现集团战略管控目标。通过静态管理明确管理规则，及时掌握各业务板块生产经营状态；通过动态管理明确各业务板块工作目标，使得集团对各业务板块的评价有据可依，同时提高各业务板块主观能动性。

6.3.1　静态管理

集团管控体系中，人事管理、财务管理、信息管理、权限管理等四条静态管理的实现途径分别如下。

人事管理——集团总部对各业务板块中高层管理者及核心人才的人事管理进行管控；明晰集团总部与各业务板块在人力资源管理职责，实现集团人力资源统一规划调配；由于集团采用以战略管理为主的集团管控模式，为此集团对各业务单元的人事管理内容一致。

由于集团总部对各业务板块采取以战略管控为主，集团人事管理的核心是对各业务板块关键岗位人员的管理。各业务板块关键岗位人员的任免权在集团总部，派驻人员系集团相关部门的编制人员，其人事与工资关系、福利待遇等均在集团总部，严格执行集团总部相关部门管理制度，并接受集团总部相关部门的考核。同时，对各业务板块关键岗位人员派驻与任免，集团总部通过对各业务板块关键岗位人员和派驻人员的考核掌握他们的履职情况，并需明确集团总部与各业务板块在招聘、培训、薪酬、绩效管理等人力资源管理职能方面的管控边界。

财务管理——建立统一的财务管理体系，集团总部对各业务板块收入和支出进行统筹管理，统一对各业务板块进行投融资管理，明确财务权限管理；集团总部向各业务板块派驻财务人员。派驻财务人员代表集团总部对各业务板块财务工作提供服务和实施监督；集团对各业务单元的财务管理内容一致。

集团总部通过财务制度建设、财务人员派驻和资金管理实现对各业务板块的财务管理工作。华隆集团当前处于资源整合和能力提升阶段，加强财务制度建设规范财务管理是集团管理能力提升、防范经营风险的基础工作，共同提升集团总部和各业务板块管理成熟度。各业务间现金流状况和业务投资回报期的差异性使得集团资金统筹管理便于集团融资、内部拆借和统筹规划，最大限度的提高资金使用效率，缓解资金压力。同时，根据会计制度、会计准则的相关要求，建立华隆集团的核算体系，确保财务信息的真实性和可比性。自上而下建立华隆集团财务指标分析评价体系，建立财务风险预警机制。通过投资管理、融资管理、资产管理、资金管理、收益管理等五个关键环节明晰集团财务管理权限，确保财务风险的有效化解，并通过审计管理确保各业务板块财务数据的真实性和合规性。

集团经营财务部推行预算管理以加强资金统一管理的事前控制，资金统一管理的关键点在于过程中资金使用计划与现金预算管理的动态配比性。华隆集团还应根据不同所属公司的实际情况，对各项支出建立有序的资金审批管控制度。

信息管理——通过自动化办公系统建设结合管理者定期述职、财务信息报告、经营者信息报告、重大专项事务信息报告、重大突发事件报告等制度，密切跟踪各业务板块生产管理活动，保证集团总部及时、准确、全面地掌握各业务板块的生产经营信息；集团需根据各业务板块战略重点和管控模式要求对各业务板块信息收集范围和频次不同。

通过管理者定期述职制度、财务信息报告制度、重大信息报告制度、经营管理信息报告制度等四大报告制度，结合信息化平台建设实现集团与各业务板块的信息管理。通过各业务板块管理者定期述职了解各业务板块的经营情况和派驻人员履职情况，便于集团总部做出合理的调整；通过及时掌握各业务板块的财务情况，从而更有利集团总部统筹管理，同时使得各业务板块能够及时掌握本公司财务状况；根据集团对采收率业务板块发展要求确定采收率业务板块经营管理信息汇报内容、方式和频次；对各业务板块业务运营可能会造成较大影响的重大事件和专项事件，集团总部必须及时掌握该类信息以便采取应对措施。

权限管理——为保证集团整体利益、决策科学合理，防范经营风险、约束和督导各业务板块工作行为，将集团总部与各业务板块的经营管理、业务运营等相关工作划分权限，明晰责任；各业务板块权限内容相同，但权限大小需根据各业务板块发展战略重点和管控模式要求对各业务板块进行不同的权限管理。

华隆集团与各业务板块可划分为集团决策层、集团部门监管层、集团部门执行层、各业务板块经营管理层、各业务板块部门管理层和各业务板块部门执行层。对于每一层机构，都可以根据集团发展战略要求结合各业务板块发展情况和业务特点，实现不同的授权。

6.3.2　动态管理

通过战略目标的层层分解、落实，构成战略管理、计划管理、预算管理、绩效管理自上而下的集团总部对各业务板块动态管控系统。根据外部环境和内部资源与能力制订华隆集团整体公司战略，将战略分解为阶段性经营计划和预算，经营计划与预算执行情况按月度进行检查，并将目标数据和实践数据进行差异分析找出问题的原因，据此确定改进措施编制滚动经营计划和预算，根据经营计划和经营预算提炼绩效考核指标作为绩效考核的依据，每月根据绩效考核结果评估组织绩效，找出绩效提升方向，每年根据战略执行情况进行评估，对战略执行情况进行纠偏，确保集团整体战略的实现。

战略管理——华隆集团明确了"一主、两翼、四化"的集团整体战略，并在此基础上明确了各阶段集团战略工作重点，通过战略规划的统一制订与实施确保各业务板块处于受控状态，其关键是集团战略的制订与传递，并进一步明确了各阶段业务战略目标和各业务板块发展策略。同时，年度战略质询会是确保华隆集团整体战略、各业务板块业务发展策略严谨性及可行性的有效途径。

战略管理的良性循环是制订有效经营计划的前提和基础。华隆集团战略一般不作重大调整，除以下几种情况：当华隆集团外部环境发生了重大变化，不仅要及时对战略目标和战略部署进行重大调整，甚至要适时作出新的战略决策；战略规划实施结果与战略目标有重大偏差；当战略合作者对经营要求发生重大变化且必须改变战略目标时。

计划管理——在华隆集团总体战略规划框架下，制定华隆集团年度经营计划并实施。在计划管理过程中，集团总部是目标确定与控制的主体，各业务板块是计划执行的主体，通过定期计划协调会解决计划制订、执行、反馈、调整中的协调问题。

预算管理——经营计划与财务预算是战略的细化，两者紧密联系。预算管理必须与经营计划结合，要求集团总部各部门和各业务板块共同参与。在预算管理过程中，集团总部是预算目标确定与控制的主体，各业务板块是预算执行的主体。华隆预算制定应采用"两上两下"方式进行，年度预算质询会议是集团预算制定和执行的重要保证。

绩效管理——华隆集团把战略规划通过经营计划和预算管理转化为具体行动，需要有效的业绩考核作为保障，需要通过对下属企业的绩效管理有效保证经营目标的实现。在明确业绩目标的前提下，采用一套针对各业务单元具体情况的关键业绩指标（KPI）、工作目标设定（GS）及否决性指标体系，实现定量和定性的有机结合。同时，集团总部与各业务板块以签订《经营目标责任书》的形式签订业绩合同，作为集团战略落地的有效保障。

6.4　华隆集团管控实施初步建议

华隆集团管控体系的调整将对公司的中长期发展产生积极而深远的影响，同时调整的过程也将面临严峻的挑战。通过调整，华隆集团将逐步建立起较为完备的管控管理体系，为实现集团的战略目标奠定坚实的管理基础，公司将不仅仅在规模和资源上，同时在管理机制和核心能力等方面具备更为市场化的现代企业特征。同时，实现管理体系的规范化，一方面可有效提升华隆集团整体组织运行的效率，从而提高整体的价值创造能力，增强集团竞争力；另一方面，将有效化解经营过程中的各种风险，使得公司的发展具有可持续性。华隆集团通过调整也理顺了集团管理过程中与各业务板块经营过程的关系，使集团整体的协同效应得到充分的发挥，奠定集团资源最优化配置的基础。

面临的挑战：如何促成集团上下原有的思维与行为模式向更为市场化和集团化的经营管理思想转变，将是调整过程中首要的挑战；变革过程涉及结构的调整及基于原有结构的职权和利益格局的调整，尤其是在集团总部与各业务板块的管理关系调整方面，如何将由此而产生的变革阻力消弭于无形，是调整过程面临的又一挑战；规范化的管理体系对华隆集团总部各部门的管理职能提出了更高的要求，要求各部门在较短的时间内建立起符合管理职能要求的制度和流程体系，以及提升相应的管理能力；随着调整过程的推进，如何把握不同阶段调整的深度、广度和力度，使调整过程在稳步推进，实现既定目标的同时，也不至对华隆集团正常的经营活动产生较大影响，是调整中操作及执行层面临的挑战。

成功实施集团管控的关键因素在于以下几个方面：华隆集团领导的决心和权威，将对项目地成功实施产生决定性的影响；实施中要考虑华隆的历史及员工的承受能力，采用渐进式的实施办法；应通过大力度地培训和沟通，使集团各层人员统一认识；要进行科学、周密的计划安排，对实施过程中各种可能的困难和阻力有充分的预期，并制定相应的预案；在实施过程中应表现出一定的灵活性，不断根据实施过程中的各种问题，对方案进行调整和优化。

通过管控体系的搭建华隆集团解决四大管理问题，以提升组织的效率，进而实现集团总体战略。抓好一条线——建立指挥体系，明确职责，合理授权、科学决策；下活一盘棋——强化总部的资源调配功能，强化业务协同，实现战略合力；握好一根棒——完善业绩管理体系，明确发展目标，提高运作效率，监控业务运作；培养一批人——建立核心人才对外培养体系，提升人员整体素质。

7. 尾声

大象起舞，关键在于肢体要灵活。企业战略管理的实践表明，战略制定固然重要，战略实施同样重要。战略规划没有最好，只有更好！一个良好的战略仅是战略成功的前提，有效的企业战略实施才是企业战略目标顺利实现的保证。即使企业没有能完善地制定出合适的战略，但是在战略实施中，能够克服原有战略的不足之处，也有可能最终实现战略的完善与成功。当然，如果对于一个不完善的战略选择，在实施中又不能将其扭转到正确的轨道上，就只有失败的结果。同时，在战略制定后，企业的管控体系也应与之配套，才能确保集团与子公司、分公司、事业部之间实现平衡。

对于涵盖多元产业、多产业环节、跨地区的集团，不管是企业的战略规划，还是管控模式的设计，如何实现企业创新与活力的问题是关键。在实践中，有的企业是相统一，却统一不起来；有的集团好不容易统一起来了，却一管就死、一放就乱。2014 年 12 月底，华隆集团的整个管理咨询项目成果已全部交付。我们选取华隆集团的战略规划与集团管控模式设计为案例的关键部分，希望成为行业经营管理的模式借鉴，也祝愿华隆集团在未来的发展道路上翩翩起舞。

案例使用说明

新疆华隆集团管理创新驱动"大象起舞"

1. 教学目的与用途

（1）本案例适用于战略管理、等课程的案例教学，适用对象为 MBA 学员。

（2）本案例的教学目的是结合案例的分析和讨论，让学员充分了解随着企业战略规划的调整与推进，相应的集团管控模式如何进行转型以适应经营的要求，以及在调整与转型过程当中，企业将如何去面对市场所带来的机遇与挑战。

（3）本案例以企业战略管理、集团管控为例，说明在经营、管理和实施过程中可能出现的诸多问题，引导学员理性看待战略规划和集团管控模式，提升学生的分析问题、解决问题的能力。

（4）通过案例分析，要求学员进行角色模拟，假如你是总经理，在华隆集团的具体环境下如何进行分析和决策。同时，对华隆集团决策及其实施作出分析、评价。

2. 启发思考题

（1）你如何评价华隆集团的战略管理规划与集团管控模式的选择？

（2）对华隆集团现阶段的经营战略你如何评价？

（3）华隆集团"一主、两翼、四化"的总体战略定位有何特点？

（4）你认为在华隆集团的集团管控中，会遭遇的最大困难是什么？

（5）你觉得"战略管理规划与集团管控模式"有哪些可圈可点之处？

3. 理论依据

（1）企业战略制定理论。

（2）企业战略管理理论，包括竞争战略、核心能力、可持续发展等。

（3）集团管控模式。

（4）企业经营管理效益的最大化。

4. 要点分析

（1）关于华隆集团"一主两翼四化"战略规划选择的依据。

（2）关于华隆集团业务战略中的业务模式选择、专项业务发展策略和区域战略分析。

（3）关于华隆集团各阶段职能战略目标的确定。

（4）关于华隆集团采用以战略管理为主复合型的集团管控模式的优势。

（5）关于华隆集团的集团总部功能定位与组织保障以及对相关业务板块管控举措分析。

5. 建议课堂计划

本案例可以作为专门的案例讨论课来进行。以下是按照时间进度提供的课堂计划建议，仅供参考。

整个案例课的课堂时间控制在 120—150 分钟。

课前计划：提出启发思考题，请学员在课前完成案例阅读并对案例进行初步思考，案例小组制作课堂发言 PPT 初稿。

课中计划：简要的课堂前言，明确研讨主题：10—15 分钟。

分组讨论，告知发言要求：45 分钟。

修改 PPT，案例小组修改发言 PPT：15—25 分钟。

小组发言：每组 10 分钟，控制在 25—40 分钟。

引导全班进一步讨论，并进行归纳总结：25 分钟。

课后计划：每组采用案例分析报告的形式给出更加具体的解决方案，为后续内容铺垫。

提升能力　赢在执行[①]

——昌电检修基层管理者领导力提升与人才储备建设

王晓洪[②]王程明[③]

摘要： 随着业务的飞速发展，往往伴随着人才培养与发展的滞后。全球诸多企业在发展的过程中，都面临着领导力及关键人才等方面发展的难题。实际上，无论是继任管理还是领导力发展，企业希望解决的是同一个问题，即企业内部领导人才断层问题，领导力项目成功的关键不是为岗位寻找继任人选，而是企业内部高潜人才的领导力开发。本案例结合昌电检修实际，在调查和访谈的基础上通过编制基层管理者胜任力调查问卷，了解基层管理者的能力要求，分析基层管理者胜任力模型在人力资源管理中应用的问题，采用定性与定量分析方法对数据进行处理，探讨如何改进其基层管理者胜任力模型在人力资源管理中的应用，构建大检修体系基层管理者胜任力素质模型与评价体系，完善大检修体系基层管理者的甄选体系、人才梯队培养体系和职业发展路径，帮助昌电检修充分发现、培养、储备高潜质的优秀基层管理人才，确保企业持续发展和稳定的管理人才资本。

关键词： 领导素质模型、基层管理者、素质测评、人才储备、人才培养、昌电检修

[①] 本案例是昌吉供电公司检修公司大检修体系管理咨询项目的情况，由作者根据管理咨询结果报告进行撰写。本案例撰写的作者，拥有著作权中的署名权、修改权、改编权。本案例未经允许，本案例的所有部分都不能以任何方式和手段擅自复制或传播。由于企业保密的要求，在本案例中对名称、数据等做了必要的掩饰性处理。本案例只供课堂讨论所用，并无暗示或说明某某种管理行为是否有效。

[②] 新疆联合纵横企业管理咨询有限公司

[③] 北大纵横新疆运营中心 新疆·乌鲁木齐

0. 引言

在竞争日益激励的当今社会，高素质人才已经成为影响企业持续发展，增强企业核心竞争力的关键因素，而管理人员作为企业发展中的领头羊，掌握着企业的运营，其重要性对企业来说更是毋庸置疑的。同时，企业的发展离不开敬业的员工，而导致敬业员工的核心因素离不开优秀的领导。员工常常会因为一个品牌加入一家公司，而往往又因为直接上级领导艺术的欠缺而离开这家公司。实际上，基层管理者对于企业具有重要的作用，他们是企业的执行层、生产的直接参与者、直接面对企业客户的人和非管理员工的直接领导。对于企业战略、计划的理解与执行情况、生产过程的组织与协调具，直接影响企业未来的发展。同时，基层管理者是满足客户需求与反馈客户意见、指导非管理员工工作、上传下达信息的重要纽带和桥梁。

随着国家电网"三集五大"工作的推进，国网新疆电力公司昌吉供电公司按照新疆公司的总体安排，在原公司生产技术部、输电运检工区、变电运行工区、变电检修工区、配电运检工区的基础上，组建运维检修这个大检修体系下的检修公司（简称"昌电检修"）。为确保"大检修"体系建设的稳步推进，选拔和培养高潜质的优秀管理人才，保障管理岗位的继任人才的供给，国网新疆电力公司发布了 2014 年第二批 10 千伏及以下配农网工程、电网技改大修工程及其他服务类招标采购（其他服务类部分）公告，通过专业的管理咨询机构解决当前上下一致推行的大检修体系建设中，基层管理者领导力提升与人才储备建设过程中所出现的问题，需要建立聚焦化、体系化的大检修体系基层管理人员及后备人才的领导力发展体系，实现高质高效的抢修，抢回时间及经济效益、社会效益。

实际上，昌电检修在没有进行整合调整前，于 2009 年曾试验性的建立过一次素质模型，主要评价方向为专业能力。目前，由于大检修体系的推进，各专业工作范围有一定变更，此次昌电检修基层领导力项目开发基于素质模型，同时考虑组织内部因素问题和业务绩效差距，通过建标准、照镜子、盘人才、定项目等四个基本流程，实现体系化领导力培养和聚焦化领导力开发，如图 0-1 所示。

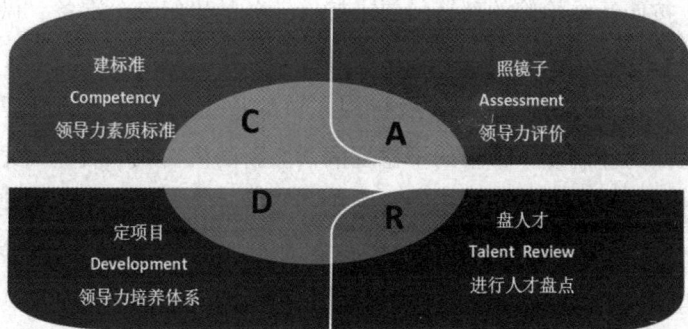

图 0-1 昌电检修领导力培养流程图示

1. 企业基本情况

国家电网公司"十二五"战略规划提出了实施两个转变：转变公司发展方式，转变电网发展方式。按照集团化运作、集约化发展、精益化管理、标准化建设（简称"四化"）要求，实施人力资源、财务、物资集约化管理，构建大规划、大建设、大运行、大检修、大营销（简称"三集五大"）体系，实现公司发展方式转变。遵循国网的统一战略指导，昌吉供电公司加强管理力度，大力推进管理集约化。昌电检修在领导及各部门的关心和大力支持下，在全体干部职工的共同努力、强力推进下，按照"大检修"体系建设操作方案，快速完成机构组建及人员调整、五大生产业务移交、管理标准和实施细则的修编、优化工作，全面完成"三集五大"新模式导入工作。

在昌电检修项目进行过程中了解到，公司成立后第一时间组织领导班子及各专业领导讨论确定班子成员职责分工，保障机构重新组建后核心指挥层秩序不乱、指挥不断，各项生产业务有序开展。随后根据竞聘工作安排补充运检部本部管理专责，使得本部业务持续开展。按照竞聘程序完成了四个专业技术组、综合组、专业班组长的竞聘、调整工作。同时，根据"三集五大"工作要求，完成了五大生产业务移交和相关生产物资、档案材料、车辆等物资的移交工作。

昌电检修通过组织专业人员奔赴辖区内的 8 个县市级公司，完成了 35 千伏变电站运维业务、35 千伏输电线路运维业务、10 千伏配网带电作业业务向公司变电运维专业、输电运检专业、配电运检专业及客户服务中心电测专业、昌吉市城与农区低压急修业务向公司变电检修专业的移交工作。在顺利完成工作移交后，按照运维检修的部署，要求接管业务的班组充分准备，做好过渡期间的安全风险管控工作。

由于"大检修"体系建设涉及机构人员的重组调整和业务流程的整合再造，必然会因为体制改革带来的不稳定因素。新的机构成立后，在完成管理标准和实施细则的修编、优化工作中，为进一步推进"大检修"体系建设，建立"标准统一、纵向贯通、横向协同、管控有力、运转高效"的运维检修管理体系，公司组织变电检修、变电运维、输电运检、配电运检、供电局、调控中心相关人员，依据"大检修"管理标准，开展生产运维规章制度、管理标准、工作标准、技术标准和业务流程的修编工作。截止目前，共计修订管理标准 61 个、实施细则 31 个。

实际上，自 2013 年昌吉供电公司大检修体系通过新疆电力公司验收，随着昌吉供电公司"三集五大"各项工作的稳步推进，通过岗位竞聘选拔了一批人才进入管理部室，大检修体系基层管理者内部流失严重，出现基层管理人才断层，后继人才储备不足。据统计，2013—2014 两年来，昌电检修内部流失基层管理人员总计 30 余人。

人员的大量流动也一定程度上破坏了内部文化，造成内部管理不畅，个别员工出现怠工、推诿等不良工作状态，影响了生产安全工作的稳定运行，同时也暴露了基层管理人员的梯队建设存在不足。优秀年轻员工被火线提拔，现有 7 位班组长，6 位技术员，5 位技术专责，绝大部分人员在岗时间不到一年，普遍在岗时间由 3—5 年缩短到 2 年以内，加上每年有 5—8 位年轻大学生入职，在任人员年龄主体分布为 28—34 岁，一线员工队伍出现大量 80、90 后，自主意识和个性需求更强烈，新任年轻管理者整体表现为管理经验不足，重技术轻管理，命令式管理效果较差。

同时，由于新疆地区电网建设的加速，大力推进无电地区电网建设和"农网改造升级"工程建设，2014 年同期工作量较 2012 年增幅超过 50%，生产班组普遍工作负载较以前有明显增加，而人员编制变化不大，员工工作负荷增大，部分出现不良工作状态。在这种实际状况下，对基层管理者的管理能力提出了更高的要求。为了支撑公司战略目标实现，急需提高大检修体系基层管理者的管理能力，提升各生产班组的组织绩效。

总体来看，昌电检修现有的人才培养与开发已不能满足目前高涨的人才需求，需要通过改进方法、提升效率，缩短员工在管理与技术两条职业路线的成熟期，探索大检修体系人才培养的新机制新机会。而现有的培训组织以技术培训项目居多，偶尔组织部分班组长参加管理培训。技术在岗培养现有师徒制合同、班组技术员组织的内部研讨交流，面向工作负责人以上的管理培养缺失。基层管理者选拔更多的考核技术能力，较少衡量候选人的管理能力，也缺乏定量考核的评价手段。

2. 建标准：构建基层管理者胜任能力模型

辨别不同业绩员工在知识、技能、社会角色、自我认知、特质、动机等方面的差异是胜任力模型构建的基本原理，通过收集和分析数据，并对数据进行科学的整合，从而建立胜任能力模型。通过对昌电检修基层管理岗位的职责进行问卷调查，结合昌电检修的岗位职责说明书了解基层管理者的日常工作范围和工作内容。同时，组织对基层管理者及工作关联岗位人员的访谈，构建基层管理者的胜任特征指标备选库。参照相关胜任能力模型数据库作为验证，组织变电检修室内部专业人员研讨选拔最终素质特征库，通过这些方式保证胜任能力模型的准确性，从而建立昌电检修基层管理者胜任能力模型。

2.1 胜任力模型建立方法与过程

由于昌电检修的业务流程相对简单，人员规模较小，基层管理岗位的人员较少，因而在项目前期和模型建立过程中，采用问卷法、访谈法与专家会议法相结合的方式，通过设计问卷向内部专家采集数据，通过访谈向公司内部人员了解昌电检修基层管理者所需胜任能力信息。由项目组专家组织公司内部专业人员对胜任特征指标进行评估和讨论，最终达成一致意见，保证胜任能力层次的准确性。

2.1.1 实施胜任力模型构建准备

聚焦于区别绩效优异的领导者/员工和普通的领导者/员工的那些可观察、可衡量的行为或个性特征。2014年6月9日，在昌电检修项目启动会上，项目组项目总监王程明老师就胜任能力和胜任能力模型的理论和实践问题向专家组作了详细介绍。会议统一了团队思想，明确了项目目标、实施要点及项目管理制度，商讨确定了项目时间、参与人员及项目实施方案。

同时，通过成立了包括昌吉供电公司运维检修部副主任张进军，变电检修室技术主管杨建军、杜龙基，各班组班长、技术员、优秀工作负责人和经验丰富的老员工组成的内部专家组。这些人员熟知变电检修室的业务与管理情况，并在大检修体系基层管理方面有深厚的专业经验，这一组成结构保证了胜任能力选择的权威性和准确性。

2.1.2 胜任能力调查

项目组通过查阅昌电检修岗位职责说明书，进行 BEI 访谈记录，并结合北大纵横胜任素质库中企业一般胜任能力资料及电力行业相关胜任能力资料。通过召集公司技术主管、技术专责、班组长、技术员组织进行岗位知识技能问卷调研，获取基层管理者的岗位职责和能力信息，对基层管理者胜任能力进行初步摸底。

6 月 9 日至 23 日，历时 6 天对昌电检修领导、基层管理人员及部分工作负责人等 20 余人进行 BEI 访谈，提取基层管理者的典型工作情境和工作案例。在访谈中设计了基于基层管理者的工作情境和针对中层领导访谈内容的两个访谈提纲，了解工作内容、职责、流程、挑战、成就感、缺失和管理体系、管理能力及未来的能力发展趋势、培训经历与培训需求等涵盖工作中的各个不同方面。

2.2 确定最终的胜任力素质词典

无论对员工个人，还是对昌电检修来说，胜任特征模型都是一面镜子或者说是一把尺子，可以进行相互检测，不仅在日常管理工作中完善员工绩效考评指标和标准，还在总体上指导长期培训开发战略规划的制定，指导各层面的人力资源管理工作，从发展的需求出发，结合员工自身的优势和特点制定职业生涯规划，进一步健全和完善绩效考评管理体系，从而为员工创造素质增值的机会，使其与公司共同发展。

6 月 10 日至 7 月 8 日，通过分析项目前期收集的企业文化分析、对标借鉴等各项资料，从所整理的调研结果中提炼能力要素，完成大检修体系全员核心胜任能力和基层管理者序列通用胜任能力初选库的建立。覆盖变电检修室基层管理序列的技术专责、班组长、技术员三种基层管理岗位，全面的揭示大检修体系基层管理者的必备素质和能力，立体描绘基层管理者的成长路径。

同时，组织由昌电检修领导及基层管理人员组成的专家组进行素质模型研讨会，在分组讨论的基础上分别推举小组代表阐述小组意见，并进行集体讨论排序筛选出 6 项全员核心胜任能力和 8 项基层管理序列通用胜任能力，确定为最终的大检修体系基层管理者胜任特征，如图 2-1 所示。根据素质模型研讨会所确定的全员核心胜任能力与基层管理序列通用胜任能力结果，针对各胜任特征的不同胜任水平分别匹配了行为锚描述和案例匹配，并针对个别素质要项进行了补充调研/访谈。

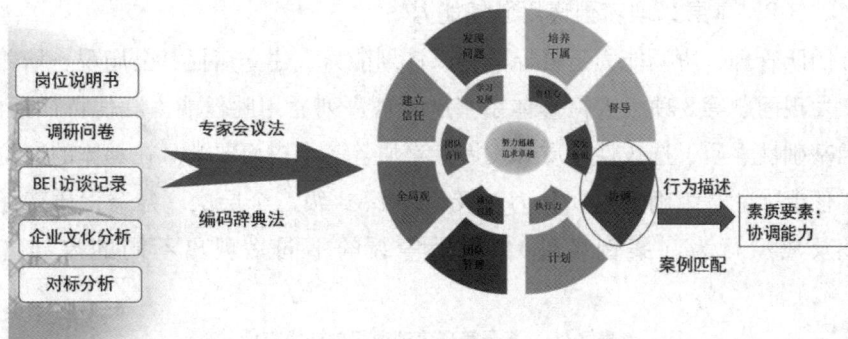

图2-1 大检修体系基层管理人员的胜任素质模型

2.2.1 全员核心胜任能力

责任心、安全意识、诚信自律、执行力、团队协作、学习发展等6项是大检修体系全员核心胜任能力胜任特征指标。从层面要求看，包括基础性素质与发展性素质两个。在具体的岗位专业胜任能力的等级确定上，分为1级、2级、3级三个层次。各个素质特征的描述及典型行为（案例事件），也因等级的不同呈现出不同的差异（见表2-1）。

表2-1 员工核心胜任力指标

素质特征指标	素质层面	定义
责任心	基础性	对所分派的任务、承担的责任能够有充分的认识和理解，并全力完成目标，不会半途而废或打折扣的意愿和能力
安全意识		对安全风险的认识和抵御处置能力，工作中始终以规避安全风险和安全事故为先
诚信自律		对于工作高标准、严要求，坚持客观事实而不是主观臆断，坚持制度和专业标准而不是随意行事的意愿和能力
执行力		能够迅速正确理解上级意图，对上级安排的工作能够马上去执行，在规定的时间，按照规定的要求有效的完成工作目标
团队协作	发展性	与他人通力合作，成为团队中的一部分，一起工作而不是分开工作或相互竞争，团队成员的身份不需要正式定义，只要是来自不同层级和部门的人员彼此相互沟通，以便解决问题或完成计划，就是以团队形态运作
学习发展		具有明确的学习求新的意识，在工作过程中积极地获取与工作有关的信息和知识，并对获取的信息进行加工和理解，从而不断地更新自己的知识结构、提高自己的工作技能

2.2.2 基层管理序列通用胜任能力

团队管理、协调能力、督导能力、计划能力、建立信任、全局观、培养下属、发现问题等 8 项为大检修体系基层管理序列通用胜任能力胜任特征指标，包括基础性素质、选拔性素质和发展性素质等三个层面要求。在具体的岗位专业胜任能力的等级确定上，分为 1 级、2 级、3 级三个层次。各个素质特征的描述及典型行为（案例事件），也因等级的不同呈现出不同的差异（见表2-2）。

表2-2 基层管理序列通用胜任力指标

素质特征指标	素质层面	定义
团队管理	基础性	通过一系列的集体活动、思想交流、沟通协调、激励等手段，有意识、有计划地培育团队的氛围和文化，消除团队内部的不和谐因素，激发团队成员的认同度和归属感，从而提高团队的凝聚力和战斗力
协调能力		能妥善处理组织内、外部相关主体之间的关系，能关照各方面的利益和顾虑，找出大家共同接受的观点或价值，促成相互理解，获得支持与配合的能力
监督能力		通过提前的提醒或者及时的纠偏保证他人能够按照既定的原则、计划和目标完成任务，是一种过程监控能力
计划能力	选拔性	通过对事情总体目标的分解，按照各个子目标规定相应的时间、具体事项和结果配置，并能在实现各个子目标过程中根据实际情况对计划的执行成效进行反思改进，以保证任务完成的技能
建立信任		赢得团队成员的尊重和信任的能力，使之愿意在其组织和指挥下完成工作的能力
全局观		能站在一定宏观的层次来系统、整体地分析、解决问题，正确的树立工作出发点
培养下属	发展性	表明一种帮助他人成功的倾向与意图，将知识、技能、方法和技巧有效传授给他人，以帮助其完成任务并促发展的能力
发现问题		能维持一种对事件和周围形势的敏锐感知，对于事情的发展方向有准确的预计和判断，能够透过外在表象发现本质的发展方向，并在发觉即将发生变化的时候做好准备或采取行动

2.2.3 岗位专业胜任能力

结合昌电检修 2009 年曾试行过专业区分性较强的任职资格模型，基于管理方向提供的岗位专业胜任能力，只给出了电力系统基本知识、电网运行知识、专业技能实操、安全生产技能、流程/制度管理、专业设备操作、绩效管理、心理疏导、信息系统管理、书面沟通、职业礼仪等 11 项岗位专业胜任能力特征指标的指导意见，具体内容将由昌电检修根据岗位的要求组织补充调整完善。同时，对岗位专业胜任能力的评价，确定为第 1 级（基本）、第 2 级（一般）、第 3 级（有效）、第 4 级（良好）、第 5 级（优秀）等五个层级，也明确了各个等级的能力评价标准（见表 2-3）。

表 2-3　岗位专业胜任力指标

专业技能	技能描述
电力系统基本知识	对电力行业和相关行业的主要市场参与者、客户、供应商的运营特点、市场地位、经营战略等基本情况的理解和运用
电网运行知识	对国家电网运行的流程制度、技术标准等基本情况的理解和运用
专业技能实操	变电检修专业生产任务的完成能力
安全生产技能	生产过程的安全预防和问题处置能力
流程/制度管理	国网变电检修业务流程规范、管理制度的运用、监督等能力
专业设备操作	专业生产设备的使用、养护、维修等能力
绩效管理	班组绩效管理工作的执行能力
心理疏导	班组成员心理状态的了解、疏导、激励等能力
信息系统管理	国网电子化平台（SG186）的使用能力
书面沟通	使用报告、讲稿、文案、报表等公文形式准确高效表达意图的能力
职业礼仪	沟通过程中展现亲和力和影响力，树立良好形象的能力

3. 照镜子：基于能力素质模型的人才测评

一个管理人员从进入企业或其他类型的组织到成为一个工作优秀的基层管理者是需要过程的。进行昌电检修基层管理者研究的一个重要意义就在于让刚刚从事管理工作的人员能够尽快适应基层管理者的工作，并在工作中快速成长，成为一名称职且优秀的基层管理者。实践证明，人才能力素质测评的核心问题，就是通过对人的能力水平及倾向、个性特点、行为特征等的衡量评价，尽可能地谋求"人职匹配"。昌电检修人才能力素质测评主要包括能力、个人风格和动力三个方面。

以胜任力素质模型为基础，评估的目的是为了"发展"。应用岗位能力素质模型进行考试、面试、情景模拟、公文筐、无领导小组等测评方式设计，以此对人才进行评价，是目前公认为有效的方法，得到了越来越广泛的推广和应用，代表了人才选拔技术的发展方向。鉴于素质模型中所要求的能力的复杂性和综合性，从基层管理者成长过程的角度观察基层管理者胜任力模型，模型清晰地揭示了一个基层管理者从刚刚进入工作岗位到不断适应基层管理工作，并且能较好地胜任并谋求发展的过程。

3.1 评估流程、使用工具及产出明细介绍

人才评估是工具和手段，需要一定的参照标准，能力素质模型发挥的就是评估标准的作用。昌电检修胜任力模型测评是以岗位定制化的素质要求为重要依据，注重的不仅是知识、技能等显性素质的评价，还注重员工隐性素质的衡量，最终实现促进员工能力的提升和发展。通过准备、实施和反馈三个阶段，实现聚焦目标人群、传递关键信息，"能力评估"培训，进行能力评估，同级相关的数据评估，撰写并提供解读报告，协助被评估者与上级和下属的反馈沟通。

在项目的实际操作过程中，按照"一对一的结果反馈→制定实践发展的行动计划（IDP）→提供系统化的培训"的过程循序渐进，将评估结果反馈给潜质后备人才，强化他们对自我的认识。反馈只是发展的第一步（自我认识），更重要的是要有发展计划并付诸行动。由人力资源部门、潜质后备人才的直接上司、外部专业发展顾问等一起探讨后备人才的发展目标，并形成发展计划。针对素质模型，专门开发设计与之对应的培训课程。经过能力评估后，即可针对不达标的能力素质，参加相应的培训课程，如图 3-1 所示。

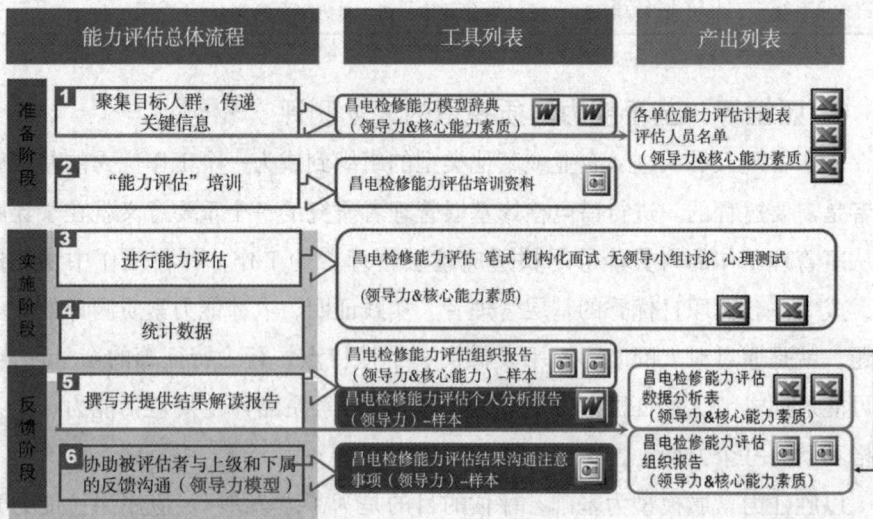

图 3-1　昌电检修胜任力测评模型

3.1.1 管理素质测评

依据已完成的大检修体系基层管理者的胜任素质模型，设计编制素质测评方案，通过 PDP 领导风格测试、贝尔宾团队角色测试等心理测试，考察基层管理人员天赋中最擅长的做事风格、团队协作、管理意愿、角色扮演。同时，通过无领导小组讨论和结构化面试两种不同的具体形式，考察基层管理人员管理能力水平，通过管理知识笔试考察对基本管理原则与通用管理技能的理解和应用，如图 3 - 2 所示。

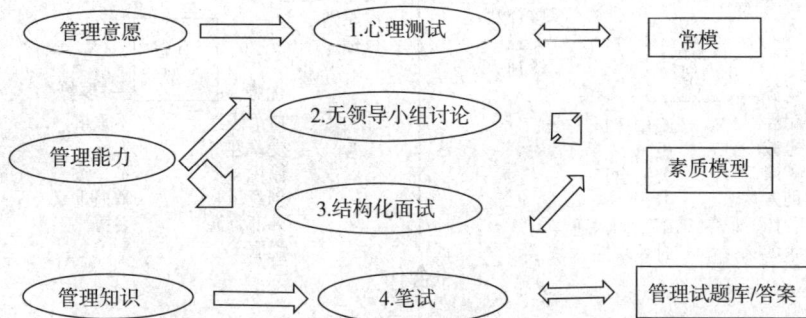

图 3 - 2 管理素质测评模型

3.1.2 心理测试

领导性格测试（PDP）是用来衡量个人天赋中最擅长的做事风格非人系统，根据不同的人风格特性的不同，用了 5 种动物来代表，分别是老虎型、孔雀型、考拉型、猫头鹰型和变色龙型，所队形的性格为支配型、表达型、耐心型、精确型、整合型。各种风格特性的优劣势评价如图 3 - 3 所示。

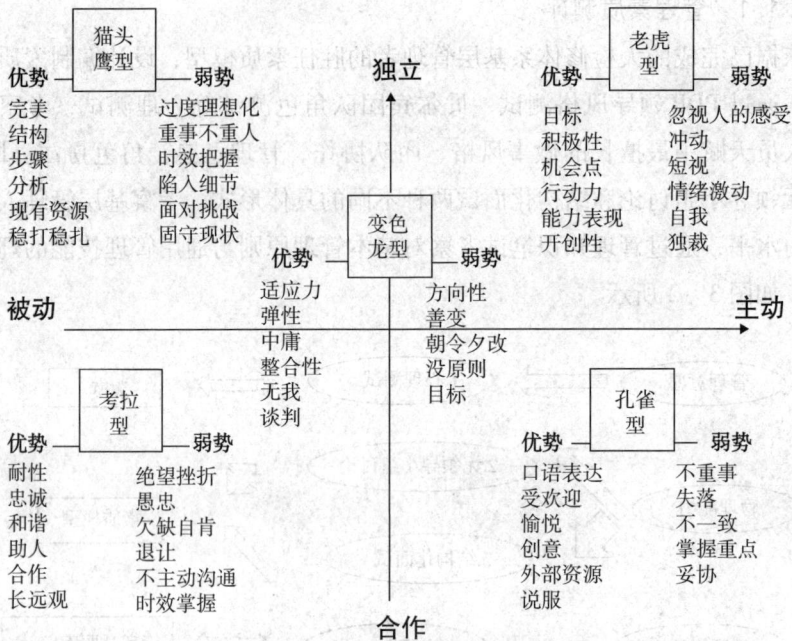

图 3-3　领导性检测试模型

贝尔宾团队角色测试是用来衡量个人对任务和活动实施自我管理所表现出的个人行为特征，帮助受测者确定自己在团队中所属的理想角色，亦被称为贝尔宾团队角色表。贝尔宾团队角色模型通过对团队成员所表现出来的角色特征进行判分，对团队成员的行为产生更为深刻的认识，从而辨识出每一个成功团队都必须具有的9种角色，具体的团队角色聚焦为行动导向型（塑造者/执行者/完成者）、人际取向型（协调者/协作者/资源调查者）、劳心费智型（创新者/监控评估者/专家）三类，如图3-4所示。

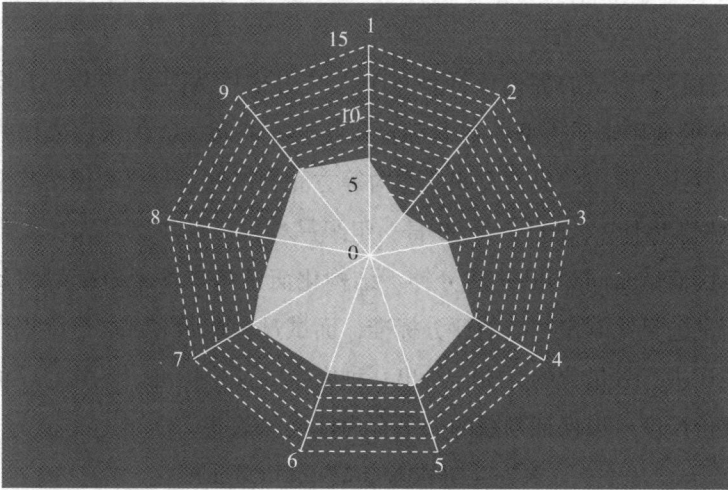

图 3-4 贝尔宾团队角色测试

3.1.3 无领导小组讨论

7月16—18日，组织昌电检修基层管理人员分两批参与无领导小组讨论，每次讨论时间约60分钟，参与人数6—10人，评委4人。实际上，无领导小组讨论是一组由测评人员组成的临时工作小组，身份平等且不受外界干扰讨论给定的问题并作出决策，在此过程中综合考察受测者的表现，甄选出符合要求的人才（见表3-1）。

表 3-1 昌电检修无领导小组讨论评分表

评分标准 打分标准	差（1.0以下）一般（1-1.5）良好（1.5-2）优秀（2-2.5）卓越（2.5-3）		被测评人得分			
序号	素质项	表现一般特征	表现优秀特征	甲 A	乙 B	丙 C	丁 D
1	责任心	—	—				
2	团队合作	—	—				
3	执行力	—	—				
4	目标管理	—	—				
5	系统思考	—	—				
6	学习发展	—	—				
7	组织协调	—	—				
8	沟通技巧	—	—				
重点突出表现评语（加分项或减分项）：							

3.1.4 结构化面试

结构性行为面试的理论依据是一个人"过去所为是为其未来表现的最佳预测"，按照通用素质模型的基本素质和要求来询问、收集被评人以往工作经验及工作方式、取得的成就及职业志向等方面的信息，为全面评估其素质提供必要的数据。7 月 11 日至 7 月 30 日，组织昌电检修基层管理人员参与结构化面试，每次面试时间为 40—60 分钟。结构化面试是依据素质模型的要求预先编制好面试题目并制定相应的评分标准，面试过程遵照客观的评价程序，对被试者的表现进行数量化的分析，给出一种客观的评价标准。不同的评价者使用相同的评价尺度，以保证判断的公平合理性（见表 3 - 2）。

表 3 - 2　昌电检修结构化面试评分表

评分标准 打分标准		差（1.0 以下）一般（1 - 1.5）良好（1.5 - 2）优秀（2 - 2.5）卓越（2.5 - 3）		被测评人得分			
序号	素质要素	岗位胜任能力素质		甲 A	乙 B	丙 C	丁 D
		面试题目	评价维度与要				
1	责任心	—	—				
2	系统思考	—	—				
3	执行力	—	—				
4	团队协作	—	—				
5	沟通能力	—	—				
6	计划组织 协调能力	—	—				
7	建立信任	—	—				
8	培养下属	—	—				
9	目标管理/督导	—	—				
10	学习发展	—	—				
11	团队建设	—	—				
12	安全意识	—	—				
13	诚信自律	—	—				

3.1.5 管理知识笔试

7月11日，项目组组织变电检修室基层管理人员参与管理知识笔试，测试时间120分钟。笔试的内容包括国网企业文化与战略、行政管理、安全管理、通用管理、管理情境等五个方面。同时，在命题的过程中，明晰能力素质的构成、含义及岗位能力素质模型的形成过程，针对不同的岗位，因能力素质要求不同，命题的类型组合、难易程度、权重分配均不同，体现了命题因岗设置不同的差异化要求。

3.1.6 素质测评结果

个人测评报告由基于心理测试的定性评价和基于素质模型的定量评价构成，展示了受测者承担管理责任的意愿和胜任基层管理者岗位的能力，管理知识笔试成绩作为个人管理能力评价参考。昌电检修的胜任评价标准依次为：尚需改进、基本达标、超出胜任等三个标准，综合得分的分值区间分别为1.0以下、1.0至1.10、1.10以上，如图3-5所示。

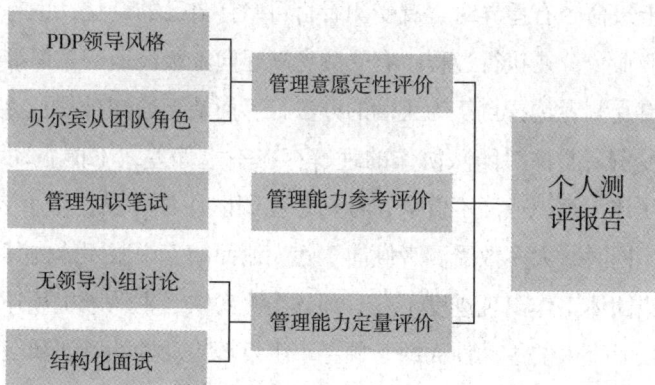

图3-5 个人素质测评模型

3.2 基层管理人员测评报告整体评价

经过一个月的测评工作，期间分别对17人进行了测评，其中，男14人、女3人，硕士1人、本科13人、大专3人。根据测评结果显示，此次参与测评的17人的平均水平较高，都是优秀的昌电检修人，尤其是全员通用素质方面整体比较优秀，而基层管理序列通用素质方面也有一定提升潜力。基层管理人员在工作督导、发现问题、制定工作计划、建立信任、执行力、团队协作方面存在不足，系统思考、培养下属、团队管理及责任心方面勉强达标，有进一步提升的需求。

3.2.1 全员通用能力测评平均得分（图3-6）

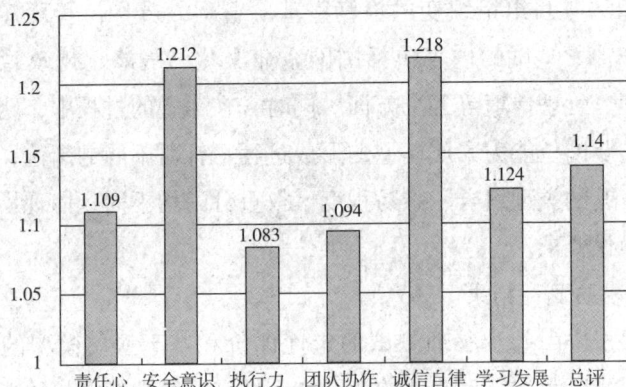

图3-6 员工通用能力测评平均得分柱状图

从图3-6中的得分可以看出，受测者整体对管理权责的理解存在一定问题，不能正确认识令行禁止和发挥主观能动性的适用范围。特别是在执行力方面，当自身理解与上级命令有差异时，有受测者盲目坚持自己的意见，也有受测者会无条件执行上级命令。在执行过程中有受测者缺乏向上级反馈的意识继续执行上级的命令，也有受测者选择自认为正确的办法行事而缺乏通知/说服上级的意识。

同时，受测者整体对团队协作的理解存在一定偏差，不能主动承担团体责任，倾向于团体无意识或法不责众。特别是在团队协作方面，当个人/班组意见与团体意见不同时，大多数受测者倾向于随大流而缺乏说服团体内其他人的意识和能力。而当团体工作出现进度不一时部分受测者缺乏主动承担额外工作任务的意识，或者仅有个人的主动性而缺乏领导小组发挥主动性的意识和能力。

3.2.2 基层管理序列胜任能力测评平均得分

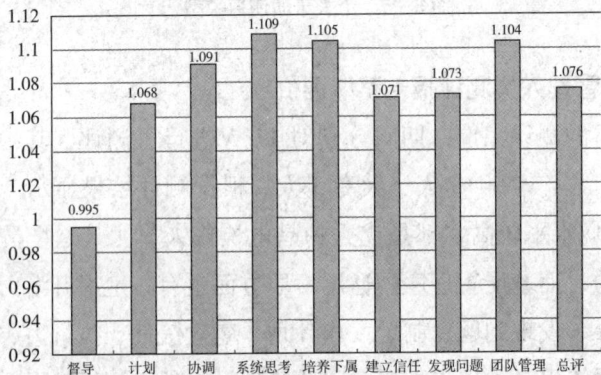

图3-7 基层管理序列胜任能力测评平均得分柱状图

从图 3 - 7 中可以看出，在督导方面，较多受测者缺乏对团队/下属的主动干预引导意识和能力，更多的倾向于按部就班；部分受测者缺乏对管理团队目标的认识，缺乏领导者的认知。以上问题表现为受测者整体对管理者的角色理解存在偏差，尚未完成由一线员工管好自己到管理者管好团队的认知转换。

在计划方面，部分受测者缺乏整体认识和关联认识，缺乏预案和风险评估意识，倾向于走一步看一步。以上问题表现为受测者整体对承担团队管理规划的认识不足，不能正确理解管理责任。

在建立信任方面，部分受测者遇到团队内部争议时倾向于做好自己个人工作，缺乏主动引导解决争议的意识和能力。以上问题表现为受测者对管理者在团队中的非职位影响力和存在感缺乏正确认识，尚未完成由优秀的员工个体向团队领导的认知转变。

在发现问题方面，部分受测者缺乏同情心和换位思考能力，倾向于做好个人工作，期待他人的理解和支持，不能正确理解不同的思考和处理问题的视角。以上问题表现为受测者整体的思考灵活性和发散性不足，对团队和团队成员的复杂性认识不到位，尚未完成由技术专家向管理者的角色转变。

在协调、系统思考、团队管理等方面，部分受测者倾向于从自身/班组的视角思考和处理问题，表现为班组民意代表/意见领袖的身份；部分受测者处理问题个人风格过于浓烈，缺乏妥协和寻求达成共识的精神。以上问题表现为受测者对管理者的定位认识不清，对管理者在团队中扮演的角色缺乏理解和认同。

在培养下属方面，较多受测者表现为被动回应下属的学习积极性，只关注表现勤问好学的下属，缺乏调动下属和团队学习气氛和学习意识的认识和能力。以上问题表现为受测者整体对管理者之于团队的管理责任认知不清晰，不能认识到团队的每个成员的发展与成长都是管理者的责任。

4. 盘人才：绘制胜任力图标明确培养方向

基层管理者的领导力是企业的重要资源，是核心竞争力的要件。领导力的提升是一项长期而艰巨的工作，战略创新思维和开拓创新能力作为领导力的重要组成部分，是基层管理人员必须注重提升的重点，也只有这样，才能不断地为企业发展注入不竭动力，打造新的竞争优势。8 月 17 日至 25 日，依据能力素质模型的搭建和能力评评价结果，对照素质模型中的能力要求对现有基层进行能力、业绩盘点，找到差距，绘制胜任力力状况图标，明确了 17 位被测评者的培养和发展方向。同时，组织专家撰写管理素质测评报告，并提交昌电检修领导，作为人才盘点和人才规划作业的依据，从而为接下来的培训、培养计划的开展确定目标和方向。

能力素质模型是企业核心竞争力的具体表现。利用素质模型界定作为合格人才的具体要求，识别有潜力的可培训对象及其需要加强的方面，并为其提供强化和发展的机会，有利于筹建强有力的后备干部队伍，从而科学系统建立人才梯队。同时，以素质模型为基础，通过对在岗人员过去行为的了解挖掘其优点与不足，作为昌电检修进行人员配置和职业发展管理的重要手段。在所绘制的胜任力图标中，综合岗位描述、个人背景资料、上级评估反馈、下级评估反馈、内部客户/同级同事反馈、自我评价等因素，并进行结构性面试，主要考虑组织因素、工作任务分析和业绩差距分析。

建立能力素质模型帮助组织找出组织内出色胜任工作或取得较好工作业绩的素质，为人员培训提供指导和参照。推行能力素质模型可以规范员工在职业素养、能力和知识等方面的行为表现，实现企业对员工的职责要求，确保员工职业生涯和个人发展计划的整体发展目标、客户需求保持高度的一致性，推行战略目标实现，从而赢得竞争优势。同时，结合能力素质模型完善岗位职业发展通道，综合运用职业生涯理论进行系统的人才盘点，形成纵向发展、横向扩充与核心方向聚焦相结合的、较为完善的员工成长路径。

基于这样的考量前提，在昌电检修基层管理人员个人测评结果中，人员的素质测评报告主要分为意愿定性、能力参考与定量评价。具体包含了个人基本信息、全员通用能力胜任测评结果、基层管理序列能力胜任测评结果、贝尔宾团队角色测评结果、PDP 领导风格测评结果、综合评价及建议发展方向等内容。昌电检修具体的个人测评结果就不予以透露（见表 4-1）。

表 4-1 大检修体系基层管理人员素质测评报告表

个人基本信息	姓 名	性 别	年 龄	文化程度	在岗年限	所在部门	工作岗位
全员通用能力胜任测评结果							
能力素质	素质描述						胜任得分
责任心							

安全意识		
执行力		
团队合作		
诚信自律		
学习发展		
全员通用能力胜任得分		
基层管理序列能力胜任测评结果		
能力素质	素质描述	胜任得分
督导		
协调		
计划		
系统思考		
培养下属		
建立信任		
发现问题		
团队建设		
基层管理序列能力胜任得分		
贝尔宾团队角色测评结果图		
PDP领导风格测评结果图		
综合评价及建议发展方向		

续表

总体评估	优点	缺点	评估结果

个人素质	
职业等级	
薪酬建议	
岗位建议	
培训建议	

说明：(1) 在总体评价结果中，答案只有胜任并有潜力提升、胜任通过努力可以进一步发、基本胜任但没有潜力提升、不胜任、不适合现岗位等五个结果。

(2) 岗位建议包括短期职业兴趣、中长期职业兴趣和拓晟建议，轮岗、提升、继任等三个选择。

为保证员工价值实现渠道的多元化，设立不同职业畅通的发展通道，实现人力资源优化配置，通过员工把本职工作做到尽善尽美，企业把个人发展与组织发展纳入统一轨道，提高员工归属感与忠诚度，推动企业长远目标的实现。

通过从整体上综合分析、了解各岗位基层管理人员的胜任状况，给予人员发展需求的评估结果，确定其人员在岗位上所代表的不胜任、勉强胜任、胜任，并真实反映员工在下属、项目团队成员、同级同事、客户、其他部门同事、团队成员、自我眼中真实的自己。同时，通过人才盘点，使昌电检修领导对公司的人力资本作出正确的判断和分析，并系统发现组织上的问题，如图 4-1 所示。

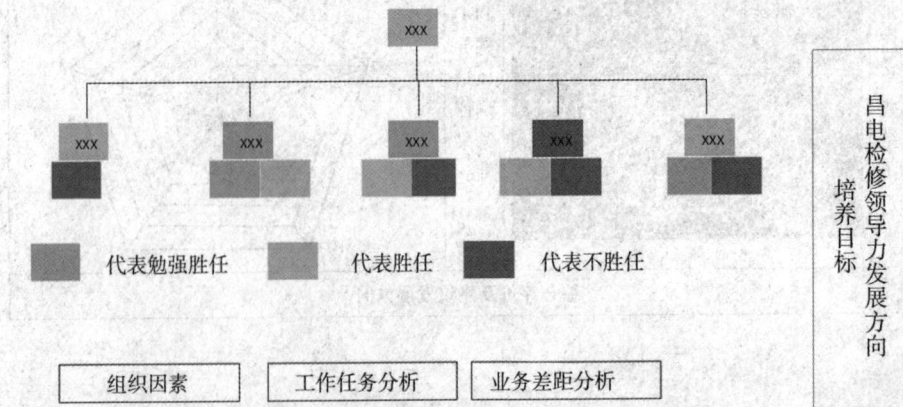

图 4-1　昌电检修领导力发展方向培养模型

昌电检修结合员工绩效及人员素质能力所进行的评估，就是为了全面盘点人力资源，帮助企业制定出有针对性的人员引进、管理、发展和淘汰计划。实际上，职业没有贵贱之分，从事任何岗位工作的员工，都有职业发展的机会。根据不同岗位职群差异，有针对性地设置个性化、多样化的职业通道，鼓励员工提升能力和业绩，进而获得职业发展机会，如图4-2所示。

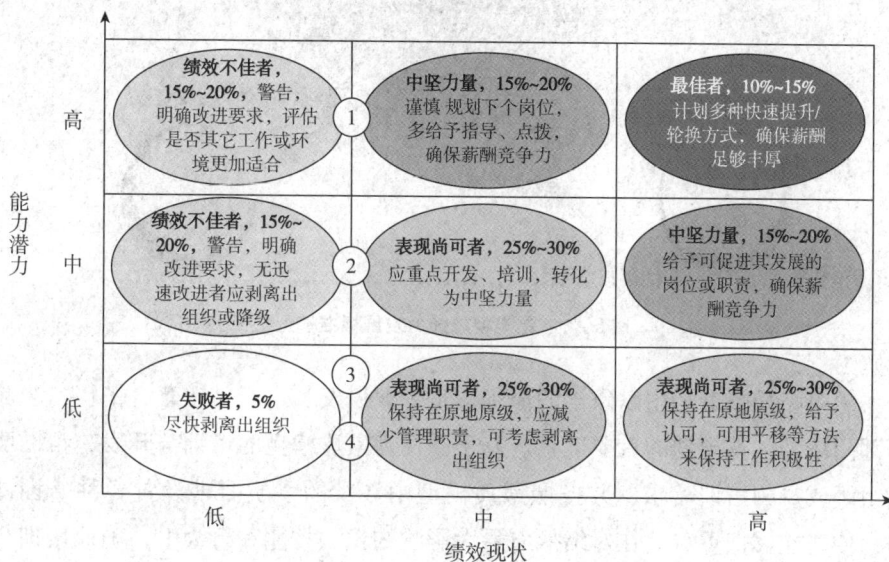

图4-2 昌电检修人力资源管理模型

5. 绘地图：设计定制领导力提升培养方案

学习路径图秉承用以致学的原则，是企业研发、生产、运营、销售、职能等部门培训体系规划的首要工具。只有在对技能发展路径进行科学规划的前提下，各种培训或学习的手段才能充分地发挥作用。昌电检修基于能力素质模型下的能力发展标准版"地图"如图5-1所示。

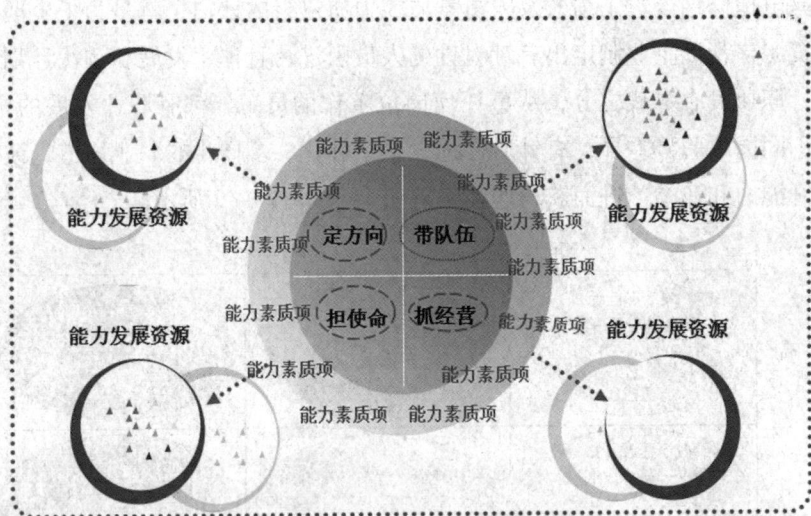

图 5-1 昌电检修能力发展标准模型

学习路径图秉承用以致学的原则，是企业研发、生产、运营、销售、职能等部门培训体系规划的首要工具。基于胜任力素质模型的培训与开发，帮助明确组织成员的培训需求，并按照素质模型中涉及的素质要求设置各种培训课程，使之能够把重点放在对绩效有最大影响知识、技能和行为上，确保培训与开发能与组织的价值观和战略牢牢挂钩，在实际工作中能够真正发挥作用，最有效地利用用于培训与开发的时间和资金，如图 5-2 所示。

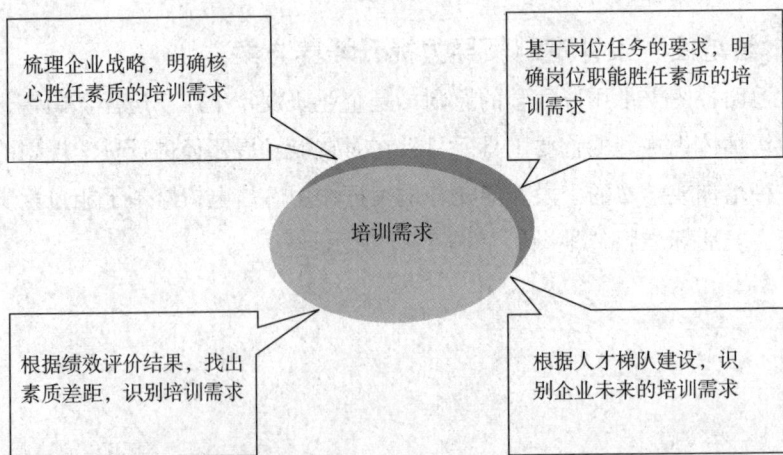

图 5-2 基于胜任素质的精准培训需求分析模型

同时，清楚说明某个岗位或职务所需的知识、技能和行为，为候选人是否已经具备条件按接受某个岗位或职务提供了明确的标准，培训与开发的重点放在解决所缺乏的胜任力方面。胜任力模型为员工职业生涯发展指明方向，激发员工的学习动机和参与培训的热情，达到"以发展带动培训、以培训促进发展"的良性循环，以综合提高同等培训的收益并降低培训成本，增强人力资源培训的有效性。

5.1 以混合式学习设计模型（BLM）为技术思路

混合式学习（B – Learning）是以企业发展与员工绩效提升为目标，在平衡关注不同类型的学习者特征的基础上所建立起来的集合面授学习、在线学习、体验学习、行动学习和测试评价于一体的新型学习方式。相较传统单一的学习方式，这种学习方式在目标集聚、效果持续、培训评估等方面上优势显著。

一般而言，混合式学习包含线上与线下不同呈现方式的混合、基于学习目标的整合式学习、教学与学员实操练习的有机结合、学习与工作的融合（如行动学习）等四个应用层次。根据以上原则，基于人才测评结果，针对管理角色认知、建立信任、工作计划/督导、员工培养/激励、团队建设等模块设计开发了集中面授和户外拓展体验课程，并匹配相应师资进行课程二次开发设计，最终形成针对基层管理者领导力提升的一体化解决方案，如图 5 – 3 所示。

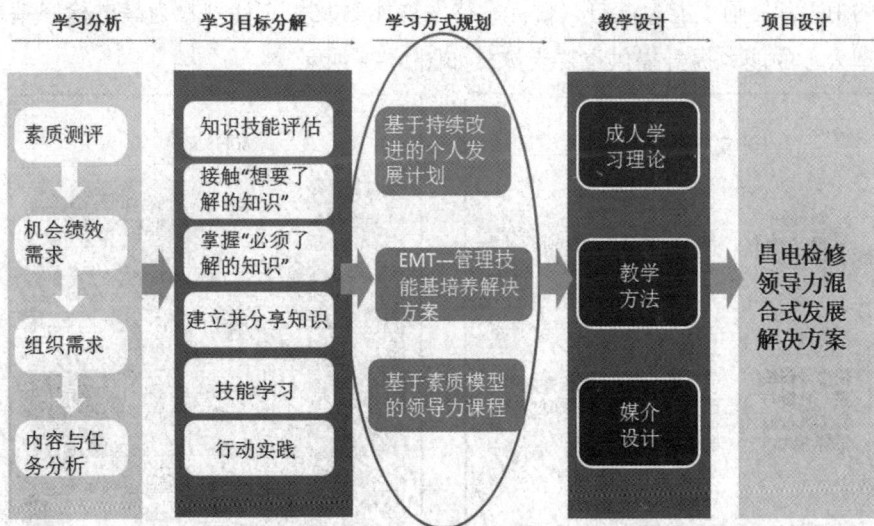

图 5 – 3 基层管理者领导力提升的 BLM 模型

在具体的培训需求确定上，包括组织和个人两个方面。在个人方面，聚焦关键能力素质差距确定个人培训需求，基于能力发展评价系统评价结果，培训计划以能力能力素质模型为基础，依据管理者能力素质差距分析确定具体所需培训。在组织方面，根据能力素质差距统计确定组织培训需求（见表5－1）。

表5－1　昌电检修组织培训需求统计表

能力素质 调研人员	人员 A	人员 B	人员 C	人员 D	……	人员 N	培训需求
能力素质项1	×	×				×	√√√
能力素质项2		×		×		×	√√√√
能力素质项3	×			×			√
……						×	√
能力素质项N		×	×	×			√√√

说明：标×处为个人测评结果的短板能力素质项，√数目表示培训需求的优先次序。

5.2　制定管理者未来的个人发展计划（IDP）

个人发展计划（IDP）是指结合企业岗位需要及员工个人发展意向，双方经沟通达成的促使员工自身素质、技能提高的发展计划，一般包括参加培训、特别指导、指派特别项目、岗位轮换等。通过草拟、面谈、执行"三部曲"后的 IDP，勾画了能力优势、目标、待发展能力及相应计划，为昌电检修基层管理人才的能力提升提供重要支撑，如图5－4所示。

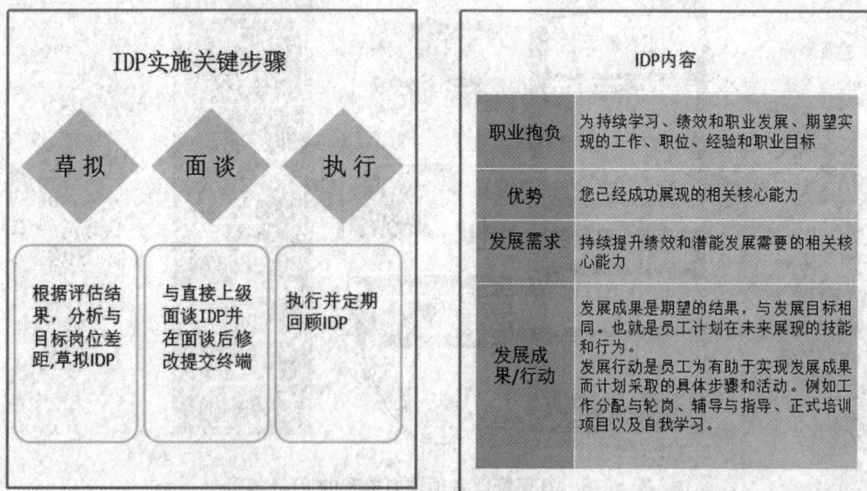

IDP实施关键步骤

草拟 → 面谈 → 执行

- 根据评估结果，分析与目标岗位差距，草拟IDP
- 与直接上级面谈IDP并在面谈后修改提交终端
- 执行并定期回顾IDP

IDP内容

职业抱负	为持续学习、绩效和职业发展、期望实现的工作、职位、经验和职业目标
优势	您已经成功展现的相关核心能力
发展需求	持续提升绩效和潜能发展需要的相关核心能力
发展成果/行动	发展成果是期望的结果，与发展目标相同。也就是员工计划在未来展现的技能和行为。 发展行动是员工为有助于实现发展成果而计划采取的具体步骤和活动。例如工作分配与轮岗、辅导与指导、正式培训项目以及自我学习。

图5－4　IDP 实施模型

个人发展计划的制定一般基于职能评鉴结果、部门专业学习路径图和绩效考评结果，由企业和员工个人共同规划真正适合员工的计划，然后在执行过程中实时监测掌握 IDP 的落实程度，这样不仅能让员工清楚自己的发展方向，更能够增加员工对组织的信任感。

在基层管理者领导力提升学习项目实施过程中，依据大检修体系基层管理者的胜任素质模型的要求和人才测评的结果，结合现有的专业类学习发展体系，形成大检修体系基层管理人员的学习路径图（Learning Path），针对每一级岗位都形成相应的晋级包，然后基于新任基层管理者的个人愿望和昌电检修的人才规划，制定个人发展计划（IDP），如图 5-5 所示。

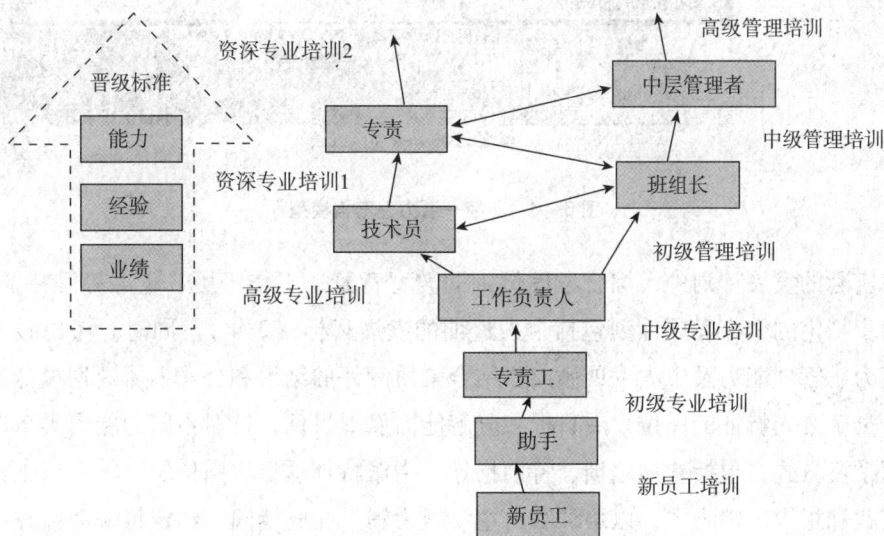

图 5-5　基层管理者领导力提升的 IDP 模型

同时，昌电检修员工的个人发展计划制定，还基于人员评估任用与绩效考核结合使用的工具"业绩—潜力九宫格"，将员工的绩效表现和胜任能力综合考虑，根据不同的员工类型分别给予针对性的配置，如图 5-6 所示。

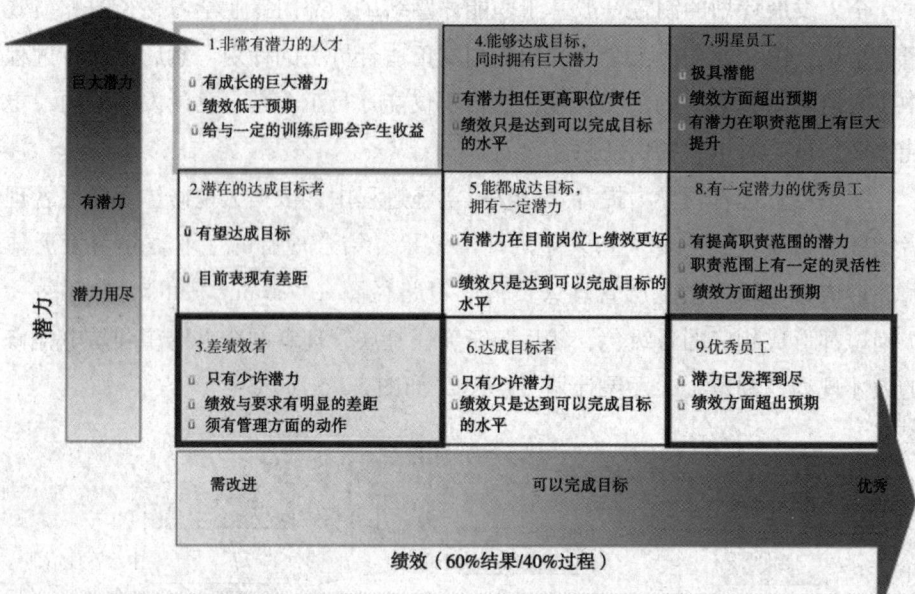

图 5-6 业绩—潜力九宫格模型

在实际的发展计划中，综合考虑员工的教育背景、工作经历、优劣势等特征，初步拟定的个人发展计划包括个人近期的发展目标（2 年）。同时，考虑技术能力、管理能力及个人发展倾向，结合素质测评的结果和公司人才规划设计适合员工个人特征的岗位发展目标，分解能力发展目标，针对不同的能力类型匹配学习方式，包括参加培训、特别指导、指派特别项目、岗位轮换等，以工作实践和指导反馈为主，以培训和自主学习为辅。在此期间，约定每季度检查计划的执行情况，并根据结果进行检讨和计划修订，如图 5-7 所示。

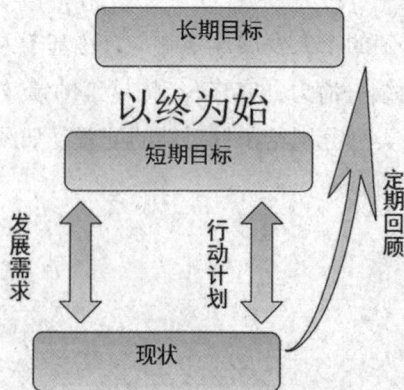

图 5-7 人才发展计划模型

针对昌电检修基层管理者的实际，结合素质模型报告，给出企业基层管理者 IDP 分配建议表（见表 5 -2）。

表 5 -2　昌电检修基层管理者 IDP 分配建议表

绩效表现类别	所占团队比例	发展计划建议	计划分配比例
高潜质员工	10% —15%	导师制（着重在未来职业生涯发展）	75%
		教练制	25%
中等绩效员工	75% —80%	导师制（着重在现行工作与职务）	50%
		教练制	50%
绩效待加强员工	5% —10%	导师制	12.5%
		绩效辅导	75%
		教练制	12.5%

5.3　EMT——高效管理技能提升培养解决方案

EMT（Efficient Management Training）项目是 2014 年开发的、专门针对各类组织中基层管理者及高潜人群的系统性学习方案。该项目旨在系统提升学习者的管理知识和技能，完成从技术骨干到管理者的自我认知转变、掌握科学合理的制定计划、通过适当监督形成有效控制、提升沟通能力、学会掌握下属员工的需求并刺激改善工作积极性，促进能力提升和职涯进阶。

凡事预则立，不预则废。EMT 内外兼修，按照有深入浅出的理念、心术合一的思路，打造最完整的框架、最严谨的体系，最实用的内容。独特"ILEARN"课程授课形式设计，符合成人学习的规律。通过课程测评、情景导入，深入浅出学习专家观点，并进行互动练习，及时巩固，掌握各种工具表格，即学即用，实现自我反思、聆听反馈，落实行动计划，指导实践，如图5 -8所示。

图 5 -8　ILEARN 课程模型

同时，EMT 学习元素由集中面授、在线课程、中基层管理才能发展手册（延伸阅读资料）、课内外测试、阅读书目、中基层管理能力提升网络商学院与中基层管理微信服务号等一系列资源组成，为学员带来丰富的学习体验，在解决工作与学习进阶矛盾的同时，为组织人才的培养和员工激励带来全新的解决方案。具体的学习结构介绍如图 5－9 所示。

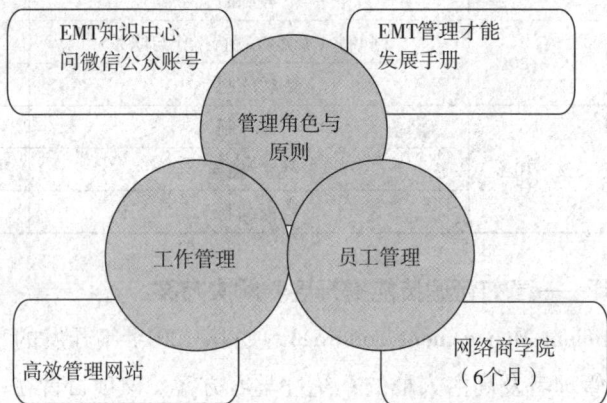

图 5－9　EM7 学习结构模型

在 EMT 的企业学习实践中，突出工作管理、员工管理与管理角色与原则、领导力发挥等通用管理能力。同时，结合团队协作、群体决策、奉献、承担责任等素质要素，实现管理迈向领导，注重基层领导力提升。最终获得的学习收益主要包括对管理认知、组织管理、计划执行、控制欲问题发现、员工指导、组织沟通、员工激励等知识与技巧，解决缺乏管理能力的管理者将会出现的问题。

5.4　依据能力模型为关键素质开发对应的培训课程

通过测评发现，昌电检修进入了快速扩张的战略机遇期，人才的成长速度亟待提升。对此，按照"高效培养人才"的总体培训要求，在具体的培训课程设计上，明确培训模块与能力（级别）之间的联系以及培训对象，形成系统性、标准化的培训课程体系。

通过阐明培训目标、内容与各能力级别中的行为描述相联系，提供培训方向指引和重点，明确培训需求进一步进行深层次的内容设计。同时，根据各种培训方式的特点，设计培训内容可以对应的培训方式，并预估时间和地点/媒质，加速缩短人才培养周期，实现高效复制人才，如图 5－10 所示。

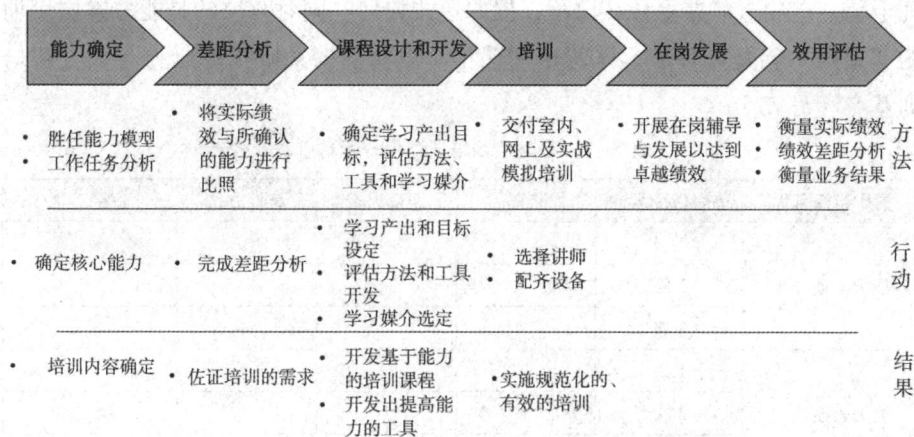

图 5 – 10　岗位能力素质模型

岗位能力素质模型在昌电检修基层管理人员能力培养中的应用，主要体现在基于各类人员的能力素质模型，开展培训需求分析，设计培训大纲，最终按照项目技术规范书的要求，开发针对昌电检修各类员工能力素质提升的给配课程体系，并根据培训需求匹配合适课程。按照工作管理、员工管理及管理角色与原则三个维度，所进行的课程开发主要包括领导力培训课程体系、管理能力培训课程体系与执行力培训品牌课程、员工通用素质培训课程体系。课程结构具体见表 5 – 3。

表 5 – 3　昌电检修培训课程结构表

课程结构	员工通用素质课程模块	管理能力课程模块	领导力课程模块
管理角色与原则	角色与责任（初级）	角色与责任（中级）	角色与责任（高级）
	通用运维检修知识	通用运维检修知识	通用运维检修知识
工作管理	执行力	执行力	执行力
	发现与解决问题	流程管理基础	问题分析与决
	管理沟通与协调	项目管理（初级）	策项目管理（中级）
	会议管理	创新工具介绍	目标管理
员工管理	新员工入职培训	团队建设与管理（初级）	团队建设与管理（中级）
	通用职业素质模型	人力资源管理基础	有效授权
	公司制度与新制度	公司制度与新制度	构建学习型组织
	运维检修流程应用	团队建设与管理（初级）	团队建设与管理（中级）

实际上，标准化的课程体系解决了一个最基本的问题：处于什么层次的管

理干部，在什么节点上什么课程，授课形式如何？同时解决的是能力素质培训的"道路"问题。对于具体的培训课程，需要根据素质指标行为等级分解培训基点（见表5-4）。

表5-4　昌电检修培训课程分解基点表

素质指标名称	等级行为要求	培训基点	课程大类	培训方法	适用对象
能力素质项1	1级				
	2级				
	3级				
能力素质项2	1级				
	2级				
	3级				

课程开发的主要内容包括：课程立意/布局、课程大纲/框架构建、课程套件/案例的选择与编写、教学方法的匹配、讲师手册与学员手册的编写、教学重点与难点处理、课程配套测试工具的设计、学习活动建议等，如图5-11所示。

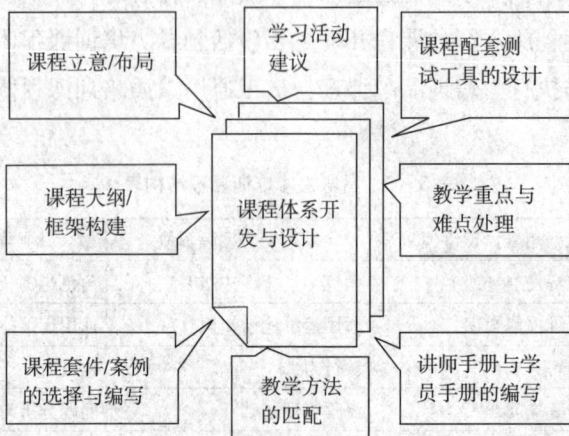

图5-11　课程开发内容模型

以《执行力》为例，对领导力课程开发示例。

学习项目：基层团队高效能执行体系建设。

对应的能力名称：执行力。

适用学员：技术专责、班组长、技术员、工作负责人。

学习目标：使学员掌握高效能基层团队执行体系的原则和技巧，并应用在日常工作中。

学习内容如图 5－12 所示。

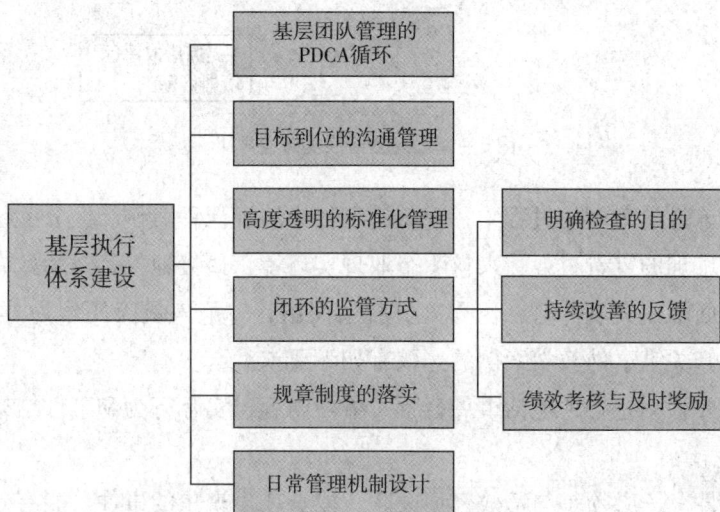

图 5－12　《执行力》（案例）学习内容

学习方式：案例分析、情景模拟。

学习时间：3 小时。

昌电检修主要课程的开发思路，是基于岗位能力素质模型进行培训需求分析，并遵循标准化的培养过程（见表 5－5）。

表 5－5　昌电检修课程开发思路

实施步骤		过程内容说明
第 1 步	培训需求分析	通过训前能力素质评鉴，精准确定个人和组织培训需求
第 2 步	培训课程设计	根据能力素质指标分解培训基点，并在课程中融入本企业实际案例
第 3 步	开展培训课程	针对不同能力素质的特性，采用不同授课方式
第 4 步	实施能力发展活动	实施与个人紧要提升能力相关的实践活动化学为用
第 5 步	培训效果评价	对训前训后管理能力变化进行对照评价与反馈

同时，考虑到角色适应类课程作为观念宣导类课程的特殊姓，在进行培训需求调研时，设计并遵循了如下核心路径，如图 5－13 所示。

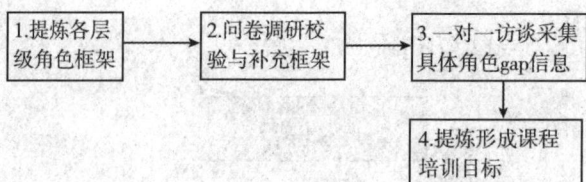

图 5－13　角色适应类课程思路

在提炼教学案例的过程中，以关键事件为培训课程案例。区分关键事件是核心人才培训的宝贵材料，来自于企业现实环境，最接地气，对绩效有直接影响，在该面临该类事件时，优秀人员脱颖而出，一般人员无所作为。实践中，对昌电检修关键事件教学案例的选取有如下要求。

结构要素——必须包括事件背景、事件内容、实际行为和事件结果四个关键要素。

有效性——必须是与绩效密切关联、能够产生聚焦的事件，能有效区分优秀绩效和普通绩效。

目标性——事件本身包含一个或若干个能力素质（competency）元素，能激活、诱发能力素质。

选取条件——通常是两难性、复杂性或突发性的事件。

关键事件培训案例的提炼过程如图 5－14 所示。

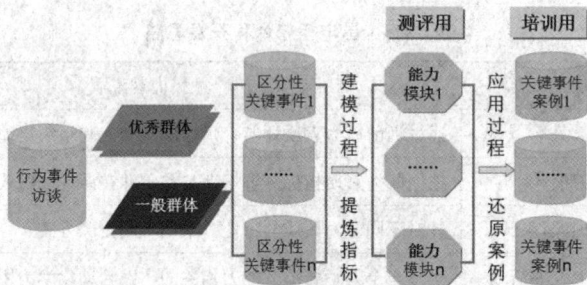

图 5－14　关键事件培训案例提炼流程模型

在昌电检修培训课程开发的过程中，着重强调教学目标应贴合培训目标群体的实际培训需求。教学内容紧密服务于教学目标，内容饱满、结构完整、逻辑清晰，教学内容涉及理论有一行的先进性，难度适中。教学策略符合成人学习的认知特点，有针对性地采取多钟教学策略，能有效帮助学员领会掌握教学内容，容易操作。教学材料要丰富，形式多样、典型生动，有一定的新鲜度，贴合昌电检修实际工作情景。课程包完整齐备，具体包括教学材料（讲师手册、教学 PPT、教学媒体等）学院材料（学员手册、阅读材料等）和评估材料等，各教学材料编排应符合规范，标准统一，便于使用。

而在具体的培训授课方式与方法上，根据不同能力素质特性选择告诉式、体验式的授课方法。同时根据两种方法的的差异，在阅读、讲授、提问与回答、讨论、示范、案例、角色、测量、情景、现场、个人和小组成长等方面作出不同的选择，如图 5 - 15 所示。

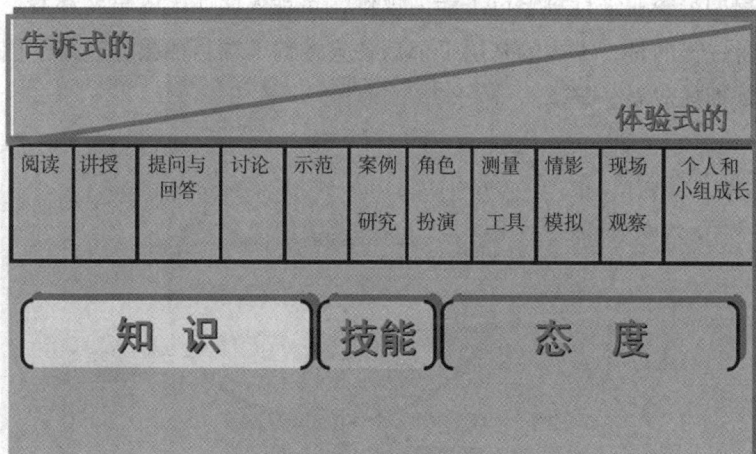

告诉式的										
								体验式的		
阅读	讲授	提问与回答	讨论	示范	案例研究	角色扮演	测量工具	情影模拟	现场观察	个人和小组成长

知 识	技 能	态 度

图 5 - 15　培训授课方式模型

6. 尾声

"你用电，我用心。"搭建昌电检修的胜任力素质模型，从职业能力、职业意识及职业品德等维度进行员工能力评价，对具体评价指标根据不同等级的关键行为点进行等级划分，在科学、有效的员工能力评价基础上，有效引导员工的工作行为。通过对企业人才的全盘摸底与测评，给员工提供了自我提升的方向。同时，建立了基于能力素质模型的员工能力评价培训课程体系，以促进企业对优秀人才的有效培养。

经过一段时间的运行，昌电检修领导反馈对所设计的能力素质模型及给出的胜任素质词典、管理人员管理素质测评报告、领导力提升方案及实施办法、基层管理人员甄选办法、领导力提升与人才储备项目报告等 7 大成果给予高度认可。所定制设计的培训课程体系，不仅让基层管理人员学到了很多基层管理的实用技巧，了解了很多先进的管理思路，还帮助企业解决了员工能力评价的难题，促进了企业的人才培养，对今后的工作有很大的指导作用。正如昌电检修领导所说："本次项目较好的抓住了基层管理的难点、痛点，从工作实际出发，切实解决了基层管理、后备人才培养中存在的问题，取得了较好的效果。"

更为重要的是，通过实施领导力提升与人才储备建设的管理咨询，有效提升了基层管理队伍的管理效能，加速了基层管理后备人才队伍建设，完善了基层管理者甄选体系，缩短了基层管理者的成熟周期，提高基层绩效管理工作效能，营造了整体学习氛围及员工的工作积极性。由此可见，搭建科学合理的能力素质模型是企业进行科学员工能力评价，实现人岗匹配的重要环节。

值得一提的是，本次的基层干部后备人才培养项目成果，获得了国家电网公司管理创新成果二等奖。

提升能力　赢在执行

——昌电检修基层管理者领导力提升与人才储备建设

1. 教学目的与用途

（1）本案例主要适用于管理学、心理测量学、人力资源管理、培训开发与管理等课程，也适用于组织行为学及其他工商管理类别的课程教学和管理培训。

（2）本案例的教学目的在于让学员明确人力资源素质模型建立的相关理论知识，掌握运用素质模型进行人才测评的基本方法、流程与报告撰写，并利用素质测评报告设计定制的培训课程。同时，加深学员对理论应用与实践的认识，使学员理解并学习在一定的环境下，为企业人力资本盘点与提升实施提供借鉴性经验。

（3）本案例适合于 MBA 学员、经济管理类研究生、本科生课堂讨论使用。

2. 启发思考题

（1）以你的实践经验判断，人力资源的测评关键是什么？具体作用在哪？请给出解释。

（2）你认为昌电检修应该建立怎样的管理管理人员培训课程体系？

（3）基于人才素质测评报告的基层管理人员领导能力培训，需要注意些什么样的问题？怎样才能促使基层管理人员将培训结果运用到工作实践中？

（4）如何进行培训结果的效果反馈？

（5）透过以昌电检修素质模型为基础的人才测评与管理提升，结合你所在的企业，有哪些启发和启示？

3. 理论分析与依据

（1）胜任力模型构建理论。

（2）人力资源的具体测评工具：贝尔宾团队角色测评、PDP 领导风格测评。

（3）组织心理测试理论。

（4）企业高效培训管理基础与实践。

4. 关键要点

（1）从素质模型的建立到具体的测评报告、培训课程的设计与实施，在整个过程中对具体工具的灵活运用。

（2）怎样建立素质测评标准，将素质模型中的素质要素项结合企业的具体实际，是理解本案例的一个关键点。

（3）模型与测评报告确定后，找出组织与个人的培训需求，并在培训课程体系设计与培训实施中进行具体的应用。

（4）从调研访谈到培训结果反馈，突出整个过程的闭合式循环。

5. 建议课堂计划

本案例可以作为专门的案例讨论课来进行。以下是按照时间进度提供的课堂计划建议，仅供参考。

整个案例课的课堂时间控制在 150 分钟以内。

课前计划：提出启发思考题，请学员在课前完成案例阅读并对案例进行初步思考，案例小组制作课堂发言 PPT 初稿。

课中计划：简要的课堂前言，明确研讨主题：15—20 分钟。

分组讨论，告知发言要求：30 分钟。

修改 PPT，案例小组修改发言 PPT：20 分钟。

小组发言：每组 10 分钟，控制在 30—45 分钟。

引导全班进一步讨论，并进行归纳总结：20—25 分钟。

课后计划：学员分组就有关问题讨论，每组采用案例分析报告的形式给出更加具体的解决方案，为后续内容铺垫。

案例正文

是谁在屡屡制造疯狂[①]

——CW 公司虚开十三张增值税专用发票引发的税收筹划思考

樊凯[②]　王晓洪[③]　马新智[④]　张晓东[⑤]

摘要： 随着新税制的全面实施以及市场经济的深入发展，增值税的改革日益深入人心，增值税专用发票的使用和管理也日益为各级国税机关、公安机关所重视。本案例描述了作为从事批发业的 CW 公司，在企业财务处理上通过编造虚假资金流向，用票货分离的方式取得增值税专用发票抵扣进项税额，并利用虚开的增值税专用发票多结转计税成本，达到少缴增值税、企业所得税的目的。本教学案例旨在运用财务管理所形成的相关信息，结合现行增值税、企业所得税、发票管理办法等税收法律、法规，从财务管理的角度描述企业在实践中，所涉及到的违反财务会计制度和税收法律法规的行为，使 MBA 学员掌握会计信息形成及其实现财务管理有效应用的方法，从而加深对财务信息在企业经营实践中效用的理解，提高学员税法等相关法律、法规的遵从度，并实现企业的合理避税，引发对税收筹划的思考与探索。

关键词： 增值税、企业所得税、票货分离法、计税成本、税收筹划

---

①　本案例是巴州国税局 2014 年查处的一起偷税漏税典型案例，由作者根据案件查处的案卷资料及报告进行撰写。本案例撰写的作者，拥有著作权中的署名权、修改权、改编权。本案例未经允许，本案例的所有部分都不能以任何方式和手段擅自复制或传播。由于企业保密的要求，在本案例中对名称、数据等做了必要的掩饰性处理。本案例只供课堂讨论所用，并无暗示或说明某某种管理行为是否有效。

②　新疆巴州国家税务局稽查局

③　巴州五谷屯文化产业投资有限公司　新疆·库尔勒

④　新疆大学 MBA 中心

⑤　新疆大学 MBA 中心　新疆·乌鲁木齐

0. 引言

出于一种职业习惯，2014 年 7 月 7 日一大早来上班，就看到巴州国税局稽查局检查科科长愁眉苦脸的样子，坐在她对面的稽查员关心地问："科长，怎么了？不会是又出大案子了吧？"科长的眼睛往桌上一角望去什么话也没说。沿着科长的目光望去，一摞厚厚的资料整齐地摆放在他办公桌的右上角。我想，这又是哪种类型的案子，让科长如此发愁呢？

出于好奇，我粗略地翻阅了一下案卷资料便对科长说："这是一个大活啊！横跨 5 个会计年度的复杂案情，涉及虚开增值税、企业所得税……牵涉面广，有个人、私企、国企等，可能还需要公安局等多部门联合办案。有挑战性，我喜欢！"

科长说："这个案子由市局移交过来的，疑点较大，如果检查得当，配合得力，应该会为国家挽回不少损失，并可以作为一个典型案例向社会公示，有效打击日益猖獗的发票犯罪活动，维护经济、税收秩序，保护遵纪守法的纳税人的合法权益。既然你对这个案子感兴趣，那就交给你们组去查好了。"

接过案卷资料，我开始认真地看起来……

1. 涉案企业基本情况

库尔勒市国税局移交过来的资料显示，CW 公司成立于 2009 年 1 月 15 日，注册资本 160 万元，属于在库尔勒市工商局注册的私营有限责任公司，主要经营范围包括石油技术服务，批发零售、五金交电、石油钻采专业设备及配件、其他机械设备及电子产品、泥浆材料、文具、体育用品、其他化工产品、汽车配件、服装、鞋帽、针纺织品，机械设备租赁，井下作业技术服务等，所从事的行业为批发业。

2009 年 3 月 1 日，CW 公司被库尔勒市国家税务局认定为辅导期增值税一般纳税人；2009 年 9 月 1 日，被库尔勒市国家税务局认定为增值税一般纳税人；2009 - 2010 年，该公司企业所得税实行查账征收；2011 - 2014 年，该公司企业所得税实行核定定期定率征收，核定应税所得率为 4%。

2009 年 2 月至 2014 年 6 月，CW 公司累计实现销售收入 35906279.97 元，销项税额 5992401.39 元，进项税额 5887770.39 元，应纳税额 122806.53 元，已纳税额 122806.53 元，平均税负率 0.34%。

具体各年度增值税的纳税申报情况（见表1-1）。

表1-1 具体各年度增值税的纳税申报情况表（单位：元）

年度	销售收入	应纳税款	已纳税款	税负率	销项税	进项税
2009	2913213.02	5038.25	5038.25	0.17%	495246.29	593052.16
2010	4565556.48	17023.15	17023.15	0.37%	776144.55	661315.53
2011	13067475.63	2196.9	2196.9	0.02%	2221471.26	2292964.66
2012	12450172.2	53568.46	53568.46	0.43%	2116529.29	1989270.53
2013	1974000.00	23463.68	23463.68	1.19%	335580.00	349726.48
2014	935862.64	21516.09	21516.09	2.30%	47430.00	1441.01
合计	35906279.97	122806.53	122806.53	0.34%	5992401.39	5887770.37

2009年2月至2014年6月，CW公司累计申报营业收入35249417.33元，应纳税所得额1110825.92元，应纳所得税额277706.48元，实际应纳所得税额277706.48元，已纳税额277706.48元。

具体各年度企业所得税的纳税申报情况（见表1-2）。

表1-2 各年度企业所得税的纳税申报情况表（单位：元）

年度	营业收入	营业成本	利润总额	应纳税所得额	应纳税额
2009	2913213.02	2469449.10	-62075.02	0	0
2010	4565556.48	3624318.87	-40464.51	0	0
2011	13067475.63	11379567.09		522699.03	130674.76
2012	12450172.20	10260396.77		498006.89	124501.72
2013	1974000.00	1754405.89		78960.00	19740.00
2014	279000.00	272392.69		11160.00	2790.00
合计	35249417.33	29760530.41		1110825.92	277706.48

2. 案件来源介绍

虚开增值税专用发票案屡屡发生，对人们心灵的震撼从最初的触目惊心到司空见惯，不以为然。2014年7月，CW公司因申请注销，库尔勒市国税局依法对其财务资料进行检查，发现该公司账面上存在大量的大额现金流，无现金日记账，购进油料指标异常、公司账目管理混乱等问题。库尔勒市国税局初步怀疑该公司有虚开增值税专用的发票的嫌疑，于是按照程序依法移交巴州国税局稽查局查处。

2.1 违法事实阐述

经过巴州国税局稽查局稽查人员的进一步检查发现，该公司在2009年2

月至 2014 年 6 月经营期间的主要违法事实如下。

2.1.1 通过票货分离方式虚开增值税专用发票

CW 公司经营期间，在账务处理上编造虚假现金流向；同时，在没有真实货物交易的情况下，通过苟某某、林某某等人取得 2 家公司开具的增值税专用发票 13 份，品名为柴油，其中认证抵扣增值税专用发票 12 份，金额 6471594.53 元，税额 1100171.07 元，价税合计 7571765.6 元。逾期未认证抵扣增值税专用发票 1 份，金额 592143.59 元，税额 100664.41 元，价税合计 692808 元。

CW 公司的投资人王某某，通过个人银行卡把所购 13 份增值税专用年发票的手续费 139858 元支付给苟某某，再由苟某某支付给林某某。实际上，CW 公司从未付过购油款，这些油料也没有进入公司的库存，而是由林某某向销售方付款，油料则直接联系和田、喀什等地不需要增值税专用发票的私人加油站买走。

CW 公司的这种行为，根据《全国人民代表大会常务委员会＜关于惩治虚开、伪造和非法出售增值税发票犯罪＞的决定》第一条第四款："虚开增值税发票是指有为他人虚开、为自己虚开、让他人为自己虚开、介绍他人虚开增值税发票行为之一的"；《最高人民法院关于适用〈全国人民代表大会常务委员会关于惩治虚开、伪造和非法出售增值税发票犯罪的决定〉的若干问题的解释》第一条第一款："根据《决定》第一条规定，虚开增值专用发票的，构成虚开增值税发票罪。具有下列行为之一的，属于'虚开增值税发票'：（1）没有货物购销或者没能提供或接受应税劳务而为他人、为自己、让他人为自己、介绍他人开具增值税发票"；第三款："虚开税款数额 1 万元以上的或者虚开增值税发票致使国家税款被骗取 5000 元以上的，应当依法定罪处罚"之规定，CW 公司的上述行为属于让他人为自己虚开增值税专用发票。

以上违法事实，有巴州轮台县公安局提供的涉案中间人苟某某与林某某的讯问笔录，CW 公司、B 公司和 E 公司的财务资料，所有涉案公司、个人银行开户信息及银行交易明细，税务机关认证发票抵扣联的明细信息等证据资料予以证实。

特别是在公安机关的讯问笔录中，根据苟某某与林某某的以下关键问答给出了更加清晰的事实证明：

据林某某交代：我从 2009 年认识苟某某，让我给介绍购买氢烃的客户……2010 年 10 月 28 日，苟某某给我转了 9200 元，这 9200 元是苟某某让我给他虚开增值税发票的好处费，2010 年 10 月 28 日开始，苟某某通过银行转账的方式支付给我的钱……具体的时间我记不清楚，当时苟某某给我联系问我能不能开柴油的增值税专用发票，我跟他说可以，我以每吨柴油 250—300 元的价格收取增值税专用发票的开票费，后面苟某某要开增值税专用发票的时候就跟我联系……我先联系那些不要增值税发票的小散户，将每吨柴油低于进货价30—50 元左右卖掉……苟某某都是通过银行转账的方式支付开票费，我的银行卡是×××……2692，这张卡上和苟某某之间发生的业务都是苟某某给我的开票费，我通过苟某某给其他公司虚开的增值税发票都是按照每吨 250 元的价格收取的开票费……

据苟某某交代：2012 年 7 月份左右，当时我和几个朋友吃饭，我记得有王某、杨哥等一些人，当时杨哥就问谁能开上柴油的增值税专用发票，我当时多了就说我有朋友可以开，当时我就给林某某打电话，他说可以开，当时我就把双方的电话给他们互相留下，然后他们就自己联系……王某通过我只是购买增值税专用发票，而没有实际购买过货物。尾号为"7087"的银行卡一部分是王某通过我购买增值税专用发票的额外手续费……每次给林某某给我说的是按照每吨货的价钱，每吨 300 到 400 元不等……我每次给林某某打钱都是从网上银行转的钱，我的尾号为"7087"的银行卡，王某每次把钱都打到我这张卡上，我再通过网银将钱转给林某某的卡上，有几笔是直接给林某某的现金……

实际上，从讯问笔录中可以看出这属于恶意虚开增值税专用发票，形成开票人、受票人、中间人的"三位一体"，在没有货物购销或没有提供、接受应税劳务的情况下进行虚开发票。同时，虚开增值税专用发票的买卖双方不直接联系，多数是通过中间人介绍接头后，协商成交。再加上交易双方在账务上作了"技术"性处理，具有一定的智能性，日常的稽查不易察觉。在案件实际办理过程中，虚开增值税专用发票罪与偷税罪之间的竞合还是很有限的，只有当虚开的增值税专用发票用以抵扣税款时，才与偷税罪发生关系。

如对直接让发票领购人为自己虚开增值税专用发票，用做进项抵扣凭证偷逃应纳增值税的，应按偷税罪或虚开增值税专用发票罪择一重罪而处断，即应适用虚开增值税专用发票罪。但对从第三者手中非法购买已经虚开完毕的增值税专用发票，用做进项抵扣凭证偷逃应纳增值税的，虚开行为及结果并非行为人所指使、授意的，购买时与虚开金额无直接关联的则为偷税罪。

经分析发现，造成虚开发票现象频繁发生的主要原因还是经济利益驱动。随着市场经济体制的深入发展，市场竞争力的加剧，企业和个人为了在市场竞争中攫取更多的经济利益，在利益驱动下，置国家法律于不顾，铤而走险，以身试法。

2.1.2 因虚开增值税专用发票导致多结转成本，少缴企业所得税

一般情况下，企业要想达到少缴企业所得税的目的，要么隐匿收入，要么虚增成本，人为的调节利润，就可以实现控制企业所得税的税负。基于此原因，CW 公司正是通过票货分离方式取得虚开增值税专用发票后，虚增当年的营业成本 1193638.45 元。按照 CW 公司 2010 年度企业所得税实行查账征收的方式，经计算该公司实际上少申报缴纳企业所得税 292480.78 元。

实际上，根据《中华人民共和国企业所得税法》（以下简称"企业所得税法"）第八条："企业实际发生的与取得收入有关的、合理的支出，包括成本、费用、税金、损失和其他支出，准予在计算应纳税所得额时扣除"；第十八条："企业纳税年度发生的亏损，准予向以后年度结转，用以后年度的所得弥补，但结转年限最长不得超过五年"；《国家税务总局＜关于查增应纳税所得额弥补以前年度亏损处理问题＞的公告》："一、根据企业所得税法第五条的规定，税务机关对企业以前年度纳税情况进行检查时调增的应纳税所得额，凡企业以前年度发生亏损、且该亏损属于企业所得税法规定允许弥补的，应允许调增的应纳税所得额弥补该亏损。弥补该亏损后仍有余额的，按照企业所得税法规定计算缴纳企业所得税"之规定，CW 公司应补缴 2010 年度因虚开增值税发票的违法行为，导致企业少缴的企业所得税额为 292480.78 元。

2.1.3 车辆处置适用税率错误

2014 年 4 月，CW 公司处置 8 辆车，其中 6 辆生产车辆在 2009 年以后购入，且购入时已经认证抵扣进项税额，1 辆生产车辆未入账，1 辆自用小车未认证抵扣进项税额。CW 公司向购买方开具了增值税普通发票，取得收入 670000 元（含税），发票上注明不含税销售额 656862.64 元，税率 2%，已申报缴纳增值税 13137.26 元。按照现行增值税政策规定，CW 公司处置 2009 年以后购入的 6 辆生产车辆时，应按照适用税率计算缴纳增值税（6 辆车购入时已按照 17% 的税率抵扣进项税额，因此在销售时要按照 17% 的税率计算销项税额）。处置 1 辆未入账车辆和 1 辆未抵扣车辆时，应按 4% 的征收率减半征

收增值税，少申报缴纳增值税 65302.89 元。具体的车辆处置情况见表 2 - 1。

表 2 - 1　2014 年具体车辆处置情况表

名称	售价	开票价格	已交税额	计税价格	计算应交税额	应补交税额	备注
轻型货车	20000.00	19607.84	392.16	17094.02	2905.98	2513.82	已抵扣
汉兰达	50000.00	49019.60	980.39	48076.92	961.54	- 18.85	未抵扣
洗井清蜡车	100000.00	98039.20	1960.78	85470.07	14529.91	12569.13	已抵扣
固井水泥车	100000.00	98039.20	1960.78	85470.07	14529.91	12569.13	已抵扣
压裂车	100000.00	98039.20	1960.78	85470.07	14529.91	12569.13	已抵扣
压裂车	100000.00	98039.20	1960.78	85470.07	14529.91	12569.13	已抵扣
三合一	100000.00	98039.20	1960.78	85470.07	14529.91	12569.13	未入账
压裂车	100000.00	98039.20	1960.78	85470.07	14529.91	12569.13	已抵扣
	670000.00	656862.64	13137.26	588675.24	78440.15	65302.89	

根据《财政部、国家税务总局〈关于全国实施增值税转型改革若干问题〉的通知》（财税〔2008〕170 号）第四条："（一）销售自己使用过的 2009 年 1 月 1 日以后购进或者自制的固定资产，按照适用税率征收增值税。"

根据《财政部、国家税务总局〈关于部分货物适用增值税低税率和简易办法征收增值税政策〉的通知》（财税〔2009〕9 号）第二条："（一）纳税人销售自己使用过的物品，按下列政策执行：一般纳税人销售自己使用过的属于条例第十条规定不得抵扣且未抵扣进项税额的固定资产，按简易办法依 4% 征收率减半征收增值税。"CW 公司在 1 辆生产车辆未入公司账目中，1 辆自用小汽车没有认证抵扣进项税额。在处置这 2 车辆计算缴纳增值税时，直接按照 2% 的税率是错误的（含税价/（1+2%）×2%），应按 4% 的征收率减半征收增值税的规定进行纳税计算（含税价/（1+4%）×4%/2）。

CW 公司的上述行为，直接造成该公司少申报缴纳增值税 65302.89 元。以上事实有 CW 公司账务资料、增值税申报表、税务机关出具的机动车销售统一发票认证结果清单等证据资料予以证实。

2.1.4　未按规定保管企业账证册资料

稽查人员在对 CW 公司财务账册的检查取证中，发现 CW 公司未按照规定保管公司 2010 年 11 月会计报表、2012 年 12 月会计凭证及会计报表、2009 年 2 月至 2014 年 6 月现金日记账，属于未按规定保管账簿资料、记账凭证的行为。

根据《中华人民共和国税收征收管理法》第二十四条："从事生产、经营的纳税人、扣缴义务人必须按照国务院财政、税务主管部门规定的保管期限保管账簿、记账凭证、完税凭证及其他有关资料。"根据《中华人民共和国税收征收管理法实施细则》第二十九条第二款："账簿、记账凭证、报表、完税凭证、发票、出口凭证以及其他有关涉税资料应当保存 10 年；但是，法律、行政法规另有规定的除外"之规定，该公司的上述行为属于未按规定保管账簿资料、记账凭证。

以上的事实，有 CW 公司会计的询问笔录、CW 公司出具的《情况说明》等证据资料予以证实。

在对 CW 公司会计的询问笔录及所出具的《情况说明》中显示，因原出纳没有相应的从业资格证，而让公司的会计作为联系人。而出纳离职后没有将相应的账务进行移交，至今也联系不上导致部分会计报表、记账凭证、现金日记账等账证册资料缺失。

稽查人员：该公司的现金日记账怎么不在财务资料里？

公司会计：现金日记账是出纳张××登记的，没有在我这里，我这只有会计凭证和会计报表。

稽查人员：该公司的财务资料不全，2010 年缺 2 月、5 月会计凭证，11 月会计报表；2012 年缺 12 月会计凭证和会计报表；2014 年缺 2 月会计凭证、6 月会计凭证和会计报表，这是怎么回事？

公司会计：2010 年 2 月、5 月，2014 年 2 月没有收入，只有费用。我们就把账做到下个月，所以没有账。我们每年把账装订完后就交给他们了，为什么 2010 年 11 月会计报表、2012 年 12 月会计凭证和会计报表资料没有了，我不知道。2014 年 6 月这个月公司要注销，会计凭证和会计报表就没有再做了。

2.2 作案手段

商品从生产到消费都要经过流通环节，在此过程中部分人不属于某一个企业或经济组织，可以根据客户的需求筹集资金、组织货源，自主经营，自负盈亏，从事独立的商品销售活动所受到的制约很少。

从稽查人员对 CW 公司的违法事实进行调查发现，CW 公司所涉及的具体违法行为中，所采取的主要方式与手段是通过票货分离的方法，购买企业增值税专用发票，通过个人银行卡支付票点，实现为企业虚开增值税发票的目的。

同时，通过编造貌似真实可信的虚假会计分录形成资金流，虚拟经济业务申报抵扣进项税额。利用所购买的增值税专用发票，虚增企业营业成本，导致企业所得收益减少，少缴纳企业所得税。

2.2.1 采取票货分离手段虚开发票流程（图2-1）

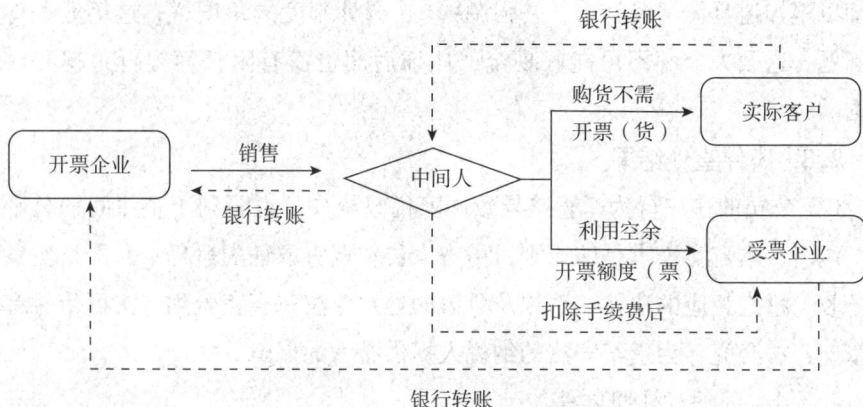

图2-1 采取票货分离手段虚开发票流程

CW公司利用成品油等大宗商品部分终端消费不需要发票，成为企业的"空余开票额度"，为其虚开发票带来了可乘之机。具体流程是：中间人掌握购货而不需要发票的单位或个人（A）信息，以及需要发票但不购货的企业（B）信息，以需要发票的企业名义购货，货交给实际购货企业（A），却将发票开给要票的企业（B），并收取一定的发票手续费。

2.2.2 虚拟交易记录掩盖虚开行为

虚开企业收到虚开发票的全额资金后，为避免资金短期内原路返回，开设多个私人（中间人）转账账户或使用中间公司的账号，以借出款或往来款的名义将资金打入到受票单位的中间公司或个人账户，形成资金回流。检查更发现企业使用网上银行转账，瞬间即可完成资金回流，隐蔽性很强。

2.2.3 虚假编造企业现金流

稽查人员在询问"2013年11月30日10笔凭证记录以现金方式还王某等6人其他应付款4502227.17元，这笔业务记录是什么内容以及会计分录是否正确"时，公司会计说："记录的内容是公司借了这几个人的钱，现在还给他们。正常情况下，凭证后要附银行单据和借款人收条，但这个凭证里没有任何附件和单据。同时，会计制度规定，现金不能坐支，公司收到现金应该将现金先打入公司银行基本账户，支付现金时从银行基本账户中取出，这个过程应该在银行存款账户和现金记账的明细中登记反应。但银行存款中没有发现这笔业务的过程, 我也没见过这家公司的现金日记账。"

在 CW 公司 2013 年 11 月 30 日 11#凭证记录以现金方式收取的销货款5876909.60 元, 当稽查人员让公司会计看看这笔业务有什么问题时, 公司会计却以不知道具体情况为由, 并强调: "从会计制度的角度说, 这笔业务肯定有问题, 这么大金额不可能收现金, 凭证后面也没有附任何银行单据和收款收据。"

2.3 案件查处结果

CW 公司的违法行为, 直接导致国家税收减少, 也不利于企业间的公平竞争。同时, 本着实事求是的原则, 稽查人员在调查取证的过程中, 严格按照税收征收与稽查相应的法律、法规及具体的处罚办法。真正做到有法可依、有法必依、违法必究, 为遵纪守法的纳税人提供有力的保障。

2.3.1 处理及处罚依据

《国家税务总局 < 关于纳税人取得虚开的增值税发票处理问题 > 的通知》(国税发 [1997] 134 号) 第一条: "受票方利用他人虚开的专用发票, 向税务机关申报抵扣税款进行偷税的, 应当依照《中华人民共和国税收征收管理法》及有关规定追缴税款, 处以偷税数额五倍以下的罚款; 进项税金大于销项税金的, 还应当调减其留抵的进项税额。利用虚开的专用发票进行骗取出口退税的, 应当依法追缴税款, 处以骗税数额五倍以下的罚款。"

当事人接受虚开专用发票的行为涉嫌构成犯罪, 根据《中华人民共和国刑法》第二百零五条和《行政执法机关移送涉嫌犯罪案件的规定》(国务院令第 310 号) 第三条之规定, 应依法移交司法机关追究刑事责任。

根据《中华人民共和国税收征收管理法》第三十二条: "纳税人未按照规定期限缴纳税款的, 扣缴义务人未按照规定期限解缴税款的, 税务机关除责令限期缴纳外, 从滞纳税款之日起, 按日加收滞纳税款万分之五的滞纳金。"第六十条第一款: "纳税人有下列行为之一的, 由税务机关责令限期改正, 可以处两千元以下的罚款; 情节严重的, 处两千元以上一万元以下的罚款。"第二项: "未按照规定设置、保管账簿或者保管记账凭证和有关资料的。"第六十三条第一款: "纳税人伪造、变造、隐匿、擅自销毁账簿、记账凭证, 或者在账簿上多列支出或者不列、少列收入, 或者经税务机关通知申报而拒不申报或者进行虚假的纳税申报, 不缴或者少缴应纳税款的, 是偷税。对纳税人偷税的, 由税务机关追缴其不缴或者少缴的税款、滞纳金, 并处不缴或者少缴的税款百分之五十以上五倍以下的罚款；构成犯罪的，依法追究刑事责任。"

2.3.2 处理及处罚建议

CW 公司的上述违法行为，稽查人员提出如下具体处理及处罚建议：

1. 追缴 CW 公司少缴增值税款 1165473.96 元，企业所得税款 292480.78 元，两项税款共计 1457954.74 元；

2. 对 CW 公司处以所偷税款百分之五十的罚款，即 728977.37 元；

3. 对 CW 公司未按规定保管账簿资料、记账凭证的行为责令限期改正，并处 2000 元罚款；

4. 从滞纳税款之日起，按日加收滞纳税款万分之五的滞纳金；

5. 对 CW 公司及本案中的相关责任人，依法移交公安机关追究其刑事责任。

3. 办案经过

3.1 充分做好查前分析准备工作

稽查人员根据市局移交的案件线索，综合分析了企业基本信息，纳税申报情况、发票领购开具情况、增值税专用发票认证抵扣等情况后发现：①CW 公司各年度税负率很低；②在经营期间大量购进油料的情况与企业的经营范围不符，在企业的经营范围中没有批发销售汽油柴油的项目；③购进油料的成本占企业总成本的 47% 以上，这个指标已经接近货物运输企业的油耗指标，很异常且不符合 CW 公司的行业特点和经营常规；④CW 公司账上记载可以使用油料的固定资产只有 7 辆车，不可能使用那么多油料。带着种种疑问，稽查人员进一步详细的查看了 CW 公司财务资料，发现 CW 公司财务资料缺失，账务处理混乱，存在大量使用大额现金购买油料的情况。

经过以上初步分析，稽查人员把检查重点放在外购油料上，认为 CW 公司可能存在主观故意让他人为自己虚开增值税专用发票抵扣进项税额的情况。于是，稽查人员制作了《查前分析报告》《检查方案》，报领导批准后实施检查。

CW 公司购进油料（专票）14248558.44 元（不含税），账载结转成本 29760530.41 元，油料成本占总成本的 47.88%，比重严重超标。具体的购进情况见表 3-1。

表3-1　CW公司购进油料统计表

序号	名称	金额	税额	税价合计
1	A加油站	2542930.99	432298.26	2975229.25
2	B公司	10164493.58	1727963.92	11892457.50
3	C加油站	811965.82	138034.18	950000.00
4	D加油站	386369.24	65682.76	452025.00
5	E公司	271921.88	46226.72	318148.60
6	F公司	70876.93	12049.07	82926.00
7	合计	14248558.44	2422254.91	16670786.35

3.2　运用排除法寻找突破点

CW公司主要从C公司等国有企业和B公司等私营企业两个渠道购进柴油，共购进油品14248558.44元，其中从C公司等国有企业购进油品3741266.05元，从B公司等私营公司购进油品10507292.39元。为了捋顺油款的支付情况，稽查人员先后调取了CW公司、投资人王某某、负责人王某某等主要人员的银行交易明细信息，与记账凭证逐一核对，发现CW公司从C公司等国有企业购买的油料是通过对公账户支付的，而从B公司等私营企业购买的油料是通过大额现金支付的，在对公账户和涉案人员的个人银行上未发现有提取大额现金的情况。针对这一情况，稽查人员运用排除法，首先调查了CW公司从C公司等财务核算健全的国有企业购进油料的付款情况和油品提运情况，排除了CW公司从该渠道取得虚开增值税发票的可能，将案件突破重点放在调查B公司等私营企业上。

3.3　以小见大，辨明真伪，有力突破

稽查人员首先调查了只给CW公司开具了1份增值税专用发票的E公司，在询问E公司法人过程中敏感察觉到他的异常，比如当询问到油款是如何支付等关键环节时，E公司法人有说话吞吞吐吐、遮遮掩掩、面色紧张等表现。为了掩护林某某的身份，干扰稽查人员视线，E公司法人说这笔业务是其他业务员办理的，时间太长记不清楚是谁办理的，油款是以现金方式收取的，并向稽查人员提供了自己的银行卡交易明细信息，该明细信息中未反映这1份增值税专用发票所对应的货款支付情况。

稽查人员经过分析认为：E公司法人的紧张慌乱等异常表现是说谎的真实表现，说明他在关键问题上没有如实回答稽查人员的询问，隐瞒了真实情况；另外，稽查人员也没有完全采信其提供的银行卡交易明细信息，认为他可能还

有其他银行卡。

随后，稽查人员果然从其他银行调出了 E 公司法人另外 1 张银行卡交易明细信息，该明细信息清楚的反映油款是由林某某支付的，与增值税专用发票上的金额一致。在铁证面前，F 公司法人向稽查人员交代了实情，该笔业务是林某某向 F 公司购买了一批柴油，增值税专用发票是苟某某通过林某某让 F 公司将增值税专用发票开具给 CW 公司。

至此，林某某和苟某某进入稽查人员视线。根据这一线索，稽查人员在 CW 公司投资人王某某的银行卡交易明细信息中发现，CW 公司取得增值税专用发票后有一笔钱（票点）从王某某银行卡打给苟某某银行卡。

稽查人员按照这一资金流向顺藤摸瓜、追根溯源，依法调取了苟某某的银行卡交易明细信息，发现苟某某在收到 CW 公司投资人王某某的钱（票点）后，马上又打给了林某某的银行卡。至此，稽查人员掌握的资金流向证据已清晰的反映 CW 公司通过苟某某、林某某从 F 公司取得虚开增值税专用发票抵扣进项税的事实，使案件进展实现零突破。

3.4 联手公安，双管齐下，使案件迅速告破

在掌握完整的资金证据后，经领导批准，巴州国税局稽查局迅速提请同级公安局经侦大队介入调查，希望借助公安的技术手段对嫌疑人实施人身控制和取得口供证据。与此同时，稽查人员开始着手调查开票量最大的 B 公司。

经侦大队对资金证据审核后，对苟某某发起网上追逃，当天晚上 11 点多在轮台县将苟某某抓获，稽查人员连夜赶赴轮台县公安局。双方进行详细的沟通交流后，经侦大队依法对苟某某进行了讯问，在先后四五次的讯问交锋中，苟某某的心理防线被成功突破，老实交代了 CW 公司投资人王某某通过自己和林某某取得 F 公司、B 公司开具的增值税专用发票的违法事实，并承认王某某打给自己的钱是支付给林某某的票点，自己收到钱后马上又打给了林某某。

与此同时，稽查人员调取了 B 公司的账簿资料和相关人员的银行卡交易明细信息，这些证据共同指向林某某支付油款向 B 公司购买油料，而增值税专用发票却开给 CW 公司的事实。结合王某某和苟某某的银行卡交易明细信息和苟某某的口供，抓捕林某某的条件已经成熟，经侦大队依法对林某某实施抓捕。在铁证面前，林某某的狡辩苍白无力，几番对峙交锋，林某某的心里防线彻底崩溃，老实交代了自己从 F 公司、B 公司购买油料，通过苟某某收取票点，把增值税专用发票开给 CW 公司的犯罪事实。至此，经过 2 个月努力奋战，CW

公司虚开增值税专用发票案宣布全面告破。

3.5 办案心得

不打没有把握的仗，不查没有根据的案。在案件的查办过程中，细节往往是案件突破的关键，所以稽查人员在查案时一定要做到细致认真，遇到问题不能轻易放过，不能放过任何蛛丝马迹，因为每一个疑点的深挖都可能是解开案件谜团的关键，必须要有耐心，抽丝剥茧般的拨开层层迷雾才能将案件查办下去。同时，要坚定信念，当案件遇到阻力、困难或卡壳时，不要气馁，也不要心灰意冷，一定要坚信做任何事情总会留下痕迹，真的假不了，假的真不了！回过头把已经掌握的证据再认真梳理几遍，或许就会有新的收获。

更为重要的是，在案件的查办过程中要及时梳理证据、勇于刨根问底，由于企业的财务水平在不断提高，其偷税隐蔽性也随之增强，无形中增加了我们的查案的难度，看证据的取得是否符合法定程序，证据内容是否互相印证，是否能把看似毫无关系又独立片面的证据贯穿起来，形成铁板订钉的证据链。同时，要寻求合作，利用一切可以利用的资源与优势，积极争取相关部门的协作、配合。

实际上，对于违法违规企业的查办，只要能做到认真仔细、坚定信念、及时梳理、寻求合作这"四要"，并勤练"内功"就能把案件顺利查办下去。

4. 遇到的困难

4.1 银行的大数据信息支持力度不够

资金流是检查虚开增值税专用发票的关键关节，银行数据的完整和明晰对案件的查处有直接、决定性的影响。现阶段，我国国有银行、地方银行、政策性银行等派系林立，平台不统一，各大银行都有自己独立的系统和管理办法，跨行交易、异地交易、网银支付等方式的不同，导致司法查询出的银行交易明细信息不全，如对手交易名称、账号等关键信息的缺失往往使案件查办环节中断，陷入僵局。在 CW 案件的查办过程中，稽查人员只能从银行调出账户的交易流水，需要人工进行逐一筛选，确定疑点交易，再调取开户人信息。在信息化发展的今天，这种费时、费力、费事的信息技术支持，极大影响了稽查办案效率，也加大了办案成本。

4.2 装备保障支持不够

工欲善其事，必先利其器。面对各色各样的稽查对象、层出不穷的违法手段，现有的装备保障已经不能满足检查需要，稽查设备的更新换代已迫在眉睫，如配备录音笔、执法仪等，要利用不断发展完善的、先进的科技力量，逐步增配稽查装备，使稽查各环节都有足够的保障，提高检查时效和质量。

4.3 内外渠道涉税信息不对称、协同作战不畅

一方面，由于市场作用，纳税人信息本身有着较强的不确定性；另一方面，受技术、意识等多种因素制约，在税务机关内部未能实现征、管、查各环节信息的网上传输与共享，在外部未能与社会相关部门进行信息沟通和情报交换。信息不对称为纳税人隐匿相关纳税信息提供了机会，阻碍了稽查从外部捕捉、掌握信息的渠道。另外，社会协税机制不健全。各部门间配合缺乏法律依据，部门间协作缺位，有些部门从本部门利益出发，甚至与纳税人联手造假，为税务稽查设置壁垒。

5. 建议及对策

依法纳税是每个企业和公民应尽的义务。税收征管改革使税收管理体制由"管理式"向"服务式"转变，作为税收征管工作的最后一道防线，税务稽查成为当前维护税收秩序，打击税收违法犯罪的最后手段，理应被强化和重视，所以加强税务稽查工作既十分必要，也非常迫切。实际上，针对当前虚开发票的特点和手段，税务机关从打击惩处和宣传教育两方面着手，进一步强化对企业发票开具、使用情况的监控和管理，同时引导纳税人诚信守法经营，防止发票违法活动的发生。

5.1 加大处罚、曝光和量刑力度

从法律制定的上层建设上，加大对税收违法犯罪行为的查处和打击力度，提高虚开发票行为的违法成本。我国实行增值税抵扣机制，增值税进项抵扣发票已不仅仅是原本意义上商事往来中的结算凭证和企业会计核算凭证，发票既可获取抵扣进项税额，又可取得出口退税款，因而具备了"货币化"的功能。一份万元版的增值税发票其价值已经远远超过了一张百元面额人民币的价值，十万位、百万位的发票价值更高，而获取上述发票却相对容易。

对虚开方而言，注册一家公司，交纳开具发票金额1%－3%的税收，可以获取虚开发票金额3%－7%的"利润"；对受票方企业而言，仅需付出虚开发票金额3%－7%的手续费用就能获得高达42%（17%增值税＋25%所得税）的"收益"。在增值税抵扣机制改革完善之前，只有加强打击，严格执法，让

发票虚开方付出财产和人身自由的代价，让虚开发票接受方付出比"收益"更高的成本，才有可能遏制虚开发票行为的增长势头，特别是对一些设立的空壳公司等专门虚开发票牟利的，要坚决予以打击，维护市场秩序。

5.1.1 加大对虚开发票违法行为的处罚力度

建议加重对虚开增值税发票违法犯罪的量刑刑罚。如果量刑较轻不利于遏制虚开发票的违法犯罪行为，虚开增值税发票有风险，但非法获利非常大，严重扰乱了经济秩序。为此，不仅应加重虚开发票的量刑，而且比其他情形的刑罚还要从严，让那些不法分子从内心上感到畏惧，不敢轻易地实施违法犯罪，充分发挥法律制裁的震慑作用。

5.1.2 加大对接受虚开增值税发票违法行为的处罚，打击买方市场

虚开和接受虚开，就如同两个巴掌，缺一个就拍不响。对接受虚开方，增值税发票管理条例规定有善意和恶意之分。善意取得增值税发票被查处后，只作进项税额转出或补税，没有罚款和加收滞纳金。而恶意取得增值税发票用于抵扣进项、偷税的，要补税、罚款、加收滞纳金。不少接受虚开的企业一旦被查处，就以各种理由往善意取得方面进行靠近，甚至大声喊冤；而税务机关有时也难于落实属善或属恶，往往考虑到当地经济发展的需要，以善意取得处理为主。在实际工作中，对接受虚开的企业，一定要认真仔细检查，切实弄清原因，不可以轻易下结论，尤其是要关注多次取得虚开发票被查处的企业，如果是恶意取得抵扣凭证抵扣税款的，一定要从严处理、从重打击。

5.1.3 对授意、指使、强令从业人员者不能以罚代刑

对企业授意、指使、强令财务人员篡改会计数据，假造凭证、账表进行偷税，恶意虚开增值税发票的，税务部门要按征管法从重处罚，补税罚款，符合移送条件的，必须移送公安机关追究刑事责任，决不能以罚代刑。

5.1.4 加大虚开和接受虚开企业的媒体曝光力度

对虚开和接受虚开的企业要加大媒体曝光力度，均不得参与评选纳税先进企业和重信用守合同企业，也不得享受税收优惠政策。同时，通过这些反面典型的宣传让企业真正明白，利用不法手段谋取不当利益的代价是巨大的。

5.2 税务管理部门要加强与稽查部门的互动。

对于虚开发票的企业，其生产能力与用票量、销售量往往会有异常。对此，税务机关要及时约谈企业财务人员，要求财务人员解释原因，疑问较多又无正当理由的要加强预警，及时提请稽查部门介入。

税源管理部门与稽查部门应建立纳税评估与税务稽查信息传递制度，定期召开碰头会通报情况，交流纳税评估中发现的不同行业、不同企业、不同产品的物耗、能耗比例和生产经营管理方式、方法，交流稽查发现的偷税骗税新动向，调查取证新方法。

5.3　提高企业财务人员的法律意识和思想道德品质

当前，虚开发票、造假账等违法行为多数属于财务人员在企业法人的强令、胁迫、指使和授意下实施的。一方面，财务人员受到强令、胁迫、指使和授意下做虚假账目时，还将面临来自法律和企业法人的双重压力，如不服从，可能遭致报复、解职。另一方面，财务人员的工资、福利待遇等都是与企业的经济效益相挂钩，财务人员为了追求个人的经济利益，对造假行为，往往不加抵制，甚至还会帮助出谋划策。只有财务人员的法律意识和道德素质提高了，才会顶住压力，挡住诱惑，从而杜绝造假账的发生。

因此，要认真贯彻执行《会计法》，对那些因提供虚假财务会计报告，做假账，隐匿或者故意销毁会计凭证、账簿、会计报告等违法行为被追究刑事责任的人员，必须依法依规从严处罚，要通过法律的约束，促使财务人员具备强烈的责任感，在履行职责中，遵纪守法，不论遇到何种情况，不丧失原则，不图谋私利，不触犯法律。

5.4　强化信息监控，加强对重点行业、疑点企业的日常管理及相关行业税收政策管理

建立健全现代企业税收制度，切实把纳税评估和日常稽核作为管理的有效手段，及时发现和查处企业存在的偷骗税问题。通过加强管理，使有偷逃税的部分企业和财务人员无空子可钻，无机可乘。同时，要抓住发票管理中的重点环节和薄弱环节，依托信息技术为手段，对重点行业和疑点企业实施监控和调查，并落实相应的管理措施。

5.4.1　依靠大额发票分析系统严密信息监控

加强对企业进销发票的跟踪管理，开展发票统计、筛选和比对，重点对企业取得"大额外地专用发票""前后年度增幅异常""新增外地大额发票"、取得大量"外贸企业、边远地区发票"的情况进行监控，并结合日常协查中出现的问题，对相关行业和地区的税收指标进行对比分析，尽早发现企业发票问题。对产品直接面向消费者的行业，还要重点关注企业无票申报的情况，对存在疑点的企业要及时进行抽查核实，防范企业虚开发票。

5.4.2 认真做好发票协查发函

企业虚开发票活动越来越隐蔽，简单的下户检查方式只能发现一些疑点和线索，难以确认企业接受虚开发票。这时，如果仅发送一般性的函调，开票方税务机关往往重视不够，导致复函结果大多为无问题甚至久而未复。要将疑点和线索作为附件向开票方税务机关发函协查取证，引起当地税务机关的重视，形成发票管理的工作合力，减少自身执法风险。

5.5 强化宣传引导企业依法纳税，财务人员守法做账

企业财务会计制度规范健全，一方面可以防止内部人员利用管理漏洞虚开发票，另一方面也可以为税务机关后期追查提供线索依据。因此，需要进一步加大税法宣传力度，引导企业树立正确的生产经营思想，始终坚持守法经营，依法纳税，绝不能以身试法，铤而走险。税务部门要加强对企业财务人员的法律、法规知识的培训学习，增强守法意识。应与重点监管企业财务状况的人员，建立定期的互通情况制度，从中了解情况，增强工作的有效性和针对性。具体来说，应从四方面督促企业做好内部管理。

5.5.1 完善企业内部登记保管制度

要求企业建立日常购销活动登记制度，在销货环节，企业除根据送货单信息登记产品进销存等信息外，还应记录相关运输情况（如运输企业、司机、送货车辆等）；在购货环节，企业要对每批入库货物的运输情况进行登记，如实记录送货人员和运输车辆情况，并落实送货人、收货人"双人签章制"。在完善登记制度的基础上，还应要求企业保管好相关单据和凭证，购销货物所涉及送、出货单据要随同发票并入凭证管理；对于委托物流企业运输的，要求企业保留与运输企业的货物托运单据、结算凭据，减少企业弄虚作假的可能性。

5.5.2 提高企业存货管理水平

针对企业虚开虚抵现象，要加强企业对存货的管理，要求企业报备存货核算方式，定期对存货进行盘点，并将盘点结果报主管税务分局备案。税务机关采取不定期抽查的方式，根据企业生产规模、产品特点等，并结合企业报送的存货情况进行实地调查和核实，重点关注存货异常变动情况，降低企业虚开虚抵的机率。

5.5.3 加强对企业委托加工业务的管理

检查发现，一些企业开票销售额与其产能、耗能等情况不匹配，质询时企业称为委外加工业务，但又无法提供委托加工核算情况。对此，要加强委托加

工业务的管理，要求企业建立健全委托加工业务核算，以便税务机关测算核实企业真实产能，掌握其实际经营情况，防止虚开发票。

5.5.4 严格执行银行账户备案制

应加强对企业账号的管理，要求企业严格按《征管法》规定将用于生产、经营的资金账户包括对公账户和相关的私人账号报税务机关备案，按月将银行对账单附于凭证内，便于税务机关随时核实查对，加强对企业资金往来情况的监督，防止企业通过资金体外循环完成虚开活动。同时，加强对企业资金往来的监管，重点对以现金支付货款、赊欠货款、委托其他单位或个人支付货款、频繁进行个人借贷的一般纳税人进行监管，对重大疑点如长期未付款或委托他人付款金额较大且无正当理由等，要作进一步检查。

6. 税收筹划启示

增值税是我国第一大税种，是"营改增"后企业的主要的税负。我国企业目前存在着严重的偷税漏税现象，其根本原因在于我国税收机制尚不完善。近年来，随着市场经济的蓬勃发展，利润最大化成为企业竞相追逐的目标，如何降低成本，合法规避各项税金成为摆在企业面前的一个重要课题。从税务部门的角度看，虚开增值税发票因其具有的巨大社会危害性，历来是国家打击的重点。《国家税务总局〈关于加强增值税征收管理若干问题〉的通知》（国税发〔1995〕192号）第一条第（三）款的规定，纳税人购进货物或应税劳务，支付运输费用，所支付款项的单位，必须与开具抵扣凭证的销货单位、提供劳务的单位一致，才能够申报抵扣进项税额，否则不予抵扣。在这一背景下，为加强税收征管，遏制虚开增值税发票，"票、货、款一致"逐步成为税务执法机关判定行为是否构成虚开增值税发票的标准之一。

实际上，通过 CW 公司虚开增值税发票案看，作为企业想减轻税负是无可非议的事。在尊重税法、依法纳税的前提下，如何降低税负和实现税收零风险，企业只有在"君子爱财，取之有道"的原则下，才能大有可为。也就是说，企业必须是在法律、法规规定的许可范围内，从多税种主案中通过经营、投资、理财活动的事先筹划和安排，尽可能地取得"节税"的税收利益，使自身税负得以减轻或延缓。

企业作为自主经营、自负盈亏的法人单位，依法纳税是企业应尽的义务。同样，认真研究国家税收政策、合理节约税负支出也是企业应有的权利。对于任何一个企业而言，进行税收筹划主要就是为了实现直接减轻税收负担，获得资金的价值，实现与税务有关的零风险，追求经济利益最大化以及维护自己的合法权利和利益的目的。更为重要的是，税收筹划与财务管理密切相关，这是因为税收筹划能减少支出，提高资金利用率，从而有利于实现财务管理的税后利润最大化目标。税收筹划在企业财务管理中的运用，主要是在筹资决策、投资决策、利润分配中的运用。

在通常情况下，可以通过利用纳税人身份选择、混合销售和兼营业务、税率、税收的行业与地区优惠政策、合理的费用抵扣政策等途径进行增值税的税收筹划。在 CW 公司的投资方式选择上，可以运用购进固定资产的增值税抵扣企业进项税这一政策，通过购进固定资产，加快固定资产的更新改造，在降低生产成本的同时，享受抵免进项税额，已实现税收筹划。同时，CW 公司可以通过在产品的销售过程中，不能及时收回货款的方式，采用赊销或分歧收款推迟纳税义务时间。在销售商品时采取委托代销，等到收到代收款时再确认产品销售收入的实现。在销售货物的时候，多采取折扣销售的方式，给予购货方一定的价格优惠，以此来取得节税利益。

对于以增值税纳税人身份的税收筹划，在企业的实际操作过程中，还需注意以下几个方面的相关问题：对符合一般纳税人条件，但不申请办理一般纳税人认定手续的纳税人，应按销售额依照增值税率计算应纳税额，不得抵扣进项税额，也不得使用增值税发票；企业财务利益最大化的要求，限制了企业做小规模纳税人的选择权；企业产品的性质及客户类型也决定着企业进行纳税人筹划空间的大小。

如今，税收筹划已经成为企业理财和经营管理整体中不可或缺的一个重要组成部分。税收筹划是现代企业理财活动的重要内容，也是企业纳税意识不断增强的表现，它要求筹划人熟悉各种税收政策法规，合理运用各种节税方法，使得企业税收成本最低化。在实际税收筹划中，在收入一定的情况下，一定要以科学的眼光看待税收筹划，不能只把眼光定在税收上，而必须把实现企业价值最大化作为衡量标准，在综合权衡各方面因素后，在对企业的税收筹划方案做出决策。

7. 尾声

虚开发票是一种严重的税收违法行为，按我国 2009 年修订后的《刑法》

规定，虚开增值税专用发票犯罪行为最高可以处无期徒刑。国家虽严厉打击，但虚开发票现象依然屡见不鲜，最直接、最根本的原因就是能够牟取暴利。在增值税抵扣机制改革完善前，虚开发票问题将长期存在，打击此类违法行为也将是税务机关必须长期坚持的一项重要工作。

在相关部门的配合和支持下，在稽查人员的共同努力下，CW 公司的案件总算是基本告于段落，我哼着自己改变的《沂蒙山小调》"人人（那个）都说（哎），国税稽查好，国税（那个）稽查（哎）好风光……"向科长进行结案汇报。

当我们来到科长办公室的时候，她微笑地说："你们辛苦了，长途跋涉穿梭在轮台与库尔勒之间，总算在大家的共同努力下，为国家挽回了损失！"CW 公司虚开增值税发票案在稽查人员的努力下落幕了，对相关责任人的刑事追究我们不得而知。我们更加关注的是，遵纪守法的纳税人的合法权益该如何保护？那些正在发生避税的其他企业不要剑走偏锋，如何在法律、法规及政策允许的范围实现和谐税收筹划。

是谁在屡屡制造疯狂

——CW 公司虚开十三张增值税发票引发的税收筹划思考

1. 教学目的与用途

（1）本案例主要适用于财务管理、经济法及税收筹划的案例教学，适用对象为 MBA 学员。

（2）本案例的教学目的是结合案例的分析和讨论，让学员充分了解增值税、企业所得税的相关理论知识，思考站在企业的角度如何进行合理避税？

（3）本案例属于典型企业虚开增值税发票的偷税漏税行为，说明在具体的操作中可能出现的诸多问题，引导学员理性看待税收筹划，提升学生的分析问题、解决问题的能力。

（4）通过案例分析，要求学员进行角色模拟，假如你是总经理，在 CW 公司的具体环境下如何进行分析和决策。同时，对 CW 公司决策及其实施作出分析、评价。

2. 启发思考题

（1）你如何看待 CW 公司的偷税漏税行为？

（2）从税收稽查的角度看，在调查 CW 公司过程中的最大难点是什么？

（3）假如你是总经理，会首先从哪些方面展开企业避税工作？

（4）CW 公司因虚开发票导致的所得税上交，财务上应该进行怎样的补救措施？

（5）假如在税务机关没有查处前，CW 公司申请企业注销前要解决的问题是什么？

（6）假如你是 CW 公司财务总监，你应该向老板提出怎样的税收筹划建议？

3. 理论依据

（1）税收政策与法规。

（2）虚开增值税发票的常见手段：票货分离等。

（3）税收筹划理论。

（4）财务管理与成本会计理论。

（5）财务人员职业道德规范。

4. 要点分析

（1）关于 CW 公司虚开增值税发票行为的评价。

（2）关于 CW 公司所购 8 辆车的财务处理方式分析。

（3）关于 CW 公司财务人员的职业道德行为分析。

（4）关于 CW 公司财务处理漏洞的评价。

5. 关键要点

（1）在本案例中，评价 CW 公司避税方式的选择和所采的手段。

（2）面对 CW 公司的行为，在"营改增"后企业如何进行税收筹划。

（3）从税务稽查角度看，应完善相关的各种制度，使偷税漏税的违纪违法行为从源头上予以堵住，让他们没有可乘之机。

6. 建议课堂计划

本案例可以作为专门的案例讨论课来进行。以下是按照时间进度提供的课堂计划建议，仅供参考。

整个案例课的课堂时间控制在 100 分钟以内。

课前计划：提出启发思考题，请学员在课前完成案例阅读并对案例进行初步思考，案例小组制作课堂发言 PPT 初稿。

课中计划：简要的课堂前言，明确研讨主题：15 分钟。

分组讨论，告知发言要求：20 分钟。

修改 PPT，案例小组修改发言 PPT：20 分钟。

小组发言：每组 10 分钟，控制在 30 分钟。

引导全班进一步讨论，并进行归纳总结：15 分钟。

课后计划：每组采用案例分析报告的形式给出更加具体的解决方案，为后续内容铺垫。

案例正文

御风而"销"行：绿成乳业布局北疆风景线①
王晓洪②马新智③王程明④

摘要：从我国奶业行情看，乳制品行业是一个前景十分广阔的朝阳产业，有着"鲜奶是金、酸奶是银、奶粉是铜、常温奶是铁"的誉称。本案例对克拉玛依绿成乳业开发有限责任公司乳品厂（简称"绿成乳业"）在占据本地市场主导地位后，为拓展市场努力实现营销模式的转型，进行了营销战略与北疆营销体系的重新构架。同时，描述了绿成乳业成立之初的"三产"服务部门，经过20余年的探索所走过的历程进行回顾和分析，重点探索如何发展成为新疆知名企业。本案例通过分析企业营销现状和营销战略环境，找出企业营销问题之所在，对所选取的营销策略战略、思路与措施和方法进行阐述。在定位中突出物有所值的营销概念，加强对经销商、物流仓储、渠道等的管理，为消费者及终端提供专业服务，不断完善服务体系，借助事件营销和公益活动营销，利用好媒体这个大平台，提升产品的知名度和美誉度。

关键词：6P营销理论；营销战略；市场定位；营销策略；营销体系；绿成乳业

---

① 本案例已得到"绿成乳业"的授权，由乌鲁木齐市本源动力企业管理培训有限公司根据管理咨询项目验收成果撰写。本案例撰写的作者，拥有著作权中的署名权、修改权、改编权。本案例未经允许，本案例的所有部分都不能以任何方式和手段擅自复制或传播。由于企业保密的要求，在本案例中对名称、数据等做了必要的掩饰性处理。本案例只供课堂讨论所用，并无暗示或说明某种管理行为是否有效。

② 新疆联合纵横企业管理咨询有限公司

③ 新疆大学 MBA 中心

④ 北大纵横新疆运营中心 新疆·乌鲁木齐

0. 引言

2014 年 × 月，自治区奶业办公室发布的一份"有喜有忧"的数据测算报告，让绿成乳业的总经理王华再也坐不住了。在这份通过媒体发布的报告中，所"喜"的是，新疆 2014 年液态奶市场销量为 42 万吨，总体销量保持持续增长，总体人口人均饮用量在增加（自然增长率），全年综合测算增长率约为 5%。所"忧"的是，本地品牌大部分中小型乳制品企业销量有所下降、盈利能力并不乐观，外地品牌液态奶销量却保持着持续增加。

总结绿成乳业过去 20 余年的成功因素，绝大部分的绿成人认为企业的发展首先得益于地利，其次是因为良好的品牌信誉以及市场需求旺盛是最重要的原因，这是绿成乳业的核心优势。但从另一个方面看，如果仅限于本土企业的优势，那绿成乳业是做不大的。正是因为这样，面对本土企业严峻的市场环境，绿成乳业借新厂整体搬迁之机，正谋划拓展新的市场，才让以总经理王华为首的绿成人开始着急了。

就在此时，一本 135 页的 PPT 报告让公司总经理王华爱不释手，这是一份《克拉玛依绿成乳业开发有限责任公司绿成乳业营销咨询项目建议书》。王总坐在自己的办公室里认真阅读着，并不时进行重点性的记录，偶尔脸上还露出了灿烂的笑容，并立即打电话叫来了乳品厂分管销售的厂长徐琦。当徐厂长及绿成乳业的领导们看完这份建议书后，就开始进行项目接洽……2014 年底，绿成乳业与北大纵横新疆运营中心达成合作，就绿成乳业市场营销战略与北疆营销体系构建进行项目管理咨询。

达成项目合作后，便快速启动了项目的市场调查，从 2015 年 1 月 4 日开始，项目组一行 8 人冒着严寒对乌鲁木齐进行调研，并深入克拉玛依、塔城、奎屯、石河子、昌吉等北疆主要市场，从厂家、经销商、终端商和消费者四个层面分别展开。同时，结合抽样调研终端数、市场铺货率、单店销量及占比、城镇居民可支配收入等进行区域市场容量的验证和修正。项目组得出初步结论：绿成乳业品牌有被竞争对手边缘化的风险，现阶段营销正处于市场化营销的初级阶段。同时，在铺货及占有率方面，克拉玛依铺货率不足 75%，市场占有率不足 65% 的原因，是长期以来营销管理不够精细化的直接结果……

1. 绿成乳业的成长与市场拓展征程

绿成乳业是公司的龙头产业之一，前身为新疆石油管理局生活服务总公司乳品厂。作为当时新疆石油系统的一个三产后勤服务部门，却有从事乳制品生产 20 余年的经历，是全疆最早生产和销售巴氏杀菌乳的企业，并致力于为消费者提供"安全、新鲜、营养、健康"的乳制品。

2002 年 9 月，绿成乳业日处理能力 30 吨的生产线建成投产，主要生产巴氏杀菌乳、酸牛乳；2004 年 4 月又投资建成了灭菌奶生产线，主要生产灭菌奶、含乳饮料等；2009 年 9 月公司有投资新建一个常温奶车间，新增百利包灌装线和利乐灌装线一条，产能有最初的 30 吨/天上升到 160 吨/天，年销售量从 2000 余吨增长到目前 12000 吨余吨，年产值由 600 余万增长到目前 8000 余万元。

2015 年 6 月，作为克拉玛依市政府 2014 年十大民生工程之一的绿成乳业整体搬迁，投资 1.7 亿元、规划占地面积 109857.88 平方米（约 164.79 亩）、总建筑面积约为 52697.66 平方米，引进了世界领先水平的 GEA 和利乐公司生产线，采用国际最新液态乳加工技术，实现了中央控制，改造后新厂产品线将进一步丰富，乳品日加工能力达到 200 吨，产品包括巴氏杀菌奶、酸牛奶、超高温灭菌奶和发酵乳饮品等四个系列目前四个系列 28 个品种。

绿成乳业现有员工 107 人，专业技术人员和管理人员 19 人。先后通过 ISO9001：2009 质量管理体系和乳制品 HACCP 体系认证。绿成乳业在加快产业化建设步伐的同时，坚持以质量塑造品牌价值，绿成乳品厂被自治区认定为新疆学生饮用奶定点生产企业、自治区第十三届运动会唯一指定乳品赞助商。"金绿成"先后荣获了新疆"农业名牌产品""自治区消费者协会推荐产品、乌洽会最具竞争力产品、第二届上海（新疆）特色农产品交易会'最佳产品畅销奖'"、中国农产品品牌博览会优质农产品金奖、新疆特色优质农产品交易会产品金奖等荣誉。"金绿成"商标先后获得"克拉玛依市首届知名商标""第七届新疆著名商标"，还被克拉玛依推荐为全国驰名商标培育对象。

一串串的数字、一个个的时间节点、一项项的认证、一块块的奖牌……是绿成乳业茁壮成长的最好见证。

2. 绿成乳业市场综合情况调研

随着行业竞争的加剧及行业整合的需要，乳品企业的数量将急剧下降，伊利、光明、蒙牛等乳业巨头的下属企业会继续增加，其生产能力和年产量也会持续增长。企业对信息的利用效率和利用程度成为提高企业竞争力的重要方面，乳品企业对加快企业信息化建设更加重视。像完达山、光明、伊利、蒙牛等著名企业均投巨资进行了信息化建设，纷纷引进 ERP 系统。国内乳品巨头均建立了自己的科研中心，有的科研中心已成为国家级科研中心。引进国外最先进生产线、最先进生产工艺，大力投入科研开发，成为乳品企业竞争的有力武器。外资、民营经济逐渐涉入乳品行业，这些经济体的介入将给乳品行业的发展带来新鲜的活力。

在乳品行业结构逐渐走向规模化、信息化、科技化、企业所有制多元化的行业发展形势下，面对绿成乳业在过去 20 余年中所取得的成就，总经理王华一笑了之。而面对国内同行从四面八方的围攻与抢夺，总经理王华急了，销售厂长徐琦跑业务员去了……绿成乳业人以前那种自我良好的感觉再也没了。项目组看在眼里，记在心头，先后投入 8 人、35 天，共计 1663 小时，通过多种途径查阅大量的内外部资料，进行严谨地分析。同时，开展全方位的市场调研，确保绿成乳业的营销战略与北疆市场营销体系构建更加精准、更加科学、更加合理、更具有可操作性。同时，为配合做好此次的调研，绿成乳业还派出 4 名工作人员加入到项目中。

2.1 调研总体规划与经销商、终端及消费者调研概况

在快速消费品行业，深度分销是未来乳业的发展方向和重心，而厂家把控终端和消费者是深度分销的灵魂，所以本次调研的重点放在终端和消费者层面。新疆乳业市场集中度的逐步下降表明，进入乳类饮品市场的竞争者日趋增加，导致未来的竞争更加激烈。从当前的市场结构看，新疆少数几家企业占据了相当部分的市场份额，但同时竞争参与者较多，产品差异性不明显，形成了垄断竞争的格局。

在调研区域的选择上，按照乳业低温奶最佳销售半径 300 公里以内的行业经验，调研核心区域为绿成现有产品的主要销售区域，主要集中在乌鲁木齐市、克拉玛依市、奎屯市、独山子区、额敏县等地，主要采取大规模排查的形式进行。其中，乌苏市、沙湾县、石河子市、呼图壁县和昌吉市五地采取抽查的方式进行。截止 2 月 9 日，76 人次的项目调研组成员，奔赴 10 多个市、县、区，完成 1156 家终端、10 名经销商、1024 名消费者（有效数）、50 名随机访谈消费者调研工作，完成计划调研的工作量。

2.2 地理位置与销售半径范围（图 2-1）

提及克拉玛依，人们首先想到的就是"油城"。诗人艾青曾动情地比喻克拉

玛依，"最沉默的战士，有最坚强的心。克拉玛依，是沙漠的美人"。是的，因为克拉玛依市是北疆中心区域之一。易中天在《克拉玛依赋》中写道："是塞北却似江南，无渔舟而有晚唱。妩媚千姿，可比绿野将萌；风情万种，最是华灯初上。"地处准葛尔盆地西北边缘的克拉玛依市，西北傍加依尔山，南依天山北麓，东频古尔班通古特沙漠。克拉玛依市是北疆的交通枢纽，公路、铁路、航空三位一体、四通八达，乌伊公路、阿独公路、独库公路、岔巴公路、呼克高速、奎阿高速等国道、省道纵贯全境。同时，奎北铁路，成为连接北疆的中心。

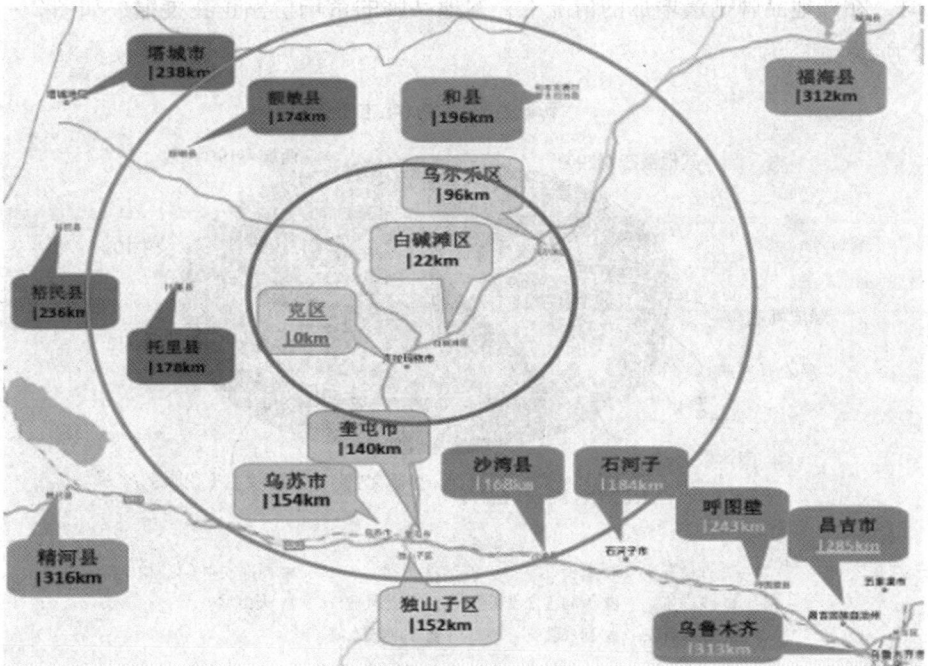

图 2-1 克拉玛依地理位置图示

按照乳品行业的最佳销售半径，结合绿成乳业所处的位置，可以将绿成乳业的销售区域分为 100 公里以内、100 到 200 公里、200 至 300 公里、300 公里以外等四类。

第一类，100 公里以内区域包括克拉玛依市、白碱滩区、乌尔禾区及周边区域。

第二类，100 到 200 公里包括的区域有奎屯市、乌苏市、独山子区、沙湾县、石河子市、玛纳斯县、额敏县、托里县和布克赛尔县及其周边区域。

第三类，200 至 300 公里包括塔城市、裕民县、呼图壁县、昌吉市及其周边区域。

第四类，300 公里以外最近的区域包括乌鲁木齐市、福海县和精河县以及周边区域。

2.3 市场容量及人员数量

2014 年，新疆市场容量约为 42 万吨，区域市场的主要品牌以外地品牌的蒙牛、伊利与新疆本土品牌的西域春、西部牧业、麦趣尔、花园为主。其中，西域春在新疆市场占据了近 20% 的份额，而绿成乳业的市场份额仅为 3%。同时，在外地品牌销量增加的情况下，本地品牌的市场份额正在萎缩，如图 2 - 2 所示。

新疆主要液态奶14E市场份额图

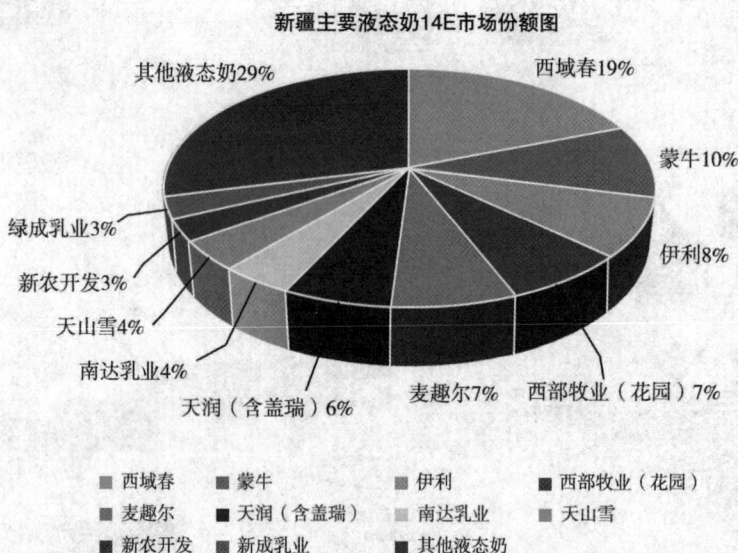

图 2 - 2　新疆主要液态奶 14E 市场份额图

有数据显示，新疆人均液态奶消费量为 25 升，结合 2013 年统计年鉴和公安户籍数据统计，克拉玛依市年末的总人口为 37.5 万人（其中，常住总人口 23.5 万人，独山子区 8.4 万人，白碱滩区 5.1 万人，乌尔禾区不足 5000 人）。由此，可以推算出克拉玛依地区液态奶市场总体容量为 12500 吨（见表 2 - 1）。

表2-1 克拉玛依地区液态奶市场容量统计表

区域	所属区域	常驻人口	市场容量	距离克拉玛依市/公里
克拉玛依区		235372		0
白碱滩区	克拉玛依市	51553	11000	22
乌尔禾区		4694		96
独山子区		84170	1500	152
小计		375789	12500	

同时，按照行业惯例的销售半径，分析克拉玛依周边及其他区域市场的人口数量（均按照2013年新疆统计年鉴和公安户籍数据统计得出，包括半年及以上的流动人口），未来的乳品市场消费总量为215600吨（见表2-2）。

表2-2 未来克拉玛依地区乳品市场消费量统计表

区域	所属区域	常驻人口	市场容量	距离克拉玛依市/公里
和县		54200		196
额敏县及农九师		220000		174
托里县		97772	12500	178
裕民县	塔城地区/兵团	55000		236
塔城市及周边		156000		236
乌苏市及周边		227490	4500	154
沙湾县及周边[A]		600000	12000	168
小计			29000	
奎屯市及第七师[B]	伊犁州直属县市	376700	8000	140
石河子市及八师[C]	直辖县级市	600000	17500	184
玛纳斯县		280000	5500	198
呼图壁县	昌吉回族自治州[D]	220000	5000	243
昌吉市		380000	8100	285
乌鲁木齐	乌鲁木齐	3112559	130000	313
小计			215600	

说明：表中注解"A"含就近区域的142、143、151、122、132、133、136、144、121、135、141等11个团场；表中注解"B"含就近的123、125、126、127、128、129、130、131等8个团场；表中注解"C"含石河子市区、北泉镇、145、147、148、149、150团；表中注解"D"不包括周边区域。

2.4　终端铺货与主要市场占有情况

终端是牛奶消费给消费者的最后一个环节，是产品变成现金的场所，是消费者直接购买的场所，也是经销商铺货的场所，而消费者认知决定了厂家的营销定位。通过调查，综合绿成乳业在克拉玛依、白碱滩、独山子三个区的铺货率进行综合评估，克拉玛依市的平均综合铺货率不足70%，低于绿成人自己的前期预期。

对比同行业在企业所在地的综合铺货率：盖瑞在沙湾县的综合铺货率为85%、花园在石河子市的铺货率为87%、西域春在呼图壁的铺货率为100%以及麦趣尔在昌吉市的铺货率为80%，从北疆市场的抽样数据来看，西域春在所抽样地区的铺货率最高，其次是天润盖瑞，然后是花园乳业。由此可见，绿成乳业在克拉玛依本地市场的铺货率还有提升空间（见表2-3）。

表2-3　克拉玛依及周边区域市场铺货率统计表

区域	所属区域	铺货率								
		绿成	花园	西域春	天润盖润	新农	麦趣尔	新州	伊利	蒙牛
克拉玛依区	克拉玛依市	63%	59%	52%	12%	12%	4%	0%	45%	55%
白碱滩区		100%	71%	41%	6%	18%	6%	0%	71%	65%
独山子区		65%	56%	63%	67%	0%	23%	0%	44%	65%
额敏县	塔城地区	19%	19%	38%	60%	71%	5%	5%	24%	52%
塔城市		23%	26%	39%	81%	60%	3%	22%	36%	59%
乌苏市		13%	65%	45%	60%	0%	15%	0%	45%	55%
奎屯市	伊犁州直属县（市）	15%	55%	54%	58%	4%	45%	0%	36%	55%
沙湾县	塔城地区	0%	58%	55%	85%	0%	40%	0%	45%	50%
石河子市	直辖县级市	0%	87%	55%	43%	0%	35%	0%	55%	58%
呼图壁县	昌吉回族自治州	0%	0%	100%	5%	0%	20%	0%	60%	70%
昌吉市		0%	58%	66%	53%	0%	80%	0%	66%	58%
乌鲁木齐	乌鲁木齐	1%	56%	93%	71%	4%	65%	0%	49%	58%

从2015年2月份的市场调查数据显示，克拉玛依市场（不包括独山子）的市场容量为11000吨，其中绿成实际市场份额占比为64%，离前期预估70%的占有率相差6个百分点。从市场份额上看，绿成乳业在克拉玛依市场处于相对垄断的市场地位。以对比市场来看，绿成乳业在克拉玛依市场还有潜力

可以挖掘，具体理由如下。

15年2月克拉玛依（不含独山子）市场占比

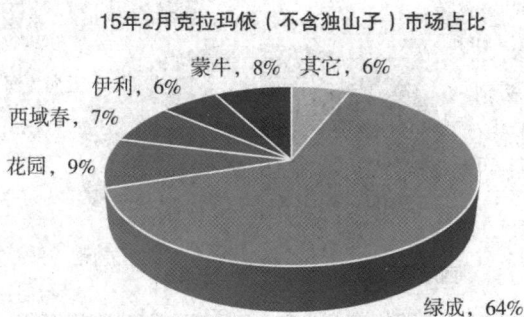

图2-3 2015年克拉玛依地区乳品市场占比饼图

如图2-3所示，绿成乳业在克拉玛依本地的铺货率仅为64%，占有率不足70%。与花园在石河子市场（铺货率87%，占有率不低于80%）、西域春在呼图壁市场（铺货率100%，占有率不低于90%）相比较，两项指标都还有很大的上升空间。同时，绿成乳业在市场的终端还可以进行全面摸底排名并实行分类精细化管理。克拉玛依实际拥有零售终端总数为1054家，其中销售牛奶的终端不低于600家，而目前实际记录在册的终端数为236家，市区部分有效终端长达1年没有配送绿成牛奶。

如图2-4所示，塔城市场（包括塔城市、额敏县、托里县、裕民县和布克赛尔蒙古自治县，总人口为60.1万人，不包含乌苏和沙湾）的市场容量为12500吨。其中，绿成乳业实际市场份额占比为8%。市场份额排名靠前的分别为：新农（25%）、天润盖瑞（22%）、西域春（10%）和新川（10%）。从市场份额上看，各乳品在塔城市场处于相对均势的格局，没有绝对领先的乳制品品牌。

2015年2月塔城（不含乌苏和沙湾）市场占比

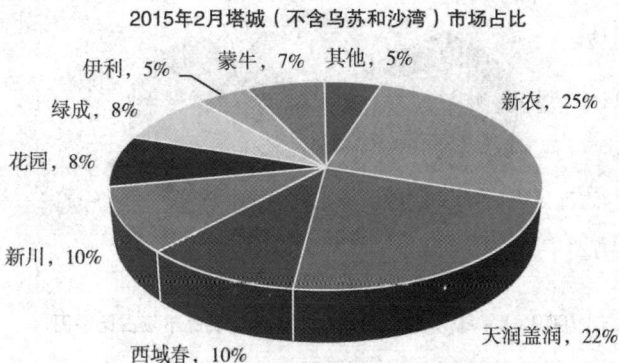

图2-4 2015年塔城乳品市场占比饼图

2015年2月金三角区域市场占比

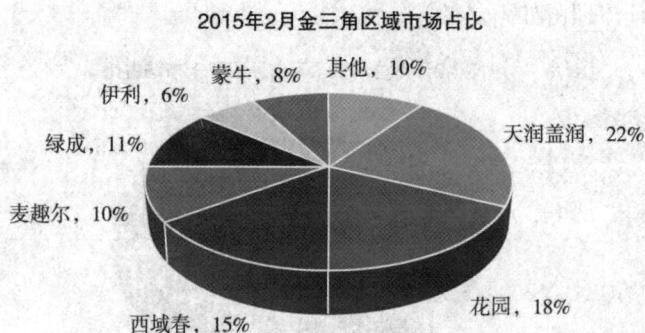

图2-5　2015年2月金三角区域乳品市场占比饼图

　　如图2-5所示，金三角市场（指乌苏、奎屯、第七师和独山子，总人口为68.8万人）的市场容量为14000吨，其中，绿成乳业实际市场份额占比为11%。市场份额排名靠前的分别为：天润盖瑞（22%）、花园（18%）、西域春（15%）、绿成（11%）和麦趣尔（10%）。从市场份额上看，各乳品在金三角市场处于均势的格局，并没有绝对领先的乳制品品牌。需要注意的是，其他品牌包括光明、天山雪、现代牧业和进口牛奶等，市场份额达到10%。

　　如图2-6所示，乌鲁木齐区域市场（总人口为311万人）的市场容量为130000吨，其中，绿成乳业实际市场份额占比不足1%。市场份额排名靠前的分别为：西域春（30%）、天润盖瑞（16%）、蒙牛（11%）。需要注意的是，其他品牌包括绿成、光明、天山雪、现代牧业和进口牛奶等，市场份额达到13%。

2015年2月乌鲁木齐区域市场占比

图2-6　2015年2月乌鲁木齐区域乳品市场占比饼图

2.5 成乳业的渠道结构状况

通过对绿成乳业市场进行实地走访、与经销客户沟通及内部员工调查发现，绿成乳业现有销售渠道结构的基本状况如下。

除乌鲁木齐市场无经销商外，其余各地的经销商以直销配送为主。

厂商之间的配合度较差，目前未能实现经销商和销售人员的合理有效分工、未能建立有效的经销商激励机制，造成大部分区域终端铺货率低，陈列未能及时维护，消费推动作业滞后等，从而造成销售市场份额占比较小。

部分经销商作业比较随意，销售经理未能有效的实现商掌控、推动及管理，销售计划制定职能和销售监控职能并没有得到效发挥，外围市场的城区域长期没有取得突破，大部分外围经销商选择容易送货、方便送货的城市周边团场、城郊及农村市场送货。

部分经销商理念相对陈旧，缺乏对经销商的培训与沟通，部分经销商仍停留在"坐商"的销售状态、小富即安，缺乏运营终端的主动性与与长期性及与公司长期发展的事业心。

2.6 绿成乳业的品牌宣传状况

从调查中了解到，绿成乳业的品牌宣传更多是停留在知名度的宣传，针对产品的宣传手段明显不足，且宣传与区域市场整体销售规划的配合度不足。通过本次市场调研发现，目前绿成乳业的品牌宣传主要包括线下和线上两种形式。其中，线下主要有户外大型广告、车体广告、店招、小型喷绘展架、产品陈列、纸媒体等6种形式，但是宣传资源十分分散，不利于品牌及产品的传播；线上主要有企业微信（未认证）、克拉玛依网等两种渠道，且影响力有限。

实际上，绿成乳业品牌宣传的重点需要结合不同的区域市场、不同市场的发展阶段以及公司资源和能力来确定。一般来说，针对占有率较高的克拉玛依成熟市场，可以逐步导入品牌宣传，提高消费者的忠诚度；针对市场占有率低的区域，更多聚焦在产品宣传，扩大消费者对产品的认知度。更为重要的是，在终端宣传上，缺乏统一的陈列宣传方法与技巧，且经销商和绿成乳业的两支队伍对陈列的重视程度不足，导致不同终端陈列宣传不统一，影响品牌宣传效果以及消费购买决策。

同时，在产品的形象包装与设计上，由于产品的包装设计直接影响着消费者对产品的认可度，从而影响购买行为。目前，绿成乳业的产品与市场上的几

大主流产品相比，主要存在的突出问题是产品包装不突出、"金绿成"商标不
彰显。

2.7 绿成乳业的产品线及价格状况

据不完全统计，绿成产品线为 24 项，需要适当削减产品线以聚焦公司的
资源，提升运营效率，因为产品线过长，对厂家来说可能造成产品从生产到销
售的沟通协调困难。同时，从市场的角度来说，可能造成资源不聚焦，市场难
以突破，难形成明星产品。

低温奶在会逐步成为绿成乳业销量和盈利的核心来源，预计未来 3 年总体
占比将达到 总体占比将达到总销量的 70% 。从 2014 年克拉玛依区域销售数
据看，绿成乳业的销售重点是低温奶（包括巴氏奶和酸奶）占比 63 %，常温
奶（纯牛奶和学生奶）占比为 37%，如图 2-7 所示。

2014年绿成乳业主要品类销售占比

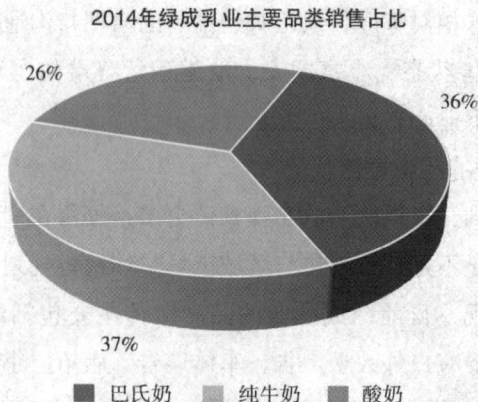

图 2-7　2014 年绿成乳业主要品类销售占比饼图

巴氏奶与主要竞争对手相比，绿成乳业的终端零售价不利于其打开周边市
场。由于巴氏奶销量占绿成乳业份额较大、消费人群多，通过对常喝巴氏奶的
消费者进行产品涨价压力测试发现，在现有价格基础上涨价幅度在 40% 以内
消费者也会维持购买。

2.8 绿成乳业的促销政策状况

从目前市场调研的初步情况来看，绿成乳业的促销还处于买赠促销以及直
接降低促销阶段，并且促销时间还很长。以塔城市场为例，巴氏奶的买三赠一
持续了 3 个月多，在终端零售价仅为 2.5 元的价格上，如此大的力度和长达 3
个月多的时间，究竟带来了怎样销售以及铺货数据具体是多少？铺货率上升了
多少？这些精细化管理由于没有基本的终端数据基础难以统计和分析，促销效

果需要销售人员持续关注，并适当调整策略。

2.9 绿成乳业的营销人员状况

从绿成乳业营销组织架构图中可以看出，在销售厂长的管理下，绿成乳业根据销售区域分设了克拉玛依、奎屯、塔城、乌鲁木齐 4 个销售经理，包括核算管理、计划管理和库管在内的 8 名销售内勤，克拉玛依区域设置 2 名片区经理，如图 2 - 8 所示。

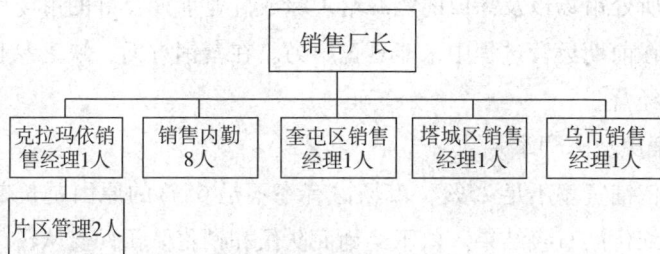

注：销售内勤包括：核算管理2名，计划管理1名，库管5人，总计8人。

图2-8　绿成乳业营销人员结构图

在综合调研结果后进行综合分发现，绿成乳业没有很好的打开市场，在市场竞争非常激烈的今天，销量上不去必然导致公司利润下滑，尤其在 2013 年销售收入停止不前，其中很重要的原因之一是缺乏科学的营销管理销售队伍目前的主要。

问题有以下几个方面：整体营销规划制定不科学，作业方向、工作目的不明确、随意性大；没有专门的市场研究情报系统；缺乏有计划的工作安排，随意性工作和救火性工作极为普遍，每日工作路线及内容不固化致使市场检核未能有效执行；各区域事处没有很好的组织管理；缺乏规范的经销商管理和准确的需求分析，仅局限于业绩达成，其他方面无明确指标规范经销商市场作业与工配合；对终端的掌控不足，甚至不知道区域有多少终端，导致对终端客情欠佳、产品生动化陈列不到位、对市场判断能力不足、对经销商管理缺乏手段等情况发生；对市场、消费者的服务缺失；价格较便宜、价格制订缺乏明确的目标定位；渠道单一，结构不合理；公司的品牌优势没有得到有效扩大；销售人员缺乏相关培训、素质有待提高，现有的激励方式未能充分调动员工积极性。

3. 绿成乳业市场调研的主要结论

总体上来说，绿成乳业品牌有被竞争对手边缘化的风险，现阶段营销正处于市场化营销的初级阶段。绿成乳业现阶段处于绿成体系中最市场化的位置，但是目前与主要竞争对手相比，还处于市场化营销的初级阶段。处于市场初级阶段不仅仅是铺货率数据低和占有率低的原因，更为核心原因的是营销管理能力以及营销人才的缺乏。

绿成具有国有背景，国企体制问题导致一系列问题：无法市场化运营、市场反馈速度慢、资金应用所受限制较多、营销体系下员工不能按绩效分配。同时，因绿成所处市场以及绿成的资源给了绿成乳业前期良好的市场反馈，绿成的营销体系在前期运营过程中未能真正施力。在营销方面，缺乏专业的人以及丰富的市场经营。

3.1 铺货及占有率

克拉玛依铺货率不足 75%，市场占有率不足 65% 的原因是长期以来营销管理不够精细化的直接结果。由于经销商队伍和销售队伍两支队伍，不够足够重视也没有足够的时间去进行终端管理，包括终端陈列生动化和标准化管理，导致绿成乳业在销售的最后一个环节出现缺失。依靠经销商队伍以及销售队伍，强化终端管理可以大幅度提升绿成的销量数据以及品牌力。

3.2 销售终端管理

现阶段销售队伍忙于账务、厂商协调等事务性工作处理，很少有时间用于终端管控，终端资源更多掌握在经销商手中。厂家以及销售队伍不能掌控终端，没有客情关系，甚至不知道终端数量、地点以及基本的销售数据，就会难以实现对经销商的管理，与经销商谈判就会处于劣势地位，最终厂家销售人员就可能沦为经销商的送货员以及与公司平衡资源、甚至争取资源的协调员。现阶段急需投入资源，需特别重视终端管控，只有掌控终端才可以实现对经销商的管控和销售质量的提升。

3.3 企业产品

现有产品设计及产品定位更多以公司参会人员的所见所知为导向，具有一定的盲目性。产品设计不能脱离具体的销售环境以及主要竞争对手，一定要做到让消费者容易辨识、容易购买和能够购买；同时要处于与竞争对手同类产品之间的关系，究竟是跟随策略为主还是差异化策略为主。后期产品设计方面需要以消费者和竞争为主导向，慎重进行梳理，并用市场反馈逐步进行检验和修正，绿成的主要产品一定是通过竞争的市场销售给消费者。

3.4 价格以及促销

现有的销售以直接降价为主，这些手段过于单一，可能导致产品价格体系不稳定从而导致销售受阻。促销是一种短期行为，一旦力度过大以及时间过长，就会变成双刃剑，不仅不会促进产品销售，还是导致产品价格体系不稳定，出现串货、终端无利可图、产品零售价过低等现象出现。

3.5　渠道与终端

克拉玛依主要依靠大商超和优质终端，周边市场主要依靠经销商，渠道下沉不够以及渠道结构单一导致销售成本高和渠道风险大。渠道不下沉，就难以管控终端以及消费者，市场覆盖率以及市场铺货率就会低；渠道结构单一，就难以分散风险。

3.6　区域市场定位

外围市场的市场地位没有合理定位，营销资源分配的难以在效率和公平之间找到平衡点。目前克拉玛依外围有三大市场，分别是塔城区域市场、奎屯区域市场和乌鲁木齐市场，由于前期奶源缺乏等问题，一直以来没有确定各区域市场的市场地位，导致营销资源投入的"人治"以及"撒胡椒粉"现象发生。

3.7　两支队伍建设

现有激励机制没有发挥经销商队伍和销售队伍的最大潜力，现有的淘汰机制没有给经销商队伍带来竞争和危机感。从牛奶的常规销售中经验来看，计件薪酬用于经销商激励以及送货员的激励，是效率最高的一种形式，但是对于厂家来说，增加了管理难度以及管理风险；对于销售队伍来说，如何打破身份用工的局限，确确实实做到以绩效和能力兑现薪酬。总之，做好经销商队伍和厂家销售队伍的激励和约束机制，就可能给销售业绩带来质的突破。除此之外，目前经销商管理也余留一些亟待解决的难题，例如奎屯市经销商和独山子经销商串货的问题；塔城区域仅有一个一级经销商，旗下有三个二级经销商，导致区域利益被多一层分解等问题；乌市目前暂无经销商操作市场，如图3-1所示。

战略合作伙伴的表现	绿成农业的现状
与经销商管理层的高效沟通	与经销商沟通不到位，经销商和绿成互不了解对方的经营情况和
经销商的培训	绿成农业目前没有开展对经销商的培训
帮助经销商扩大覆盖区域	虽然也在积极帮助经销商扩大覆盖区域，但这种帮助只停留在执
为经销商建立信息系统，进行信息的及时反	与经销商的信息反馈不及时，不能迅速、准确掌握经销商的信息

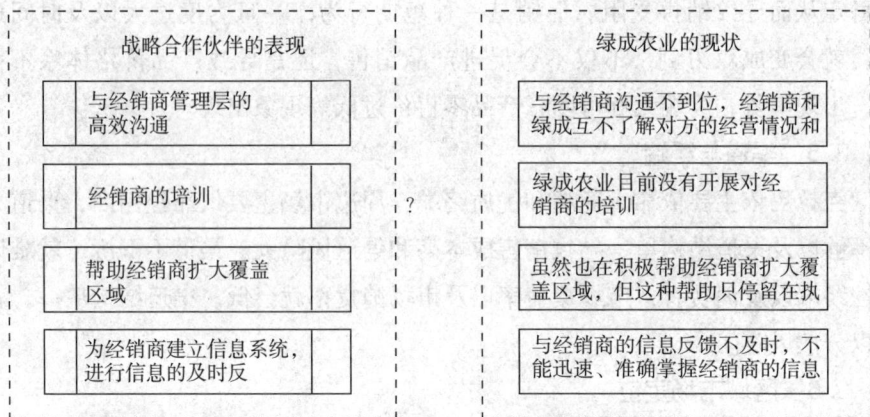

图 3 - 1　绿成乳业队伍建设情况

总之，绿成乳业的核心问题在于没有建立起严谨的、适合的营销体系，导致营销平台难以吸收到高质量人才加入，营销管理精细化难以实现。严谨的、适合的营销体系，包括营销人才最为关注的市场战略定位、未来目标是否可以实现、以业绩论英雄的薪酬体系和晋升体系以及体系内对营销人才的尊重和文化认同，没有这些营销体系，即时许以高薪，人才也难以吸引进来，即使加入队伍也难以留住。再好的营销策略，都需要有人去执行，绿成营销需要从初级阶段过渡，迈向精细化管理阶段，没有人才精细化管理难以实现，调研中出现的问题还会反复出现。

4. 一场特殊的营销研讨会

2015 年 2 月，一份长达 37 页的《克拉玛依绿成乳业开发有限责任公司绿成乳业市场调研报告》递交给绿成乳业总经理王华、乳品厂厂长于凡等公司和厂主要领导后，绿成乳业当即决定指派销售厂长徐琦进行项目的深度对接。通过此次有效的对接，项目组决定召开一次绿成乳业营销定位以及营销体系构建的研讨会，广泛听取社会各方的意见和建议。

2015 年 3 月 8 日一大早，从四面八方赶来参加绿成乳业营销研讨会的专家们，在乌鲁木齐众志公学的会议室展开了"唇枪舌战"。深圳资深营销人黄平、西安营销实战专家景涛、知名企业营销部长姬全胜、大晨报股份副总经理万泉等来自疆内外的各方专家与绿成乳业销售厂长徐奇、绿成乌鲁木齐市销售经理汝平安、北大纵横新疆运营中心总经理王程明及项目组主要成员就所发的各项议题内容进行了激烈的讨论。

在此次的研讨会上，就绿成乳业的总体战略目标（业务目标和财务目标）以及战略定位（愿景）、区域市场定位（包括但不限于克拉玛依区、金三角区、塔城区）、品牌、产品以及价格定位、营销组织结构（包括公司本部、经销商队伍以及销售队伍）建设、营销渠道及推广方式选择、公司本部营销队伍管理办法关键操作点、销售队伍管理办法关键操作及经销商管理办法关键操作点等具体内容，在听取了项目组负责人的介绍和结合绿成乳业的经营实际背景后，达成了初步一致的意见。

根据研讨会专家们所达成的一致意见内容进行汇总后，结合调研中所遇到的事情情况，对绿成乳业营销组织及运营、营销管理体系制度、营销策略执行方案等三大模块中的近30项内容进行了项目的专业化分工。同时，结合调研中比较突出的奎屯和独山子市场的串货问题，如何解决由于历史原因形成非直供导致塔城市场1个1级经销商、3个二级经销商问题，经销商目前缺乏食品流通许可证情况问题，如何增强对促销资源与终端的管控问题，现阶段是否需要突破乌鲁木齐市场及可以从哪些方面突破等问题，专家们也提出了自己的见解与思考模式。

在下午的研讨会结束后大家的闲聊中，作为知名企业营销部长的姬全胜说："单纯从销售的实际操作层面上讲，乳品的营销最为关键的还是在终端，直接面对的是有购买需求的消费者，你可以在终端做很多的事情。比如牛奶标准化成列的好坏，就是直接营销消费者购买决策的重要因素。在同等条件下，产品的生动化可有效增加30%左右的销量，相当于公司放了一个全天候、无声的销售代表。当前，绿成乳业应该在这个方面多下些功夫，所带来的是更快的销售速度、更大的销售量、更好的客情关系、更美的品牌形象。其他的就是'锦上添花'"。

5. 绿成乳业的营销战略定位报告

在对绿成乳业进行营销战略定位的过程中，通过使用5C工具对营销机会进行分析，其中的消费需求分析主要来源于市场调研。同时，运用STP工具，通过模型分析法对市场进行细分和筛选细分因素，选择目标市场和客户群，并依据其需求来进行合适的品牌定位，用6P营销工具来决定产品、价格、渠道、促销、公共关系、政治权力。

在具体的战略实施中，采用微观营销分析的方法，选择财务预算的投入方向。综合 SWOT 分析表明，结合国内乳制品（液态奶）的发展趋势，绿成乳业应尽快走差异化竞争的道路，扬长避短，降本提速，寻求资源价值的最大化，多元化迅速起步，快速跨入了"产业扩张阶段"。

5.1 绿成乳业的优势究竟是什么

从区域上看，与北疆乳业企业相比较，绿成乳业更有战略地缘优势。克拉玛依地处北纬 44.7°—46.8°之间，是在国际公认的优质奶牛饲养带（北纬 40°—47°）上。库鲁斯台草原是全国第二大连片平原草场、新疆第一大优质草场。塔城是全疆人均占有绿地面积最多、全疆唯一有五条河流穿城而过、全疆空气质量最好的城市。而绿成乳业是距离这些优势城市最近的乳业企业，所处的地理位置明显优越于其他同行业。

从收入和消费看，克拉玛依市人均收入长期占据新疆各城市第一名，而且放在全国来看也有明显的优势，这种长期养成的高层次消费习惯很难改变。同时，从城市印象看，克拉玛依市不全是"石油"的代名词，也有年轻、现代、时尚、干净、高品质的城市名片。

从绿成乳业的企业层面看，绿成乳业在全公司得到高度重视，在克拉玛依有良好的品牌认知和忠诚度。实际上，绿成乳业所包括的种植业、畜牧业、乳品加工、零售行业（便民超市）等产业之间与绿成乳业具有很强的正相关，可以促进乳业的快速发展。

5.2 绿成乳业的劣势究竟是什么

绿成乳业在克拉玛依市及周边地区是相对强势的品牌产品，但是从全疆甚至北疆市场来看，却属于区域性、边缘性品牌；从市场开拓看，除克拉玛依市占据领导地位，其余市场是从属地位；从消费者认知看，产地克拉玛依的"油城"定位深入人心，不利于绿成乳业的品牌传播；从内部管理看，绿成乳业现阶段处于市场化营销的初级阶段，营销管理精细化不足；从两支队伍看，经销商队伍和销售队伍的定位以及能力素质都亟待改善。

5.3 绿成乳业的机遇是什么

"新丝绸之路"战略给绿成乳业带来交通物流、信息、旅游、产品进出口等机遇。从新疆层面看，新疆承接交通枢纽、商贸物流、文化科教、健康医疗、区域金融等五大中心，服务于两个 13 亿人口。从克拉玛依城市转型看，由单一资源型城市向综合型城市转型、由工业型经济向服务性经济迈进；国际化产业基地、绿色宜居、金融及信息、文化旅游、北疆西部物流和交通枢纽。

随着新疆区域居民收入增长、城镇化进程加快及十三五期间乳制品的消费量将继续增长，城市环境污染催生了中国消费者对乳制品安全问题的担忧，在工业发达的天山中线已有"成片污染带端倪"，克拉玛依以西的区域，都是空气质量以及污染较少的区域。

2014 年中国环境监测总站公布的数据显示：最近一年优良天气最多的城市前五位是：塔城、博乐、北屯、伊宁和昌吉市；东疆从哈密、吐鲁番、乌鲁木齐、昌吉市、呼图壁和石河子开始，环天山经济带污染越来越严重；南疆喀什市、和田等地污染更严重。

5.4 绿成乳业的威胁是什么

乳制品行业十三五期间将拉开第二波政策整合和洗牌，新疆乳制品企业竞争更加激励，行业集中度会进一步提高。从奶源角度上看，绿成目前日均自产奶约 25 吨，其余奶源即将被绿成的主要竞争对手兵团乳业整合平台，兵团乳业会成为绿成未来 3 年最大的竞争对手。

从目前疆内乳制品竞争态势来看，目前乳制品企业的竞争正进入资本竞争阶段，绿成乳业要打造品牌的难度大。同时，新技术、移动互联网以及电子商务的快速发展，正在影响乌鲁木齐等主要城市的核心人群消费习惯，同行业企业已经抢先一步。

5.5 乳品消费者消费现状

通过市场调研的结果显示：新疆消费者的乳品消费习惯呈现以下几个方面的特征：

如图 5-1 所示，纯牛奶的消费在新疆市场占据主流，其次是酸奶和巴氏奶。

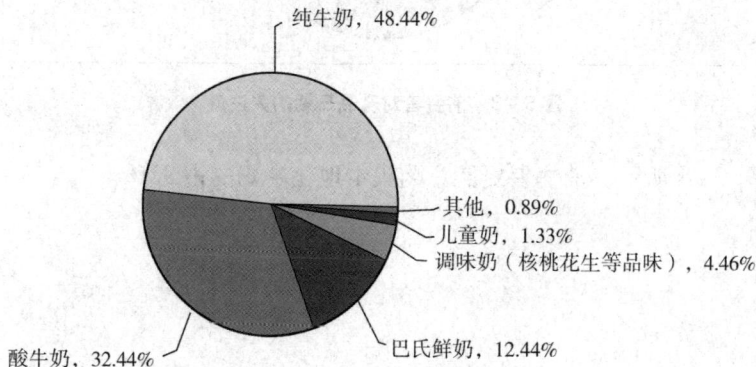

纯牛奶, 48.44%

其他, 0.89%
儿童奶, 1.33%
调味奶（核桃花生等品味）, 4.46%

巴氏鲜奶, 12.44%

酸牛奶, 32.44%

图 5-1 新疆乳品消费情况

如图 5 -2 所示，消费者最关注出厂日期、品牌和营养，其中日期排在品牌之前。

新员工

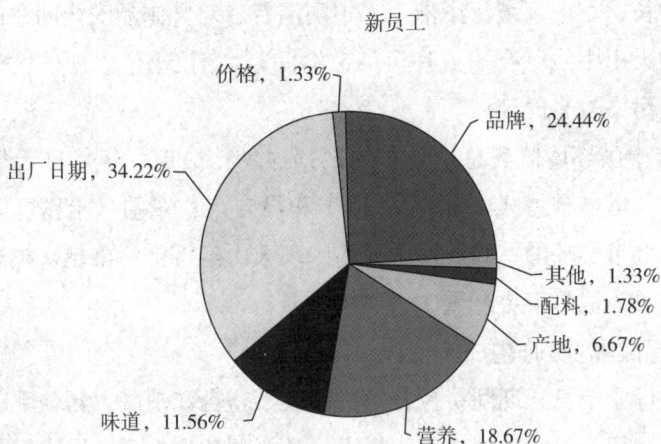

图5-2　消费者对乳品关注因素

如图 5 -3 所示，消费者购买牛奶的时候会看日期的占91%。

助手

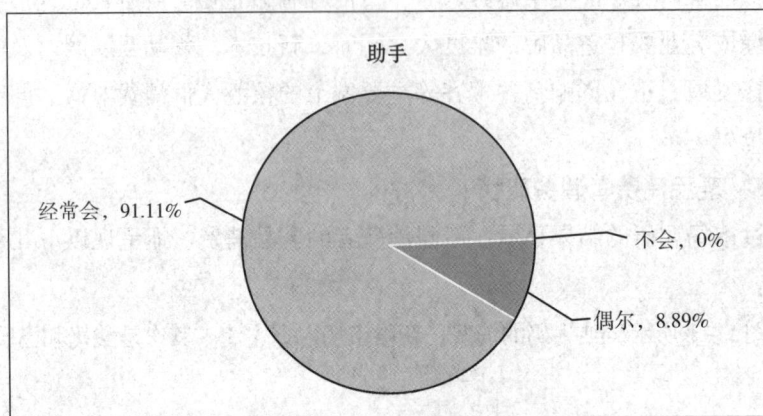

图5-3　消费者对乳品日期的关注度

如图 5 -4 所示，消费者更愿意购买本地化牛奶的占82%。

专责工

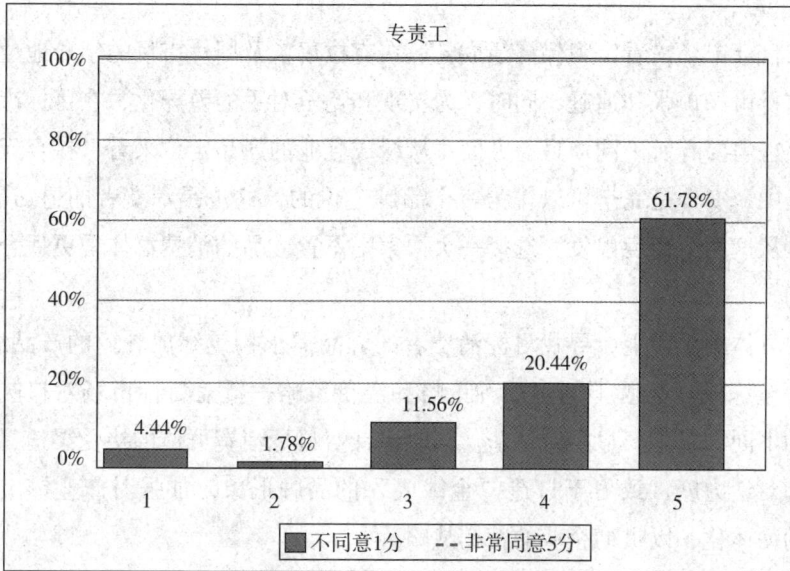

图5-4 消费者购买牛奶意愿图

如图5-5所示，超市和便利店以及大型商场，成为目前消费者主要购买场所。

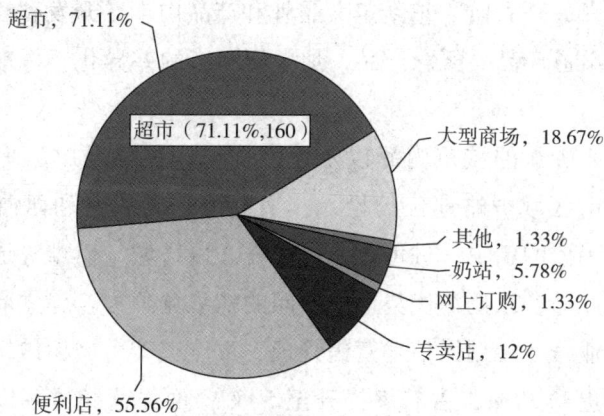

图5-5 消费者购买牛奶主要场所统计图

5.6 营销定位究竟该如何确立

冲破中低档、同质化、缺乏创新的竞争瓶颈是每个有实力、有责任感、有决心和信心的乳品企业必须首要思考的问题，差异化产品的开发决定着未来乳品的竞争。绿成乳业的营销战略取决于目标市场的消费者需求和企业自身的定位。

从目标市场来看，为保持绿成乳业在克拉玛依及周边市场的领导地位和不断地进行市场扩张和追赶，同时，为实现和竞争对手的差异化，在目标市场的选择上也需要有所不同。另一方面，从绿成乳业的产品定位来看，在今天的乳品行业中，安全是完全可以作为一个品牌定位的，这也是消费者的迫切需求。因此，从这两个角度出发，选择一个为家庭添置乳品的消费群体是更适合绿成乳业的。

在具体的手段上，寻找目标消费者的乳品需求构筑绿成乳业的产品组合，采取"金绿成"品牌下的多品种策略和溢价策略，覆盖目标市场对口味、价格等的不同需求来彰显品牌价值。同时，针对目标消费群体的接受渠道，加大促销和营销力度，致力于打造"金绿成"的品牌形象，加强对产业链上下游环节的一体化，以贯彻企业的营销战略。

5.6.1 品牌战略定位

以绿成的自有田园为主，生产田园系列牛奶，打造北纬45°黄金奶源带品牌，由此与天山南北市场同行差异化竞争。同时，绿成乳业所处的纬度占据更多优势，北纬40°—47°世界黄金奶源带有消费者认知基础。通过"年轻、现代、时尚、高品质"重新定义品牌和产品内涵，开发餐饮、礼品、旅游纪念等特殊渠道产品、概念产品，加大便利店的差异化、标准化、形象化建设。

以绿成乳业所在的城市内涵以及地缘优势，提炼绿成品牌进行品牌传播。加大对奎屯区域战略地位的投入：奎屯是东向战略和西向战略必经之地，打造克拉玛依的门户，进可攻，退可守。以塔城、伊犁等地奶源为中心初步开发中端产品，以奶源优势形成不同的初步竞争力。建立乳品网站、认证乳品微信企业号，规划微信号营销管理。重点突破塔城额敏市场以及奎屯市场，铺货率提升70%，占有率提升至50%，加强营销体系以及营销队伍建设。

5.6.2 区域战略定位

任何一个企业都需要一个能使企业适应环境变化，获得永久生存的基本方向。对于绿成乳业的北疆区域市场的战略定位，确定为：一核心，一重点，三卫星，四突破，五聚焦。即以克拉玛依市场为核心，重点培育乌鲁木齐市场；奎屯区域、塔城额敏区域和阿勒泰区域是重点资源倾斜的三卫星市场；重点突破奎屯市、额敏县、塔城市和北屯市四卫星城市；聚焦低温产品创新、聚焦周边市场建设，聚焦终端管理、聚焦两支队伍建设、聚焦消费者拉动。

聚焦低温产品创新——是品牌建设的基础，低温产品是城市型乳企、地域型乳企的利器，也是建立销量和利润根据地的核心手段，绿成乳业围绕巴氏鲜奶和酸奶做大品类，借鉴内地成熟产品做法，创造差异化低温产品，至少开发巴氏奶（含包装）、中档酸奶各一款。

聚焦周边市场建设——拓展和巩固周边市场是目前市场地位和市场定位决定的，主要是强化销售队伍、组建销售团队，将资源和销售费用重点倾斜于奎屯、塔城和北屯三个片区。

聚焦终端管理——中小型商超数量占总终端 90% 以上，销售量至少占据 60% 以上，竞争对手防守弱，产品投入产出高，容易突破，为此要培训和带教销售队伍（区域摸排、终端拜访、形象终端、销售五定、谈判沟通等）、成熟一个区域推广一个区域。

聚焦两支队伍建设——两个两支队伍（营销策划与督导队伍、经销商与销售队伍）是销售落地执行的关键，营销策划队伍是营销资源及政策制定者，督导队伍是销售监管者，经销商队伍是连接终端的关键，销售队伍是渠道管理和落地的关键，四者目标和行动一致则可形成强大合力。为此采取"胡萝卜＋大棒"，四支队伍招聘营销及销售人员时，重点打造营销策划、督导、销售队伍，然后强化经销商队伍管理。

聚焦消费者拉动——消费者是乳品营销的最后环节，让消费者选择并形成重复购买，是聚焦消费者拉动的原因所在。为此，线上：认证并开发绿成乳业专用微信群、微博群、公司网站，开发绿成微信会员系统；线下：批量采购绿成乳业精美促销小礼品、开盖有奖。

5.6.3 品牌传播定位

突出"万亩良田·一杯好奶——北纬 45°精品生活，金绿成相伴"的品牌传播总体定位。这一传播定位不仅与克拉玛依城市及人群定位契合，还与品牌战略"打造北纬 45°黄金奶源带品牌"契合，一诺千金，以品质为金。通过延伸和简化，初步确定"万亩良田·一杯好奶——乐享北纬 45°精品生活"短版，"万亩良田·一杯好奶——北纬 45°精品生活，金绿成相伴"创意长版，"万亩良田·一杯好奶——乐享北纬 45°精品生活"创意短版。

绿成乳业此次定位采取了先入为主的方式抢占资源、避免同质化竞争；好奶源成功建设，销售人员能更容易推销绿成产品，形成口碑效应，也有利于中高端产品的开发，增强销量和销售收入；优质奶源有利于拓展奶粉市场，更有利于拓展内地市场；"打造北纬45°黄金奶源带的中国西部第一品牌"的定位，有利于资本市场的估值；有利于"北纬45°世界有机食品带"带动绿成其他业务的增长。

5.6.4　产品线定位

随着客户消费结构的转变，消费者追求健康、美味、功能性乳品是乳品发展的一大趋势。在分析绿成乳业现有的产品后，发现需要不断完善企业的产品结构，主要包括开发餐饮120克8联杯、爱克林包装酸奶/鲜奶等战术产品和高端产品，巩固低温产品（180g 杯酸、120g 八联杯酸、1.3kg 桶酸）、常温产品（1×200ml×20 百利包和利乐枕）等大众产品，强化低温产品（巴氏高蛋白/高钙鲜牛奶；餐饮百益酸奶；手工（土豪粒）老酸奶；蒂利斯酸奶酪）、常温产品（利乐砖）等中端产品。

对于绿成乳业的产品组合、产品属性建议、包装设计及市场的细分见表5－1。

表 5 - 1 绿成乳业产品线

绿成乳业产品线

分类		序号	名称	规格	产品属性建议	包装设计建议	区域及渠道建议
低温产品	巴氏奶	1	百利包	1×250g	建议逐步通过促销等手段涨价至 2.5 元/250g	简洁，直接以产品命名，包装蓝色保持不变	克拉玛依 + 4 卫星城市，商超渠道
		2	屋顶盒包装（爱克林）	1×400g/500	增加 400g 高蛋白/高钙包装，价格为 6 - 8 元	重点突出钙和蛋白质具体含量：鲜牛奶，包装绿色	克拉玛依 + 4 卫星城市，商超渠道
	坏酸	3	原味益生菌	1×180g×1	去掉 170g 产品线，去掉草莓、蓝莓、菠萝、黑豆、黑米桑葚品味	突出"益生菌"字样，增设 12 杯的礼品包装	克拉玛依 + 4 卫星城市，商超渠道
		4	红枣	1×180g×1		突出红枣，新增设计 12 杯礼品包装	
		5	芦荟	1×180g×1		突出芦荟，新增设计 12 杯礼品包装	
	八联杯	6	原味益生菌（原味）	1×120g×8	去掉草莓、蓝莓、菠萝、黑豆、黑米桑葚燕麦品味	重点突出绿成商标以及产品名称	全疆商超市场
		7	红枣	1×120g×8			
		8	芦荟	1×120g×8			
	桶酸	9	大桶酸奶	1×1300g×1	无添加化，建议去掉有明胶等添加物的包装	重新设计，如果条件允许，建议增加盖子的覆膜	克拉玛依 + 4 卫星城市，商超渠道
	餐饮百益	10	纸盒装 250g 百益酸牛奶	1×250g×10	保留，停止零售渠道，主改餐饮渠道	保留，瓶盖促销，1 元 - 2 元，新增二维玛互动	现饮（餐饮、电影院等）渠道
		11	纸盒装 500g 百益酸牛奶	1×500g×10			
	老酸奶	12	"手工老酸奶"单	1×120g×1	增加以巴达木为主，名字为"土豪粒"混合果粒（西域果粒为花生和饼干）	产品名修改为"手工老酸奶"，新疆味道，土豪果粒以绿色为主，色为辅助；二维码	所有渠道，包括餐饮渠道，重点 4 卫星城市和乌鲁木齐市场
		13	"手工老酸奶"简便神盒装	1×120g×12			
	酸奶酪	14	蒂利斯	1×120g×1	增加 6g 土豪粒	增加哈萨克斯坦/土耳其概念，增加 12 礼盒装	全疆市场
	餐饮酸奶	15	配餐特供杯酸八联杯	1×120g×8	原味	配餐酸奶，简单	机关、企事业、学校餐厅
常温产品	纯牛奶	16	百利包	1×200ml×20	日期为 45 天	大包装，大众产品，走量	全疆市场
		17	利乐枕	1×200ml×20	日期为 60 天	大包装，大众产品，走量	
		18	利乐砖	1×200ml×12	蛋白含量增加 3.1g 左右，走中端路线	高档，简洁包装，数字塑模	商超礼品等市场
	学生奶	19	利乐枕	1×200ml×20		突出 45°（形象数字塑模）	学生

6. 绿成乳业的营销组织及管理体系报告

将奖金作为激励因素的作用会随着时间及数额的增长而边际效用递减，实际上，通过调研发现，绿成乳业要做的是发现销售人员的真实需要并满足需要。同时，按照市场化的原则，将备受尊重的工作环境、个人能力的增长、实现个人梦想的机会等个人自我实现需求的满足与物质激烈结合起来，才能真正成为绿成营销组织的长效激励因素。

6.1 营销组织及运营管理体系制度

根据当前绿成乳业的发展实际，针对原有的营销与销售工作标准化程度低，难以进行过程管理和外在管理等状况，绿成乳业营销组织设计在坚持以人为本的基础上，建立畅通的沟通渠道、严格的制度保障，增强销售人员的归属感，突出团队精神导向考核体系和差异化激励方式，寻找和培养营销组织与销售人员的利益共同点，保证员工的发展和价值实现与企业利益相统一。

同时，建立职业规划制度极大提高销售人员满意度，将营销队伍在科学有效的管控、激励机制下，实现效益的最大化。通过成立市场部和督导部，加大多市场指导以及监督；分离克拉玛依销售部，成立克拉玛依销售办事处独立运作；专设物流和采购职能成立物流部和采购部；通过培训以及传帮带等手段，建立绿成的终端形象化标准和示范区域，如图6-1所示。

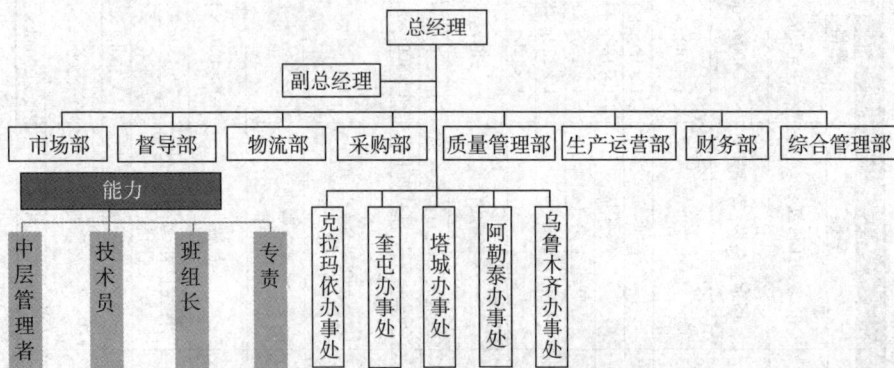

图6-1 绿成乳业营销运营管理体系模型

通过制定《营销体系优化方案》《营销岗位设置及编制》《营销职位说明书》《营销薪酬管理制度》《营销岗位系数等级表》《营销绩效考核管理制度》《营销部门月度考核表》《营销职能部门各岗位考核表》《营销管理绩效和工作

态度》《营销内部管理制度》和《办事处薪酬考核管理制度》《办事处考核表》《办事处运营管理规定》等内容。

由于绿成乳业本身的销售体系采取的是"营销人员＋经销商"模式，在其具体的制度体系设计中，始终坚持体现绿成乳业价值观、要有公正性、企业普遍适用性和具体实施措施的原则，结合销售的具体流程制定出《经销商管理制度》《终端管理制度》《销售计划管理制度》《销售信息管理制度》《销售订单管理制度》《客户投诉管理制度》《市场推广活动管理制度》《市场信息管理制度》《营销费用管理制度》。

6.2 终端精细化销售管理

在具体的操作执行上，强调绿成乳业的终端精细化销售管理，绿成销售督导督导经销商队伍执行。主抓销售运营执行："5 定 1 卡 3 执行"；终端生动化陈列：陈列九大原则；终端拜访执行：拜访八步骤。

6.2.1 销售运营："5 定 1 卡 3 执行"

"5 定"——定人、定车、定线、定量、定责任人。

定人：固定终端服务人员，强化终端有效管理，推动产品下沉。

定车：固定的配送车辆，用于长期终端的配送。

定线：固定拜访路线，每周按时、按路线进行客户拜访。

定量：根据人口、经济等指标制定可行的城市及周边市场销售目标和网点开发目标等。

定责任人：要求经销商做到专人管理、维护。

"1 卡"——终端客户联系卡，达到 100% 的网点标准使用。

"3 执行"——品项分销（纯奶两种、酸奶两种）100% 精确执行；终端铺市率 100% 达标；终端生动化 50% 赢竞品（市场主竞品）。

6.2.2 终端拜访："拜访八步骤"

品项检查——检查品项数量是否符合公司要求；针对缺货的原因加以分析，并制定明确的计划；客户库存量情况，是否超出或低于安全库存，并找出具体原因和制定改进方法。

陈列及日期检查——总陈列面、陈列位置与竞品的比较，劣于竞品应予以调整或与客户沟通协调处理；常规货架、堆头等陈列顺序是否符合陈列手册要求；查看堆头及货架产品是否按照先进先出的原则陈列；仓库或门店内是否有临期或过期产品陈列。

价格检查——特价产品价格执行情况，是否按照公司政策和标准执行，应给予监督和管理；价格是否符合公司规定，如不符合需分析客户是否乱价、窜货等情况，找出原因并做好记录。

形象检查——店内形象广告位检查；广告位置、内容、大小、完整度等，是否与卖场签订的协议一致；对有移动或破损形象物料及时实施改善和维护。

工作规范——互促销员工作规范检查，是否在岗；是否符合公司促销员行为管理规范，纠正错误行为；促销员对大型活动执行细节的了解和执行程度。

活动执行——促销活动执行检查，是否如期开始及是否按照相关标准执行；告知是否充分，是否有礼品、赠品及相关活动物料展示；客户是否变更了促销形式；针对活动执行情况制定改善措施和办法。

物料检查——是否有物料使用及使用规范情况；仓库是否积压物料，坚决杜绝物料浪费；可利用物料的空间应及时跟进。

记录信息——书面记录本次拜访需落实改进事项；下次拜访时需落实问题解决情况；对竞品信息进行记录与分析。

6.2.3 终端生动化陈列操作要点（九大原则）

最佳展示方位——公司产品应该陈列在人流量最多，影响力最大的区域。应该始终陈列在人流流向的前端。需要抓住"冲动购买"的机会。

横排品项展示——每一个公司产品在店内的陈列应遵循统一的标准：即按从左右或按人流方向顺序陈列。同一包装的产品陈列在一起确保统一的陈列显现；保证公司各品项产品的一致性。

最大陈列空间——公司产品应该拥有大于或至少等于销售占有率或市场占有率的空间；在公司产品所控制的陈列空间内，必须按下列标准给予每个品项适当的陈列空间；增加陈列深度，预防断货，保证销售占有率。

垂直陈列产品——在所有可能的情况下，所有品项应垂直陈列。公司产品应该拥有大于或至少等于竞品的产品数量。小包装陈列在顶部；大包装陈列底部。最大限度加强视觉效果与视觉冲击力。

正面陈列产品——每一个包装的产品应正面（中文商标）面向顾客陈列。改善陈列整体呈现，突出品项信息。

正确价格标签——不正确的价格或没价格的产品将难以销售。价格可以标在产品的底部、侧面或任何没有遮盖商标的地方。任何产品在减价或让利时，都应该用颜色鲜艳的标价牌加以强调。

有效运用宣传品——使用任何有效传达"卖点"的宣传品，加强店内广告宣传作用，加强品项知名度或促销信息的传达。

先进先出——一般产品的周转由快到慢的顺序是：地堆→第二陈列→其他多点（助陈物）陈列→仓库。执行先进先出，需要遵循以下顺序：把生产时间最久的产品从仓库移到销售区域；把生产时间最久的产品从销售慢的区域移动到销售快的区域；把生产时间最久的产品移动到销售区域中靠近顾客的位置；保持产品品质，建立客户和顾客的忠诚度。

陈列设备要整洁——保证任何陈列公司产品的地堆、主货架、端架、其他区域多点（助陈物）陈列的清洁。及时修复或更换破损产品，清除杂物，确保整洁，树立良好的公司产品形象。确保陈列产品清洁，保证顾客安全饮用公司产品。

7. 绿成乳业的年度营销策划执行

在目前的瓶颈困惑下，导致市场销售能力与行业生产力不相适应，其实，其根源在于本土乳业的文化力不足。绿成乳业在本地市场独占鳌头后，进行市场的拓展是必然的选择。按照绿成乳业"开拓乌鲁木齐市场、死守克拉玛依市场、拓展周边片区市场"的总体思路，对绿成乳业选择了培育社会消费习惯，增强产品、品牌和企业三个层面的文化含量，用文化力开拓乳品市场的方式，不失为促进乳业健康发展的战略选择。

大家知道，传统乳品营销体系是以有形产品为中心，属于物化营销范围，而乳品文化营销则是有计划、有意识地培养消费者价值观而进行的一系列营销活动。为此，绿成乳业按照文化营销的实质寻找与消费者价值观的共鸣，以消费者的价值取向为走向，特别注重追求满意度，通过顺应或创造价值观的集合来达到消费者某种程度的满意。通过对消费者业已形成的价值观的认同，能从根本上提高满意度，具有成本低和持久性两大特点；同时，利用文化亲和力在绿成乳业与乳品消费者之间建立共同愿景，增加消费者的品牌忠诚度，提高品牌的经营业绩和竞争优势。

7.1 乌鲁木齐市场的营销执行

乌鲁木齐是商家拓展新疆市场以及中亚市场的必争之地，不仅有国内一、二线品牌，疆内的主流品牌，也有地州品牌进军乌鲁木齐市场。可以说，各方大鳄在乌鲁木齐的拓展仍在如火如荼进行中，消费者徘徊在超市货架前做着选择。可以说，乌鲁木齐乳业市场已进入精细化营销时代，乳品企业的规模化、品牌化经营已从企业发展的战略高度到市场一线的细节执行明显凸显。从市场操作层面看，企业产品、品牌、市场等各个方面，都成为乳品企业发展的侧重之举。

7.1.1 市场现状分析

乌鲁木齐地处亚欧大陆中心，是新疆的首府，全疆政治、经济、文化、科教、金融和交通中心，是国家新丝绸之路向西开放的重要门户，历来为疆内乳制品企业必争之地。全市辖七区一县，2013 年末全市常住人口 346 万人。

全市液态奶市场总体容量为 13 万吨，受首府城市定位、居民消费水平等特征的影响，乌鲁木齐市场不同于地州的主要特征如下：液态奶制品消费量巨大，人口仅为全新疆的 15% 乌鲁木齐，市场容量超过全疆总容量的 25%；平均消费水平和消费能力较高，液态奶制品人均消费量在全疆居第一位；液态奶制品消费能力和消费水平对地州液态奶制品有很强的带动作用；液态奶制品在乌鲁木齐市场竞争较为充分，目前单店乳制品产品种类平均有 5 种液态奶制品品牌。

7.1.2 所面临的主要问题

通过前期调研以及访谈发现，绿成乳业在乌鲁木齐市场的主要问题体现在以下四方面。

第一，绿成乳业品牌在乌鲁木齐市场缺乏知名度。根据调研数据显示，听说过绿成乳业的消费者不足 1%，品牌知名度不足会影响消费者购买决策。

第二，目前没有开发经销商铺货，铺货率和占有率都不足 1%。绿成乳业在乌鲁木齐的铺货率和实际市场份额占比不足 1%，显示了绿成乳业在乌鲁木齐市场的影响力有限。

第三，无差异化的、有竞争力的产品支撑绿成乳业进入乌鲁木齐。目前，乌鲁木齐除了本身的乳制品产品竞争激励外，市场产品同质化也相当严重。在这种情况下，产品销售主要依靠品牌以及促销来驱动，而差异化产品彰显出的产品力，可以更加快速地驱动产品销售。而绿成乳业进军乌鲁木齐市场，暂时也没有开发差异化的产品。

第四，组织及人员结构不适合快速开发乌鲁木齐市场。乌鲁木齐市无经销商，目前主要依靠绿成乳业厂家派驻销售经理进行销售。

第五，无广宣和促销，处于自然销售状态。

7.1.3 市场营销目标

实现绿成乳业在乌鲁木齐市场年度预期销量 2000 吨，其中，新增销量为 1000 吨；不断积累客户数据并进行数据库营销，同时逐步积累乌鲁木齐市场的营销执行经验；通过与经销商的协作，完成主体中心区域的阶段性铺货目标；通过整合多种营销推广费手段，提升绿成乳业品牌及产品在乌鲁木齐市场的知名度。

7.1.4 总体营销策略

依托关键资源，以"事件营销和公关活动"为载体和平台，利用报纸、电视、微信、网站等媒介资源展开整合营销传播，植入品牌塑造推广和促销活动。迅速扩大品牌知名度、同步提升美誉度、拉动终端销售。

通过营销活动、社区推广及销售终端的方式，持续积累客户数据库，开展新媒体营销。

规范和加强经销商队伍管理（评级、考核）；做好铺货、客情、动销三个重点工作。

推出终端（客情）管理标准化手册、加强市场督导工作。

7.1.5 四大营销推广活动

金绿成北纬 45°黄金奶源带牛奶进社区：通过与传统媒体机构合作开展营销活动，最终目的是抓住核心终端消费者。通过开展"扫码送牛奶、微博转发抽奖、免费品尝、银联刷卡、买赠活动、热线抢购、互动游戏"为内容的绿城乳业社区推广活动，提高产品的认知度与品牌知名度，营造产品的社区消费氛围，巩固品牌渗透力量，提高消费者接受率与品牌忠诚度。

"激扬青春·巅峰销售"金绿城高校大学生销售 PK 赛：邀请乌鲁木齐市高校大学生组成代表队，在以晨报我来购门店为中心的社区进行绿成乳业产品销售，全程报道＋线上竞猜。

"万亩良田·一杯好奶"——北纬 45°黄金奶源带见证之旅：加强乌鲁木齐消费对绿成乳业——北纬 45°黄金奶源带的认知，有效提高消费者对金绿城的品牌认知，拉动终端销售。通过邀请和征集社区推广活动、大学生销售大赛活动的参与者，邀请终端店负责人、行业专家、媒体记者组成见证团，由绿成乳业自行完成见证北纬 45°黄金奶源带。

跨年圆梦营销活动：以"你的梦·绿成梦·金色梦——金绿成助你实现跨年梦想"为主题，通过"我的新年愿望"征集活动面向全市展开，可以是精神层面的，也可以是物质层面的。同时，对所征集的新年愿望，通过网站、海报及各种媒体发布并进行筛选，选出合情合理、有意义的"新年愿望"与"新年梦想"由"梦想天使"为消费者送达"新年礼物"。

7.2 克拉玛依市场的营销执行

克拉玛依是绿成乳业的大本营，守住"家门口"的市场是绿成乳业经营的重中之重。加上本身企业又是隶属于统一体系下剥离出来的产业实体，人们对产品本身的依赖性也相对较高；这一区域市场绿成乳业需要精耕细作，推进渠道升级措施、综合盘点品牌及产品策略，寻找新的市场细分以及开始品牌组合，注重软硬媒体的组合推广策略。以参加区域代表性、标志性活动为主，积极参加社会热点性、公益性活动为辅，利用非营销因素，注重公共关系，从而建立行政干预壁垒。

强化品牌在终端的渗透工作，强化品牌认知、扩大产品覆盖，多增加产品内在理念的诉求和品类特点的宣传，全面导入品牌背景和企业背景的宣传。这个时期导入是效率最高的时期。同时，强化流通渠道培养，采取与管理型市场相近的渠道策略，加强与经销商的情感沟通，建立专有渠道，以专营店的方式联系中小零售终端，建立壁垒，在共用渠道市场要打击掉对方的专用渠道，"吸纳对方大的经销商，不雇用对方小的经销商"，以及全面界入经销商的管理。

7.2.1 市场现状

从成立之初到现在，金绿成是绿成乳业的最主要的品牌，在克拉玛依的消费市场占有很大的优势，虽然深受消费者喜爱，但品牌下的子种类品种不多。同时，绿成乳业围绕克拉玛依市场也进行过一系列品牌增值及市场推广活动，但在我们的前期市场调研中，发现绿成乳业的产品及品牌状况具有以下几个方面的不足。

产品品牌老化——作为在克拉玛依市场占据主导地位及行业龙头的金绿成，正面临着"衰退"的局面或处于产品的衰退期。其主要表现在以下的三个层面上。

品牌有知名度，但美誉度及消费忠诚度不足。因行业和体制的原因，绿成产品作为单位福利无须消费者选择；消费者对"金绿成"的品牌联想单薄、模糊，往往停留在"多年前印象"；拥有中老年群体对产品的依赖，市场活力主体的青壮年尚未形成消费习惯。

品牌传播思维、手段与产品促销方式相脱节。宣传传播途径和手段单一、被动、碎片化及品牌推广的产品针对性不强；行销推广缺乏系统性、整体性和延续性，品牌的宣传与产品促销很随意；营销不成体系，没有个性化的促销礼品，被动应付竞争对手而采取措施。

产品处于自然状态下销售，促销的灵活性不强，营销推广的持续性不长。

因研发不力导致产品的种类单一、结构老化。对包装营销认识不足，产品包装设计不优美、不精致，没有迎合消费需求；在重量与质量上实惠的产品没有赢得口碑消，没能吸引消费者的主动购买。

销售管理乏力——在克拉玛依市场，绿成乳业采取的是"两条腿"走路，所组建的销商和销售团队两支队伍，在产品的销售过程中存在以下三个方面的问题。

对经销商/代理商管理不规范，导致产品铺货及市场占有率不足。规模小、实力弱，对市场认知和理解较低，难以与终端建立形成紧密联系；缺乏长远经营观、注重短期利益，代理商及终端不会主动推绿成乳业品牌；评级与考核机制缺失，没有建立市场信息对称的反馈系统，市场把握不准；对代理商及终端的指导不力，没有统一规范的形象识别，对产品缺乏信心。

自身销售团队因激励机制不健全，导致团队的主动性、积极性差。销售团队忙于与代理商的沟通协调、账务处理，对市场的消费情况没有明晰地把握；缺乏专业的培训与辅导，不能对代理商服务及终端产品销售进行有效指导；缺少考核与激励机制，干多干少一个样，销售团队存在"精神懈怠"现象。

消费者对品牌包容，市场竞争尚未充分表现，竞争对手尚未发力。竞争对手还没有采取市场细分化的竞争策略，有针对性的进行产品发力；加上本身的市场容量和历史消费习惯，竞争对手只是暂时对市场有所放弃。

7.2.2 营销解题思路

营销传播"以事件营销和公关活动"为载体和平台，展开整合传播（报纸、电视、微信、网站等），凸显绿成的新绿成、新产品、新理念、新形象、新感觉等"五新"品牌形象！同步提升产品美誉度、培育消费忠诚度，最终拉动产品的终端销售。

规范和加强经销商队伍管理。通过考评经销商在终端的铺货率、及时补货及时率等指标和终端店满意度评价，确定不同等级的经销商，进行区别对待。

通过专业化的培训和机制变革，提升销售队伍专业水平，充分调动销售人员工作积极性，宣扬"市场导向、业绩为王"的文化。

推出终端（客情）管理标准化手册、加强市场督导工作。

重视使用先进的营销方法，认识数据库营销与新媒体营销的应用对绿成乳业营销行为的影响。切实将精准营销和贴近式顾客的服务意识落实到具体的销售工作中，自上而下推动。通过事件营销、公关活动及其他促销手段，积极积累客户数据库、开展新媒体营销，开展"顾客粘性"建设，形成"一对一的顾客关系管理"。

数据库与新媒体营销定位：对客户进行二次开发，进行客户的关系维护。

7.2.3 营销目标

2015 年完成销售量 8100 吨；克拉玛依市场作为核心市场，有效铺货率提升至 80% 以上，终端陈列领先 95% 竞品；持续提高中高端产品以及低温产品占比；通过标准化及培训等手段，全面提升绿成终端形象水平，建立绿成的终端形象示范区；通过客户数据库积累，开展新媒体营销；以公关及事件营销为主，植入终端促销，提升绿成乳业品牌及产品在克拉玛依市的美誉度和忠诚度。

7.2.4 五大营销推广活动

"我的国际牛奶日"营销活动：宣传绿成企业形象、展示金绿成系列产品、现场有奖知识竞猜、吉祥物派发礼品、向市民免费赠送《金绿成·国际牛奶日乳品知识 100 问》、扫二维码赠送礼品、发现场微信积攒赠礼品。活动现场，让消费者免费品尝绿成的系列产品。开通"走进金绿成直通车"，让消费者代表与绿成零距离。

夕阳红·红万家——寻找感动油城经典爱情故事：通过报纸（新闻）、海报、微信、消费者推荐、政府职能部门推荐等途径，征选 60 岁以上的老年人的油城贡献者、奉献者、爱情故事感人，家庭幸福美满，由微信投票＋专家团打分等形式，进行感人故事报纸选登；微信传播，并举办颁夕阳红奖晚会。同时，进行"夕阳红·红万家"——幸福密码提取及传播、情人节当周促销、买赠一幸福密码（拟定：手机挂件，正面为幸福密码关键词，背面为绿成幸福密码的二维码）。

"新绿成、新形象、新发展"——国庆献礼·绿成发展成就展：在自治区成立 60 年之际，借绿成乳业整体搬迁至新厂的机会，在新乳品厂展示包括历史、荣誉和事迹、业绩和成就、企业文化、愿景使命、战略规划、产品市场等内容，通过文化墙或展板、图文的形式，全面展示绿成乳业的发展与壮大过程。

针对学生群体的活动营销：主要是"咬文嚼字"汉字听写大赛＋"妙语连珠"成语大赛两个活动，针对小学生、中学生进行开展。

你的梦·绿成梦·金色梦——金绿成助你实现跨年梦想。

7.3 周边区域（塔城、奎屯、北屯）的营销执行

对于塔城、奎屯、北屯三个片区市场的拓展，也是最为关键的步伐。有序化实施品牌及产品策略、渠道策略的微调、品牌策略的深化及执行，实现周边市场向相对稳定型市场发展。通过深化、细分人群定位，以参加社会热点的公益性活动为主，适当介入有区域代表性、标志性的大型活动，有节奏、有计划进行阶段性品牌推广促销活动，强化品牌地位，聚拢人气。以企业形象为主，强化品牌形象，降低地面促销投入，弱化品牌选择中最不稳定的因素。同时，通常通过产品包装来增加消费者的新鲜感，适时注入提升性品牌，给消费者创造购买需求，强化某一品牌的主导地位，渐进性培养品牌忠诚度。

7.3.1 三大片区市场现状

奎屯片区：容量为1400吨，销售区域集中；销售终端集中在金三角区域，区域集中；奎屯和独山子乳品消费水平较高，乌苏乳品消费水平较低；终端管理薄弱，城区市场除独山子（65%）外，奎屯和乌苏铺货率不足20%；销售人员督导职能缺失。

塔城片区：容量为12500吨，销售区域高度分散；终端分散，城区终端集中在额敏、九师和塔城市；终端管理薄弱，塔城、额敏市场铺货率不足25%；塔城乳品消费主要以散奶为主，人均乳制品消费水平不高；销售人员对经销商的督导职能缺失，对终端关注不足导致铺货与市占比低。

北屯片区：容量为14000吨，销售区域高度分散；城区销售终端主要阿勒泰市和北屯市；阿勒泰区域乳品消费主要以散奶为主，人均乳制品消费水平不高；目前暂无经销商配送。

7.3.2 营销解题思路

奎屯片区以终端管理为重点——经销商：扶持大经销商直供，以奎屯为中心，快速布局奎屯、乌苏和独山子，实现对三市以及周边乡镇、团场100%覆盖。销售队伍：奎屯、乌苏和独山子区，严格"5定1卡3执行"。5定"，即为定人、定车、定线、定量、定责任人；"1卡"即为终端客户联系卡，达到

100%的网点标准使用；"3 执行"即品项分销 100%精确执行。终端铺市率 100%达标；终端生动化陈列 95%领先竞品。

塔城片区以突破塔城市和额敏为重点——经销商：发展多名经销商，以快速分散到周边区域（额敏县、裕民县、托里县、和县）扩大市场铺货率为主要目标；销售队伍：在塔城市和额敏县严格执行"5 定 1 卡 3 执行"。

北屯片区以渠道管理为重点——经销商：以发展多名实力经销商为重点工作，具体区域哈巴河县、吉木乃县、布尔津县、福海县、富蕴县、清河县实现 100%覆盖。在北屯和阿勒泰市执行"5 定 1 卡 3 执行"。

7.3.3　营销目标

2015 年总体任务：塔城片区 1200 吨；奎屯片区 1700 吨；北屯片区 400 吨；重点突破奎屯、额敏、塔城和北屯四卫星城市，市场有效综合铺货率不低于 60%；生动化陈列领先 50%竞品；持续提高中高端产品和低温产品占比。

四卫星城市执行"5 定 1 卡 3 执行"方案，终端形象化标准达到克拉玛依水平，两支队伍能力得到提升，周边市场达到全覆盖，没有空白点。

7.3.4　两大营销推广活动

在塔城、奎屯、北屯片区市场中，主要的活动包括"你的梦　绿成梦　金色梦——金绿成助你实现跨年梦想"营销活动和"我的国际牛奶日"营销活动两个活动进行带动，通过竞猜海报—推广和铺货；微博、微信赛程直播。

7.3.5　有奖陈列以及门头宣传活动

通过门头及有奖陈列，突破重点终端，提升 20%销量。有奖陈列及门头投入重点区域为奎屯（包括独山子），其次为塔城及北屯市。精选 400 家终端，每家投入门头，以及有奖陈列 3 个月。门头以及有奖陈列可以作为组合套餐一起投入，降低陈列费用。

7.4　绿成乳业营销数据库的积累

乳品行业巨量的客户信息束之高阁，致使数据库营销处于起步阶段，未能充分发挥其市场作用。但由于绿成乳业的决策者，一直强化数据库营销的过程参与职能，并通过消费数据的挖掘，准确定位营销策略。实际上，绿成乳业的数据库营销是将售后服务成本转变成利润组织的一种有效手段，主要定位于"客户的二次开发"和"客户关系维护"。

数据库营销是自媒体，能够实现信息自我控制，因而缺乏可信度、权威性，而统媒具有可行度与权威性，有把关人，有背书效应，更能获得消费者信任。因此，数据库营销需要传统营销配合。按照这一原则，在绿成乳业的数据库营销中，始终坚持用公益性、社会性活动的形式，持续累计营销数据库，进行线上线下营销互动，为持续性营销推广打基础。

乌鲁木齐新媒体组成——绿成乳业微信，绿成乳业微博，媒体的微信、微博等。数据库积累——品牌及产品推广：社区推广现场宣传以及扫二维码等；事件营销：大学生销售竞赛扫二维码等；线下铺货：终端海报，获取扫码关注。

克拉玛依及周边市场主要的新媒体包括绿成乳业微信、绿成乳业微博。事件营销：我的国际牛奶日、夕阳红·红万家活动、首届小学生汉字听写大赛，新媒体进行线上投票等；线下铺货：终端海报，获取扫码关注；绿成便利店运营：购物扫码二维码。

实际上，建立数据库是要借助数据库进行营销，营销就要有信息的流动。当然，现在传达信息的方式有很多，如 E－MAIL、短信、电话、广播等，但在数据库营销里，用得最多的还是短信和电话，因为数据库营销最大特点就是提供差异化服务，也就是在数据库分类基础上为不同类别的客户传达不同的信息，如向顾客传达产品的促销信息、新品发布等。

8. 尾声

由于绿成乳业从本身的国有企业体系下进行的转型，在本身管控体系十分严格的情况下，其经营机制的灵活性相对欠缺。这次得到认可和通过的绿成乳业战略规划与北疆市场营销体系构建，使绿成乳业踏上了新的征程。尤其是人员的配备与管理改变，将会给每个绿成人的工作方式和生活方式带来改变，现在大家感到有点迷茫。

回想从克拉玛依回到乌鲁木齐的路上，聊起绿成乳业的营销战略与北疆市场营销体系的构建时，北大纵横新疆运营中心总经理王程明十分自信地说："对绿成乳业的这个项目，我们已经从理论到实践进行了最好的结合，并把乌鲁木齐的全部资源关系都用上了，绿成乳业的品牌知名度、美誉度在新疆市场上，必然会有进一步提升……"谈话间，车载收音机里传来了杨培安演唱的《我相信》这首歌，我笑着说："我们现在就同绿成乳业肩并肩，站在北疆市场这个舞台中间，勇敢地大步向前……"

案例使用说明

御风而"销"行：绿成乳业布局北疆风景线

1. 教学目的与用途

（1）本案例主要适用于市场调查、市场营销、战略管理课程的案例教学，适用对象为 MBA 学员。

（2）本案例的教学目的是结合案例的分析和讨论，让学员充分了解随着企业市场营销战略的推进，相应的营销体系如何进行转型以适应经营的要求，以及在营销体系转型过程当中，企业将如何去面对市场所带来的机遇与挑战。

（3）本案例是典型的以企业市场拓展为例，在营销策划和实施过程中可能出现诸多问题，引导学员理性看待市场营销策划方案的可操作性，提升学生分析问题、解决问题的能力。

（4）通过案例分析，要求学员进行角色模拟，假如你是总经理，在绿成乳业的具体环境下如何进行分析和决策。同时，对绿成乳业决策及其实施作出分析、评价。

2. 启发思考题

（1）你如何看待绿成乳业年度营销的具体做法？

（2）如何评价绿成乳业的文化营销、事件营销和公关活动营销？

（3）你对绿成乳业现阶段的经营战略如何评价？

（4）"万亩田园·一杯好奶——北纬 45°黄金奶源带"的营销传播定位有何特点？

（5）如何评价绿成乳业提出的终端精细化管理？

（6）假如你是总经理，走马上任后，会首先从哪个市场着手展开营销工作？

3. 理论依据

（1）6P 营销理论

6P 营销理论（即"大市场营销"理论）创立于 20 世纪 80 年代中期，分别代表的是产品、价格、渠道、促销、公共关系、人员。6P 营销理论的产生与发展，不仅有利于促进企业的变革与发展，更有利于促进世界经济的相互促进，推动世界经济的大发展。随着社会的发展，企业的公关显得愈加重要。良好的公共关系可以为企业营造良好的社会环境，得到社会更广泛的认同和赞誉，为企业打开市场、做大做强奠定基础。

（2）整合营销传播

整合营销传播是指将与企业进行市场营销有关的一切传播活动一元化的过程。整合营销传播一方面把广告、促销、公关、直销、CI、包装、新闻媒体等一切传播活动都涵盖于营销活动的范围之内，另一方面则使企业能够将统一的传播资讯传达给顾客。营销传播的根本就在于以消费者为中心。在整个传播活动中，它的内涵具体表现在以消费者资料库为运作基础，以关系营销为目的，以循环为本质，整合各种传播手段塑造一致性"形象"。

企业通过实施整合营销传播要达到三个目标：一是以消费者为中心，研究和实施如何抓住消费者，打动消费者，与消费者建立一种"一对一"的互动式的营销关系，不断了解客户和顾客，不断改进产品和服务，满足他们的需要。二是通过各种营销手段建立消费者对品牌的忠诚。三是整合的概念——过去企业习惯于使用广告这一单一的手段来促进产品的销售，但我们今天已处于现代社会的信息时代，现在的传播手段越来越多，传播本身开始分化和组合。这就要求在营销传播过程中，注意整合使用各种载体，达到最有效的传播影响力。

（3）市场细分与定位策略

细分市场是市场营销学中一个非常重要的概念，也是市场上主流商业模式，商业管理教育理论等均对市场细分这一概念给予了不同程度的关注。它是市场管理和产品规划流程的重要步骤。在这个步骤，首先要根据一定标准对公司总体战略进入的市场进行细分，并做初步的定性选择。主要从以下 5 个方面进行考虑：独特性、重要性、可衡量性、持久性和可识别性。

顾客需求的差异性——顾客需求的差异性是指不同的顾客之间的需求是不

一样的。在市场上，消费者总是希望根据自己的独特需求去购买产品，我们根据消费者需求的差异性可以把市场分为"同质性需求"和"异质性需求"两大类。

同质性需求是指由于消费者的需求的差异性很小，甚至可以忽略不计，因此没有必要进行市场细分。而异质性需求是指由于消费者所处的地理位置、社会环境不同、自身的心理和购买动机不同，造成他们对产品的价格、质量款式上需求的差异性。这种需求的差异性就是我们市场细分的基础。

顾客需求的相似性——在同一地理条件、社会环境和文化背景下的人们形成有相对类似的人生观、价值观的亚文化群，他们需求特点和消费习惯大致相同。正是因为消费需求在某些方面的相对同质，市场上绝对差异的消费者才能按一定标准聚合成不同的群体。所以消费者的需求的绝对差异造成了市场细分的必要性，消费需求的相对同质性则使市场细分有了实现的可能性。

企业有限的资源——现代企业由于受到自身实力的限制，不可能向市场提供能够满足一切需求的产品和服务。为了有效地进行竞争，企业必须进行市场细分，选择最有利可图的目标细分市场，集中企业的资源，制定有效的竞争策略，以取得和增加竞争优势。

4. 要点分析

（1）关于绿成乳业的市场营销战略评价。

（2）关于绿成乳业市场拓展目标的分析。

（3）关于绿成乳业启动市场营销体系建设时机的评价。

（4）关于绿成乳业营销战略定位的评价。

（5）关于绿成乳业事件营销与公关活动营销的分析。

（6）关于绿成乳业营销战略与北疆市场营销体系构建过程和基本步骤的分析。

（7）关于绿成乳业市场拓展遭遇最大困难的分析。

（8）关于绿成乳业文化营销的分析。

（9）绿成乳业营销战略与北疆市场营销体系构建的可圈可点之处。

5. 关键要点

（1）拓展乌鲁木齐及周边市场是绿成乳业目前要解决的问题。在本案例中，正是在拓展的方式选择和采取怎样的手段困扰着总经理。

（2）面对绿成乳业经销商与公司营销两支队伍的建设。

（3）市场调查的问卷设计与调查方式的选择。

6. 建议课堂计划

本案例可以作为专门的案例讨论课来进行。以下是按照时间进度提供的课堂计划建议，仅供参考。

整个案例课的课堂时间控制在 120—150 分钟。

课前计划：提出启发思考题，请学员在课前完成案例阅读并对案例进行初步思考，案例小组制作课堂发言 PPT 初稿。

课中计划：简要的课堂前言，明确研讨主题：10—15 分钟。

分组讨论，告知发言要求：45 分钟。

修改 PPT，案例小组修改发言 PPT：15—25 分钟。

小组发言：每组 10 分钟，控制在 25—40 分钟。

引导全班进一步讨论，并进行归纳总结：25 分钟。

课后计划：每组采用案例分析报告的形式给出更加具体的解决方案，为后续内容铺垫。

燕西飞："薪"平"企"和谈钱不伤感情[①]

——新疆燕京啤酒销售团队薪酬管理体系设计

王晓洪[②]   马新智[③]   王程明[④]

摘要：建立一套"对内具有公平性，对外具有竞争力"的薪酬体系，是企业的当务之急、棘手问题。燕京啤酒 2006 年布局谋篇落地新疆后，决策管理致力于劳动关系和谐企业的构建，面对市场权衡既能不断激励销售人员创造业绩，又能满足其工作成就感，促使企业的销售业绩不断发展的报酬和待遇。如何留住优秀的销售人才？如何建立一个行之有效的薪酬制度？新疆燕京啤酒在实践中，为销售人员薪酬管理建立起一套既稳定又动态的科学管理机制和系统，激励和鞭策并存、机遇和挑战兼顾，最大限度的调动绝大多数销售人员的工作积极性和创造性，更快、更好地实现企业经营目标。

关键词：人力资本，薪酬管理，销售团队，新疆，燕京啤酒

0. 引言

马儿要寻找肥沃的草地，鸟儿要寻找翱翔的天空，鱼儿要寻找畅游的海河，燕京要寻找广阔的市场，这就是燕京啤酒西进的理由。燕京啤酒来新疆发展是集团通盘考虑全国的布局后决定的。新疆燕京啤酒有限公司（简称"新

---

① 本案例通过对新疆燕京啤酒的调研，结合管理咨询结果，并查阅与企业相关的文献资料撰写。本案例撰写的作者，拥有著作权中的署名权、修改权、改编权。本案例未经允许，本案例的所有部分都不能以任何方式和手段擅自复制或传播。由于企业保密的要求，在本案例中对名称、数据等做了必要的掩饰性处理。本案例只供课堂讨论所用，并无暗示或说明某种管理行为是否有效。

② 新疆联合纵横企业管理咨询有限公司

③ 新疆大学 MBA 中心

④ 北大纵横新疆运营中心　新疆·乌鲁木齐

疆燕京啤酒")是燕京集团在西北乃至中亚的第一颗棋子、全国第 22 家分厂，其发展得益于集团总部的坚强后盾，集团董事长李福成实地考察新疆后表示："要人给人，要钱给钱，不惜代价，我们会为新疆燕京腾飞提供全方位的支持和保障。"然而，在新疆燕京啤酒的快速发展中，人才短缺、管理混乱、市场份额下降等问题随即出现。

2009 年 7 月 31 日，新疆燕京啤酒高层"大换血"，燕京集团总经理助理、广西燕京副总经理张旺空降石河子，出任新疆燕京啤酒总经理。现如今，已经成为新疆燕京啤酒的掌门人——董事长、党委书记、总经理一肩挑的张旺，通过几年的不断努力，将年亏损三千万元以上、吨酒亏损 1047 元、利润排名在集团倒数第一、年产 3 万吨、累积亏损一亿多、离职率将近百分之百的新疆燕京啤酒，发展到 2012 年啤酒产销售量上升到 14 万多吨，市场占有率也由原先的 10% 猛增到 30%，为国家上缴利税 7900 万元。

新疆燕京啤酒大踏步的在新疆这块土地上开疆拓土、实现并超越梦想。张总谈起新疆燕京啤酒深有感触："我们对待员工是给待遇、给地位、给尊严。我们希望自己的管理水平在集团内部达到中等，在新疆达到中上水平。我们就是要用制度管人，服务人，赢得人，激励员工创造力，让员工以企业为家，我们才能当好这个家。"

1. 布局新疆的燕京啤酒

燕京 1980 年建厂，1993 年组建集团。在发展中燕京本着"以情做人、以诚做事、以信经商"企业经营理念，始终坚持"走内涵式扩大生产道路"，经过 30 多年快速、健康的发展，燕京已经成为中国最大啤酒企业集团之一，也是全国目前惟一未被外资染指的啤酒民族品牌。2014 年啤酒销售量 532 万千升，进入世界啤酒产销售量前八名、销售收入 180.32 亿元、利税总额 40.13 亿元。燕京用 20 年的时间跨越了世界啤酒业 100 年的发展历程。2013 年燕京拥有有形资产 220 亿元、2015 年燕京啤酒品牌价值总计 802.68 亿元。

目前，燕京啤酒全国市场占有率达到 12% 以上，华北市场 50%，北京市场在 85% 以上。燕京啤酒积极完成股份制改造，由产品经营转向产品与资本双向经营，1997 年两地上市，独特的"红筹背景、A 股身份"股权结构模式，为燕京快速稳定的发展提供了雄厚的资金保障。燕京啤酒长期培育的"尽心尽力的奉献精神，艰苦奋斗的创业精神，敢打硬仗的拼搏精神，顾全大局的协作精神，为企业分忧的主人翁精神"以奉献机制与激励机制相结合的分配模式，促进企业快速发展。

1.1 新疆燕京啤酒发展历程

新疆物华天宝，资源富集，其丰富优质的农产品资源给燕京吃下了"定心丸"。天山的雪水非常好，清澈洁净，水质好是啤酒企业必须考虑的因素；新疆自产的大麦，用在啤酒里口感非常醇厚；啤酒花的产地就在新疆，既方便，质量也好……

2006年3月，燕京啤酒通过对新疆市场的反复考察，决定在有"戈壁明珠"美誉的石河子市——国家级石河子经济技术开发区占地287亩，建设年产能20万吨的世界最先进的现代化啤酒生产基地项目，预计项目建成后年实现工业总产值5.3亿元、税收8000万元，新增就业岗位400个。一期总投资2亿元、年产10万吨的啤酒项目已于2006年11月投产，2008年扩建5万吨，目前已形成15万吨啤酒生产能力。2007年8月，成立新疆燕京农产品开发公司，计划投资2.8亿元建设年产20万吨麦芽项目，一期年产能10万吨的农产品加工基地生产线已于2009年2月底投产。一个个的时间节点、一串串的效益数字……见证了新疆燕京啤酒的成长和壮大。

2009年7月31日，新疆燕京啤酒高层空降石河子，曾经在中国啤酒行业创造过"漓泉神话"的燕京集团副总经理田建华接任董事长、张旺出任总经理。"田张组合"这对老搭档，曾经用了短短五年间在广西培养出了1000个百万富翁、80个千万富翁。燕京集团总部对这对老搭档此举齐剑下天山，不仅表明了集团总部对新疆市场的高度重视，也对"田张组合"让新疆燕京啤酒崛起寄予厚望。

"田张组合"空降新疆燕京啤酒后，雷厉风行，大踏步前进，并迅速扭转了经营的被动局面，产品销售量实现了90%以上的增长。特别是"田张组合"空降后的一个星期时间里，新疆燕京啤酒以惊人的速度突围，销售量增长了485%。张总在接受媒体采访时曾说："我们落户新疆是集团的宏观决策。从行业营销来看，占有一个品牌后，把它做到最好需要三到五年时间。去年我们只完成了3.01万吨的销售，如果说增幅高，那只是因为去年的基数低。从另一个角度来说，今年的增长是暴发式的，不过应该将之归为企业多年积累的结果。我们不断扩大市场的铺货面，超越了原来的预期，功劳应该归全体燕京人的不懈努力。"

"田张组合"空降后的年末，董事长田建华绘制了新疆燕京啤酒未来五年的发展蓝图：新疆燕京未来五年的发展目标由 2009 年的 3 万吨增长到 2014 年确保实现 12 万吨，力争达到 15 万吨。新疆燕京 2010 年的目标是"保 5（万吨）争 7（万吨）"。新疆燕京啤酒驻足新疆，左连中亚，右连西北五省，是重要的能源和啤酒原材料供应中心。为此，确立了新疆燕京啤酒未来五年"全面布局西北，精细开发新疆，逐步辐射中亚"的战略。

实际上，新疆燕京啤酒自 2007 年投产以来只注重产品量的销售，消费者对燕京这个全国性的一线品牌缺乏认识和感知，所生产的产品在前 3 年无明显起色，但从 2009 年 7 月后，由于改变了过去注重啤酒的销售量的营销战略，销售量及市场份额开始呈现大幅度上升趋势，市场营销由过去的单纯抓产品销售，向"品牌推广、产品销售、消费者体验"三方面一体化推进转变。通过"三位一体"的营销策略，连续 2 年增长超过 200%，在 2010 年 6 月实现了新疆燕京自建厂以来的啤酒的首度盈利。

新疆燕京啤酒本着"以情做人、以诚做事、以信经商"的企业经营理念，坚持发展民族啤酒工业，在改革发展的进程中，形成了以"燕京精神"为核心内容的企业文化，保证企业持续、快速、健康、稳定的发展。2012 年 1 月 8 日，为实现"精细开发新疆、逐步辐射中亚"战略，满足日益增长的市场需求、互惠互利的政府政策和当地人民的热情，新疆燕京啤酒再度发力，面对近 1000 万人口的南疆和 2000 多万人口的中亚大市场，投资 3 亿元、占地 130 亩的 10 万吨啤酒生产线项目，落户阿拉尔市，项目年可创产值 8000 多万元，实现利税 1000 万元，安排 240 人就业。

如今的新疆燕京啤酒，始终秉承"以全优的质量取信于民，以独特的风味取悦于民，以诚挚的态度服务于民"的宗旨，始终视产品质量为生命，积极开发研究学习和引进先进的科学技术，通过引进德国的先进生产设备，采用 12 项先进科研成果，在国内率先使用浸出糖化法、低浸发酵工艺、德国酵母，利用新疆的优质大米、大麦、啤酒花等原料，生产出的产品泡沫丰富，洁白细腻，口感清冽，清爽怡人。尤其是新疆第一条真正意义的、具有国际先进水平的纯生啤酒生产线投产后，备受新疆、甘肃、青海消费者青睐，优质麦芽远销全国各地。

"感动世界，超越梦想。"新疆燕京啤酒决心在自治区党委、政府和新疆生产建设兵团的正确领导下，在燕京集团公司的大力支持下，乘中央新疆工作座谈会东风，抓住机遇，全面推进市场化立体变革，努力提高核心竞争能力，把最优质的产品源源不断地推向市场，满足消费者的需求，进一步扩大占有率，增加税收，为新疆和兵团经济和社会实现超常规跨越式突破性发展做出更突出的贡献。

1.2 对新疆燕京啤酒的 SWOT 分析

啤酒企业属于典型的快速消费品，与其他企业所不同的是其产品功能和技术日趋同质化，企业很难在产品功能、技术方面保持长久地创新，即使有所创新，也可能面临被其他企业快速复制的风险。新疆燕京啤酒的成功与否，更多体现在其市场能力的强弱，而快速消费品的品牌和渠道又是其市场能力的主要因素。一般来说，品牌和渠道是衡量企业是否具有长期投资价值和优势竞争力的主因。

啤酒行业，历来不乏竞争。有竞争，就得有战略。随着新疆啤酒工业的发展，啤酒需求和选择趋向多样化，行业吸引力是决定啤酒企业获取利润的一个重要因素，运用波特五力竞争模型对新疆啤酒行业的竞争分析发现：地产品牌垄断新疆啤酒市场发展格局已经打破，多个品牌在新疆市场争相角足。

SWOT 分析技术应用十分广泛，管理者通过此工具快速总览企业战略。我们用 SWOT 为分析工具，将新疆燕京啤酒放在全疆乃至全西北的大视野中，紧密结合新疆燕京啤酒在新疆、西北、中亚的谋略与发展战略，对其在市场发展中所面临的战略形势进行详细的分析。

透过 SWOT 态势分析发现，新疆燕京啤酒所面临的外部机会多于威胁，内部优势多于内部劣势。在战略上应该选取增长型，通过扩大原有产品的生产和销售、向与原产品有关的功能或技术方向扩展等横向一体化战略，以及企业介入原供应商的生产活动（如新疆燕京啤酒自建麦芽生产基地）等纵向一体化战略（见表1-1，如图1-1所示）。

表 1 - 1　新疆燕京啤酒所面临的战略形势（SWOT）分析表

优势 S（内部）：	劣势 W（内部）：
1. 新疆燕京啤酒母公司——燕京集团资金和品牌实力雄厚，是新疆燕京啤酒发展的持续动力 2. 新疆燕京啤酒子公司在阿拉尔建厂已经展开，2013 年年初投产，极大程度地缓解了公司的产销矛盾 3. 目前新疆燕京啤酒的生产设备好产品品质较高，燕京啤酒的高品质获得中国驰名商标荣耀 4. 燕京啤酒为全国清爽型啤酒代表之作，在产品口味方面较有相对竞争优势 5. 燕京啤酒为年产销售量过 500 万千升、没有外资背景的全国大型啤酒生产企业，在政府公关等方面极具优势	1. 30 多年的快速发展，积累了内部的薪酬管理问题，并且现在已经逐步影响到市场的持续销售状况 2. 薪酬管理问题的积累，进一步影响到企业基础员工，特别是新疆燕京啤酒耐以生存的销售员工的工作积极性和热情 3. 新疆燕京啤酒整体市场不同的发展阶段，会对应不同的薪酬管理战略手段，同时不同的各个区域办事处市场，其市场发展结构极不均衡，但是其薪酬水平无柔性的对应变化，这对企业的持续发展必将造成不利的影响
机会 O（外部）： 1.《能源法》《食品安全法》等法规及政策，对啤酒行业提出更加严格的要求 2. 西部大开发战略、中央关于新疆座谈会的召开，全国各省市及中央直属机关与企业对口支援新疆，经济发展整体形势较好 3. 新疆的流动人口较前几年增加了几百万消费群体，消费规模得以扩大 4. 新疆啤酒人均消费远远低于全国的平均水平，新疆燕京啤酒未来市场空间潜力巨大 5. 新疆燕京啤酒目前在石河子市、阿拉尔市两地建有成产基地，均属于实行"党、政、军、企"四位一体的组织——新疆生产建设兵团范围。石河子市不仅为新疆生产建设兵团的经济文化中心，更为连接伊犁、塔城、阿勒泰、博州、昌吉、乌鲁木齐、吐鲁番、哈密等北疆的区域中心；阿拉尔市在阿克苏地区，是南疆巴州、克州、喀什等南疆的区域中心	**威胁 T（外部）：** 1. 乌苏啤酒是新疆纳税大户，在全疆的垄断销售行为常有发生，燕京啤酒难以在核心市场有大面积突破 2. 青岛啤酒建厂甘肃，其品牌、运输、价格等，在哈密、吐鲁番等地有大面积突破，给新疆燕京啤酒的市场地位造成威胁 3. 新疆市场的啤酒千升酒净收入高于全国平均水平，同时还是啤酒花的重要产地，故全国各大啤酒厂窥视已久 4. 新疆燕京啤酒的生产地仅在石河子市、阿拉尔市的物流成本就居高不下，对比乌苏啤酒全疆生产地 10 家、300 公里的最佳运送距离，覆盖了全疆 95% 的市场有劣势 5. 因物流成本较高，造成啤酒产品在长距离运输过程中，其稳定性和口感下降 6. 乌苏啤酒是目前疆内啤酒第一品牌，几十年的品牌运作，消费者的忠诚度高于燕京，本地常驻居民钟情醇厚型啤酒，这在民族地区特别常见，短期内无法改变 7. 新疆燕京啤酒在市场份额、销售渠道有效性、人才储备上明显落后于对手

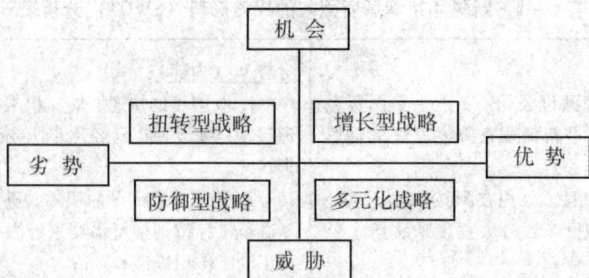

图 1 - 1　新疆燕京啤酒发展战略模型

2. 新疆燕京啤酒薪酬管理现状

现代企业人力资源强调"人本管理"，"以人为本"表现为人力资源的获取、整合、保持激励、控制、调整及开发的过程。在这个过程中，薪酬能够极大的影响员工的行为、态度取向、工作业绩等。因此，建立全面薪酬体系不仅需要有明晰的薪酬战略，还需要在整体薪酬框架内均衡各分配要素的关系和相互作用。同时，需要有科学、完善的岗位评价、绩效考评体系的支持，才具有很强的实践性。

销售人员作为企业和客户之间的联系纽带，与一个或多个客户直接接触，通过在公司和客户之间提供双向信息和劝说购买，以期达成和增加销售。在当前多变的经营环境和客户需求日益个性化的市场上，销售人员成为了影响企业生存和发展的核心要素。所以吸引和留住优秀的销售人员，对于新疆燕京啤酒而言至关重要。根据目前市场反馈的信息来看，优秀的城市经理和大区经理是市场的稀缺资源，既可以建立畅通的经销商渠道，又可以在人才招聘中大显身手。除此之外，随着企业的竞争层次的升级，啤酒市场对市场经理、品牌经理和产品经理的需求，同样是旺盛。

要想有效激励销售人员保持高昂的工作热情，圆满完成销售任务，实现企业目标，就必须制定科学、有效的激励机制。在众多的激励手段中，薪酬激励在现代企业激励机制中具有重要的地位。薪酬是企业激励机制中最核心的要素，是体现企业管理水平的重要标志，是企业吸引人才、留住人才和激励人才的最基本手段。作为企业管理的重心，销售人员的薪酬激励在理论和实践上都具有重要的研究价值。

2.1　扁平化的组织结构

组织结构扁平化加快信息传递速度，减少管理层次，冗余人员减少，使决策更快、更有效率、企业成本更低。同时，企业的分权得到了贯彻实施，每个管理者有更大的自主权进行更好的决策。2009年以来，新疆燕京啤酒通过组织结构不断调整、简化和优化，组织结构趋于扁平化。以产品销售为例，为实现渠道层级减少、渠道缩短、渠道宽度增加的目标，营销系统由原高管层、市场管理部、销售部、办事处、主管、销售业务代表六个层级，压缩到高管层、办事处、销售业务代表三个层级。截止2011年底设置职能部室11个、生产车间3个、销售办事处16个，总计员工数为936人，如图2-1所示。

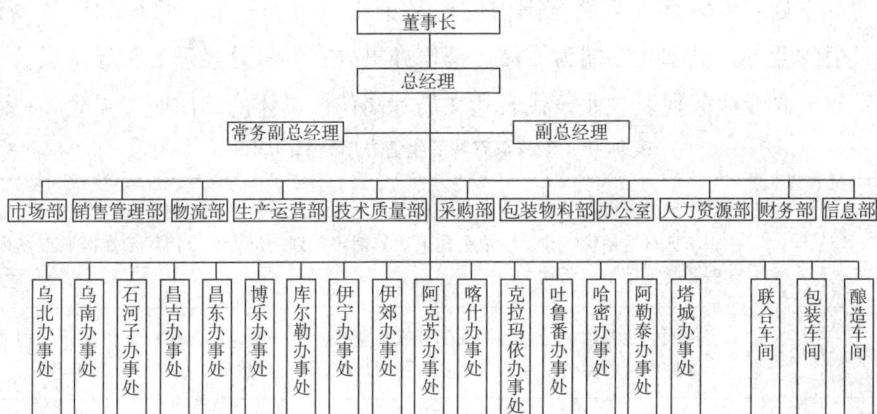

图2-1 新疆燕京啤酒组织结构图

在新疆燕京啤酒现行组织结构中，董事长兼任总经理负总责，同时配备常务副总1名、销售副总3名、总经理助理2名。为便于更好地进行分析，将组织结构图中的机构分为职能科室、生产车间和销售办事处三大序列见表2-1。

表2-1 新疆燕京啤酒组织结构分类表

序列	范围	员工人数
职能科室	市场部、销售管理部、物流部、生产运营部等11个科室	102
生产车间	联合车间、酿造车间、包装车间等3个车间	413
销售办事处	乌东、乌西、石河子、昌吉、库尔勒、塔城等16个办事处	421

总体上来看，新疆燕京啤酒三级到底的扁平化设计，使销售系统对市场变化反应更加灵活，信息传递更加快捷，减少了信息传递衰减、失真的可能性。同时，便于公司对基层销售业务代表的管理、培训和考核，有利于提高基层队伍的战斗力和政策执行力，使各层级人员所承担的职责更加清晰、明确，减少了"多头管理，有人指挥，无人负责"的现象。

2.2 销售办事处部门及岗位职责

建立科学有效的岗位管理体系，激发员工的积极性与创造性，提高企业的执行力和竞争力，面对空前激烈的市场竞争，对于新疆燕京啤酒来说具有重要的意义。基于新组织结构下的沟通视角，所建立的岗位管理体系主要包括岗位设置、分析、分类和评价。同时，以岗位价值为基础构建团队激励机制，体现团队中不同岗位间和同一岗位不同贡献间的差距。

2.2.1 销售办事处部门职责

办事处主要以负责区域范围内的产品销售与市场拓展、管理和服务经销商、引领业务人员掌控终端为使命。销售办事处在办事处经理的领导下设置销售督导、高级业务代表、业务代表和文员等岗位。具体的部门职责见表2-2。

表2-2 新疆燕京啤酒销售办事处部门职责

销售工作	负责区域的月度营销计划（包括销售总量和各产品销售量的预测）编制工作；负责组织本区域的销售工作，完成公司下达的销售计划；负责配合市场部在区域市场内开展各类促销推广活动
渠道管理	负责按照公司要求，做好经销商的开发、管理、维护和服务工作；负责按照公司要求，做好终端的促销工作，包括：店招、POP、堆头、成列、桌椅伞、冰柜等
业务代表管理	负责协助公司人力资源部招聘业务代表；负责按照公司要求，对业务代表进行销售技能培训；负责检查、督导业务代表的日常工作，确保公司各项营销政策落实到位，并检查结果进行激励和考核
费用管理	负责销售政策规定内的销售费用使用管理；负责统计、上报区域市场的销售量、销售收入、各项销售费用等数据

2.2.2 销售人员岗位职责

销售人员的考核是由其工作职责多决定的。一般来说，销售人员负责开发、服务和管理经销商、终端，做好产品的销售工作，按公司要求做好终端生动化，定期走访经销商和终端，做好客情维护，检查、监督促销员的工作；同时，协助公司市场部、销售管理部、办事处经理做好促销活动。但不同岗位的销售人员在不同市场发展状况下有不同工作职责，并以此为基准进行扩展和细化，如图2-2所示。

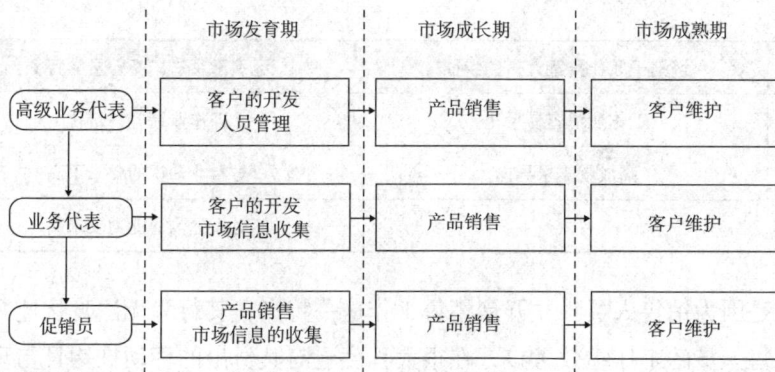

图2-2　新疆燕京啤酒销售人员在不同市场发展阶段的工作职责图

从上图可见，在市场发育期，产品的市场覆盖率小，销售人员对市场状况不熟悉，销售人员的主要工作职责就是客户开发和市场信息的收集，并兼顾产品销售；在市场成长期，销售人员的主要职责就是提高产品的销售量，推动市场的快速增长，提高市场占有率；在市场成熟期，产品的市场覆盖率和市场占有率已经趋于稳定，销售人员的主要任务就是维护现有客户，并在此基础上提高产品的利润率。

2.3　销售人员的特点

销售人员是指直接进行产品或服务销售的人员。销售人员作为新疆燕京啤酒员工中一个相对独立的群体。与管理人员、专业技术人员相比，销售人员的特点主要表现在工作岗位进入壁垒低，工作环境复杂多变、不固定，工作对象复杂多样，工作过程自主性、独立性、灵活性强，工作时间弹性自由，工作业绩不稳定等。其具体比较见表2-3。

表2-3　新疆燕京啤酒销售人员与职能科室/生产车间人员对比表

序号	区别于职能科室人员的特征	区别于生产车间人员的特征
1	入职壁垒低	入职壁垒低
2	工作时间、地点不规律	工作对象复杂多样
3	工作过程自主性、灵活性、独立性强	工作过程自主性、灵活性、独立性强
4	工作绩效取决因素不同	工作绩效取决因素不同
5	工作压力程度更大	工作结果的确定性大
6	工作过程要求服务性程度高	工作过程要求服务性程度高

续表

序号	区别于职能科室人员的特征	区别于生产车间人员的特征
7	工作业绩容易量化	工作业绩容易量化
8	高成就需求导向	对专业知识的要求不高
9		对人际沟通能力要求高

正是因为销售人员独立开展销售工作这一特点，其行为无法直接监督。企业对销售人员的工作绩效考核，在很大程度上与其付出的劳动挂钩且与现实环境相联系，很难用公式化的硬性规定予以约束，也无法用行为规范来约束，只能通过科学可行的绩效考核制度进行引导，对其作出公平合理的评价，使销售人员自发地研究销售，规范自身的行为，全身心地投入到销售工作中，不断提升工作业绩及成果。

2.4 销售人员薪酬管理现状

在新疆，啤酒行业的从业人员整体薪酬高于其他快速消费品，特别是软饮料行业。有资料显示，啤酒销售业务代表、销售主管、销售经理平均月工资高出500元、1000元、3400元不等。通过对新疆燕京啤酒价值链分析得知，在"以事业留人、以感情留人、以机制留人"的人才战略背景下，快速发展的新疆燕京啤酒人员匮乏，人才培育速度跟不上企业的发展，特别是人才结构不合理，人员储备严重不足。同时，在薪酬管理中，不能满足公司对关键人才引进和培养的需求，不能满足不同类别员工的主导需求，不能满足岗位差异性对薪酬模式的多样性需求。这从公司现有员工的学历结构中就可以看出（见表2-4）。

表2-4　新疆燕京啤酒员工学历结构表

员工学历构成	研究生及以上	本科	大专	高职	初中及以下
人员比例	1.5%	4.5%	20%	59%	15%

本科及以上学历的员工占公司总员工的6%，94%的员工为大专及大专以下学历。而在公司的销售团队中，这一现状表现得更为突出。整个企业学历偏低以及人才结构的不合理，势必影响企业的长久发展。正是在这样的市场机遇与实际下，新疆燕京啤酒业务也通过多次上调了员工工资系数和效益工资额度，不断提高职工福利待遇，同时关心骨干人才，给予特特殊政策增加收入等政策，不断吸引人才的加盟。

近 3 年来，新疆燕京啤酒销售人员的薪酬每年涨幅达 30%，收入分配的不均衡也日渐凸显。特别是从 2009 年新疆燕京啤酒导入新绩效改革方案后，当年一线销售人员及销售业务代表的单月工资甚至能高达万元以上。但步入 2011 年以来，这种薪酬分配差距越来越大，核心城市以及核心市场区域销售人员的月基本工资在 8000 元至 10000 元，而非核心市场和弱势区域销售人员的月基本工资仅为 2000 元。

销售办事处人员与职能科室、生产车间的月均货币工资相比，因岗位的不同，各员工薪酬之间的差异也十分明显。对比发现，新疆燕京啤酒销售办事处人员与生产车间、职能科室人员月均相差的幅度为 1000 元、1200 元。

同时，按照新疆燕京啤酒市场区域的不同，将全疆市场划分为北疆、中线和南疆三个大区市场，具体明细见表 2-5。

表 2-5　新疆燕京啤酒各销售区域销售数据表

项目区域	区域划分依据	所辖办事处	销售量贡献比	市场占有率	年市场增长率
北疆大区	除石河子以外的北疆区域	奎屯、阿勒泰、伊宁、伊东、博乐	23%	18%	10%
中线大区	以石河子、昌吉和乌鲁木齐为中心	石河子、呼图壁、昌吉、乌东、乌西办、吐鲁番、哈密	56%	35%	30%
南疆大区	以库尔勒、喀什、阿克苏为中心	库尔勒、喀什、阿克苏、南五县	21%	17%	42%

从上表可以看出，在新疆燕京啤酒的三个大区中，北疆大区、中线大区、南疆大区的销售量贡献比分别为 23%、56%、21%，市场占有率分别为 18%、35%、17%，年市场增长率分别为 10%、30%、42%。中线大区是新疆燕京啤酒产生利润的主战区域，南疆大区为新疆燕京啤酒的新兴市场，北疆大区是新疆燕京啤酒销售阻力相对较大的区域。

在所划分的南疆、中线、北疆三个大区中，汇总各办事处的销售数据得出，各大区销售人员的月货币薪酬人均分别为 5000 元、4200 元、2500 元。南疆大区销售人员的人均月货币薪酬是北疆大区的 2 倍，中线大区作为新疆燕京啤酒重要的盈利和销售量贡献区域，工资不如偏远的南疆区域。北疆区域作为新疆燕京啤酒销售阻力最大的区域，销售人员的人均月薪酬最低。

3. 销售人员薪酬管理调查

企业的薪酬既不是单一的工资，也不是纯粹的货币形式的报酬，还包括优越的工作条件、良好的工作氛围、培训机会、晋升机会等精神方面的激励。根据马斯洛需求层次理论，销售人员不但有物质上的需要，更有精神方面的需要，因此，针对不同层次的销售人员，创建有针对性的薪酬激励机制，才能真正地调动销售人员创造价值的积极性。

管理心理学的同步激励主张强调，只有把物质激励和精神激励两者有机地结合起来，综合地加以同步实施才能取得最大的激励效果。同步激励法的关系式可表达为：激励力量＝物质激励×精神激励。可见，同步激励法是一种有机地综合和融合，只有物质激励与精神激励都处于高峰值时，才能获得最大的激励力量。

"知己知彼，方能百战不殆。"没有良好的诊断评估，便无从真正了解销售人员薪酬的现状。因此，为更加清楚地了解新疆燕京啤酒销售人员的薪酬状况，结合薪酬管理模型和调查问卷的方式，对销售团队分不同层级、不同内容进行调研、归纳、分析。

3.1 调查问卷设计

为深入了解新疆燕京啤酒销售人员的薪酬管理现状，保持企业薪酬的持续竞争力，通过制定《公司薪酬管理现状调查问卷》的方式进行调查。在薪酬管理问卷的设计过程中，结合可胜任人才缺乏影响企业正常经营的实际，突显此次进行新疆燕京啤酒的目的：体现多劳多得、业绩与财富的对等，评估企业薪酬政策及薪酬管理中的优势与不足，进行有效的人才储备。特别是在新疆燕京啤酒销售增加，需要不断开发新的销售办事处、培训新的销售业务代表和中基层销售管理人员的情况下，综合考虑新疆燕京啤酒销售业绩的整体提升，以需要建设差异化的销售人员薪酬管理体系为前提，将影响新疆燕京啤酒薪酬管理效率的因素分为培训、工资待遇情况、工作性质、绩效考评情况、工作关系、领导与领导效果、职业生涯情况和员工流失概况等8个方面。具体内容见表3－1。

表3-1　影响新疆燕京啤酒薪酬管理效率因素以及归类表

序号	影响因素	具体内容	二次开发
1	培训	学习机会、知识与技能培训等	满意度指标
2	工资待遇情况	与行业同比、福利制度等	
3	工作性质	工作数量、工作质量的重视程度等	
4	绩效考评情况	绩效考核标准、绩效考核的主要目的	
5	工作关系	鼓励相互合作、同事之间的关系等	归属感指标
6	领导与领导效果	上级领导的为人、上级能以身作则等	
7	职业生涯情况	为公司尽全力、留公司时间长度等	
8	员工流失概况	员工流失、准备离职的主要原因等	流失率指标

　　运用全面薪酬理论、需求实际理论、双因素理论来指导归类整理，对从上表中的调查问卷内容进行二次开发，将培训、工资待遇情况、工作性质、绩效考评情况纳入满意度指标，工作关系、领导与领导效果、职业生涯情况纳入归属感指标，员工流失概况纳入流失率指标。

3.2　问卷调查结果概况

　　在新疆燕京啤酒销售人员的薪酬调研中，直接把销售业务代表、销售主管和销售经理作为调查对象，共计发放问卷200份，被调查人员占公司全体人员的47.5%，回收有效调查问卷188份，回收率94%。调查结果显示：在新疆燕京啤酒的销售体系中，同工不同酬的供需矛盾突出，薪酬待遇不公。特别是曾经在中线大区或南疆大区工作的销售业务代表，回到北疆大区后这种薪酬差距的不公平性表现得更加明显。

　　在对销售人员薪酬满意度、归属感、流失率调查中发现，半数以上的被调查者对公司现有的薪酬体系构架不满意。销售人员对新疆燕京啤酒满意度、归属感、流失率三项指标综合得分分别为：57%、67%、59%。销售人员认为，在新疆燕京啤酒工作归属感最强，员工的流失率较高，员工对企业的综合满意度最低。

　　在此次设计的薪酬管理调查中，根据销售团队不同层级的人员对八项具体指标的得分，按从高到低的顺序依次为领导与领导效果、工作关系、工作性质、工资待遇情况、员工流失概况、职业生涯情况、培训、绩效考评情况，所占的比例分别为74%、72%、68%、63%、59%、55%、52%、45%。销售人员普遍对绩效考评情况、培训和职业生涯情况感到不满意。而满意度较高的是领导与领导效果、工作关系。

4. 销售人员薪酬管理问题

作为企业薪酬的管理者，经常会听到员工对薪酬的抱怨，有的员工认为薪酬缺乏公平性，有的员工认为薪酬缺乏激励性，还有的员工认为薪酬缺乏竞争性。实际上，企业中的薪酬体系，应该是对外具有竞争力，对内具有公平性，对员工具有激励性，做到公开、公正、公平，能充分调动员工的工作意愿，激发员工的潜能。

在新疆燕京啤酒的薪酬管理调查中，从培训、绩效考评等方面设计问卷，结果发现企业薪酬管理缺乏公平性，没有把物质激励和精神激励结合起来，挫伤了员工积极性，使其没有成就感和荣誉感。同时，认为自己的付出和为企业创造出的价值，得不到企业的认可和尊重，直接在今后的工作中积极性不高、主动性不强。

4.1 销售人员的培训缺失

培训着眼于提升受训者的工作能力，不仅是企业投入产出比最大的一种方式，更是一种重要回报，被越来越多的企业特别是快速消费品企业频繁运用，甚至视为一种福利。调查问卷针对培训项目的调研结果显示见表 4 - 1。

表 4 - 1 新疆燕京啤销售人员培训调查结果统计表

序号	培训相关项目	满意度得分	备注
1	工作中学习机会	60	
2	是否了解公司有关于培训方面的明确政策	26	26%了解
3	上岗前是否参加了由所在部门组织的知识和技能培训	70	70%参与
4	是否参加了由人力资源部门组织的培训	20	20%参与
5	您对公司培训方面的总体的满意程度	52	

从此次实地调研以及问卷反馈的信息中可以看出，销售人员对部门培训的满意度为70%，工作中学习机会的满意度为60%，公司培训总体满意度为52%。

4.1.1 石河子以外区域销售人员不了解企业培训政策

如果说没有任何人了解公司有关于培训方面的明确政策，那说明要么公司没有出台相关政策，要么出台了政策没有向任何销售办事处公布。通过问卷的整理发现，26%的人了解公司有关于培训方面的明确政策，这些人全部集中在石河子办事处。也就是说，公司有关于培训方面的明确政策，在实际执行中只是传递给了离公司最近的石河子销售办事处。

实际上，为建立学习型企业，销售办事处的培训和公司人力资源部的相关培训，是新疆燕京啤酒一直以来针对销售人员培训的主流方式，涵盖了到岗培训、岗位技巧培训、产品知识培训、消费者启动培训等。但由于销售人员对这些相关的培训不了解，就难以形成培训的合力，也难以将培训效果最大化。

4.1.2 公司人力资源部组织的培训就近销售办事处响应

通过问卷以及访谈发现，参与和参加公司人力资源部门组织的培训学员，主要来自石河子销售办事处、乌鲁木齐大区销售办事处（乌东、乌西）和昌吉销售办事处，参与和参加的比例仅为20%。没有参与和参加培训的销售办事处，销售人员受到销售压力大、任务重，来回的交通成本、吃住成本较高等因素的制约而放弃。

4.2 二次绩效分配缺乏有效监控

绩效监控的有效性主要取决于管理者领导风格选择和绩效辅导水平、管理者与小组之间绩效沟通的有效性和绩效评价信息的有效性三个关键点。销售人员业绩考核是一个综合的、受多指标影响的复杂问题，其评估指标体系的建立，应遵循科学性与可操作性相结合的原则。

由于受传统的封闭式管理制度影响，对销售人员的业绩考核没有从定量和定性两方面综合考虑，缺少企业与员工的沟通，考核过程不能做到公平、公正、公开，由考核者个人直接对员工进行考评，销售人员只知道考核结果，无法了解考核过程和考核者评语，更无法通过考核来改进自己的工作。

表4-2 新疆燕京啤销售人员绩效考评调查结果统计表（一）

序号	绩效考评相关项目	选择答案	调查得分
1	是否满意公司现行的绩效考评制度	满意	41%
		不满意	59%
2	绩效考核标准是否合理	合理	38%
		不合理	62%
3	公司能够做到经常性地公开绩效考核结果	能	80%
		不能	20%
4	用哪种方法对您的绩效进行评价	经理评估	90%
		全员打分	10%
5	目前公司对员工绩效考核的主要目的是	薪资调整	90%
		其他	10%
6	您对公司绩效考评方面的总体的满意程度	满意	45%
		不满意	55%

从表 4-2 中可以看出，45% 的销售人员对公司绩效考核总体满意。41% 的销售人员满意公司现行的绩效考评制度，这部分人员集中在南疆等销售目标完成得好、薪酬待遇高的区域。38% 的销售人员认为公司的绩效考核标准合理。公司针对销售人员的绩效考核权利下放给销售办事处经理，其考核重视销售量数据，轻视市场基础管理。实际上，市场销售数据的达成并非销售人员单方面的努力，更多的与经销商的实力有着正向的密切联系。

4.3 销售人员晋升机会不公开透明

能否留住优秀的员工对企业的成功来说是十分关键的。在 2009 年 1 月至 7 月期间，新疆燕京啤酒就有 110 人先后辞职，占公司总人数四分之一。从目前的行业情况来看，啤酒企业员工的招募和选择，受到啤酒行业经营环境的影响。其中的三个因素雇主信誉、地方就业率和专业人才的可获得性，影响啤酒企业获得其所需的人员。

而企业销售人员历来是一个离职率比较高的群体。俗话说"不想当将军的士兵不是好士兵"，没有任何一个销售人员不想升职的。但毕竟兵多将少，想晋升并不是那么容易的。那么如何升职呢？对于以业绩为王的销售行业来说，不管是在公司销售结构调整时获取晋升机会，还是通过跳槽获得晋升机会，都需要通过取得优秀的业绩作为晋升的资本。

同时，公司的员工内部晋升制度采取一刀切的形式对待销售人员，易导致部分销售人员销售业绩短期绩效明显。当然，和企业某些重要的领导建立密切的关系，通过领导提拔，或者领导带入也可以获得晋升机会。这样，就会导致企业在人员晋升过程中，导致衡量标准缺少客观性原则，选拔的自主性、透明性缺失，交往公正中缺少双向沟通，存在着不公平的现象。

表 4-3 新疆燕京啤销售人员绩效考评调查结果统计表（二）

序号	绩效考评相关项目	答案选择	评价得分
1	如果公司提供哪个条件时，您愿意为公司尽全力	工资	95%
		晋升机会	90%
2	您感觉公司在各类人员的提升中最重视下属哪些条件	关系	95%
		能力	5%
3	您打算今后在公司工作的时间长度	1-2 年	80%
		3-5 年	15%
		5 年以上	5%

从表 4-3 中可以看出，销售人员在新疆燕京啤酒工作的直接动力源于企

业工资水平，其次是晋升机会；公司提拔销售人员特别是提拔为经理职位时，最重视的是销售人员与公司管理层之间有没有关系、关系到不到位，其次是销售人员的个人能力；销售人员选择在公司工作的时间年限中，80%的选择待1-2年。在实际的访谈中，销售人员普遍认为公司效益好就再干1-2年，如果效益差，就会考虑换单位。

4.4 未能提供灵活性的薪酬计划

薪酬计划是企业预计要实施的员工薪酬支付水平、结构及薪酬管理重点等内容，是企业薪酬政策的具体化。企业的持续发展就必须持续改善与提升经营管理实践的各个环节。从公司经营管理体系来看，公司战略管理决定公司的年度经营计划管理，经营计划管理决定了年度经营预算管理，而绩效管理在公司经营管理体系的运行顺序则排在最后。

战略管理、年度经营计划管理、年度经营预算都会影响公司的绩效管理，一旦绩效管理出现了问题，不仅仅需要从绩效管理体系内部构成上去找原因，更多地则要看绩效管理体系的上游环节，如战略、预算、经营计划等管理体系，如图4-1所示。

同时，从部门运营管理层面来看，组织分工、业务流程、部门具体工作计划、部门绩效管理构成了各部门的运营管理体系。从员工个体工作管理层面来看，工作方向与目标、工作策略与方法、具体的工作计划、个人绩效管理构成了自身工作的管理体系。

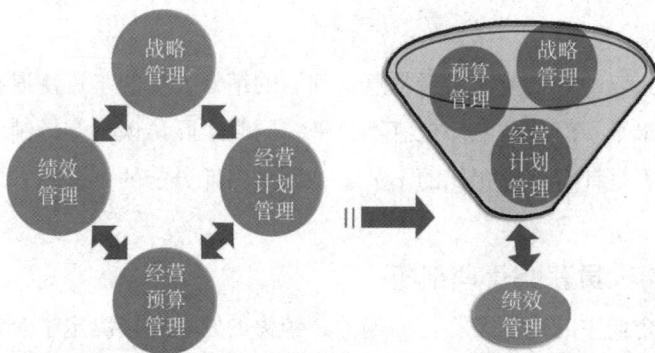

图4-1 影响薪酬计划各因素模型

表4-4　新疆燕京啤销售人员绩效考评调查结果统计表（三）

序号	绩效考评相关项目	选择答案	评价得分
1	与其他公司相同性质的工作比较，您对目前的工资待遇感到不公平和不满意	满意	29%
		不满意	71%
2	您认为公司的工资待遇是否能充分反映各工作的责任轻重和难易程度	能	32%
		不能	68%
3	您认为公司在以往的增薪时，考虑的最重要因素是个人表现	是	43%
		不是	57%
4	您是否满意公司现行的福利制度	满意	52%
		不满意	48%
5	如果您对工资水平不满，您会采取何种方法解决这一问题	换单位	65%
		其他	35%
6	您对公司工资待遇方面的总体的满意程度	满意	63%
		不满意	37%

从表4-4中可以看出，新疆燕京啤酒未能根据不同区域市场（如北疆、中线、南疆三大市场）的实际发展情况，提供灵活性、适用性的薪酬计划。71%的销售人员对目前的工资待遇感到不公平。同样，有32%的销售人员认为公司的工资待遇是能充分反映各工作的责任轻重和难易程度，这主要体现在弱势区域的数据对比，特别是北疆区域的销售人员。有52%的销售人员满意公司现行的福利制度，这些人员集中在南疆区域和部门中线核心区域，其薪酬待遇水平较高。

按照所获取的数据显示，新疆燕京啤酒的销售人员的工资待遇在同行业中处于中上游水平，但是员工却抱怨不公平。同时实际访谈得知，销售人员所说的不公平，不是针对外部相比的不公平，而是内部分配的不公平和不满意。

5. 销售人员薪酬管理剖析

销售在企业中的地位是不言而喻的，销售的好坏直接决定了企业效益的好坏。企业销售人员的薪酬管理也因此得到广泛重视。实际上，薪酬管理一般由人力资源部设计，最多是听取了销售部门的意见，结果由于薪酬体系涉及销售业务、财务预算、市场信息、数据处理等问题，而人力资源部对此不是很了解，导致所设计的方案不切实际，不被销售人员所理解，这样就起不到激励的效果。

其实，销售人员薪酬管理从本质上讲就是一个销售管理方案，是销售部门管理和操控销售业绩所使用的工具之一，在帮助企业增长收入的同时，也意味着企业为之付出一笔支出。而且销售团队越大，其薪酬开支就越大，对企业收入的影响力也越大，这就需要通过多方的积极参与来使方案获得成功。

5.1 思维不转换，销售人员通过培训获取提升个人能力难

全面薪酬理论认为，企业为员工提供的全面薪酬主要包括外在薪酬和内在薪酬两部分。外在薪酬是员工为组织工作所获得的外部收益，包括经济性薪酬和非经济性薪酬。经济性薪酬就是我们传统薪酬的内涵，比如基本工资、奖金等短期激励；股票期权、利润分享等长期激励；退休金、医疗保险以及公司支付的其他各种形式的福利等。非经济性报酬主要指工作环境与组织环境，为员工提供的培训学习等发展机会，组织管理与组织文化以及组织发展带来的机会和前景等。

内在薪酬对员工而言是内在的心理收益，主要表现为社会和心理方面的回报。根据工作特征理论，工作本身就是工作报酬。员工在工作特性、工作意义、工作多样性、工作决定权和反馈都得到满足时，心理状态就会得到改善，从而对组织承诺增强。如参与决策所获得的归属感与责任感；挑战性的工作带来的成就感；领导与主管的赞美和肯定得到的荣誉感等。这些能够长时间给员工带来激励和工作满足感。

新疆燕京啤酒人资统计数据显示，目前啤酒企业销售人员的综合平均年龄在25岁，在421名销售人员中，年龄在25岁以下的占比为64%，达270人。作为年轻人，不仅仅期望获取工资待遇，更加期望获取个人能力方面的成长，而公司缺乏系统的、针对销售人员的培训，致使其对企业的培训满意度低。

5.2 机制不变革，销售人员薪酬二次分配满意度难提高

"二次分配"薪酬激励模式是我国大部分国有企业的主流薪酬分配模式，按照"分级管理、动态调整、强化绩效"的原则，在分配上充分授权有利于调动人员工作的积极性。但在实践中，容易导致"爱哭的孩子有奶吃"的现象，并逐步形成一种不良的企业文化。同时，一些从事同样性质工作、能力差别不大的人员，因为处于不同部门，薪酬水平差距比较大，从而引发内部不公平现象，阻碍了人员的正常流动和调配。

新疆燕京啤酒销售人员（此处特指销售主管、销售业务代表）的薪酬由办事处经理进行二次分配，人力资源无任何的分配权意见。调研数据显示，区

域销售量完成好的办事处以及管理水平较高的办事处，会利用好这些调节杠杆，最好人员的二次分配，已达到效率以及内部公平的平衡。但在实际执行的过程中，办事处经理的管理水平不一样，特别是弱势区域的办事处经理，在执行过程中会掺杂许多非理性的因素，如人员关系、个人感情等，将其纳入绩效考核，这样势必导致销售人员对薪酬二次分配普遍不满意。

5.3 通路不打开，再多的晋升机会也只能依靠单一渠道

新疆燕京啤酒作为国有企业，在快速发展的过程中，不断扩张布局所面临的的晋升机会相对较多，但是也面临着内部销售人员晋升的瓶颈，这些瓶颈最主要体现在：不是任人唯贤唯能，而是任人唯关系。

一张关系网，在企业快速发展的过程中，有其正面的作用，如反应快、决策快，但是一旦当企业遇到发展困难时，关系并不能给企业销售人员的素质加分，还会直接破坏企业辛苦建立的销售基础，而一旦打破这些基础，需要重新建设，则是难上加难。因此，晋升渠道必须拓宽，使得有能力的人也能够得到企业的重用，否则后期极有可能导致企业内部的人才流失。

5.4 不区别对待，不同城市销售人员薪酬差距就不能改变

相同的薪酬考核计划，在同一个会计核算年度里，覆盖了北疆大区、中线大区和南疆大区的所有区域。在调查中发现，同样都是销售人员，所做的一线基础工作基本雷同，只因所在的不同城市、市场环境不一样，新疆燕京啤酒薪酬待遇的差距很大。但是2011年底喀什办事处的人均货币性薪酬达8100元/月，而公司最低的阿勒泰办事处，销售人员的人均货币性薪酬仅为2300元/月。

由于北疆区域是新疆燕京啤酒在新疆市场最薄弱的区域，中线大区是企业的销售量支撑和利润保障区域，南疆大区是公司新市场的拓展区域，年增长速度为全公司最高。而在企业的薪酬体系标准设计中，并没有根据市场区域的不同设置更加灵活的标准，用于平衡企业内部销售人员的薪酬水平以达到效率和公平的平衡。

5.5 无效的结合，岗位评价与薪酬管理始终是两条平行线

由于现行的岗位评价缺乏先进的科学方法对岗位进行分析和研究，缺乏详细的评价标准和准确的量化手段，致使岗位的绩效薪酬很难真实反映岗位的价值大小。在销售的薪酬制度中，对于不同部门同级别岗位的绩效薪酬大多采取"一刀切"的政策，主要根据经营指标完成情况来确定绩效薪酬的多少，一定

形式上仍然存在平均主义。

实际上，不同区域之间同级别的岗位在专业技能、工作责任及处理问题能力的要求上有很大的差异。公司针对各个区域市场的绩效考核，将销售和利润指标的权重，设置为80%，过分注重销售量和利润指标，必定造成经理和销售人员的市场行为短期化，其结果必定导致绩效考核缺乏内部公平性，从而引发人员对薪酬分配的不满。

6. 销售人员薪酬管理优化

销售人员的尊严源自工作，工作的结果之一是付给员工薪酬。良好的薪酬制度，对于企业吸引人才、留住人才、激励人才都有着极其重要的作用。薪酬管理是企业人力资源管理的一个重要组成部分。在现代企业人力资源管理中，薪酬已不仅是员工实现自我价值的主要表现，而且是连接企业利益与员工利益的重要纽带。在员工看来，薪酬不仅仅是自己的劳动所得，它在一定程度上还代表着员工自身的价值、代表企业对员工工作的认同，甚至还代表着员工个人能力和发展前景。

由此可见，薪酬管理是企业管理的核心，充分发挥薪酬管理的杠杆作用，影响着员工的满意度和忠诚度，最大限度地激发一线员工销售积极性、进取心甚至员工的去留。从啤酒企业服务价值链的角度看，如果薪酬没有体现内部公平，销售人员满意度会降低，必然影响销售人员向消费者提供的服务价值，进而影响到消费者对啤酒企业的忠诚度。

6.1 薪酬管理优化原则

公平性原则——这是最主要的原则，薪酬的公平感包括内部、外部和个人的公平性三个层次，通过引入科学、规范的岗位评价办法，结合公司具体特点，建立符合公司价值观的客观公正的岗位价值评价体系，使价值分配制度基本合理，员工的岗位价值在员工收入中得到具体体现，实现企业内部人人平等。

适度性原则——销售人员的薪酬应定在客观、合理的水平上，既不能让销售人员感觉到过低，也要让公司觉得付出得值。

竞争性原则——薪资以提高市场竞争力和对人才的吸引力为导向，在社会性的人才市场中，企业销售人员薪酬标准定得有吸引力，才能招到所需的经营人才。公司员工的人均年收入在本地区和行业内具有一定的竞争力，其开价至少应不低于市场平均水平，并逐步实现在经济景气时期与事业发展的良性循环。在薪酬结构调整的同时，薪酬水平有一定幅度的提高。

激励性原则——薪酬设计必须能给营销人员充分、有效的激励作用，设计多条薪酬通道，促进销售人员最大的发挥各自的潜能，给不同岗位的员工有同等晋级机会。同时，通过绩效薪酬等激励性薪资单元的设计使员工的收入与公司业绩、个人业绩紧密结合，引导和激发销售人员努力工作的积极性，确保其任务目标按计划完成。

平衡性原则——薪酬管理系统的各个方面应该有效、平衡，不能只注重直接薪酬，而忽视非直接薪酬；不能只注重金钱薪酬，而忽视非金钱类的奖励；不能只注重短期的奖励效果，而忽视长期、长效的激励机制。

吸引性原则——薪酬必须是富有竞争性的，对于优秀的营销人员，给其提供优越于竞争者的条件和高于竞争者的薪酬，吸引人才，良性循环。

合法性原则——薪酬制度遵守并符合现行的国家政策、法律法规，不与公司基本管理制度相违背。同时，薪酬系统与外部市场社会薪酬系统有效接轨和配套，不能自成一套。

稳定性原则——薪酬水平要保证销售人员有基本稳定的生活收入，这样才能消除他们的后顾之忧，促使销售人员全身心地投入工作并保持高昂的斗志。

经济性原则——薪资水平与公司的经济效益保持一致，使人力成本增长幅度应不高于总利润增长幅度，不高于劳动生产率的增长速度。同时，用适当工资成本的增加激励员工创造更多的经济增长，保障股东利益，实现可持续发展。

保密性原则——员工不得相互打听他人的薪酬，也不得向他人透露自己的薪酬。

6.2 酬管理优化思路

针对新疆燕京啤酒销售人员满意度低、人员流失率大以及人员归属感低的实际，遵循着三条主线路依次展开优化，如图 6－1 所示。

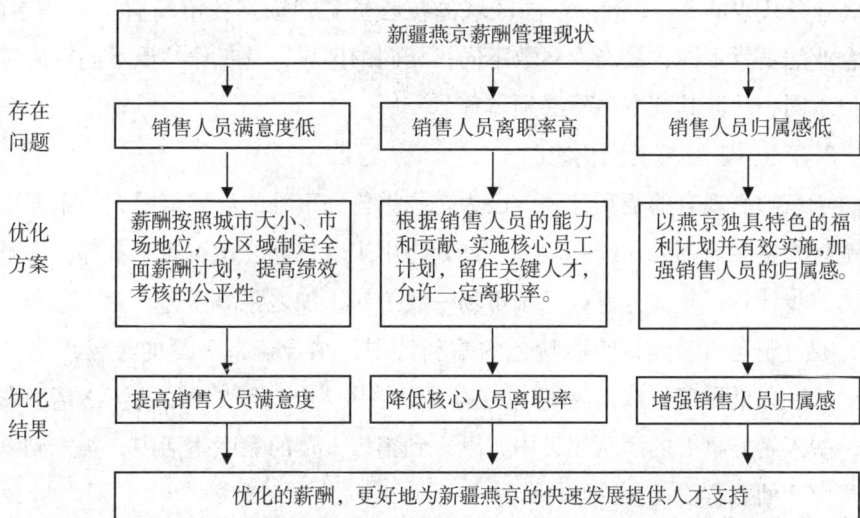

图6-1　新疆燕京啤酒销售人员薪酬管理优化思路图

6.2.1　满意度优化思路

分城市实施全面薪酬计划，是优化的核心之一，唯有分城市、分区域制定薪酬计划，才能最大限度地激励销售人员的积极性，同工不同酬、内部绩效二次分配不公平、不同区域薪酬差距过大等问题，才能得到最终解决。

按照全面薪酬的理论，目前新疆燕京啤酒正处于成长期阶段，成长期薪酬结构的优化原则：以调和性为手段，其工资水平与市场水平持平。同时，处于成长期的新疆燕京啤酒的薪酬优化的目的，与企业的经营战略"以投资促发展"的战略是一致的，就是通过薪酬手段的调节，尽可能高效地培训和培养优秀员工，以实现企业的快速发展和壮大。

6.2.2　离职率高优化思路

快速消费品行业，特别是啤酒行业，销售人员流失率大，远远超过其他行业的销售人员流失率，究其主要原因，是其行业竞争激烈。但是怎样留住核心的、有能力的、能够为企业创造效益的销售人员，是企业取胜的关键。

留住核心员工主要包括销售办事处经理、销售主管以及骨干销售业务代表，他们是能够直接给以新疆燕京啤酒带来最多利益以及绩效排名靠前的员工，这样才能吸引更多的员工加入企业的销售团队，并能保持一定的、合理的人员流动性，即是企业新鲜血液的维持，也是企业长盛不衰的法宝之一。

具体的思路是：经理级员工为公司销售系统最重要组成部分，其薪酬为主管和业务代表的 3 - 4 倍；不同区域的核心员工，按其在市场肩负责任不同，对企业的贡献不同，故岗位系数不同；相同的区域，其工作性质不同，决定其职位不同，从而其薪酬差异必须体现。

6.2.3　归属感低优化思路

燕京啤酒现有的福利计划，因为全疆销售办事处的设置范围大，十分不利于销售人员参与到公司统一的福利计划之中来。比如公司石河子本部，每月举行的徒步计划，其他办事处忙于市场一线工作，加之距离遥远，无法参与。因此，通过制定新疆燕京啤酒特色的福利计划，结合燕京啤酒的经营理念"以情做人、以诚做事、以信经商"中的"以情做人"，将浓浓的关怀之情、友情等，融入到办事处的团队建设中，融入到销售人员的家庭生活中，融入到销售人员生活的方方面面。

为实现薪酬协同能力和应对企业内部的公平问题，通过提供福利支持解决归属感低，需要针对不同区域办事处人员实行小区域、多项目变动福利计划，大范围固定福利计划。由于企业内部薪酬的不公平，在很大程度上源于无内部沟通或者内部沟通不畅，福利计划在大范围内必须包括在其中。而小区域多项目福利主要是针对销售办事处距离公司远、来回往返公司成本过高来实施的和办事处内部区域跨度大、往来成本高的区域。

6.3　薪酬管理优化依据

销售人员薪酬管理的效果，直接影响整个企业的经营效果，关系到员工队伍的稳定和团结。因此，必须要有新市场经济环境下的管理灵敏性和科学的动态机制，用好薪酬的激励和杠杆作用，最大的发挥薪酬的企业价值社会价值。在实际的操作中，新疆燕京啤酒薪酬分配的依据是整体业绩、岗位价值、个人能力素质和个人业绩，坚持以岗位定薪、以业绩加薪、按能力调薪的原则，将薪酬与职位评价相结合，与公司业绩、部门（车间）业绩、个人业绩挂钩，并根据员工的能力素质和人职匹配度进行薪酬调整。

6.3.1　进行岗位工作评价

岗位工作评价是一套科学、系统的评价体系和办法，可以帮助企业实现薪酬管理的内部公平。岗位评价作为企业薪酬管理的重要依据，可以降低薪酬管理难度，简化管理内容结构、计算方法和管理手续，保证企业在对员工考核、晋升、奖惩等管理时具有统一的尺度和标准。同时，岗位评价还可以使员工与员工之间、管理者与员工之间对薪酬的看法趋于一致，各岗位的工作与企业对应的薪酬相适应，在企业内部建立一些连续的等级，从而使员工明确自己的职业发展和晋升途径，提高员工的工作效率。因此借助于岗位评价的推动，企业的薪酬管理可以实现更高效的运转。

6.3.2　参照行业薪酬标准

为了吸引并留住优秀的销售人员以及保持合理的人力成本，可以参照行业状况和本企业的特点，制定出比本行业的平均薪酬水平略高的薪酬标准。当然，要物质的和精神的手段综合运用，不能单从数字上做简单比较。

6.3.3　把握好几个关键点

为了确保称职员工的稳定和吸引适用人才加盟企业组织中，基本工资水平必须达到社会公认的标准，这样更有利于员工队伍建设；保证底薪员工的劳动力再生产的需要，对他们在企业中自觉劳动所消耗的体力和脑力的总和，应与其基本薪金水平相适应，即能够维持劳动力的再生产最低生活费用；建立科学薪酬体系，使薪酬的增长和劳动生产率增长同步；不要过于依赖薪酬刺激的功能，因为单靠增加薪酬而产生的经济刺激所起的直接效果是相当有限的；充分关注员工对薪酬收入的期望水平及其人际关系、归属感等意识形态的因素；主动关心企业员工之间的利益分配比例关系，维持员工关系的和谐。不要等到一定数量的员工直接提出加薪要求时，才考虑加薪的必要性。

7. 销售人员薪酬管理优化建议

企业能够吸引、激励并留住销售人员，取决于企业的薪酬设计与管理是否合理、科学。如果薪酬管理得当，就能很好地激励员工，反之则会导致销售人员积极性下降，严重的还会导致企业人才流失、市场下降甚至影响到企业的生存与发展。建立起一套既稳定又动态的销售人员薪酬管理体系，有宏观环境和微观条件在时常发生变化，包括公司文化、人员结构、行业状况、企业在行业中的地位、企业经营理念、顾客状况、服务支持体系等太多的变量需要考虑，才能最大限度地调动绝大多数销售人员的工作积极性和创造性。

7.1　明确销售人员合理的薪酬构成，增强薪酬的透明度和公平性

新疆燕京啤酒的薪酬结构由经济性薪酬和非经济性薪酬组成。经济性薪酬包含岗位工资、绩效工资、激励工资在内的直接工资和附加工资、奖金在内的间接福利。非经济性福利主要涉及到工作特征和工作环境两个方面的内容，如图7-1所示。

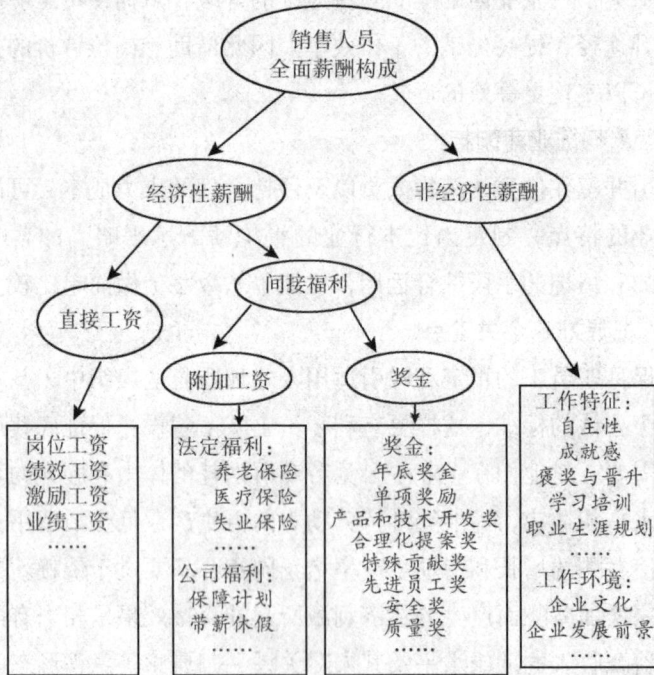

图 7 - 1 新疆燕京啤酒薪酬结构模型

实际上,在新疆燕京啤酒的薪酬构成中,个人薪酬总额 = 岗位工资 + 年度业绩奖金/月度业绩工资/月度绩效工资 + 附加工资 + 奖金。

岗位工资是整个工资体系的基础,从岗位价值和员工的能力素质方面体现了员工对公司的贡献。员工的岗位工资主要取决于岗位性质。在工作分析与职位评价的基础上,以评估结果作为确定岗位工资等级的依据,采取一岗多薪,按技能分档的方式确定员工的岗位工资等级。公司通过对岗位工资基数的调整,实现对员工岗位工资的整体调整。岗位工资 = 岗位工资基数 × 岗位系数。在岗位工资基数与岗位系数的确定上,通过新疆燕京啤酒办事处岗位系数等级表予以确定。

销售办事处业务代表(高级业务代表)实行月薪制。薪酬总额 = 岗位工资 + 月度业绩工资 ± 当月奖惩。在月度业绩工资的确定中,办事处月度业绩工资总额 = 本办事处净收入提奖比例 × 办事处月度净收入 × 办事处月度考核得分 + 400

$$本办事处净收入提奖比例 = \frac{1200 \times 业务代表实际人数 \times 12}{办事处计划全年净收入}$$

年度业绩奖金根据年度绩效决定,年度业绩奖金年底考核后发放。月度绩效工资/月度业绩工资根据个人月度绩效/业绩决定，月度绩效工资/月度业绩工资按月发放，月度绩效工资/月度业绩工资根据公司、部门和个人绩效决定。

销售办事处经理年度业绩奖金＝奖金基准×办事处分类系数×目标完成系数×办事处经理年度考核得分÷100，具体见表7－1。

表7－1　销售办事处经理年度业绩奖金基准表（单位/元）

办事处分类		2000 吨以下	2000—3000 吨	3000—4500 吨	4500—6000 吨	6000 吨以上
奖金基准		12000	12000	12000	12000	12000
分类系数	1.00	1.15	1.30	1.50	1.70	
目标完成率	目标完成系数					
150%以上	6	72000	82800	93600	108000	122400
100%—150%（含）	4×完成率	66000（5.5）	75900（5.5）	85800（5.5）	99000（5.5）	112200
		60000（5）	69000（5）	78000（5）	90000（5）	102000
		54000（4.5）	62100（4.5）	70200（4.5）	81000（4.5）	91800
100%	4	48000	55200	62400	72000	81600
90%（含）—100%	3×完成率	34200（.95）	39330（.95）	44460（.95）	51300（.95）	58140
80%（含）—90%	2×完成率	20400（.85）	23460（.85）	26520（.85）	30600（.85）	34680
75%（含）—80%	1	12000	13800	15600	18000	20400
70%（含）—75%	0.5	6000	6900	7800	9000	10200
70%以下	无	0	0	0	0	0

附加工资主要包括法定福利和公司福利。法定福利是指公司根据《劳动法》及国家有关规定为员工设立的基本福利内容，包括医疗保险、养老保险、失业保险、工伤保险。法定福利由公司与员工各承担一部分。公司福利是指公司或部门在各个重大节日期间发放的过节费和其他实物形式的收入。

奖金是公司依据业绩及员工的贡献向员工发放奖金，主要包括年底奖金和单项奖励。年底奖金与年度考核结果和公司年度经营情况挂钩，是在公司整体经营效益的基础上对员工的一种激励。单项奖励包括产品和技术开发奖、合理化提案奖、特殊贡献奖、先进员工奖、安全奖、质量奖等。

在公司完成全年销售目标的前提下，销售团队可获得年终业绩奖金。年终业绩奖金＝办事处经理的平均年薪－∑市场部经理月度薪酬。如果公司未完成全年销售目标，则不发放年终业绩奖金。在完成全年销售目标的前提下，市场部其他员工和销售管理部员工可获得年终业绩奖金。

此外，销售办事处的补贴，主要包括交通费补贴、通信费补贴和外勤餐费补贴。

7.2 实施分区域全面薪酬计划，提高销售人员满意度

全面薪酬管理计划的实施是一项艰巨而复杂的工程，这个计划既有程序性，也有非程序性，既是一种管理观念，也是一种管理思维。全面薪酬关注员工绩效、满足员工需求、体现"以人为本"的管理思想，并更具有弹性和灵活性。同时，全面薪酬应注重内在薪酬和外在薪酬的结合，注重平衡企业和员工的利益，以求企业价值与员工价值的双重实现。因此，构建以工作为中心和以人为中心相结合的组织结构，在开放、扁平、动态的组织结构中展开。通过设计以人为本、全面发展为中心的职业生涯发展计划，不断克服所有权支配劳动，物权支配人权的传统人力资源管理的弊端。

以终身教育理念构建员工培训体系，把受教育、培训作为一种报酬手段，让员工得到智力资本，保证其"人力"成长为"资本"，达成企业与员工的双赢。遵循典型性、时效性、适度性，结合应物质与精神奖励不断完善奖励机制，使奖励成为正反馈效应，促进全面薪酬管理的各项工作。

同时，通过细化内在薪酬措施，运用工作丰富化、岗位轮岗、工作扩大化等工作设计的手段使工作更具有趣味，从而满足员工的成就感需求，提供员工个人成长的机会，扩大工作自主权，使企业从仅靠金钱激励员工、加薪、再加薪的循环中摆脱出来，使工作更富有吸引力。

具体来说，在新疆燕京啤酒实施分区全面薪酬计划时，在制定薪酬项目计划过程中，应围绕完善激励机制、实现公平分配和优化人工成本三大目标展开。结合各大区市场所面临的环境实际，在直接薪酬、间接薪酬、非货币薪酬和内在薪酬的制定时，需要把握以下几个关键点（见表7-2）。

表7-2　新疆燕京啤酒分区域全面薪酬项目计划表

项区	直接薪酬	间接薪酬	非货币性薪酬	内在薪酬
北疆大区	月薪等于当地快速消费品平均值，视任务达成按比例获取年终奖	五险一金，年终销售淡季安排旅游	淡季每月不低于一次拓展活动，旺季每两个月不低于一次拓展活动，如爬山、徒步等	每月销售量之星，每月企业内刊报道先进和优秀；每月合理化建议奖等
中线大区	月薪略高于当地快速消费品平均值，视任务达成按比例获取年终奖	五险一金，年终销售淡季安排旅游	淡季旺季每两个月不低于一次拓展活动，如爬山、徒步等，其余活动由办事处自行解决（因为其竞争激烈，时间有限）	每月销售量之星，每月企业内刊报道先进和优秀；每月合理化建议奖等
南疆大区	月薪高于当地快速消费品平均值，视任务达成按比例获取年终奖	五险一金，年终销售淡季安排旅游	淡季每月不低于一次拓展活动，旺季每两个月不低于一次拓展活动，如爬山、徒步等	每月销售量之星，每月企业内刊报道先进和优秀；每月合理化建议奖等

需要注意的是，直接薪酬应根据区域市场发展情况不同而不同，非货币性薪酬则应按照各销售办事处在销售淡旺季的时间安排不同、具体活动内容不同而不同，但是总体原则应以提高团队士气和打造和谐的团队文化为目的。

7.3　实行核心员工激励计划，降低销售人员流失率

核心员工是指能够帮助企业实现公司战略目标和保持、提高公司的竞争优势，有助于增强企业管理业务能力、经营能力和抵御风险能力的关键性人员。激励机制的设计在一定的程度上能够很好地激励企业的核心员工。如果员工工作的动力只是源于对经济能力和权力的效力和服从，则只需要满足其最基本的需求就可以，但如果员工工作的动力是在经济考虑和理性之间徘徊，则必须要考虑其在个人尊重和社会地位方面的需求满足。

建立和实施新疆燕京啤酒核心员工的激励机制，一方面可以让核心员工感觉到自己在公司具有特殊的地位和享有特定的资源、荣誉和权利，另一方面也将核心员工的个人发展目标与公司的长远发展目标紧密结合在一起，将对满足核心员工的社交、尊重和自我实现的需求起到巨大的帮助和推动作用。

具体来说，可以通过提供有竞争力的薪酬水平，合理确定薪酬结构，设计人性化的多元福利体系，实施中长期绩效奖励计划，推行培训与职业生涯规划激励、推出个性化激励等措施，来吸引和留住行业内的核心人才，降低销售人员的流失率。

7.3.1 确定销售办事处岗位系数（表7-3）

表7-3 新疆燕京啤酒办事处岗位系数等级表（岗位工资基数700元）

档级／岗位	办事处经理	销售业务代表／销售主管	档级／岗位	办事处经理	销售业务代表／销售主管
1	3.71	1.00	6	5.14	2.43
2	4.00	1.29	7	5.43	2.71
3	4.29	1.57	8	5.71	3.00
4	4.57	1.86	9	6.00	3.29
5	4.86	2.14			

需要注意的是，新办事处经理、新业务代表，原则上按各自岗位第1、2、3档确定岗位薪酬标准；原销售分部经理担任办事处经理的，按办事处经理岗第5、6、7、8、9档套定；原办事处主任、主管转任业务代表岗位的，原则按业务代表岗第5、6、7、8、9档套定（相当于高级业务代表）；其他岗位均按第2、3、4、5档套定（见表7-3）。

同时，在晋级规则中，每4个月根据业绩考核情况可调整一次，原则上每次调整一档。已经升为本岗位序列最高档的，年度内不再调整岗位薪酬标准。在降级规则中，所有岗位连续3个月不能完成业绩确保目标的，降档一级。在淘汰规则中，所有岗位连续4个月不能完成业绩确保目标的，解聘或调岗。

7.3.2 针对不同市场核心员工的贡献大小制定薪酬计划

针对不同市场核心员工的贡献大小制定薪酬计划见表7-4。

表7-4 核心员工薪酬表

区域	核心员工	岗位系数	薪酬构成
北疆区域	销售经理	4-7	岗位工资+年度业绩奖金+年终福利计划
	销售主管	1.86-2.71	岗位工资+月度业绩工资±当月奖惩+外地旅游福利
	销售业务代表	1.57-2.43	岗位工资+月度业绩工资±当月奖惩+旺季旅游福利
中线区域	销售经理	5-7	岗位工资+年度业绩奖金+年终福利计划
	销售主管	2.14-2.71	岗位工资+月度业绩工资±当月奖惩+外地旅游福利
	销售业务代表	1.86-2.43	岗位工资+月度业绩工资±当月奖惩+旺季旅游福利
南疆区域	销售经理	4-8	岗位工资+年度业绩奖金+年终福利计划
	销售主管	1.86-3.0	岗位工资+月度业绩工资±当月奖惩+外地旅游福利
	销售业务代表	1.57-2.71	岗位工资+月度业绩工资±当月奖惩+旺季旅游福利

7.3.3 核心员工的薪酬体系

核心员工的薪酬体系见表7-5。

表7-5 新疆燕京啤酒核心员工的薪酬体系表

人员	薪资构成	薪资标准	考核组织
办事处经理	月度岗位工资＝岗位工资基数×岗位系数；办事处经理年度业绩奖金＝奖金基准×办事处分类系数×目标完成系数×办事处经理年度考核得分÷100	岗位薪酬按月考核发放。月度考核由其直接上级（公司分管营销副总）执行，主要对工作行为规范、规章制度执行等方面进行即期奖惩	办事处经理年度业绩考核由公司组成考核小组（公司总经理、分管副总、市场部、人力资源部等组成）执行
销售主管/业务代表	月度岗位工资＝岗位工资基数×岗位系数。岗位工资基数及岗位系数详见《办事处岗位系数等级表》；办事处月度业绩工资总额＝本办事处净收入提奖比例×办事处月度净收入×办事处月度考核得分＋400	销售业务代表（销售主管）及文员月度业绩工资由办事处经理考核发放	当月奖惩是工作行为规范、规章制度执行等方面的即期奖惩，由办事处经理考核确定。其办法由办事处管理制度规定；销售业务代表（销售主管）及文员的月度业绩工资及当惩考核结果报人资部门备案

7.4 定制弹性福利计划，增强销售人员归属感

有归属感的销售人员往往工作更加努力，他们的稳定性更高，更容易让客户感到满意，能够对企业的表现和长期发展作出更大的贡献。因此，在架构新疆燕京啤酒的绩效评估体系时，必须体现销售人员的归属理念，科学设计绩效管理的目标、评估、反馈和对话机制，充分发挥绩效评估体系对员工理念与行为的导向作用。同时，注重开展绩效辅导，通过与低绩效销售人员的沟通，引导销售人员正确看待绩效评估结果，并针对存在的问题提出整改建议，促使销售人员持续优化执行绩效。注重评估结果的有效应用，坚持把评估结果与薪酬发放、岗位聘用、职务升迁挂钩，严格奖惩兑现，以此引导变革与提升。

实际上，优化和创新福利是吸引、留住销售人才的良方，能打造劳动关系和谐企业品牌，提升销售人员的敬业度，履行企业的责任和防范企业风险。新疆燕京啤酒在总结过去所实施福利计划的基础上，结合当前经济社会环境与企业发展实际，在制定销售人员的弹性福利计划时考虑其实用性、有效性和激励性，以增强销售人员的归属感为根本，所选择的弹性福利计划主要包括提供更加丰富的福利项目，对现有福利项目进行标准升级，赋予销售人员选择福利的权利，提供差异化特色福利等（见表7-6）。

表 7 - 6　新疆燕京啤酒特色福利计划选择表

区域	核心员工	福利策略	具体内容（可选择）
北疆区域	销售经理	小区域多项目福利，年度预算不低于中线区域	本销售办事处城市展开拓展等福利活动；国内红色旅游、出国旅游等
	销售主管		本销售办事处主管培训计划；国内游等
	销售业务代表		本销售办事处城市展开拓展、生日关怀、户外徒步等福利活动；疆内游等
中线区域	销售经理	大范围固定福利计划，与公司内部协同	在石河子、乌鲁木齐等，与子公司协同展开福利计划活动；国内红色旅游、出国旅游等
	销售主管		在石河子、乌鲁木齐等，与子公司协同展开徒步、公司大型公关活动；国内游等
	销售业务代表		在石河子、乌鲁木齐等，与子公司协同展开徒步、公司大型公关活动等
南疆区域	销售经理	小区域多项目福利，年度预算不低于中线区域	本销售办事处城市展开拓展等福利活动；国内红色旅游、出国旅游等
	销售主管		本销售办事处城市展开拓展等福利活动；核心人员培训、国内游等
	销售业务代表		本销售办事处城市展开培训、生日关怀等活动；疆内游等

8. 尾声

曾国藩节制之法以竹为喻：自根而生，一节连着一节。领军人要最大程度发挥下属的力量才算是成功的领军人，这一点没错。不过，曾公兵法生冷，层级森严。企业更像一树梅花，自根而生，求的是枝枝香丽。

新疆燕京啤酒实现规模扩张战略后，积极提升内部管理水平，吸引优秀人才，调动员工积极性，以获得内涵发展优势。人力资源体系的薪酬管理从服务公司战略构建多样化的薪酬策略，通过建立绩效管理、设计人员薪酬体系，根据不同岗位制定员工加薪方案，做到系统地思考、谨慎地权衡、科学地规划、严格地贯彻，月工资增加 100 元到 2000 元不等，同时所出台的一系列人性化管理措施，销售业绩好的员工最高月收入达万元。近几年来，新疆燕京啤酒员工稳定率接近 90%，使其能够提供有效的信息并最终促成预期的经营成果。

沙中黄金石中玉，非经辛苦不能得。燕京集团董事长李福成说："没有大品牌的产品是没有生命力的品牌，没有大品牌支撑的市场是脆弱的市场。"目前，新疆燕京啤酒在新疆啤酒市场占有率已经突破了 30%，劳动合同签订率

100%、社会保险参保率100%、劳动报酬给付率100%。同时，还被评为"全国劳动关系和谐企业""自治区级文明单位"、石河子经开区"十佳优胜企业"、阿市"创建学习型组织、争创知识型活动"示范单位等荣誉。

燕西飞："薪"平"企"和谈钱不伤感情
——新疆燕京啤酒销售团队薪酬管理体系设计

1. 教学目的与用途

（1）本案例主要适用于人力资源管理、薪酬管理课程，也适用于组织行为学、管理学原理等课程的讨论教学。

（2）本案例要求学员对生产型企业的销售团队的薪酬管理体系进行设计。

（3）本案例是描述新疆燕京啤酒薪酬管理体系设计的教学案例，其教学目的在于使学员对组织薪酬激励的重要性、薪酬管理的具体过程、薪酬建设的方法论、薪酬构建内容等问题有感性的认识和深入的思考，从组织的发展战略、组织的行业特点和组织的特殊背景的角度来分析问题，并提供解决方案。

（4）通过案例分析，要求学员进行角色模拟，假如你是董事长/总经理，在新疆燕京啤酒的具体环境下如何进行分析和决策。同时，对新疆燕京啤酒决策及其实施作出分析、评价。

2. 启发思考题

（1）如何评价新疆燕京啤酒销售团队薪酬管理体系建设目标？

（2）有哪些主体参与新疆燕京啤酒销售团队薪酬管理体系建设？所扮演角色表现怎样？

（3）在企业薪酬管理中会遭遇的最大困难是什么？新疆燕京啤酒有哪些可圈可点之处？

（4）假如你是董事长/总经理上任后，会从哪里着手展开销售团队的薪酬管理工作？

3. 理论依据

（1）薪酬管理：薪酬管理是企业整体人力资源管理体系的重要组成部分，主要包括薪酬体系设计与薪酬日常管理两个方面。

（2）马斯洛需求层次理论：洛需求层次理论是行为科学的理论之一，由美国心理学家亚伯拉罕·马斯洛 1943 年在《人类激励理论》论文中所提出。书中将人类需求像阶梯一样从低到高按层次分为五种，分别是：生理需求、安全需求、社交需求、尊重需求和自我实现需求。

（3）全面薪酬：全面薪酬有多种不同的称谓，如自助式薪酬、弹性薪酬和整体报酬等。全面薪酬起源于 20 世纪 70 年代的美国，此后，从理论探索到企业实践，从部分弹性到整体弹性，从美国到其他国家，全面薪酬成为战略性人力资源管理重要内容。埃德·劳勒（1971）提出战略性薪酬的概念，将员工薪酬和企业发展联系起来，明确所有的资金和奖励计划都是让员工变得有朝气、有干劲的一种手段。实际上，全面薪酬管理的精髓在于兼顾企业和员工的价值取向，平衡两者的利益关系，将员工满意和企业绩效有机联系起来，增加了组织的竞争优势。

（4）绩效管理：绩效管理是一种达成组织的持续成功的战略和综合性的方法，是通过改善组织内员工的绩效以及提升团队整体和团队中个体的能力来实现的。可以说，绩效管理是一系列以员工为中心的干预活动，其目的在于用更有效的绩效管理系统替代传统的单一的绩效考核，从制定绩效计划到对绩效进行考核和辅导，整个绩效管理系统更加强调基于绩效目标的员工行为管理和组织的可持续发展。因此，绩效管理是企业进行有效人力资源管理诸环节中不可或缺的一环，它能有效激发员工的潜能和聪明才智，最终实现员工的未来发展与提升组织绩效的一致性。

（5）岗位职责：指一个岗位所要求的需要去完成的工作内容以及应当承担的责任范围。岗位，是组织为完成某项任务而确立的，由工种、职务、职称和等级内容组成。职责，是职务与责任的统一，由授权范围和相应的责任两部分组成。

4. 要点分析

（1）关于新疆燕京啤酒所面临的战略形势评价

SWOT分析法是用来确定企业自身的竞争优势、竞争劣势、机会和威胁，从而将公司的战略与公司内部资源、外部环境有机地结合起来的一种科学的分析方法。利用SWOT分析法分析新疆燕京啤酒当前所面临的战略优势、劣势、机会、威胁。

（2）新疆燕京啤酒销核心员工薪酬激励的主要问题分析

企业长足发展依靠核心员工，对于核心员工的合理需求企业应当尽量满足。但是通过调查发现，核心员工的流动率是相当高的，这种现象的出现与企业的薪酬激励机制不合理是息息相关的。目前，企业在销售团队核心员工的薪酬激励中，往往表现为薪酬文化缺失、错误观念横行，薪酬结构缺少激励要素，缺乏长效激励，绩效考核不完善，忽视精神激励。

（3）关于新疆燕京啤酒销售人员薪酬管理中遭遇的最大困难的分析

薪酬管理体系中最关键的，也是最常见的问题就是薪酬的合理性问题，企业过多强调薪酬分配的公平性会使得薪酬管理制度的激励作用降低，也会出现员工对薪酬制度不认同，产生抵触的现象。新疆燕京啤酒是国有企业，本身所固有的管理模式受到一定的限制。同时薪酬体系由单一部门设计，过分追求短期利润而忽略企业的战略目标，薪酬缺乏弹性；对于销售人员的薪酬体系设计，没有针对不同的地区、不同的市场环境采用不同的薪酬体系，而办事处在进行二次分配时，有的地方没有体现其公平原则。

（4）关于新疆燕京啤酒销售人员绩效考核的分析

销售人员考核以企业营销战略为导向，将关键绩效指标分解至办事处，再由办事处细化分解至销售人员，确保考核具有明显的营销导向，使考核的设计与营销战略相一致。实际上，对销售人员进行业绩考核，一方面是决定销售人员报酬、奖惩、淘汰与升迁的重要依据；另一方面是通过对销售人员的业绩进行分析和总结，帮助他们提高业绩。

（5）新疆燕京啤酒销售人员薪酬管理体系设计的亮点之处在哪里

从整个案例的分析情况来看，新疆燕京啤酒的薪酬管理体系从提高销售人员满意度、降低销售人员流失率、增强销售人员归属感三个方面进行改进。通过设计不同岗位的岗位薪资系数、绩效分配方案等，促进了员工的积极性。

5. 关键要点

（1）在本案例中，薪酬调研是进行薪酬管理体系设计的关键，进行怎样的薪酬模式建设实施办法困扰着董事长/总经理。

（2）好的薪酬管理体系是物质、行为、制度和精神的有机结合。同时也要根据自身的特点设计最实用、最有效的薪酬管理体系。

6. 建议课堂计划

本案例可作为专门的案例讨论课使用，按照时间进度提供的课堂计划建议，仅供参考。

整个案例课的课堂时间控制在 120—150 分钟。

课前计划：提出启发思考题，请学员在课前完成案例阅读并对案例进行初步思考，案例小组制作课堂发言 PPT 初稿。

课中计划：简要的课堂前言，明确研讨主题：10—15 分钟。

分组讨论，告知发言要求：45 分钟。

修改 PPT，案例小组修改发言 PPT：15—25 分钟。

小组发言：每组 10 分钟，控制在 25—40 分钟。

引导全班进一步讨论，并进行归纳总结：25 分钟。

课后计划：每组采用案例分析报告的形式给出更加具体的解决方案，为后续内容铺垫。

7. 参考文献

［1］罗恒，刘永萍．新疆燕京啤酒有限公司销售人员薪酬管理研究［J］．现代营销（学苑版）．2012（10）．

［2］冯闻文．燕西飞——记新疆燕京啤酒有限公司［J］．中国高新区．2010（5）．